老板的盾牌

——企业老板法律风险防控——

叶兴民/著

THE SHIELD FOR THE BOSS

LEGAL RISK PREVENTION AND CONTROL
FOR THE BOSS

中国法制出版社
CHINA LEGAL PUBLISHING HOUSE

这是一部律师写给老板的书

以《公司法》为依据，以案例为参照

告诉您如何化解面临的危机

序　言

老板们做错了什么？

一、老板与企业家

2018年以来，企业界就发生了数起自杀事件，其中有两起引发了舆论的强烈关注，一是央视《对话》栏目嘉宾、《中国企业家》杂志封面人物、北京万好万家电子竞技传媒有限公司执行董事茅侃侃自杀，二是上市公司浙江金盾风机股份有限公司董事长周建灿自杀。选择走上自杀这条无法回头的路，说明他们遇到了严重的危机。

茅侃侃、周建灿有一个共同的身份：老板、企业家。

老板是些什么样的人？老板，过去俗称掌柜的。说得理论一点，他们是企业的所有者、管理者。在马克思主义系列的著作里，老板是一个唯利是图，整天盘算如何榨取工人阶级剩余价值的群体；在小说家的笔下，他们花天酒地，纸醉金迷，生活中充斥着婚外情，是一群道德沦丧者。但在经济学家眼里，他们是一群敢于冒险，富有创新精神，能够运用资本组织资源，创造财富的人。在律师们的眼里，他们是一类特殊的主体，是客户，是服务对象。

股东出资建立公司后，有时，并不直接进行经营管理，而是将公司交给职业经理人。这样，出资人与经理人就分开了。但在更多的情况下，股东会出任公司的董事、经理或监事，这样，股东兼具公司领导人员的双重身份。

我们说的老板，主要是以《公司法》为依据，从两个角度来界定的。第一个角度是公司的出资人、股东，特别是那些能够通过行使权利对公司产生重要影响的出资人、股东，尤其是控股股东。他（她）们在公司享有股权、所有者权益。第二个角度是公司的经营者、管理者，主要是指法定代表人、董事特别是董事长、经理特别是总经理，以及实际控制人、监事。他（她）们往往直接掌握着公司经营管理方面的权利。在两项标准中，只要符合一项，就属于老板了。如果两项同时具备，那就是典型的老板了。

企业家是老板的升级版，英文是Entrepreneur。尽管这个词的原意是指“冒险事业的经营者或组织者”，但由于它是个褒义词，所以，我们更愿意将他定义为一群富有冒险、创新精神，同时具有管理才能、自律精神，能够创造财富的人。现在，人们对企业家的看法，无论是在宏观层面上，还是在较为具体的层面上，都是正面的。的确，正是他们，通过公司这种形式，将资本、土地、劳动力、技术、管理等要素组合起来，展开生产经营活动，解决就业、贡献税收、拉动经济，从而推动了整个社会的进步。

老板不等于企业家，二者在层次上存在重大差别。老板不一定是企业家，但企业家一定是老板。可以说，老板是打底的，企业家是老板中的优秀者，所以老板的数量远远多于企业家。有些老板跑路、自杀，媒体动辄就称某某企业家跑路、自杀，其实是给他们披上了一层高大上的外衣，抬高了他们。

二、公司的风险与老板的风险

公司的风险与老板的风险是两码事，公司的风险不是老板的风险，老板的风险也不是公司的风险。

对二者的区别，《公司法》第三条划分得清清楚楚。“公司以其全部财产对公司的债务承担责任”——这就是公司的风险；“股东以其认缴的出资额为限”“以其认购的股份为限对公司承担责任”——这就是老板的风险。而且，无论是公司，还是老板个人，这里的风险，都是顶格规定的。

近年来，人们频频提到，某某老板、某某公司大肆扩张，欠下巨债，最后公司垮掉。此类案例年年都有，而近年来又有暴增的趋势。又提到，某某公司与其他公司互保，陷入互保圈，无法自拔而垮掉。还有些老板管理粗放、落后，“跑冒滴漏”太多，公司遭到“侵蚀”而垮掉。这些，都属于公司的风险，其结果是公司垮掉。

老板们的风险呢？按《公司法》第三条第二款的规定，只要遵守法律，按照规则行事，老板们所能遇到的最大风险也就是将认缴的出资额，或者股份亏掉，一般不会造成其他损失。这就是《公司法》为老板们可能遇到的风险划定的上限。

如此，还用得着跑路、自杀吗？

公司失败了，不等于老板也失败了。公司失败了，老板只需要去掉“老板”的外衣，回到普通人的生活，就完全可以了。

那为什么有一些老板跑路、自杀呢？

一是这些老板分不清哪些是公司的风险，哪些是个人的风险。把公司的危机当成自己的危机，把公司的风险当成自己的风险。这种糊涂观念，使他们把公司的债务看成自己的债务；把公司已经遭到的或者面临的巨大损失，看成自己的损失；在公司经营陷入困境无法摆脱时，看成自己没有出路，等等。

二是性格、心理、素质等方面的因素。这当然可以从多个角度进行解读。我们可以说，相比之下，跑路的比自杀的心理素质更好，抗压能力更强；也可以说，自杀的比跑路的责任心、羞耻心更强，他们往往认为对不起或者辜负了别人。有个自杀的老板在遗书中写道："这么多兄弟支持我信任我，我只有以死谢罪。"譬如，茅侃侃选择将所有压力和责任都自己扛。再如，周建灿平常做事就喜欢自己一个人扛。这些都是属于一个人个性方面的特征。本来自己扛体现了一种担当精神，这本是一种可贵的品质，但如果扛过了甚至走到了自杀的极端，那就大可不必了。

三、从公司法的角度看老板们的过错和风险

公司的失败主要是源于经营的失败，但老板个人的风险却主要是源于法律。实实在在地说，只有在法律——主要是公司法律层面上，才能判断老板究竟存在多大的风险，应当承担多大的责任。而这，又须以老板们有过错为前提。

老板们的过错与风险，大致有以下几类。

一是与出资有关系的，其中又主要是未履行，或者未全面履行出资义务，包括未缴付出资、未足额缴付出资、虚假出资、抽逃出资以及协助抽逃出资等。在此类情形下，老板的风险，一般是承担违约责任、补充赔偿责任、连带责任。此类风险的范围一般不超过出资额的本息。

二是与履行公司职务有关的，这主要分两大方面：一是违反法律、行政法规或者公司章程的规定，如违反公司章程规定，将公司资金借贷给他人等；二是未能尽到忠实义务和勤勉义务，如怠于履行清算义务，导致公司主要财产、账册、重要文件等灭失的。在此类情形下，老板的风险，多数是承担赔偿责任，少数是承担连带责任。此类风险的范围取决于所造成损失的数额，因此有时会很高。

三是与行权有关系的，如滥用股东权利、行使知情权后泄露秘密、处分股权给他人造成损失等。在此类情形下，老板的责任和风险范围，与前一类大致相同，有时也会很高。

对上述情形下老板们可能承担的责任，《公司法》和最高人民法院的相关司法解释有具体的规定，详见本书后面的附表。

四是以个人身份为他人的债务提供担保，其中包括为自己所出资、所持股或者所任职的公司提供担保。多数情况下，是对被担保人的债务承担连带责任。如果被担保人没有能力清偿债务，就需要老板以个人财产代为清偿，有时数额会很高。

上述四类情形，都会导致老板个人财富的减少。这对财产丰厚的老板来说，可能仅仅是减少财产。但对经济状况一般甚至较差的老板来说，有时就会比较严重，可能减少到没有剩余财产，从而降低生活质量，甚至可能减少到负值，即使被法院强制执行也难以承担，从而沦为老赖。到这时，那些心理承受能力较差的老板，可能会走向跑路、自杀的极端。

五是与犯罪有关系的，如侵占、挪用、贪污、非法集资等。出现了这类情形，老板就会面临牢狱之灾。因此，此类情形风险最大。

四、若有人追责，老板应有对策

如果公司经营失败了，怎么办?

应该看到，公司法律是保护老板的。股东是股东，公司是公司，二者之间有一道截然分明的界限。同样的道理，老板是老板，公司是公司，老板与公司之间也有一道截然分明的界限。正是这样一条界限，保护了老板个人。

前文说过，老板们只要遵守法律，按照规范行事，所能遇到的最大风险也就是将认缴的资本亏掉，一般不会造成其他损失。公司经营失败的案例，比比皆是。这没有什么大不了的，退出市场就是了。也就是说，经营失败了，老板无须承担更大的责任。特别是《公司法》对如何退出市场早就制定了一整套规范制度，公司经营失败了，照着《公司法》上的规定去做就可以了。

即使在经营公司过程中，没有完全按照法律规范行事，也不一定需要老板承担法律责任。在这种情形下，老板们该不该承担责任?如果该，那么应该承担什么样的责任，还是要看法律，特别是公司法律是怎么规定的。换言之，也就是需要用法律规范再进行衡量、评估。事实上，需要老板承担责任的，都是一些特定情形。老板做了对不起公司、损害债权人利益的事情，如果依法需要承担相应责任，一般也是民事赔偿责任。只有那些严重违反法律，构成犯罪的老板，才有可能会被追究刑事责任。

因此，当公司经营失败出现危机，债权人群涌上门讨债之时，老板们不要心理压力过大，不必惊慌，更不必走极端。不必跑路，更不必寻死觅活跳楼自杀。而是应当像普通人那样平平常常地生活。此时，要始终把自己的行为放在公司制度的框架内，从而获得法律的保护。

我们将在后面的正文中，大量运用案例[①]来阐述问题。通过案例，读者可以看到，进行一起商事诉讼，犹如一场战斗甚至一场战役。由于必须遵守诚实信用原则，不能挖坑设绊、耍奸使诈，但却可以趋利避害，绕过险滩暗礁，从而使老板们得到公司法律制度的保护。

运用案例，当然也是建立在《公司法》基础之上的。所以，本书系以《公司法》为依据，以案例为参照，着重阐述以下问题：

公司制度的要义是什么？基本规则有哪些？

老板们在实践中容易犯哪些错误，应当承担什么样的责任？如果在事先，能够采取什么样的避免措施？

法院作为审判机关，是怎样认识并作出裁决的？

如果公司经营失败，债务高企，老板们如何做到全身而退？

---

① 需要指出的是，本书所引用案例均来源于正规、公开渠道，其中绝大部分来源于中国裁判文书网，只是为了避免引起案中当事人的不快，对涉及的公司名称、个人姓名作了处理。

凡　例

文件名全称	本书文件名简称
《中华人民共和国民法总则》	《民法总则》
《中华人民共和国民法通则》	《民法通则》
《中华人民共和国公司法》	《公司法》
《中华人民共和国物权法》	《物权法》
《中华人民共和国合同法》	《合同法》
《中华人民共和国侵权责任法》	《侵权责任法》
《中华人民共和国企业破产法》	《企业破产法》
《中华人民共和国中小企业促进法》	《中小企业促进法》
《中华人民共和国中外合资经营企业法》	《中外合资经营企业法》
《中华人民共和国婚姻法》	《婚姻法》
《中华人民共和国继承法》	《继承法》
《中华人民共和国刑法》	《刑法》
《中华人民共和国中外合资经营企业法实施条例》	《中外合资经营企业法实施条例》
《最高人民法院关于适用〈中华人民共和国公司法〉若干问题的规定（一）》	《公司法司法解释一》
《最高人民法院关于适用〈中华人民共和国公司法〉若干问题的规定（二）》	《公司法司法解释二》
《最高人民法院关于适用〈中华人民共和国公司法〉若干问题的规定（三）》	《公司法司法解释三》

续表

文件名全称	本书文件名简称
《最高人民法院关于适用〈中华人民共和国公司法〉若干问题的规定（四）》	《公司法司法解释四》
《最高人民法院关于适用〈中华人民共和国企业破产法〉若干问题的规定（二）》	《企业破产法司法解释二》
《最高人民法院关于适用〈中华人民共和国担保法〉若干问题的解释》	《担保法司法解释》
《最高人民法院关于适用〈中华人民共和国婚姻法〉若干问题的解释（一）》	《婚姻法司法解释一》
《最高人民法院关于审理买卖合同纠纷案件适用法律问题的解释》	《买卖合同司法解释》
《最高人民法院关于适用〈中华人民共和国民事诉讼法〉的解释》	《民诉法解释》
《最高人民法院关于人民法院执行工作若干问题的规定（试行）》	《执行规定》

目 录 contents

股东赔偿责任

老板作为董事、监事、高管可能承担的责任

预防牢狱之灾

亡羊补牢未为晚——挽救公司，更要挽救自己

认识公司、理解公司

第一章　有限责任是老板的灵魂

读者或许认为，今天的人们早已熟悉了股东的有限责任和公司的法人资格，再谈这个话题就是老生常谈了。但我并不这样认为。尽管从内容上看，我也没有什么新意可言，但从实务的角度看，有不少老板特别是公司的大股东、控股股东、实际控制人，并没有认识到股东有限责任和公司法人资格对他们的保护作用，更没有在实践中自觉坚守这一制度。而他们的对手特别是以银行为代表的债权人，又总想穿透公司法人资格这道壁垒破除有限责任，抓住股东，让股东向其清偿公司欠下的债务。因此，重申有限责任，强调公司法人资格是老板们的防火墙、护身符、保护伞，还是有重要意义的。

一、一个案例

一个小伙子大学毕业后，进入一家贸易公司，跟着一位商人从事买卖茶叶的中间生意。时间一长，渐渐摸出了一些门道。几年后，他积攒了 100 多万元的资金，也建立了一定的人脉网络，便想出来自己单干。怎么干呢？他有如下四个选择。

一是作为一名个体商人，买进卖出赚取差价。这样做有很多好处，如领取营业执照时，手续比较简便；不用聘用专门会计，自己记账就可以了，管理成本少；不仅费用少，需要缴纳的税也比较少，只需要缴纳个人所得税就行了，不用缴纳企业所得税。但是，这样做的缺点也比较明显，由于本钱小，往往只能做一点小生意。特别是一旦看不准市场发生变化，出现亏损就会由个人承担。

二是开办一家独资企业。与做一名个体户相比，这条路的特点主要在于以企业的形式进行经营，领取独资企业营业执照，规模大一点，人员多一点，当然管理费用也就高一些。其他主要是在纳税方面、承担责任方面，与个体户并无大的差别。

三是与他人合伙经营。这又分两种，一是个人与个人进行合伙，并不申办营业执照；二是两个以上的个人合伙，注册一个合伙企业。从性质上来看，个人合伙相比个体经营，合伙企业相比个人独资企业，除了人员增加了、管理成本提高了、规模扩大了、可以做大一些的生意之外，其他在纳税、责任承担等方面也大致相同。

四是设立一家有限责任公司，以公司的名义进行经营。与独资、合伙相比，申请公司营业执照稍微复杂一些。公司运行起来，对管理的要求也比较严格，所以管理成本高一些。在纳税方面，公司需要双重纳税（企业所得税与股东个人所得税）。这些都是公司的不足之处。但走公司这条路与个体、独资、合伙不同，老板个人承担的是有限责任。

个体、独资、合伙，这三条途径都有一个大毛病，即都需要投资者承担无限责任。这就是说，如果赚了钱自然好说；如果亏损赔了钱，麻烦就比较大。如果亏损的数额小还好说，一旦亏损的数额大了，不仅会将本钱赔进去，还会把个人的其他财产赔进去。这是因为他们承担的是无限责任，应以个人的全部财产用于清偿到期债务。需要还债的时候，不穷尽个人财产不罢休，除可以留下用于维持基本生活的财产外，其他都需要拿出还债。如果个人财产与家庭其他成员的财产混在一起，划分不清的话，还会连累家庭其他成员和他们的财产。

所以，承担无限责任这么严重的后果，应该是一个正常的投资者最最担心的事了。

只有公司，才能解决这个问题。

还是以前面说的这个想单飞的小伙子为例。他决定选择第四条路，也就是创建一家有限公司。他本人虽然积攒了100多万元，但是决定只拿出其中的一半，也就是50万元作为对公司的出资。此时，他可以联合其他投资者共同出资设立一家有限责任公司，如果不喜与人合作，也可以单独出资，建立一个一人有限责任公司。[①]

小伙子找到四个志同道合的投资者——我们姑且将他们称为张三、李四、王五、赵六，五人共同出资设立公司。五人出资额共计70万元，作为公司的注册资本。其中小伙子出资比例最大，认缴50万元，其他四人各自认缴5万元。他们将公司定名为“四海三江茶叶贸易有限公司”，取“生意兴隆通四海，财源茂盛达三江”之吉意。他们在某某市某某路某号租赁了两间门面房作为公司住所地，又在某某市茶叶产区的农村租赁了仓库作为所收购茶叶的临时储藏场

---

① 一人有限责任公司在一定的环境下也会受到人们的欢迎，如在20世纪70年代的德国，在总数42000家有限责任公司中，一人有限责任公司达9300家，占比达到22%；见马俊驹：《法人制度通论》，武汉大学出版社1988年版，第26页。

所。小伙子等五名股东组成股东会，经过选举，选出小伙子等三人组成董事会，选举另一人担任公司监事。董事会又进行选举，选出小伙子担任公司的董事长、法定代表人。

四海三江公司成立后，因经营的需要向银行借款30万元，使得公司可以投入经营的资本达到100万元。

公司主营茶叶贸易，一开始还算顺风顺水。但天有不测风云，进入2017年上半年，公司连遭厄运。先是，一笔高达20万元的预付款被人骗走。不久，南方进入雨季，突然来了一场暴雨。山洪冲塌了公司租赁的仓库，而仓库里还堆放着刚刚收购，还没有来得及运走的茶叶，价值80万元。这两场灾难，使公司损失100万元，经营顿时陷入困境。

损失的这100万元，包括五个股东认缴的资本70万元和银行贷款30万元。此时，公司不仅变得一无所有，而且欠着银行30万元。

银行向法院起诉四海三江公司，请求法院判令四海三江公司立即偿还本金30万元以及利息，但公司已经一无所有，拿什么偿还？

经股东会决议，四海三江公司向法院申请破产。经过一定的审理程序后，法院宣告四海三江公司破产，债务清偿率为零。这就是说，对银行所负的30万元债务，一分也没有偿还，就结束了。

这时，我们知道小伙子手中还有50万元。如果使用这笔钱，是足以偿清所欠银行的债务的。或许有人要问，小伙子为什么不用这笔钱偿还银行呢？或者说银行为什么不向他追偿这笔钱呢？

答案是：这是由公司的有限责任制度所决定的。

小伙子承担的是有限责任，在缴纳了认缴的50万元出资后，这个责任就完成了。

所欠银行的30万元，不是小伙子个人借的，不能用股东——小伙子——个人的财产偿还。这30万元是公司借的，是公司的债务，应当由公司偿还，除非股东——小伙子——自愿承担，否则只能用公司的财产偿还。公司还不了怎么办？可以破产清算，一了百了。但即使公司破产清算，银行也无法动用小伙子手里留存的那50万元，因为那是他个人的财产。

二、有限责任是老板的灵魂

小伙子创业时，之所以在个体、独资、合伙、公司这四条途径之中，选择了走公司这条路，目的就在于一旦经营失败后，以便承担有限责任。这也几乎是所有创业者、投资者选择走公司这条道路的目的。

股东承担有限责任是公司制度的灵魂。

对股东来说，有限责任带来的最大好处，就是这个“限”。尽管小伙子原有100万元，但在公司成立之时，他认缴的出资额是50万元。他只要把这50万元缴给公司，让公司去支配，他对公司的主要义务就完成了。这50万元就是他承担的责任的最高极限，或者说是最后边界。法律上规定他无须承担更多的责任。

特别是，“限”的幅度，也就是大小、多少、高低，是由股东自己预先决定的。如果在当初公司成立之时，小伙子认缴40万元，这个“限”就是40万元，他就最高承担40万元的责任；如果认缴60万元，这个“限”就是60万元，他就最高承担60万元的责任。在公司成立并经营一段时间后，也可以进行类似调整。总之，由小伙子本人自主决定。

在有限责任制度下，投资人（股东）可以自主决定自己可能承担的风险，甚至可以对这种风险进行调整（增、减资）。有限责任制度“限”的是风险，却没有“限”收益。因而在这种制度下，风险是可控的，收益却可能是无限的。

这些，就是公司制度的奥妙所在。

作为出资缴给公司的那50万元赔进去了，但手中还留存有50万元，这50万元保障了小伙子在公司破产后，仍能过上舒适的生活。

这些，就是有限责任带给小伙子的好处。

三、有限责任制度改变了中国传统的债文化

在中国传统的债文化中有两项通则：一是欠债还钱，二是父债子还。这两项通则被视为天经地义，已经延续了数千年。由此而形成的观念，也早就深深地烙在了中国人的意识中。

无论是欠债还钱，还是父债子还，其核心都是要求欠债者承担无限责任。而在现代民商法制度中，这两项通则都有了颠覆性的变化，其中对欠债还钱作了重大修改，对父债子还则根本否定。法律制度上予以否定，并不等于在人们的意识观念上予以清除。留存在意识观念上的东西，往往需要在法律制度上予以否定以后很久，才会逐渐消失。

父债子还，是指父亲欠的债，需要子女用自己的财产甚至人身来偿还。明世宗、明神宗命赵文华的子孙偿还赵文华的债务，即典型事例。在当代中国的

法律中，这种意义上的父债子还完全取消了。《继承法》上规定的子女“继承遗产应当清偿被继承人依法应当缴纳的税款和债务，缴纳税款和清偿债务以他的遗产实际价值为限”，指的是子女用父母的财产偿还父母的债务，与传统上的父债子还相比，内容完全不同。目前，对父债子还这一陈腐观念，多数人已经放弃了。但在少数偏远地区，应该还有存在。《齐鲁晚报》曾报道过一个案例，内容是某村村委会卖掉5岁儿童以偿还其父债务。这表明，至少到21世纪初，父债子还的观念在偏远、经济落后地区还有不少体现。

俗话说，欠债还钱，天经地义，这是旧的债文化的表达。但在现代社会，却不再完全如此。

欠债还钱仍然是现代民商法的基本规则，也是当今中国法律上规定的一项基本制度，对个人、个人合伙、独资企业仍然适用。而且，对于公司本身——注意，是公司而不是老板——也是适用的。与传统上的欠债还钱相比，只是不再允许债权人“强牵财物”。债务人在无力还钱的时候，也不用再遭受笞、杖、徒，不用“役身折酬”，但“还”还是必须要做的。

但当个人以公司的形式开展经营，对公司的负债，个人却不用承担偿还的义务。换言之，欠债还钱这一规则，对公司的股东、董事、经理以及监事是不适用的，尽管他（她）们是公司的实际经营者。这是中国传统债文化中所从来没有过的。上文中的小伙子在开办的公司破产后，仍能过上舒适的生活，在中国传统的债文化中，这是不可想象的。

从无限责任过渡到有限责任是一个过程，人们思想意识的转变也需要一个过程。有一些欠债的老板之所以跑路、跳楼，恐怕是因为在他们的观念深处还没有形成自己承担的是有限责任的确信。不仅法律知识相对欠缺的老板们是如此，即使执掌法律权柄的某些法官们也是如此。这一点，从近几年法院审理的与公司人格否认有关的案例中就可以看出来。越是层级低的法院，否认公司法人资格，判决股东承担公司债务的案例就越多。相应地，被层级较高的法院，特别是高级人民法院、最高人民法院纠正的也就越多。

四、在尚未建立个人破产保护制度的当代中国，有限责任更加弥足珍贵

欠了大量外债还不上，怎么办？公司有解决的办法，那就是申请破产清算。一旦进入破产程序，所有催收债务的，都应该停止。不论是到期债务还是未到期债务，全部交给破产管理人，连同公司的其他财产、财产性权益，一并处理。处理完毕，由法院宣告破产终结，一了百了。

如果是个人呢？就很麻烦，很难办。前面提到，有限责任制度是对中国传统文化中的欠债还钱的重大改变。如果再加上个人破产制度，那就是颠覆性改变了。

遗憾的是，目前中国还没有个人破产制度。尽管有一些学者如李曙光、陈夏红等一再呼吁，深圳市也启动了试点工作，但距离真正建立起个人破产制度，仍然是遥遥无期。没有个人破产制度，就意味着个人所负的债务，无法通过法律程序免除。如果还不上，除非债权人放弃，否则永无了断之时，债权人可以一直追偿下去，永远不息。这样一来，就会给欠债人带来无穷无尽的烦恼。好一些的结果是被法院宣布为失信人，个人出行、消费，甚至子女上学，都会受到限制。差一些的，是遭到债权人采用暴力或者其他极端方式追债，落个惊弓之鸟般四处逃亡甚至被羞辱、被伤害的下场，酿成惨剧。

这样一比较，就使得公司制度下的股东承担有限责任更加珍贵。

这也就告诉人们，尽量不要以个人的名义，包括不要以个体、独资、合伙的名义从事经营性活动，更不要因此而负债。反过来，如果从事经营性活动，那就先成立公司，在公司的名义下进行经营，确实有必要借贷、负债，就以公司的名义借贷、负债。

因为，有限责任制度，是为公司的老板保底的。

当然，对于老板来说，能够享受有限责任带来的好处并不是永远铁板钉钉的。在下一章将要介绍的公司人格否认的情形下，老板就不能只承担有限责任。

五、绝不做自毁有限责任，自套枷锁的不明智之事

所谓不明智之事，如以个人财产为公司负债提供担保等。这种行为的后果很严重，会伤害到老板自身。

有限责任是公司制度的灵魂，这一制度设计的宗旨在于保护股东，保护老板。但很多老板对此并未深刻理解，甚至有意无意地漠视，因而在实践中，常常自觉或不自觉地加以破坏，其典型行为就是以个人身份为公司债务提供担保。因为，按照公司制度设计，老板本来无须为公司的债务承担责任，而以个人身份为公司债务提供担保，所造成的后果恰恰相反，变成了老板为公司债务承担责任。老板破坏有限责任的，除担保外，再就是借钱给公司或者将个人资产交给公司使用。

2012 年，名噪一时的无锡尚德太阳能电力有限公司陷入困境，到了几乎不能给员工发出工资的地步，急需银行输入资金。当时，它的老板是在 2005 年登

上中国首富宝座的施正荣。国家开发银行同意向尚德公司发放贷款，但提出了一个条件，即要求施正荣用他全部个人资产提供担保。

施正荣拒绝了，尽管他不得不付出代价，最后黯然离开了他一手创办的尚德公司。

应该说，施正荣做得很正确！如果不断然拒绝，他就会被拴在尚德公司这辆随时可能散架的战车上。

老板以个人身份为公司债务提供保证，或者以个人财产为公司债务提供抵押、质押，最后被判决用个人财产偿还公司债务的案例很多。

位于江西省某市的一家大型纺织有限责任公司有两个股东，其中周某某是控股股东，出资1275万元，持股比例85%，刘某某出资225万元，持股比例15%。纺织公司的注册资本为1500万元，由周某某任执行董事、总经理，刘某某任监事。

2011年，为进行二期3万吨纱锭项目建设，纺织公司向当地农商银行借款2000万元。此笔借款由某市中小企业信用担保中心提供担保。同时，纺织公司向担保中心提供了反担保。双方还约定，如纺织公司违约未能向农商银行履行还款义务，担保中心承担了担保责任后有权行使一切追偿权，且纺织公司还应向担保中心承担被担保金额的10%的违约金。

纺织公司向担保中心提供的反担保同时包括：纺织公司以自有的、评估净值为4081.3万元的7处房地产提供抵押担保，并办理了房地产抵押登记；周某某以个人所有的、评估净值为724万元的房地产提供抵押担保，并办理了房地产抵押登记；周某某、赵某某、刘某某、房某某为保证人，提供连带保证。这是三重反担保，对于担保中心的追偿权来说，可谓保上加保，万无一失。

纺织公司向农商银行的借款期限届满后，未能依约定履行还本付息的义务，担保中心代偿了全部本息。

2013年，担保中心向江西省某市中级人民法院起诉。诉讼中，查明在周某某、赵某某、刘某某、房某某签署的保证合同中，合同落款处“赵某某”“房某某”的签名和捺印均非赵某某、房某某本人所为。某市中级人民法院作出一审判决，判令纺织公司偿付担保中心本金、利息、违约金合计2325万元，周某某、刘某某承担连带清偿责任，判决同时确认了担保中心对纺织公司提供抵押的房地产和周某某提供抵押的房地产享有优先受偿权。

在这个案例中，周某某与赵某某原是夫妻关系，但二人于2012年8月登记离婚；刘某某与房某某原是夫妻关系，但二人于2012年1月登记离婚。这两对夫妻离婚的时间是在向农商银行借款之后、担保中心起诉之前。离婚与纺织公司欠债之间有无因果关系，耐人寻味。

赵某某对上述法院所作判决不服，上诉于江西省高级人民法院，请求改判赵某某与周某某共有的价值 724 万元的房屋不承担反担保责任。其主要理由是该房地产是赵某某与周某某的夫妻共同财产，周某某向担保中心提供抵押时，赵某某并不知情，并未在《抵押担保合同》上签字。2012 年 8 月离婚时，两人在《离婚协议书》中约定该房地产归赵某某所有，足以表明赵某某从来不知该房屋被抵押。

江西省高级人民法院认为，本案系争房产是赵某某与周某某共有财产，赵某某基于夫妻关系属系争房产的共有权人。与一般共有关系主体不同，夫妻是具有密切联系的身份主体，其对财产的共有关系具有一定的特殊性。周某某用系争房产抵押给担保中心，是对夫妻共有财产的重要处理决定，当时二人的夫妻关系并无异常，担保中心有理由相信作为妻子的赵某某知道或者应当知道这一重要决定，并确信周某某对系争房产的处分行为是夫妻双方共同的意思表示。周某某与赵某某在事后离婚并且协议被抵押的房地产归赵某某所有，不影响抵押的效力。根据《担保法司法解释》第五十四条第二款、《婚姻法司法解释一》第十七条，抵押担保合法有效，担保中心对抵押房产享有优先受偿权，遂判决驳回赵某某的上诉。①

试想一下，如果周某某不以个人所有的房产为纺织公司的债务提供抵押担保，周某某、刘某某不为纺织公司的债务提供保证，还会有夫妻离婚吗？赵某某还会向江西省高级人民法院提出上诉，力争挽回原属于自己的房产吗？

老板拒绝以个人身份为公司债务提供担保，最坏的结果是使公司失去了获得资金的机会，本人并不会损失什么，但提供了担保，就会使本人面临巨大的风险，其实是拿个人的健康、生命和家庭的完整去冒险。

如果已经提供了担保，那就想办法依法脱保吧。

---

① 参考案例：江西省高级人民法院（2014）赣民二终字第25号。

第二章　公司的法人资格是老板的防火墙

四海三江公司经营失败了，作为老板，小伙子只需要承担50万元的责任，也就是只需要把开始投入的资本赔进去，而无须再承担其他责任。之所以能够做到这一点，还在于四海三江公司是一家有限责任公司，所有的茶叶贸易都是在这个公司的名义下展开经营的，而这家公司是具有独立的法人资格的。

这个经营茶叶贸易的公司本身是个看不见、摸不着的东西，是无形的，却能够向外挡住银行等债权人，向内护住小伙子以及另外四个股东，成为矗立在中间的一堵墙，原因就在于它是独立存在的，有独立的人格，是独立的主体。

在中国，按照《公司法》，凡是能够注册登记为公司的，都具有独立的法人资格。

如果说有限责任是老板的灵魂，那么，公司的法人资格就是老板的防火墙。灵魂须安放在防火墙的后面，才能使老板的生命存在并延续。

一、公司作为法人，是一种组织

我们见过自称在某某公司的人，也见过某某公司名下的物。这些人、物是看得见、摸得着的。从这个角度看，公司是实实在在地存在的。公司在这些人、物之上，罩住这些人、物，领有这些人、物，并且能够支配这些人、物。但公司的本体在哪里？我们看不见、摸不着。它虽然有人，有物，但相对于这些实在的人、物，公司本身却是无形的。我们只是在理念上、思想上，感觉到它的存在。我们可以把它想象为一堵墙，也可以把它想象为一层外壳、一把伞。

按照《民法总则》的规定，公司是一种组织。

法人是我国的第二大类民事主体。按照《民法总则》第三章，法人又分营利法人、非营利法人、特别法人三类。按照《民法总则》第七十六条第二款的规定，营利法人包括有限责任公司、股份有限公司和其他企业法人等。这就是公司在民事主体图谱内的位置。简言之，公司是法人的一种。

何谓法人？《民法总则》第五十七条下的定义为“法人是具有民事权利能

力和民事行为能力，依法独立享有民事权利和承担民事义务的组织”。因此，公司也是一种组织。如果说自然人、个人是生物体，那么公司就是一种组织体。

公司作为一种组织，从外观上来看是有标志的，这主要是指它有自己的名称。每一个公司都有属于自己的独特的名称，这和每一个自然人都有属于自己的名字一样。不过，不同的是，自然人有时还会出现共用一个名字的现象，也就是重名，但公司不会。公司的名称具有唯一、特定和排他的性质，比自然人还要严格。公司拥有自己的财产，以自己的名义从事各种民事法律行为，如前文提到的四海三江茶叶贸易有限公司就是公司的名称，四海三江公司则是它的简称。住所以及经营场所也是公司的外观标志，这是它的专属区域，如同虎、豹有自己的领地一样。四海三江公司的住所是某某市某某路某号，住所同时又是经营场所。它在某某市农村租赁的仓库也属于它的经营场所。

公司是一种组织，也就是一种集合体、一种团体。而不是一个个人、一个自然人。但公司作为一种组织，是由一个个自然人、个人组成的。通常情况下，在这些个人中，老板是最重要的角色。像四海三江公司，就是由小伙子、张三、李四、王五、赵六这些个人组成的，小伙子是其中最重要的角色。组成公司的成员与公司，并不是“同呼吸，共命运”。换言之，公司不变，其成员可变。譬如，公司虽然是由股东创设的，但股东可以通过转让股权而变更，公司除需要就此办理一下变更登记手续外，其他并不因此而改变。据有关资料统计，佛山市金银河智能装备股份有限公司在 2017 年 3 月 27 ~ 31 日内，股权换手率达到 205%。这说明，股东只是匆匆过客，而公司却可以永存。除了股东以外，财务人员、业务人员、工勤人员等，也可以算作组成公司的成员。

公司这种团体，虽由个人组成，却并不是个人的简单相加，而是有机结合，是以章程为纽带结合在一起的共同体。章程规定了每个个人的权利、义务，从而将这些个人凝聚在一起。公司作为组织体，虽然与作为生物体的自然人不一样，但可以作一下类比。自然人有大脑、心脏、五官、四肢，有神经系统、消化系统、呼吸系统、内分泌系统等，公司则有股东会、董事会、监事会、经理，有决策系统、执行系统、监督系统等。这些机构、系统之间的运作是相互协调的、动态的，依法律、法规和章程进行。因此，公司是有机的组织体。

公司有自己独立的思想和意志。这种思想、意志与组成它的那些个人的思想、意志不一样，与老板作为个人时的思想、意志也不一样。而且，尽管组成公司的成员可能有很多人，但公司的思想、意志却具有统一性。这是因为，公司的思想、意志，是组成公司的人员，按照法律法规和章程规定的程序，通过在公司的机构讨论、商议、表决而形成，经历了个人—多数—共同的过程，是从个人的思想提升、升华而来的。譬如，在四海三江公司，对如何经营茶叶贸易，小伙子、张三、李四、王五、赵六五个人可能各有各的想法，但通过召开股东会会议进行表决，会产生代表多数表决权的股东表示同意的公司决议，从而形成公司的思想和意志。

二、公司作为一种组织，有自己的独立的财产

按照《民法总则》第五十七条所下的定义，公司不仅是一种组织，而且是一种依法独立享有民事权利和承担民事义务的组织。

公司之所以能够做到独立享有民事权利、承担民事义务，除了上文所述它是一种由个人组成的组织，有自己的名称、住所以外，还有一个更重要的因素，那就是它有属于自己的独立的财产。《公司法》第三条第一款规定："公司是企业法人，有独立的法人财产，享有法人财产权。公司以其全部财产对公司的债务承担责任。"有自己的财产，是公司独立享有民事权利、承担民事义务，特别是独立承担民事义务的基础。

公司作为一种组织，其财产从何而来？具体说主要有两个来源，一个是在成立时取得的财产，来源于股东，也就是股东缴纳的出资、股份。这部分财产表现为注册资本。例如，在四海三江公司，小伙子、张三、李四、王五、赵六五个人缴纳的 70 万元出资，就是该公司在成立时取得的财产。再一个是在成立后经营所得，来源于公司自身。其他如接受捐赠、债务豁免等，虽然也能增加公司财产，但不具有普遍意义。

尽管公司的原始财产取得于股东，但公司的财产与股东的财产却是完全分离、各自独立的，公司的财产不是股东的财产，股东的财产也不是公司的财产。

公司对自己的财产，拥有完全的、独立的支配权，能够占有、使用、收益和处分。例如，对财产权，凡自然人可以拥有的财产权，如物权、债权、股权、知识产权及其他各种无形财产权，公司都可以用自己的名称，以自己的名义拥有。这和自然人完全一样。对这些财产权，公司可以转让、授权使用、收取孳息等，这也和自然人完全一样。

公司的财产，是其从事民事活动的一般担保，并以这些财产偿付其在民事活动中产生的债务。公司之所以能够以自己的名义，从事各种民事活动，如与其他主体（自然人、法人、非法人组织）订立、履行合同等，并承担这些行为

的后果，凭借的正是其拥有的财产。

三、独立享有权利、承担义务是公司具有法人资格的最本质特征

《民法总则》第二条规定："民法调整平等主体的自然人、法人和非法人组织之间的人身关系和财产关系。"这就告诉我们，在我国，民事主体分为三大类，即自然人、法人和非法人组织。与自然人、非法人组织相比，法人的特征是什么？从《民法总则》的规定，特别是所下的定义中，就可以比较出来。

《民法总则》第五十七条为法人下了定义，即前文已经引述的："法人是具有民事权利能力和民事行为能力，依法独立享有民事权利和承担民事义务的组织。"

在法律上，自然人是指什么？《民法总则》没有直接下定义。但《民法总则》第十三条规定："自然人从出生时起到死亡时止，具有民事权利能力，依法享有民事权利，承担民事义务。"这一规定，大致相当于为自然人下了定义。与法人相比，除去自然人是肉体，是个人以外，这一规定里还少了"民事行为能力""独立"等内容。因为，凡自然人均具有平等的民事权利能力，但是否具有民事行为能力，则不一定。由于有些自然人不具有民事行为能力，那么，对其权利就无法"独立享有"，对其义务也无法"独立"承担，须由其法定代理人代为实施。

关于非法人组织，《民法总则》与对法人一样，也下了定义。《民法总则》第一百零二条第一款是这样表述的："非法人组织是不具有法人资格，但是能够依法以自己的名义从事民事活动的组织。"可见，与法人一样，非法人组织也是一种组织，也能够以自己的名义从事民事活动。与法人不一样的，是非法人组织不具有法人资格。因此，第一百零四条中规定，"非法人组织的财产不足以清偿债务的，其出资人或者设立人承担无限责任"。

可见，与自然人、非法人组织相比，只有法人依法独立享有民事权利和承担民事义务。这是法人最本质的特征。获得、具有法人的资格，也就是能够做到依法独立享有民事权利和承担民事义务。这也是法人资格的基本内涵。

法人之所以是独立的，有人格，能以自己的名义享有权利，承担义务，完全是法律赋予的，是法律设计的结果。所以传统学理上认为它是拟制的主体。

按照《民法总则》，法人又分营利法人、非营利法人、特别法人，公司属于营利法人。在各类法人之中，就独立享有民事权利和承担民事义务而言，公司的色彩是最鲜明的。

承担有限责任是投资者选择走公司这条道路的目的，但这一目的的实现，有赖于公司的独立法人资格的保护。在上一章中，将股东承担有限责任比喻为公司制度的灵魂，但这个灵魂是隐藏在法人资格这堵墙的后面的。没有了墙的保护，灵魂就会出窍。前文还说过，公司的法人资格是法律赋予的。既然能够赋予，也就能够取消。假如那个小伙子设立的四海三江公司被取消了法人资格，防火墙没有了，他就不能享受有限责任的好处，银行就有权要求他将手中留存的那 50 万元拿出来还债。

公司制度是人类的伟大发明，却不是中国人的发明。上一章还说过，在中国传统上，奉行的是欠债还钱，债务人承担无限责任，没有有限责任制度。同时，从经营的主体上来看，一直是个人—家庭—家族式的经营主体，没有独立法人制度。源于西方的公司制度的到来，改变了这一切。

四、公司的法人资格，保护老板不受公司债权人的追究

公司具有法人资格，能够独立承担民事义务。这就意味着，公司欠下的债务，应当由公司偿还，无须股东、老板支付。

非法人组织不具有法人资格，所以其财产不足以清偿债务的，需要由其出资人或者设立人承担无限责任。

有没有法人资格，成为需不需要股东、老板承担责任的分界线。所以说，公司的法人资格是老板的防火墙，保护老板不受公司债权人的追究。

云某某、李某某是宁夏一家煤业有限公司的股东，云某某是该公司的实际控制人。2012 年至 2014 年，煤业公司与青海一家矿业有限公司建立了煤炭买卖合同关系。履行中，煤业公司拖欠矿业公司货款 22136980. 59 元。

2015 年，矿业公司向青海省高级人民法院起诉，请求判令煤业公司支付货款 22136980. 59 元及利息，并判令云某某、李某某承担连带清偿责任。本来是煤业公司欠的货款，矿业公司请求判令煤业公司偿还即可，为什么还请求判令煤业公司的股东云某某、李某某承担连带清偿责任呢？矿业公司的理由是云某某、李某某与煤业公司之间构成人格混同，换言之，也就是煤业公司的法人资格不独立。

青海省高级人民法院认为，《公司法》第三条第一款规定“公司是企业法人，有独立的法人财产，享有法人财产权。公司以其全部财产对公司的债务承担责任”，公司的独立财产是公司独立承担责任的物质保证，公司的独立人格也突出地表现在财产的独立上。第二十条第三款规定：“公司股东滥用公司法

人独立地位和股东有限责任，逃避债务，严重损害公司债权人利益的，应当对公司债务承担连带责任”。在本案中，云某某与煤业公司之间表征人格的因素（人员、业务、财务等）存在高度混同，构成人格混同，应对煤业公司的债务承担连带清偿责任，故判决云某某对煤业公司应付矿业公司的高达22136980.59元的款项及利息承担连带责任。云某某、煤业公司不服，上诉于最高人民法院。

最高人民法院认为：首先，本案事实尚不足以证明股东云某某与煤业公司之间构成人格混同。其次，根据《公司法》第二十条的规定，适用公司人格否认制度，除须具备股东与公司人格混同这一条件外，还需证明股东存在滥用公司人格，逃避债务，严重损害公司债权人利益的行为。而本案中，矿业公司并未提供充分证据证明云某某存在转移煤业公司财产，逃避债务的行为，也未提供证据证明云某某存在其他滥用公司人格，逃避债务，严重损害公司债权人利益的行为，应当承担举证不能的不利后果。因此撤销了原审关于云某某承担连带责任的判决。①

本案中，正是由于最高人民法院认为云某某与煤业公司之间并未被证明构成人格混同，煤业公司仍旧保持着独立的法人资格，云某某也没有破坏其法人资格，才改判云某某对煤业公司的债务不承担连带责任的。因此可以说，正是因为煤业公司的法人资格，保护了其股东、老板云某某，最终没有受到债权人矿业公司的民事责任追究。

之所以举出这个案例，目的还是在于说明，如果公司的法人资格被否定——无论是个案否定还是彻底否定，不存在了，也就意味着保护股东的那堵墙坍塌了，其责任再也不是有限责任，而是对公司债务承担无限责任。

为了自己的利益，老板应当好好维护公司的法人资格。

---

① 参考案例：最高人民法院（2016）最高法民终580号。

第三章　规则是老板的护身法宝

凡处理与公司有关的事务，一定要在公司的框架下，按照规则办理。这样才能受到公司制度的保护。脱离了这个框架，稍有闪失，便会殃及自身。

一、对老板们来说，按规则办事，是必须的

基于前两章所述内容，可以说，在现代社会中，老板们既要创业致富，又要维护好自己的利益，控制住风险，就必须运用公司。说得露骨一点，正像20世纪前30年发达国家的人们所普遍认识的那样，公司其实就是一种工具，一种发家致富的工具。

有不少学者认为公司制度有三大原则。股东承担有限责任是第一大原则，公司具有法人资格是第二大原则。除此以外，第三大原则是什么，说法不一。有的认为第三大原则是“公司财产与股东财产分离”，有的则认为是“投资权益的自由转让”。由这些不同说法可见，股东承担有限责任和公司具有法人资格，是公认的原则。公司制度的其他所有规则，均不能与这两大原则相比。

公司制度是以股东承担有限责任和公司具有法人资格为核心建立起来的一系列规则的组合，也可以说成一系列规则的集合。在上一章中，我们说公司是有机的组织体，原因就在于公司的各个机构之间及其对外关系，是按照这些规则动态运作的。

有好处，就得有所付出；享有权利，就得承担义务。股东在公司独立法人资格的保护下，享受有限责任带来的好处，避免倾家荡产的风险，并不是无代价的。这个代价就是要约束好自己，切切实实地遵守公司的规则。只不过两相比较，享有的好处、权利要大得多，需要付出的代价要小得多。

公司法学说史上的法人秩序说，就是把公司看成一种法律秩序，把公司的人格看成法律秩序的人格。既然老板在开创、经营自己的事业时，选择了走公司这条路，就必须遵守法律上所制定的公司规则。

这一点，非常重要。

如果说股东承担有限责任、公司具有独立法人资格两大原则是法学家们在理论上作的高度概括。那么，在法律的层面上，还会有很多具体的体现。这些具体的规则在哪里？在全国人大颁布的《公司法》里。再具体一点的，具有可操作性的，则在最高人民法院发布的关于《公司法》的司法解释里。

尽管公司的规则十分丰富，但大致来说，主要有以下几个方面。

1. 设立程序方面的，包括发起、召开首次股东会（创立大会）、验资、申请登记等；

2. 股东方面的，包括股东的人数、义务、权利等；

3. 资本方面的，包括出资（股份）额的认缴、实缴、资本的最低限额、资本的维持（不得抽逃）、资本的变更（增资、减资）等；

4. 机构方面的，包括股东会（大会）、董事会、监事会以及经理等的产生、职责、议事规则、表决程序等；

5. 文件方面的，包括公司章程、股东名册、出资证明书（股票）、三会（股东会、董事会、监事会）会议记录、决议等的产生与执行；会计账簿、会计报告的查阅等；

6. 高级人员（董事、监事、经理以及其他高级管理人员）应遵守义务方面的，包括任职资格限制、忠实与勤勉、不得侵占、挪用公司财产等；

7. 股权（出资、股份）转让方面的，包括原股东的优先购买权、上市交易、董监高所持股份转让的限制等；

8. 财会方面的，包括对利润分配的限制、公积金的提取、会计账簿的设立等；

9. 解散程序方面的，包括自愿解散和法院解散、清算组的组成与职权、破产、剩余财产的分配等。

除了上述九大方面以外，在一人有限责任公司和国有独资公司、公司内外关系、发行公司债券、外国公司的分支机构等方面，也有一些具体的规则。

除了法律、司法解释上作出规定的，必须遵守以外，老板自己设定，并公示的规则，也要遵守。这就是说，自己承诺的，要兑现。

围绕着公司，我国已经有了一套较为完善、较为成熟的规则。老板们只要切切实实地按照公司制度的规则办事，能够避免很多麻烦，获得善待。网上流传着这样一篇文章，题目是《和懂规则的人在一起》，其内容富有哲理，对于老板们处理公司事务，应该有所启发，值得一读。

二、有时候，事实真相不重要，重要的是是否遵守了公司法律规定的规则

公司是一系列规则的集合，因此，处理公司事务，必须按照规则办事。很多事情，按照公司规则做了，就合法有效。至于所处理的事务的内容是什么，真相如何，那是公司内部所决定的，公司以外的个人、机关不会干预。

上海某环保科技有限公司有三名股东，即某某乐、某某军、某某胜，其持股比例分别为：某某乐40%，某某军46%，某某胜14%。三位股东共同组成董事会，由某某乐担任董事长，某某军、某某胜任董事。同时，由某某军兼任公司的总经理。

环保公司的章程规定："董事会行使包括聘任或者解聘公司经理等职权；董事会须由三分之二以上的董事出席方才有效；董事会对所议事项作出的决定应由占全体股东三分之二以上的董事表决通过方才有效。"

2009 年 7 月 18 日，环保公司董事长某某乐召集并主持董事会会议，三位董事均出席。会议作出决议，内容为："鉴于总经理某某军不经董事会同意私自动用公司资金在二级市场炒股，造成巨大损失，现免去其总经理职务，即日生效。"对该项决议，某某乐、某某胜和公司监事均予以签名，某某军没有签名。

某某军不同意董事会关于免去其总经理职务的决议，以该决议依据的事实错误，在召集程序、表决方式及决议内容等方面均违反了《公司法》规定为由，向上海市黄浦区人民法院起诉，请求判令撤销这一决议。

黄浦区人民法院认为，环保公司于 2008 年 7 月 18 日作出的董事会决议，在召集、表决程序上，与《公司法》及章程并无相悖之处。"某某军是否存在有董事会决议所称的'未经董事会同意私自动用公司资金在二级市场炒股，造成损失'的事实，是确定案件争议的关键"。而经过法庭调查，"无法得出某某军未经同意，擅自动用公司资金在二级市场买卖股票造成亏损"的结论，因此支持了原告某某军，判决撤销被告环保公司于 2009 年 7 月 18 日形成的董事会决议。

环保公司不服，提出上诉。上海市第二中级人民法院二审判决撤销了黄浦区人民法院的判决，并改判驳回某某军的诉讼请求。① 上海市第二中级人民法院改判的理由是什么呢？

某某军提出的诉讼请求是撤销公司的董事会决议，上海市第二中级人民法

---

① 参考案例：最高人民法院第10号指导案例。

院认为，这一董事会决议是否撤销，须依据《公司法》第二十二条第二款的规定进行审查。该条款规定了董事会决议可撤销的事由包括：一、召集程序违反法律、行政法规或公司章程；二、表决方式违反法律、行政法规或公司章程；三、决议内容违反公司章程。2009 年 7 月 18 日董事会由董事长某某乐召集，某某军参加了该次董事会，故该次董事会会议在召集程序上并未违反法定程序。环保公司章程规定，对所议事项作出的决定应由占全体股东三分之二以上的董事表决通过方为有效。因环保公司的股东、董事均为三名且人员相同，2009 年 7 月 18 日决议由三名董事中的两名董事表决通过，在表决方式上未违反公司章程。因此，2009 年 7 月 18 日董事会决议在召集程序、表决方式上不符合应予撤销的要件，应认定为合法有效。

上海市第二中级人民法院认为，环保公司和某某军在二审中对本案的争议焦点，在于董事会决议免去某某军总经理职务的理由即“不经董事会同意私自动用公司资金在二级市场炒股，造成巨大损失”是否是事实，如该事实不成立，是否足以导致董事会决议被撤销？也即原审判决是否应当对导致某某军被免职理由所依据的事实进行实体审查，该事实的成立与否是否足以影响董事会决议的效力？对此，上海市第二中级人民法院认为：

首先，从《公司法》的立法本意来看，对公司行为的规制着重体现在程序上，原则上不介入公司内部事务，最大限度赋予公司内部自治的权力，只要公司董事会决议在召集程序、表决方式、决议内容上不违反法律、行政法规或公司章程，即可认定为有效。从环保公司的公司章程来看，规定了董事会有权解聘公司经理，对董事会行使这一权力未作任何限制性规定，即未规定必须“有因”解聘经理。因此，环保公司董事会行使公司章程赋予其的权力，在召集程序、表决方式符合《公司法》和决议内容不违反公司章程的前提下“无因”作出的聘任或解聘总经理的决议，均应认定为有效。

其次，从董事会决议内容分析，“总经理某某军不经董事会同意私自动用公司资金在二级市场炒股，造成巨大损失”是环保公司董事会对行使解聘总经理职务列出的理由，这一理由仅是对董事会为何解聘某某军总经理职务作出的“有因”陈述，该陈述内容本身不违反公司章程，也不具有执行力。某某军是否存在不经董事会同意私自动用公司资金在二级市场炒股，造成巨大损失这一事实，不应影响董事会决议的有效性。因此，原审法院对“某某军不经董事会同意私自动用公司资金在二级市场炒股，造成巨大损失”这一事实是否存在进行了事实审查，并以该事实存在重大偏差，在该事实基础上形成的董事会决议缺乏事实及法律依据为由撤销董事会决议不符合《公司法》第二十二条第二款之规定，对该事实是否存在不应予以审查与认定。

从这个案例中可以看出，法院在处理纠纷过程中，着眼点在是否遵守规则上，也就是“对公司行为的规制着重体现在程序上”。而且，对于程序上存在的问题，法院的态度也不是十分严格，如果有轻微瑕疵，只要不产生实质性影响，法院一般也不会进行干预（参见《公司法司法解释四》第四条）。至于实体怎样、真相如何，法院一般是不介入的。正如在这个案件中，某某军有没有私自动用公司资金炒股，有没有造成损失，董事会决议所依据的事实是否属实，理由是否成立，法院是不管的。

三、处理与公司有关的纠纷，优先适用公司规则，并应当依据公司制度精神，注意其特殊性

股东将所持有的公司股权，或者说股份转让出去，是经常发生的事情。从性质上来看，这种转让，其实就是一种买卖行为。转让人作为前任股东，与作为后任股东的受让人之间订立的转让合同，属于买卖合同的一种。因此，双方当事人在处理股权转让事宜时，既要遵守《公司法》的规定，又要遵守《合同法》的规定。根据《买卖合同司法解释》第四十五条第一款的规定，“法律或者行政法规对债权转让、股权转让等权利转让合同有规定的，依照其规定；没有规定的，人民法院可以根据合同法第一百二十四条和第一百七十四条的规定，参照适用买卖合同的有关规定”。这就是说，股权转让行为，应当优先适用《公司法》确定的规则，在《公司法》没有规定的情形下，再参照《合同法》中关于买卖合同规定的规则。但是，由于股权转让有其特殊性，即使《公司法》中没有相应规定，也不一定适用《合同法》的类似规定。

在股权转让过程中，受让人可以分期付款，不过这在《公司法》中没有相应规定。在买卖过程中，买受人也可以分期付款，《合同法》第一百六十七条作了相应规定。按照该条规定，出卖人在买受人未支付到期价款的金额达到合同全部价款的五分之一时，可以解除合同。《合同法》第一百六十七条的规定能不能适用于股权转让呢？

邹某某原是某电器有限公司的股东，持有该公司 6.35% 的股权。2013 年 4 月 3 日，邹某某与唐某某签订《股权转让协议》和《股权转让资金分期付款协议》。双方约定：邹某某将股权转让给唐某某，价款合计 710 万元，分四期付清：2013 年 4 月 3 日付 150 万元；2013 年 8 月 2 日付 150 万元；2013 年 12 月 2

日付200万元；2014年4月2日付210万元。又约定此协议一式两份，双方签字生效，永不反悔。协议签订后，唐某某于2013年4月3日依约向邹某某支付第一期股权转让款150万元。但对约定于2013年8月2日支付的第二期150万元，却未按时支付。

因唐某某逾期未支付约定的第二期股权转让款，邹某某于2013年10月11日，以公证方式向唐某某送达了《关于解除协议的通知》，以唐某某根本违约为由，提出解除双方签订的《股权转让资金分期付款协议》。次日，唐某某即向邹某某转账支付了第二期150万元股权转让款，并同时起诉至成都市中级人民法院，请求确认邹某某解除双方签订的《股权转让资金分期付款协议》的行为无效，判令该协议继续履行。2013年10月24日，邹某某向唐某某发出《通知函》，告知因双方签订的《股权转让资金分期付款协议》已经解除，已支付的股权转让款300万元将退还，并于同日实际退还给了唐某某。

2013年11月7日，电器公司向工商登记部门提交变更（备案）登记，将邹某某持有的6.35%股权变更登记至唐某某名下。

2013年12月2日，唐某某通过其银行账户转账支付500万元给邹某某，该款项包括第一、二、三笔股权转让款。但在同日，被邹某某如数退还。2014年3月28日，唐某某通过其银行账户转账支付第四笔股权转让款210万元，但被邹某某于4月17日如数退还。

四川省成都市中级人民法院认为，唐某某与邹某某争议的焦点，是邹某某是否享有合同解除权，其要求解除双方签订的《股权转让资金分期付款协议》的行为是否已经生效。《股权转让资金分期付款协议》明确约定了支付期限和支付方式，唐某某未按约定的期限支付第二笔股权转让款150万元，是酿成本案纠纷的主要原因，构成根本违约，应当承担相应的违约责任。根据《合同法》第一百七十四条，参照《合同法》第一百六十七条"分期付款的买受人未支付到期价款的金额达到全部价款的五分之一的，出卖人可以要求买受人支付全部价款或者解除合同"之规定，唐某某未支付的到期款项150万元已经超过全部价款710万元的五分之一，邹某某有权解除合同。自邹某某2013年10月11日向唐某某发出《关于解除协议的通知》时，《股权转让资金分期付款协议》已经解除，故唐某某要求确认邹某某解除双方签订的《股权转让资金分期付款协议》行为无效的诉讼请求不能成立。遂判决驳回唐某某的诉讼请求。唐某某不服，上诉于四川省高级人民法院。

四川省高级人民法院认为，本案二审争议的焦点问题，是邹某某要求解除

《股权转让资金分期付款协议》有无事实依据及法律依据。《合同法》第一百六十七条之规定，系关于买卖合同分期付款的内容，其最根本的特征是标的物先行交付，也即在出卖人交付货物、买受人实际控制货物后，出卖人收回款项的风险加大，法律赋予出卖人在一定情形下规避风险的措施，包括解除合同和要求一次性支付货款，立法本意在于平衡出卖人、买受人之间的利益。结合双方2013年4月3日所签《股权转让资金分期付款协议》的约定，邹某某将其持有的6.35%股权转让给唐某某，转让款合计710万元分四次支付，但没有明确约定股权交付与分期付款的时间先后顺序，故本案《股权转让资金分期付款协议》不具备分期付款买卖合同中关于标的物先行交付的基本特征，不适用《合同法》第一百六十七条关于买卖合同分期付款的规定。

此外，因案涉股权转让合同属双务、有偿合同，唐某某要求继续履行的诉讼请求，包含了要求邹某某转让股权和唐某某支付股权转让款两方面的内容。结合本案事实，案涉股权已变更过户到唐某某名下，但唐某某所支付的股权转让款被邹某某全部退还，截至目前邹某某没有收到股权转让款，且支付期限早已届满，故唐某某应一次性支付邹某某股权转让款710万元。遂判决撤销原判决，确认邹某某解除双方签订的《股权转让资金分期付款协议》行为无效，唐某某向邹某某支付股权转让款710万元。对此判决，邹某某又不服，向最高人民法院申请再审。

最高人民法院认为，《合同法》第一百六十七条共分两款。第一款的规定是分期付款的买受人未支付到期价款的金额达到全部价款的五分之一的，出卖人可以要求买受人支付全部价款或者解除合同。第二款的规定是出卖人解除合同的，可以向买受人要求支付该标的物的使用费。从上述规定内容上看，该条规定一般适用于经营者和消费者之间，标的物交付与价款实现在时间上相互分离，买受人以较小的成本取得标的物，以分次方式支付余款，因此出卖人在价款回收上存在一定的风险。

本案买卖的标的物是股权，在双方没有在当地工商登记部门进行股权变更登记之前，买受人购买的股权不具有对抗第三人的权利。换言之，如果目标公司没有在股东名册上登记唐某某的股权，在工商部门变更登记之前，唐某某就没有获得邹某某转让的股权。本案中双方约定的第二期价款支付的时间在工商部门股权变更登记之前。一般的消费者如果到期应支付的价款超过了总价款的五分之一，经营者可能存在价款收回的风险。本案中买卖的股权即使在工商部门办理了股权过户变更登记手续，股权的价值仍然存在于目标公司。邹某某不存在价款收回的风险。

从诚实信用的角度看，由于双方在股权转让合同上载明“此协议一式两份，双方签字生效，永不反悔”，邹某某即使依据《合同法》第一百六十七条的规定，也应当首先选择要求唐某某支付全部价款，而不是解除合同。案涉股权已经过户给了唐某某，且唐某某愿意支付价款，邹某某的合同目的能够实现。二审法院认为本案不适用《合同法》第一百六十七条，邹某某无权依据该条规定解除合同的理由并无不当。因此，最高人民法院驳回了邹某某的再审申请。

最高人民法院又进一步指出：根据《合同法》第一百六十七条和《买卖合同司法解释》第三十八条的规定，分期付款买卖的主要特征为：一是买受人向出卖人支付总价款分三次以上，出卖人交付标的物之后买受人分两次以上向出卖人支付价款；二是多发、常见在经营者和消费者之间，一般是买受人作为消费者为满足生活消费而发生的交易；三是出卖人向买受人授予了一定信用，而作为授信人的出卖人在价款回收上存在一定风险，为保障出卖人剩余价款的回收，出卖人在一定条件下可以行使解除合同的权利。

本案系有限责任公司股东将股权转让给公司股东之外的其他人。尽管案涉股权的转让形式也是分期付款，但由于本案买卖的标的物是股权，因此具有与以消费为目的的一般买卖不同的特点：一是唐某某受让股权是为参与公司经营管理并获取经济利益，并非满足生活消费；二是邹某某作为有限责任公司的股权出让人，基于其所持股权一直存在于目标公司中的特点，其因分期回收股权转让款而承担的风险，与一般以消费为目的分期付款买卖中出卖人收回价款的风险并不同等；三是双方解除股权转让合同，也不存在向受让人要求支付标的物使用费的情况。综上特点，股权转让分期付款合同，与一般以消费为目的分期付款买卖合同有较大区别。对案涉《股权转让资金分期付款协议》不宜简单适用《合同法》第一百六十七条规定的合同解除权。

从维护交易安全的角度来讲，一项有限责任公司的股权交易，关涉诸多方面，如其他股东对受让人唐某某的接受和信任（过半数同意股权转让），记载到股东名册和在工商部门登记股权，社会成本和影响已经倾注其中。本案中，唐某某受让股权后已实际参与公司经营管理、股权也已过户登记到其名下，如果不是唐某某有根本违约行为，动辄撤销合同可能对公司经营管理的稳定产生不利影响。①

四、股东即使绝对控股，其操作股东会、董事会会议，也应注意在召集程序、表决方式上遵守规则，否则，所作决议可能会被撤销

《公司法》第二十二条第一款规定："公司股东会或者股东大会、董事会的决议内容违反法律、行政法规的无效。"第二款规定："股东会或者股东大会、董事会的会议召集程序、表决方式违反法律、行政法规或者公司章程，或者决议内容违反公司章程的，股东可以自决议作出之日起六十日内，请求人民法院撤销。"如果说第一款是要求股东会或股东大会、董事会的决议内容必须合法，那么第二款就是要求股东会或股东大会、董事会在通知、召集、主持、表决等具体程序上符合法律、行政法规、公司章程的规则。

海南某房地产投资开发有限公司登记成立于2007年5月，注册资本为2000万元。2012年7月，房地产公司的股东变更为两个，一个是某置业有限公司，另一个是某投资有限公司。其中置业公司出资1800万元，占公司注册资本的90%，投资公司出资200万元，占公司注册资本的10%。可见，在房地产公司，置业公司处于绝对控股地位。

2013年5月22日，房地产公司召开临时股东会会议，置业公司参会，投资公司未参会。该次临时股东会决议记载公司董事、监事发生变更。同一天，房地产公司召开第二届董事会第一次会议，董事麻某某未参会。该次董事会决议记载公司董事长发生变更。

2013年9月29日，房地产公司召开第二届董事会第二次临时会议，董事麻某某未参会。该次董事会决议记载董事会批准了八项经营管理事宜。

2013年11月7日，房地产公司召开股东会临时会议，投资公司未参会。该次临时股东会决议记载同意《关于修改〈房地产公司章程〉修正案》，批准2013年9月29日公司第二届第二次董事会决议。

2014年1月17日，房地产公司召开2013年度股东会会议，投资公司未参会。该次股东会决议记载，批准董事长兼总经理关于公司2013年工作总结和2014年工作规划的报告。

2014年3月28日，房地产公司召开2014年第一季度股东临时会议，投资公司未参会。该次股东会临时会议决议记载批准公司进行增资的方案等事项。

---

① 参考案例：最高人民法院67号指导案例。

按《增资方案》，房地产公司注册资本增资额为3000万元，置业公司增资额为2700万元、投资公司增资额为300万元。

2014年4月，投资公司以房地产公司为被告，置业公司为第三人，向海南省三亚市中级人民法院提起诉讼，请求撤销上述2013年5月22日临时股东会决议及董事会决议、2013年9月29日董事会决议、2013年11月7日临时股东会决议、2014年1月17日股东会决议、2014年3月28日临时股东会决议等。

海南省三亚市中级人民法院认为，本案争议的焦点为涉诉各次股东会决议及董事会决议的合法性。房地产公司的章程并未对股东会议事方式及表决程序作特别规定，因而不存在对公司章程特别规定的适用。有限责任公司召开股东会会议应符合法定的召集程序和会议形式。根据《公司法》第四十一条第一款的规定，房地产公司股东会会议的召集程序应满足在会议召开15日前通知全体股东即置业公司和投资公司参加的要件；在会议形式上，根据《公司法》第三十六条及第四十条的规定，应由全体股东出席并由符合法律规定的主持人主持会议。（一）召集程序。对于召开2013年5月22日临时股东会会议，房地产公司未举证证明已向投资公司发出会议通知。房地产公司主张以邮寄函件方式通知投资公司召开2013年11月7日股东会临时会议及2014年1月17日股东会会议，所举证寄件单记载既不能反映邮寄物品内容亦不能反映已投递妥当，不能证明房地产公司所主张的事实。报刊刊登房地产公司2014年1月4日《关于召开房地产公司董事会、监事会、2013年度股东会的通知》，会议通知落款日期2014年1月4日，距会议召开日期2014年1月17日已不足十五日。由此，房地产公司2013年5月22日临时股东会会议、2013年11月7日股东会临时会议及2014年1月17日股东会会议的召集程序不合法。（二）会议形式。房地产公司2013年5月22日临时股东会参会人员签到簿及临时股东会决议记载及房地产公司陈述一致证明投资公司并未出席会议，房地产公司仅有股东二人，在其中一人未到的情况下，股东会会议不能召开。由此，房地产公司2013年5月22日临时股东会参会人员签到簿及临时股东会决议对“会议”内容以及“决议”形成的记载不真实，房地产公司2013年5月22日临时股东会实际并未召开。房地产公司主张的2013年11月7日股东会临时会议、2014年1月17日2013年度股东会会议及2014年3月28日2014年第一季度股东临时会议，投资公司也均未参加，相应的会议签到簿及股东会决议对该三次股东会“会议”内容以及“决议”形成的记载不真实，该三次股东会会议均未实际召开。（三）股东会决议。根据《公司法》第四十二条及第四十三条的规定，股东会会议由股东按照出资比例行使表决权，股东会会议作出修改公司章程、增加或者减少注册资本的决议，以及公司合并、分立、解散或者变更公司形式的决议，必须经代表三分之二以上表决权的股东通过。置业公司出资占房地产公司出资总额的90%，具有股东会会议表决权的优势，但此种表决权优势应基于股东会会议表决得以实现，在未召开股东会会议时并不存在，更不能因此而剥夺投资公司行使表决权。股东会决议除《公司法》第三十七条第二款规定的情形外，均应通过股东会会议表决形成，而在本案中，房地产公司2013年5月22日临时股东会决议、2013年11月7日临时股东会决议、2014年1月17日股东会决议以及2014年3月28日临时股东会决议，既未经股东以书面形式一致表示同意，亦未召开股东会会议表决形成，置业公司未就决议内容与投资公司进行协商，投资公司并未对上述四次股东会决议行使表决权，由此上述四次股东会决议系房地产公司及置业公司所虚构，不能成立。

关于董事会及其决议。有限公司董事会由公司章程决定设立，对股东会负责，董事由股东会选举产生，董事会决议由董事会会议表决形成。房地产公司2013年5月22日第二届董事会第一次会议签到簿及第二届董事会第一次决议记载，参会的四名董事由同日“召开”的临时股东会选举产生，由于房地产公司2013年5月22日临时股东会并未实际召开，四人的“董事身份”并非基于股东会选举授权取得，依法不能成为房地产公司的董事。四人所召开的会议并不具备房地产公司董事会会议性质，其四人作出的决定也不具备董事会决议的效力，由此房地产公司2013年5月22日第二届董事会第一次决议及2013年9月29日第二届董事会第二次临时会议决议均不成立。

三亚市中级人民法院作出了房地产公司上述股东会决议、董事会决议不成立的判决。房地产公司不服，上诉于海南省高级人民法院。

海南省高级人民法院认为，原审法院认定的基本事实清楚，但判决确认该六份决议不成立，判非所诉。而且，法律只赋予了股东请求确认股东会或董事会决议无效或请求撤销股东会或董事会决议的权利，原审法院判决该六份决议不成立，缺乏法律依据，遂改判撤销上述股东会决议、董事会决议。[①]

房地产公司仍不服，向最高人民法院申请再审。强调房地产公司已经按法定程序履行了通知义务，被申请人作为股东，在接到召开临时股东会会议并就重大事项表决的会议通知后，没有合理理由拒不参会亦不委托其他人参会，属

---

① 这一案例发生在《公司法司法解释四》发布之前，关于究竟应认定为不成立还是撤销，有兴趣的读者可以参见该司法解释第四条、第五条。

弃权行为，不能据此认定股东会会议未召开，并据此否定股东会会议的有效决议。

最高人民法院认为，房地产公司只有置业公司与投资公司两个股东，且置业公司为持有90%股份的大股东，在投资公司未参加临时股东会和董事会的情形下，临时股东会和董事会的召集程序和表决方式应认为存在重大瑕疵，形式上虽有临时股东会决议和董事会决议存在，实质上的临时股东会决议和董事会决议应认为不存在。即未经依法召开股东会会议或董事会会议并作出决议，而是由实际控制公司的股东单方召开或虚构公司股东会、董事会及其会议决议的，即使该股东实际享有公司绝大多数的股份及相应的表决权，其单方形成的会议决议也不能具有相应效力。相关会议决议均为置业公司单方作出，此种情形下相关会议决议不具有相应效力，应认定其实质上并不存在。而且，此种情形下，投资公司可以从知道或者应当知道自己的股东权利被侵犯后，在法律规定的诉讼时效内提起诉讼，可以不受《公司法》第二十二条第二款关于股东申请撤销股东会决议六十日期限的限制。遂裁定驳回了房地产公司的再审申请。[①]

五、股东早已转让了股权，但因公司未按照登记规则办理变更登记，导致对公司的债务承担连带清偿责任

股权能够转让，是增强公司活力，促进公司发展的最重要因素之一。有学者曾将“投资权益的自由转让”，作为公司最重要的三个特征之一，足见其在公司制度中的重要性。

在公司存续期间，股东转让股权十分常见。股权转让，因受让人的不同（其他股东/股东以外的人/公司）而不同，亦因公司的类型不同（有限责任公司/股份有限公司）而不同，还因缘由的不同（自愿转让/法院强制转让/继承）而不同。

如果有限责任公司的股东自愿向股东以外的人转让其股权，应当遵循的程序规则有：转让人书面通知其他股东；其他股东在30日内提出答复意见；其他股东行使或者放弃优先购买权；转、受让双方订立合同；公司确认（注销转让人出资证明书，向受让人签发出资证明书，修改股东名册、章程）；到公司登记机关办理股东变更登记。

上述程序规则，对维护股东的利益十分重要。如果不遵守，可能会产生严

---

① 参考案例：最高人民法院（2016）最高法民申300号。

重后果。

以上规则包括好几个步骤。下面截取办理股东变更登记这个步骤，以最高人民法院审理过的栗某某与河北某轧辊有限公司、李某某清算责任纠纷案为例，说明遵守此规则的重要性。

河北省某工贸有限公司于 2006 年 4 月成立，有两位股东李某某、栗某某，各占 50% 的股份。2007 年 7 月，工贸公司与轧辊公司订立合同，履行过程中，工贸公司拖欠轧辊公司 153 万元。

李某某与栗某某于 2009 年 12 月订立股权转让协议。栗某某将其在工贸公司的股权转让给李某某，李某某向栗某某支付了相应价款。但二人未办理股权转让和股东变更登记。

2010 年 10 月，工贸公司决议解散、清算，但未在法定期限内通知轧辊公司。2010 年 12 月，工贸公司清算组向公司登记机关出具清算报告后，注销了工贸公司。

2013 年 11 月，轧辊公司向河北省唐山市中级人民法院起诉，诉称：工贸公司解散清算时，未依法书面通知原告，致使原告未能及时申报债权，无法追回欠款。依照《公司法司法解释二》第十一条第二款的规定，要求股东李某某、栗某某对工贸公司所欠轧辊公司的款项承担连带清偿责任。

该案经过了河北省唐山市中级人民法院一审、河北省高级人民法院二审、最高人民法院驳回再审申请，轧辊公司的请求均获得了支持。

最高人民法院认为：《公司法》第三十二条第三款规定，公司应当将股东的姓名或者名称向公司登记机关登记；登记事项发生变更的，应当办理变更登记。未经登记或者变更登记的，不得对抗第三人。本案中李某某与栗某某是工贸公司股东，虽然两人签订股权转让协议，栗某某将所持有的工贸公司 50% 股权转让给李某某，但并未在工商登记机关办理股权转让和股东变更登记，因此工贸公司的股权变更不能对抗债权人轧辊公司。对于轧辊公司而言，栗某某仍然具有工贸公司股东的身份，承担工贸公司股东的责任。《公司法》第一百八十三条规定，有限责任公司的清算组由股东组成，栗某某作为工贸公司股东之一，承担组成清算组，依法清算的义务。本案中工贸公司清算组疏于履行公司清算时的通知和公告义务，导致债权人轧辊公司未及时申报债权，现工贸公司已注销，轧辊公司向清算组成员要求损害赔偿，原审法院支持轧辊公司的诉讼请求并无不当。[①]

从上述事实不难发现，栗某某确实已将其在工贸公司的股权转让给李某某。换言之，股权转让的事实已经发生。但所欠缺的，是一直未办理股权转让登记。在工贸公司内部，此转让已发生效力，但对外主要是对公司的债权人，尚未生效。这一点，正是法院判决栗某某对工贸公司的债务承担连带清偿责任的主要原因。

这个案例，说明了在股权转让的事实发生后，遵照公司法律规则，及时办理变更登记的重要性。只要未办理变更登记，对公司以外的人来说，原来的股东就应当继续承担股东的义务。只有在公司登记机关作了相应变更登记以后，才会对外发生效力，能够对抗包括债权人在内的第三人。本案中，未能及时申办股权变更登记，主要是由于工贸公司怠于履职所致，结果使栗某某遭受重大损失。但需要指出，栗某某也有一定的疏忽之处，即未能敦促工贸公司和李某某，尽快办理股权变更登记手续。

另外，这个案例还说明了在公司解散、清算过程中，遵照规则，依法通知债权人的重要性。

关于在转让股权以后，因公司未办理变更登记手续而导致转让方仍应对公司债务承担责任的案例，另见本书第二十九章光明贸易公司诉远行机械公司、江某某、粟某某、相某某一案和最高人民法院第9号指导案例。

六、控股股东意图直接出任公司的执行董事，但因未遵守股东会临时会议召集、主持规则，没有达到目的

大量案例说明，原本较为简单的事情，只要按照公司规则办理，是能够行得通、办得成的。如果不按照公司规则办理，则会把事情搞糟，会带来不必要的麻烦。严重者甚至会给公司、股东带来灭顶之灾。

北京市第一中级人民法院审理的于某某、柳某某以及某某科技发展有限公司撤销股东会决议纠纷案就是一个例子。

2006年10月，于某某、柳某某共同出资设立科技公司，其中于某某出资26万元，持有52%的股份；柳某某出资24万元，持有48%的股份。公司成立时，选举柳某某为执行董事，于某某为监事，聘任柳某某为经理。这些职务任期均为3年。

---

① 参考案例：最高人民法院（2015）民申字第1416号。

2008年6月，于某某书面通知柳某某两天后召开临时股东会会议，议题为“关于保障公司股东合法权益及公司资产管理办法”。柳某某签收该通知后，提议将会议召开时间推迟到六天以后，并得到于某某的同意。

六天后，科技公司召开临时股东会会议，于某某、柳某某参加并在会议签到表上签名。会议由于某某主持，讨论了“关于保障公司股东合法权益及公司资产管理办法”的议题，并临时增加了人事任免的议题。会议记录上记载的临时股东会决议为：“从即日起免去柳某某执行董事及经理职务，暂由于某某管理公司一切业务。”于某某在会议记录上签字，柳某某没有签字。会后，于某某以科技公司名义，向科技公司的客户发去文件，内容为经科技公司临时股东会决定，免去柳某某公司执行董事和经理的职务，并同意由于某某担任公司新一届执行董事，同时聘其担任公司经理。

从上述事实中可以看出，于某某的意图是由自己取代柳某某，担任科技公司的执行董事和经理。本来作为科技公司的控股股东，要做到这一点并不困难，但遗憾的是，由于她没有按照《公司法》规定的程序、规则操作，结果反而是没有做到。

柳某某以科技公司为被告，于某某为第三人，向北京市西城区人民法院起诉，请求判决撤销科技公司作出的关于免去柳某某执行董事和经理职务，并任命于某某担任公司执行董事、经理的临时股东会决议。西城区人民法院支持了柳某某的请求，判决她胜诉。于某某不服，向北京市第一中级人民法院提出上诉，北京市第一中级人民法院再次支持了柳某某的请求，驳回了于某某的上诉。①

在诉讼过程中，各方当事人争议的几乎全部是程序规则问题。对其中的主要问题，法院的看法如下。

1. 关于临时股东会会议的通知时间。按《公司法》规定，应当提前15天通知。违反提前15日通知的时限，是否影响股东会决议的效力，还需根据实际情况加以衡量和判断。倘若虽未提前15天通知，但通知时间得到股东认可，或者股东在会议召开前通过其他渠道已经知道通知会议事宜，并且没有对此提出异议，或者股东知道会议时间后，通过其他方式对会议时间予以变通，则通知时间上的瑕疵即得到救济。本案中，于某某于会议召开前两天通知柳某某，柳某某接到通知后，提议将时间推迟到六天后。可见，临时股东会召开时间得到

① 参考案例：北京市第一中级人民法院（2009）一中民终字第929号。

双方的认可，并且双方均实际参加了会议。会议通知时间上存在的瑕疵已得到救济，并不影响股东会决议的效力。

2. 关于于某某召集并主持临时股东会会议。按《公司法》规定的股东会会议的召集和主持程序，就不设董事会和监事会的有限责任公司而言，股东会会议由执行董事召集和主持；执行董事不能履行或者不履行召集股东会会议职责的，由监事召集和主持；监事不召集和主持的，代表十分之一以上表决权的股东可以自行召集和主持。根据《公司法》的规定，股东会会议的召集和主持顺序依次为执行董事、监事、股东。监事召集并主持股东会会议的前提是执行董事不能或者不履行召集、主持股东会会议的职责。如果执行董事履行了该项职责，就排除了监事的相应权利。此外，《公司法》规定了监事具有提议召开临时股东会的权利，即监事会或者不设监事会的公司的监事提议召开临时股东会会议的，应召开临时股东会会议。由上述规定可知，监事可以向执行董事提议召开临时股东会会议，如果执行董事予以拒绝、不能履行或不履行召集和主持会议的职责，监事才可以自行召集和主持。就本案而言，于某某如果要求召开临时股东会会议，其权利为就此问题向柳某某提议，并由柳某某召集和主持临时股东会会议。只有柳某某未响应于某某的提议，不能履行或不履行召集和主持会议的职责，于某某才可以自行召集和主持会议。而实际情况是，于某某作为无权优先召集、主持股东会会议者，在未向柳某某提议召开临时股东会会议且无证据表明柳某某不履行或不能履行其作为科技公司执行董事前述职责的情形下，自行召集了临时股东会会议并担任了该次会议的主持人。于某某上述行为，违反了现行法律关于股东会会议召集和主持程序的强制性规定，该次临时股东会会议所做决议，因此而应当被撤销。

3. 关于临时股东会会议召开过程中临时增加议题。股东会会议召开过程中是否可以临时增加议题，《公司法》没有明确规定。比较《公司法》对有限责任公司召开股东会会议通知的要求和对股份有限公司召开股东大会会议通知的要求，可知股份有限公司召开股东大会，会议议题为必须通知的事项，股东大会不得对未通知的事项进行表决。有限责任公司则没有类似的强制性规定，只要求提前 15 天通知会期，没有要求必须通知会议审议的事项。可见，有限责任公司召开股东会会议，并不禁止会议期间临时增加议题和对增加的议题进行表决。

4. 关于执行董事任期尚未届满，股东会解除其职务。《公司法》规定董事任期由公司章程规定，但每届任期不得超过三年。《公司法》没有规定董事在任期届满前，股东会不得解除其职务。科技公司章程对此作出补充规定，即

“执行董事在任期届满前，股东会不得无故解除其职务”。该条规定意味着，执行董事在任期届满前，股东会如果认为有解除其职务的理由与必要，则可以解除其职务。在本案中，于某某认为柳某某不能对公司财务状况等作出合理解释，以此为理由提议解除柳某某的执行董事和经理职务，并没有违反《公司法》和公司章程的规定。

5. 关于于某某同时担任公司监事和执行董事。《公司法》规定：董事、高级管理人员不得兼任监事。因此，科技公司的执行董事和监事不能由同一人兼任。不过本案中，临时股东会并没有选举于某某为新的执行董事。临时股东会会议记录记载的股东会决议为“从即日起免去柳某某执行董事及经理职务，暂由于某某管理公司一切业务”。该决议内容和《公司法》关于董事不得兼任监事的规定并不冲突。

从法院的上述观点中，可以发现，上述第 1、3、4、5 点，也就是股东会临时会议的通知时间与召开时间间隔不足 15 日，股东会会议召开过程中临时增加议题，因故解除执行董事和经理职务、由监事暂管公司业务，都不是导致撤销“免去柳某某执行董事及经理职务”这一决议的理由。

导致撤销这一决议的理由是第 2 点，亦即于某某未能遵守股东会会议的召集与主持规则。

于某某尽管是科技公司的控股股东，但在公司的职务却是监事。柳某某虽然是小股东，职务却是执行董事。依照公司法律规则，于某某作为公司的监事，若要召开股东会临时会议，应当向执行董事柳某某提议，由柳某某召集和主持。于某某若要免去柳某某的执行董事、经理职务，应该在柳某某召集和主持的股东会会议上提出。由于于某某是控股股东，表决权占据优势，有把握获得通过。

退一步，如果在于某某向柳某某提议召开股东会临时会议后，柳某某不履行召集股东会会议的职责，于某某完全可以自行召集和主持股东会会议。届时，再在股东会会议上提议免去柳某某的执行董事、经理职务，由股东会会议作出相应决议同样合法。

但实际情况却是，于某某虽然是控股股东，但并未遵循《公司法》规定的股东会会议召集、主持规则，由自己径直召集和主持股东会会议，才导致败诉，会议作出的决议被撤销，取代柳某某的目的落空。

以上内容从六个方面阐述了遵守规则的重要性。另外，本书第八章专门讨论减资问题，并且主要是谈在减资过程中，如何遵守规则，亦可作为遵守公司规则之重要性的佐证。

股东出资义务与老板责任

按照公司章程规定的期限，向公司缴纳出资，是股东的最基本义务。对具有股东身份的老板来说，自然也是如此。

而股东在出资方面存在的问题，大致可以概括为未能完成出资义务，按照《公司法司法解释三》，其中又分为未履行出资义务和未全面履行出资义务。股东们的哪些行为，属于未履行或者未全面履行出资义务呢？答案是情形很多，难以全面列举，这需要根据具体案情确定。无论是未履行出资义务，还是未全面履行出资义务，认缴该项出资的股东都需要承担相应的法律责任。

第四章　未履行或未全面履行出资义务的后果

具体说来，对未履行或者未全面履行出资义务的股东，公司、公司的其他股东、公司的债权人都可以要求其承担责任。只不过责任的性质有所不同，分别为出资补足责任、出资违约责任、补充赔偿责任。当然，股东在出资方面存在问题，还可能导致两种更严重的后果，一种是公司的法人资格被否认，公司的所有债务由股东承担；另一种是触犯刑法，构成犯罪，股东被追究刑事责任。这两种情形，我们分别放在第九章和第二十四章来说。

一、对公司债权人的责任：补充赔偿

通常在公司难以清偿到期债务的时候，债权人往往想方设法，以使自己的债权得到清偿。特别是债权人起诉作为债务人的公司，获胜后进入执行程序，如果在执行程序中，其债权未能获得足额清偿，就会琢磨追究股东，让股东偿还债务。这是常见的路数。走这条路径，在大方向上，除通过否认公司的法人资格，让股东承担连带责任（见本书第九章到第十三章）外，债权人还可以采用几种方式，其中传统上比较常见的、惯用的方式，是从出资方面选择突破口，找出股东在出资方面存在的缺陷，从而抓住股东。

从程序上看，大量案例表明，债权人在法院强制执行未获清偿的情况下，转而要求股东承担责任的概率极高，或者是申请追加股东为被执行人，或者以股东为被告另行起诉。如果股东在出资方面真的存在问题，就有可能被债权人抓住，不得不为公司向其清偿债务。

那么，具体说来，如果债权人在出资方面找出股东的毛病，发现股东未履行或未全面履行出资义务，会要求股东承担什么责任呢？

在前面，特别是在第一章中，曾经反复提到，股东们承担的是有限责任，并且这个“限”是由股东自己预先决定的。具体说来，对一个单独的公司，这个“限”就是股东认缴的出资额。《公司法》第二十八条规定，股东应当按期足额缴纳所认缴的出资额。该条还规定，股东不按期足额缴纳出资的，除应当向公司足额缴纳外，还应当向已按期足额缴纳出资的股东承担违约责任。《公司法》本身并没有关于股东因在出资方面存在问题而向公司债权人承担责任的直接的、明确的规定。

但司法解释中有，这主要是指《公司法司法解释三》中的规定。《公司法司法解释三》第十三条第二款规定："公司债权人请求未履行或者未全面履行出资义务的股东在未出资本息范围内对公司债务不能清偿的部分承担补充赔偿责任的，人民法院应予支持……"

与《公司法》第二十条第三款关于揭开公司面纱情形下的股东责任相比，这里规定的股东应承担的补充赔偿责任是完全不同的另外一种责任，而且这种责任要轻得多。

一是《公司法》第二十条第三款规定的是连带责任，与普通责任相比，连带责任要重得多，故连带责任须以法律规定或当事人约定为依据。《公司法司法解释三》第十三条第二款规定的是赔偿责任，这是一种普通责任。

二是对股东应承担责任的范围，《公司法》第二十条第三款没有作限制，《公司法司法解释三》第十三条第二款将补充赔偿责任限定在"未出资本息范围内"。

三是关于股东承担责任的顺序，按《公司法》第二十条第三款，由于是连带责任，在向债权人承担义务时，股东与公司并无严格意义上的先后之别，而按《公司法司法解释三》第十三条第二款，所谓补充赔偿责任，即先由公司偿还，公司不能偿还的，再由股东偿还。这就意味着，如果公司履行了偿还责任，就无须股东再承担了。

简言之，股东未缴付出资，需要继续承担的还是有限责任。继续缴足就行，当然需要加付一点利息。如果只是缴付了一部分，还没有缴够，属于"未全面履行出资义务"，也是这样承担责任。

股东出现了未履行或者未全面履行出资义务的情形，如上文所述，相对于公司债权人来说，承担的是补充赔偿责任。本书后面第四章至第八章所举出的案例，绝大部分都是判决股东承担补充赔偿责任的。

一般说来，如果股东存在未缴或未缴足、虚假、抽逃出资等未履行或者未全面履行出资义务的情形，纠正过来，向公司缴足、缴够，再加上一些利息即可，无须再承担其他责任。但在公司债权人已经起诉的情况下，这样做就有一定的风险。有的法院曾经认为，如此类股东在公司债权人已经提起了诉讼，并要求其对公司债务承担责任后，才向公司补缴了出资，此补缴行为并不产生对抗该债权人的效力。①

二、对公司的责任：补足出资

股东未履行或者未全面履行出资义务，对公司来说，也应当承担相应的法律责任，这就是出资补足责任。

某农业科技发展有限公司成立于2008年7月，注册资本500万元，其股东为扈某某、胡某某、阚某某。三股东的持股比例分别为30%、40%、30%，分别认缴150万元、200万元、150万元，并约定于2008年7月分两次缴纳。但实际上，三股东系借款出资，在科技发展公司成立后，又将500万元以支付贷款、劳务费、材料费等名义支出，归还给出借人。2008年12月，扈某某将其所持科技发展公司30%的股权转让给余某某，阚某某将其所持30%股权中的21%转让给余某某，9%转让给胡某某。这样，余某某持有科技发展公司51%的股权，胡某某持有49%。2009年11月，余某某将其所持51%的股权转让给某食品有限公司。2012年5月，胡某某将其所持49%的股权也转让给该食品公司。这样，食品公司持有科技发展公司100%的股权。上述股权变更，均进行了工商变更登记。

2013年，科技发展公司以扈某某、胡某某、阚某某为被告，向重庆市第二中级人民法院提起诉讼，请求判令扈某某、胡某某、阚某某分别归还抽逃的资本金150万元、200万元、150万元并承担相应的银行利息；三人对上述的500万元资本金及相应的利息承担连带归还的责任。重庆市第二中级人民法院作出判决，支持了科技发展公司的请求。扈某某、胡某某不服，上诉于重庆市高级人民法院。

重庆市高级人民法院认为，公司资本是在公司章程中确定，并由发起人全部认足或募足的。在公司存续过程中，应维持与其资本额相当的实有财产。扈某某、胡某某、阚某某将科技发展公司的注册资本500万元全部抽逃，理应承担向科技发展公司补足出资的责任。虽然扈某某、阚某某分别将其持有的科技发展公司30%、21%的股权转让给了余某某，胡某某也将其持有的科技发展公司49%的股权转让给了食品公司，但是发起人的出资义务并不随股权的转让一并转让。而且扈某某、胡某某、阚某某在股权转让之前就已抽逃出资，故扈某

---

① 参见鲁高法发〔2007〕3号《山东省高级人民法院〈关于审理公司纠纷案件若干问题的意见（试行）〉》第十七条；赣高法〔2008〕4号《江西省高级人民法院〈关于审理公司纠纷案件若干问题的指导意见〉》第十五条。

某、胡某某、阚某某应当承担补足出资的责任。余某某或食品公司是否支付股权转让价款系另一法律关系，不影响扈某某、胡某某、阚某某承担补足出资的责任。扈某某、胡某某还上诉称根据《公司法司法解释三》第十九条的规定，食品公司应当承担连带责任。法院认为，受让股权的股东知道或应当知道原股东未履行或未全面履行出资义务即转让股权的，公司请求受让股权的股东对原股东履行出资义务承担连带责任的，人民法院应予支持。但扈某某、胡某某并未举示充分证据证明余某某、食品公司在受让扈某某、胡某某、阚某某股权时知晓扈某某、胡某某、阚某某已抽逃出资的事实。况且科技发展公司并未要求余某某、食品公司对扈某某、胡某某、阚某某履行出资义务承担连带责任，故仍应当由扈某某、胡某某、阚某某承担补足出资的责任。遂判决驳回了扈某某、胡某某的上诉。[①]

三、对其他股东：承担出资违约责任

一家公司的设立，首先是基于发起人之间达成的合意。这种合意，即共同设立公司的协议、契约，其中包括出资额、出资方式、出资时间等内容。这些内容一般会规定在公司章程内。在公司设立过程中，以及在公司成立以后，如果有的股东没有按照协议、章程等的规定及时、足额向公司交付出资，相对于其他股东而言，其实是一种违约行为，因此，应向其他股东承担违约责任，亦即出资违约责任。在公司成立后增加注册资本过程中，如果认缴新增资本的股东或者投资者未按照协议交付出资，亦应承担出资违约责任。

2014 年 8 月 4 日，某股份有限公司、恽某某、蒋某某、蓝某某四方订立《合作成立公司协议》《某冶炼有限公司章程》各一份，约定共同合作成立某冶炼有限公司。协议约定：合作各方未按照本协议的约定按期、足额出资，造成公司设立延迟、不能设立或设立后无法正常经营的，即构成违约；合作各方逾期 15 个工作日仍未缴纳其认缴出资的，已按期足额缴纳出资的其他各方有权单独或共同要求其按认缴金额的 10% 支付违约金之后退出本协议。章程载明：公司注册资本 5000 万元，其中股东某股份公司认缴出资额为 2550 万元占 51%，首期认缴时间为 2014 年 8 月；恽某某的认缴出资额为 1250 万元占 25%，首期认缴时间为 2014 年 8 月；蒋某某认缴出资额为 850 万元占 17%，首期认缴时间为 2014 年 8 月；蓝某某认缴出资额为 350 万元占 7%，首期认缴时间为 2014 年

---

① 参考案例：重庆市高级人民法院（2014）渝高法民终字第 00008 号。

8月。首期出资额均为认缴额的10%。

2014年8月21日，某股份公司、蓝某某和蒋某某依约分别向某冶炼有限公司基本账户注入资金255万元、35万元、85万元，恽某某未投入资金。2015年9月10日，某股份公司与恽某某签订一份《某冶炼有限公司股权转让协议》，约定恽某某将其在公司持有的1250万元股权（25%）依法无偿转让给某股份公司，转让后，其在公司的权利、义务由某股份公司承担。同日，在工商行政管理部门进行了变更登记。

2016年，某股份公司以恽某某为被告，向山东省烟台市牟平区人民法院提起诉讼，称被告恽某某未按《合作成立公司协议》履行出资义务，给其造成一定的经济损失，请求判令被告依《合作成立公司协议》第十一条的规定支付违约金12.5万元。

牟平区人民法院认为，被告恽某某一直未向某冶炼有限公司实缴首期出资，其不仅违反了前述《合作成立公司协议》的约定，同时也违反了该公司注册成立时章程的规定，已构成违约。根据《公司法》第二十八条“股东应当按期足额缴纳公司章程中规定的各自所认缴的出资额……股东不按照前款规定缴纳出资的，除应当向公司足额缴纳外，还应当向已按期足额缴纳出资的股东承担违约责任”的规定，恽某某应对某股份公司这样如期足额缴纳出资的其他股东承担违约责任。又因《合作成立公司协议》第十一条违约责任有“合作各方逾期15个工作日仍未缴纳其认缴出资的，已按期足额缴纳出资的其他各方有权单独或共同要求其按认缴金额的10%支付违约金之后退出本协议”的约定，故某股份公司有权要求恽某某按125万元的10%即12.5万元支付违约金，遂判决恽某某向某股份公司支付出资违约金12.5万元。

恽某某不服，上诉于山东省烟台市中级人民法院，称其与某股份公司达成股权转让协议，以零价格转让其在公司持有的股权，因此《合作成立公司协议》项下权利义务也均应当由某股份公司承担。

烟台市中级人民法院认为，上诉人恽某某与被上诉人某股份公司双方签订转让协议转让的只是恽某某所持有的股权，并非对《合作成立公司协议》项下恽某某所有权利义务的概括转让；并且，双方签订转让协议时，恽某某的违约行为已经发生，某股份公司并未放弃追究其违约责任，故恽某某的上诉理由不成立，遂判决驳回了上诉。[①]

---

① 参考案例：山东省烟台市中级人民法院（2016）鲁06民终2640号。

四、连累其他股东：让其他股东承担连带责任

股东未履行或者未全面履行出资义务，还有可能连累其他股东，包括连累已经全面履行了出资义务的股东。

《公司法》第三十条规定，有限责任公司成立后，发现作为设立公司出资的非货币财产的实际价额显著低于公司章程所定价额的，应当由交付该出资的股东补足其差额；公司设立时的其他股东承担连带责任。即按照《公司法》第三十条的规定，设立时股东需要承担连带责任的，系针对非货币财产出资。按照《公司法司法解释三》第十三条的规定，对未履行或者未全面履行出资义务的股东，公司、公司的其他股东、公司的债权人除可以要求该股东全面履行出资义务，或者承担补充赔偿责任外，还可以要求发起人承担连带责任。此规定不限于非货币财产出资，而是扩大到所有形式的出资。当然，发起人承担责任后，可以向未履行或者未全面履行出资义务的股东追偿。

某汽车有限公司对某房地产开发有限公司享有巨额债权。房地产公司成立于2000年，注册资本203万元。2003年12月，将注册资本增加为1214万元，增加的资本来源为新吸收自然人股东厉某某等6人出资22万元、汪某某认缴95万元、陆某某认缴894万元。2006年5月，房地产公司再次将注册资本增加到2000万元，增加的注册资本来源为陆某某以土地使用权作价786万元作为增资。2007年7月，房地产公司及其股东共同向工商行政管理局申请撤销房地产公司在2003年以后的工商变更登记。汽车公司对房地产公司享有的债权，发生在2004年3月。

2009年，汽车公司以房地产公司、汪某某、陆某某、强某某、高某某、姜某某等为被告，诉至湖北省宜昌市中级人民法院，以实现其债权。宜昌市中级人民法院作出一审判决后，汽车公司不服，以房地产公司抽逃出资，其公司及股东虚增注册资本，应在未缴出资范围内对公司债务承担连带清偿责任为由，上诉于湖北省高级人民法院。

湖北省高级人民法院认为，房地产公司将注册资本变更为1214万元，为虚假增资行为。该虚假的注册资本产生了对交易的一般担保作用，该行为对于汽车公司享有债权所依赖的交易行为产生了影响。对应缴而未实缴的虚假出资，汪某某应在95万元，陆某某应在894万元的范围内对房地产公司不能清偿债务部分承担补充责任。汽车公司并未对厉某某等6人主张权利，此系其处分权利的行为。汪某某、陆某某、强某某、高某某、姜某某等人是房地产公司设立时

的股东，也是2003年12月房地产公司申请增资时的股东，更是2004年3月汽车公司债权所依赖基础交易行为发生时的股东，应对汪某某、陆某某出资瑕疵，对外承担连带责任。遂判决对房地产公司不能清偿部分，汪某某在95万元、陆某某在894万元范围内承担补充责任。对于汪某某、陆某某应承担的责任，强某某、高某某、姜某某承担连带责任。

汪某某等不服，向最高人民法院申请再审，被驳回。[①][②]

股东因未履行或者未全面履行出资义务而连累其他股东的案例，不仅内资公司有，外资公司也有。

上海浦东新区梦中梦水乡俱乐部有限公司系中外合资经营有限责任公司，于1994年12月成立，注册资金840万美元。1999年12月，该公司因未按规定申报年检，被吊销营业执照。梦中梦俱乐部公司的股东有两个，一是上海春秋有限责任公司，二是东北贸易公司（外方股东），其中春秋公司出资额为428.40万美元，占比51%，东北贸易公司出资额为411.60万美元，公司全部资本在取得营业执照后两年内分三期全部缴清，并聘请在中国注册的会计师验资，报工商管理部门。1997年3月，上海新申会计师事务所出具新申委字（97）第03012号审计报告，载明梦中梦俱乐部公司的中方股东已分别于1995年7月、8月共计投入人民币2500万元，折合299.7602万美元，占中方股东应出资428.40万美元的69.97%，外方股东东北贸易公司未实缴出资。

1998年6月，上海市第一中级人民法院判决梦中梦俱乐部公司偿还中信银行上海分行借款人民币2100万元并支付相应利息。同年9月，中信银行上海分行申请强制执行，因梦中梦俱乐部无可供执行的财产，被法院裁定中止执行。2011年，中信银行上海分行将对梦中梦俱乐部公司享有的债权转让给上海贞元投资管理有限公司，并履行了通知等程序。

2014年，贞元投资公司以春秋公司、东北贸易公司为被告，诉至上海市第一中级人民法院，请求判令东北贸易公司对梦中梦俱乐部公司所欠本金人民币2100万元及利息承担补充赔偿责任，春秋公司对上述债务承担连带赔偿责任。

上海市第一中级人民法院认为，本案系涉外股东损害公司债权人利益责任纠纷，准据法应为中国法律。对出资不实的补充赔偿责任不适用诉讼时效抗辩，

---

① 参考案例：最高人民法院（2013）民申字第1504号。

② 对增资时未履行或未全面履行出资义务的股东，其他股东是否有义务承担连带责任，存在不同裁判观点，可参见本书第十五章所引杏花公司诉食品公司、刘某某、任某某、文某某、周某某、林某某一案中广东省高级人民法院的观点。

对发起人的连带赔偿责任亦不适用诉讼时效抗辩。贞元投资公司为证明东北贸易公司出资未到位，提供了《审计报告》《年检报告书》等证据，东北贸易公司未出庭应诉，亦未提交书面答辩意见，视为放弃抗辩。春秋公司对前述证据的真实性无异议，亦未提交反证证实东北贸易公司已出资。据此，贞元投资公司主张的东北贸易公司在合资公司章程规定的两年出资期间内未出资的事实成立。遂判决东北贸易公司对梦中梦俱乐部公司的债务本金人民币2100万元不能清偿的部分承担补充赔偿责任，春秋公司对东北贸易公司的债务承担连带赔偿责任，春秋公司承担责任后，有权向东北贸易公司追偿。春秋公司不服，上诉于上海市高级人民法院。

上海市高级人民法院认为，《中外合资经营企业法》和《中外合资经营企业法实施条例》没有涉及出资不实的股东对公司债权人承担补充赔偿责任以及其余发起人股东的连带赔偿责任，春秋公司主张的合营各方按注册资本比例分享利润和分担亏损系指合营各方的内部权利义务分配事宜，属公司运营过程中产生的债务承担问题，与本案所涉因注册资本出资不实而需承担的对外法律责任并不相同。由于《公司法司法解释三》第十三条在原来立法空白的基础上规定了发起人的资本充实义务，贞元投资公司的诉请具有明确的法律依据。

春秋公司主张应结合1994年设立外资企业主要为吸引外方投资技术和资金的经济发展背景来理解，认为梦中梦俱乐部公司属于纯粹的资合性质，不应对中方股东科以较重的注意义务。《中外合资经营企业法实施条例》第十六条第一款已明确合营企业采取有限责任公司形式，故春秋公司主张适用第十六条第二款中外合资双方应以出资额为限各自承担对合营企业的责任，实质上系对合营各方有限责任的进一步解释。值得注意的是，我国公司法律制度始终处于不断补充完善过程中，虽以股东的有限责任制为基本责任形式，但并不是以牺牲债权人为代价的制度。有限责任制与资本充实责任制同属现代公司制度的两大原则，无论公司性质为内资还是外资，公司股东要享有有限责任，即必须承担资本充实责任，才能真正体现权利与义务相统一，故东北贸易公司在合资公司章程规定的两年出资期限内未出资的事实成立，理应对梦中梦俱乐部公司债务不能清偿的部分承担补充赔偿责任，春秋公司据此需承担连带赔偿责任，上述责任负担并不违背公平原则。遂判决驳回了春秋公司的上诉。[①]

---

① 参考案例：上海市高级人民法院（2016）沪民终444号。

五、连累受让股权的后任股东：后任股东可能承担连带责任

《公司法司法解释三》第十八条第一款规定，股东未履行或者未全面履行出资义务即转让股权，受让人对此知道或者应当知道，公司请求该股东履行出资义务、受让人对此承担连带责任的，或者公司债权人请求该股东承担补充赔偿责任、受让人对此承担连带责任的，人民法院应予支持。当然，受让人承担责任后，可以向该未履行或者未全面履行出资义务的股东进行追偿。

浙江某建设集团有限公司成立于2000年12月27日。工商登记资料显示，2005年12月20日，建设公司的股东变更为黄某某、张某某、白某某、赵某某、艾某某、周某某、杨某某、苏某某、董某某、沈某某。

2007年4月，建设公司增资1500万元，注册资本金从6225万元增资至7725万元。2007年4月10日，建设公司以某建筑材料有限公司为收款人，开具两张银行承兑汇票，汇票金额总计1500万元。2007年4月12日，材料公司对该两张银行承兑汇票进行银行贴现获取贴现金额14748579.20元，并于同日转入建设公司的账户。2007年4月13日及2007年4月16日，建设公司分两次向某建筑工程有限公司开具金额为1200万元及300万元的转账支票。2007年4月13日及2007年4月16日，工程公司分两次向周某某开具金额为1200万元及300万元的转账支票。2007年4月17日，周某某向建设公司的账户转账1500万元，并在转账原因一栏注明“其中周某某投资款420万元，董某某投资款225万元，苏某某投资款135万元，沈某某投资款135万元，杨某某投资款135万元，艾某某投资款90万元，赵某某投资款90万元，张某某投资款90万元，黄某某投资款90万元，白某某投资款90万元”。2007年4月17日，会计师事务所出具验资报告，载明截至2007年4月17日，建设公司已收到周某某、董某某、苏某某、沈某某、杨某某、艾某某、赵某某、黄某某、张某某、白某某缴纳的新增注册资本合计1500万元。

2012年7月3日，董某某将其持有的建设公司15%的股份转让给裴某某。

同时，杨某某将其持有的建设公司9%的股份转让给裴某某。

同时，赵某某将其持有的建设公司6%的股份转让给裴某某。

同时，黄某某将其持有的建设公司6%的股份转让给裴某某。

2013年5月，苏某某将其持有的建设公司9%的股份转让给李某某。

2014年5月，浙江省绍兴市上虞区人民法院依法受理了建设公司破产清算一案，并指定了破产管理人。2014年7月，河南省项城市人民法院出具执行裁

定书，载明因董某某、杨某某、赵某某、黄某某、苏某某等人系被执行人建设公司的出资人，且2007年4月17日在建设公司增资注册资本1500万元的验资过程中，采用虚假的金融凭证，通过验资获得验资报告，故追加其为被执行人，在注册资金不实的范围内承担责任。在项城市人民法院执行中，杨某某被扣划11万余元，赵某某被扣划31万元，黄某某被扣划33万元，苏某某被扣划6万余元。

2016年，建设公司以董某某、杨某某、赵某某、黄某某、裴某某、苏某某、李某某为被告，分别向浙江省绍兴市上虞区人民法院起诉，请求判令：董某某立即补缴出资225万元并赔偿利息损失，裴某某负连带清偿责任；杨某某立即补缴出资135万元并赔偿利息损失，裴某某负连带清偿责任；赵某某立即补缴出资90万元并赔偿利息损失，裴某某负连带清偿责任；黄某某立即补缴出资90万元并赔偿利息损失，裴某某负连带清偿责任；苏某某立即补缴出资135万元并赔偿利息损失，李某某负连带清偿责任。后建设公司又变更对杨某某、赵某某、黄某某、苏某某的请求数额，将被项城市人民法院执行走的部分减去。

上虞区人民法院认为，建设公司2007年4月增资1500万元时，董某某、杨某某、赵某某、黄某某、苏某某等各股东均未以自有资金实际出资，而是通过建设公司以向材料公司支付材料款为名，开具收款人为材料公司的票面总额为1500万元的两张银行承兑汇票，材料公司将上述银行承兑汇票贴现后再返还给建设公司，建设公司转账至工程公司，工程公司转账至周某某银行卡，再从周某某银行卡将1500万元增资款转账至建设公司验资账户进行验资。由此可见，上述1500万元增资款并不是各股东的自有资金，而是建设公司与建设银行签订银行承兑协议获得的自有资金，故可以认定建设公司2007年4月增资时，各股东实际并未向建设公司缴纳各自认缴的增资额。裴某某受让董某某、杨某某、赵某某、黄某某所持有的建设公司股权时，李某某受让苏某某所持有的建设公司股权时，并未支付相应的股权转让对价，亦明知董某某、杨某某、赵某某、黄某某、苏某某未履行增资义务而受让其股权。股东未履行或者未全面履行出资义务，公司请求其向公司依法全面履行出资义务的，人民法院应予支持。有限责任公司的股东未履行出资义务即转让股权，受让人对此知道或者应当知道，公司请求该股东履行出资义务、受让人对此承担连带责任的，人民法院应予支持。因此，判决支持了建设公司的全部诉讼请求。

董某某、杨某某、赵某某、黄某某、苏某某不服，上诉于浙江省绍兴市中级人民法院，被判决驳回。[1]

本案中，作为股权受让人的裴某某、李某某，明知转让人董某某、杨某某、赵某某、黄某某、苏某某未履行其增资出资义务，仍受让其股权，结果被判决承担了连带责任。此种教训，值得欲受让、购买他人股权的人们警惕。

六、股东未履行或未全面履行出资义务，即使将股权转让以后，即使经历很长时间，也不能免责

股东有未缴或未缴足、虚假、抽逃等未履行或者未全面履行出资义务情形的，给自己带来的风险是长期性的。即使在该股东将股权转让以后，甚至又经过了很长时间，该股东应负的出资义务，也不能免除，此亦即股东所负的足额出资的义务，不因股权转让而消灭。

在前文所举的科技发展公司与扈某某、胡某某、阚某某一案中，该三名股东抽逃出资的时间是2008年7月。经历了5年后，到2013年，科技发展公司又起诉他们，法院亦判决他们归还抽逃的资本金及利息。

2000年4月，天津市某实业发展有限公司股东会决议增加天津某集团股份有限公司为公司股东，同时将注册资本从5000万元增加到1亿元，增加的5000万元资本由集团股份公司缴纳。集团股份公司将5000万元存入实业发展公司在天津市商业银行天保支行开立的账户内。会计师事务所出具验资报告，证实集团股份公司向实业发展公司的增资5000万元全部缴足。但在随后短短几天内，实业发展公司将660万元、1400万元、140万元分别划到案外人羊某某、某某贸易有限公司、郭某某账户。羊某某、某某贸易公司、郭某某将这些款项共计2200万元存入某某物流公司的账户。物流公司又将2200万元划到集团股份公司的账户。对其他2800万元，实业发展公司则直接划到集团股份公司的账户。至此，集团股份公司将对实业发展公司的5000万元出资全部收回。

2004年5月，集团股份公司与侯某某签订股权转让协议，将其持有的实业发展公司的全部股权转让给侯某某，侯某某又将股权转让给苟某某。

2009年，苟某某将其所持有的实业发展公司的股权转让给郭某某。

上述增资、股权转让均办理了工商登记变更手续。

在这几年间，集团股份公司也是一变再变，2008年11月变更为某某控股集团股份有限公司。虽然历经数年，一变再变，但其向实业发展公司缴纳出资

---

① 参考案例：浙江省绍兴市中级人民法院（2017）浙06民终2192号、（2017）浙06民终3009号、（2017）浙06民终3060号、（2017）浙06民终2190号、（2017）浙06民终3007号。

然后又收回这件事，并没有被人忘记。

2008年5月、6月，上海浦东发展银行股份有限公司天津分行与某某贸易公司订立两份合同，实业发展公司为某某贸易公司履约向浦发银行天津分行提供连带责任保证。但在履行过程中，某某贸易公司分别欠下浦发银行天津分行3000万元及利息、2000万元及利息。浦发银行天津分行向天津市第二中级人民法院提起诉讼，除请求判令某某贸易公司清偿3000万元及利息、2000万元及利息，实业发展公司承担连带偿还责任外，还请求判令控股集团公司（即原集团股份公司）在5000万元范围内承担连带偿还责任。

控股集团公司认为自己不是实业发展公司的原始股东也不是现任股东，其对实业发展公司的股权早已依法转让，且后来又经过多次依法转让。而且，其向实业发展公司出资发生在前，浦发银行与某某贸易公司订立合同，实业发展公司提供担保发生在后，前后相隔8年之久，因此要求免责。但天津市第二中级人民法院认为，控股集团公司向实业发展公司缴纳出资，然后又收回的行为构成抽逃出资。工商登记的公示性决定了担保人实业发展公司注册资本1亿元的公信力，故不应以经过时间长短或股权是否转让、几次转让作为控股集团公司不承担责任的理由，因此判决其在抽逃5000万元范围内对实业发展公司的债务承担补充给付责任。

好几年前的事情了，又被拎出来，控股集团公司不服啊！

于是，控股集团公司向天津市高级人民法院提出上诉，被驳回。① 控股集团公司仍不服，又向最高人民法院申请再审。最高人民法院认为其申诉理由无事实和法律依据，维持了原来的判决。②

这个案例告诉人们，向公司认缴、实缴出资，是一件十分严肃的事情，切勿以儿戏视之。股东有未履行或者未全面履行出资义务的情形，可能给自己带来长期性的风险。

七、在某些情形下，未履行或者未全面履行出资义务的股东本应享有的某些权利，会受到限制

股东作为公民，或者作为法人，依法享有民事权利，但在未履行或者未全面履行出资义务的情形下，股东享有的权利有时会受到限制。例如，按照《合同法》第九十九条、第一百条的规定，合同的当事人互负到期债务，任何一方

---

① 参考案例：天津市高级人民法院（2009）津高民二终字第0060号、第0061号。

② 参考案例：最高人民法院（2011）民提字第86号、第89号。

可以将自己的债务与对方的债务抵销。这一规定也适用于股东与公司，如果未缴或未缴足、虚假、抽逃出资的股东对公司享有到期债权，也可以以该债权抵销应缴纳的出资。当然，与合同之债的相互抵销相比，此种抵销的形式也就是通常所说的债转股。但在公司已经进入破产程序的情形下，股东不得主张此种抵销。

辽宁省某某渔业集团公司是大连某某工程有限公司的股东，但自2004年12月以来，有134万元的出资，一直没有交付到位。同时，渔业集团公司又是工程公司的债权人，自2003年以来，经法院判决和执行，工程公司仍有315万余元没有支付给渔业集团公司。

2013年7月，辽宁省大连市中级人民法院受理工程公司的破产清算申请，并指定了破产管理人。

工程公司以渔业集团公司为被告，向大连市中级人民法院提起诉讼，请求判令渔业集团公司补缴134万元出资及按照中国人民银行同期贷款利率计算的利息71.25万元。渔业集团公司认可未缴出资额为134万元及利息的计算标准，但是要求以其对工程公司享有的315万余元的债权与未缴出资额相抵销。

辽宁省大连市中级人民法院认为，股东未缴纳出资的，应当向公司继续缴纳。至于被告渔业集团公司提出的其作为原告工程公司的债权人，应以其享有的债权与未缴出资额相抵销的抗辩理由，该院认为，被告对原告的债权基于双方借款合同关系产生，现原告基于《公司法》规定的股东负有出资义务向被告追收未缴出资，与被告享有的借款债权并非基于同一法律关系，二者不具有关联性，对被告的该项抗辩，不予支持。被告作为出资人缴纳出资的义务不能免除。被告作为原告的债权人同原告的其他债权人享有平等权利，为保护其他债权人的合法权益，被告对原告享有的债权不能与其对原告欠缴的出资相抵销。被告对此可另行主张。遂判决被告渔业集团公司向原告工程公司补缴出资134万元及利息。①

这个案例提醒老板们，如果对公司享有债权，同时又未完成出资义务，那么就应当尽快以债转股的方式进行抵销。这是因为，享有的债权实现不了，说明公司的偿债能力较低，拖延的时间越长，积累的风险越大。而即使经过的时间再长，负有的出资义务却无法免除，反而会因利息的增长而变得越来越重。在这个案例中，如果渔业集团公司赶在2013年7月工程公司申请破产清算之前

---

① 参考案例：辽宁省大连市中级人民法院（2014）大民三初字第8号。

以债转股的方式补缴了出资，就不会遭受这么大的损失。

除了在破产程序中，股东不得以其破产债权抵销其应缴纳的出资之外，有的法院还认为，在公司债权人已经提起诉讼，要求未缴或未缴足、虚假、抽逃出资的股东承担相应责任的情形下，此类股东也不得主张抵销。[①]

① 参见《山东省高级人民法院〈关于审理公司纠纷案件若干问题的意见（试行）〉》第十八条。

第五章　实缴出资期限未满情形下的责任承担

一、认缴出资额时，要根据可能出现，或现实的债务情况，审慎确定。如头脑发热，认缴的额度过高，会带来巨大风险

有了资本，才能成立并运营一个公司。这个资本经过登记后，就成为注册资本。对注册资本，我国《公司法》原来规定的是实缴制，也就是在公司申请设立登记之前，股东们就必须将资本缴足，并且还得经过验资，由验资机构出具验资报告。如果没有验资报告，是无法通过登记机关审查的。

2013 年修改后的《公司法》将实缴制改成了认缴制。从对股东的要求来看，认缴制比起实缴制，要宽松得多。也就是股东们只要承诺缴纳一定的数额作为出资，不用实际缴纳，不用验资，就可以通过公司登记机关的审查，获得营业执照。已经成立的公司，在经营过程中增加注册资本，也同样施行认缴制。当然，认缴的数额以及准备实际缴纳的时间，应当在公司章程上写明。《公司法》第二十八条中规定了“股东应当按期足额缴纳公司章程中规定的各自所认缴的出资额”。

这样一来，从认缴到实缴，就出现了一个时间差。这个时间差有多长？法律上没有限制，这就为延长出资缴纳时间打开了空间。实务中，有一些公司章程上规定的股东实际缴纳出资的时间长达十几年、几十年。据说，还有长达上百年的。于是，在股东缴足资本以前，公司在资本很少甚至还没有收到资本的情况下，就开始了经营。公司在经营过程中，由于没有相应的资金向外支付，大量负债就成为常见现象。那么，偿付公司债务的钱，如果公司拿不够，从哪里出？债权人自然会想到股东已认缴但尚未实缴到位的那部分资本。因此，债权人向公司追偿债务时，就会波及股东。

同时，认缴制激发了人们的投资热情，使一些人忽视了潜在的风险，变得冲动起来，其表现就是在自己囊中羞涩的情况下，却打肿脸充胖子，认缴的数额很高，高到数百万元、数千万元甚至数亿元，以至于到了自己根本拿不出来的地步。

山东省某某海洋造船有限公司在与中国机械设备工程股份有限公司的业务往来中，拖欠其垫付资金12344万元。海洋造船公司注册资本500万元，共有徐某某、凌某某、应某某等25名股东，徐某某为公司董事长、法定代表人。在负有巨额债务的情形下，2009年10月，公司股东会却作出增资决议，将注册资本增加到6000万元。增资额5500万元，其中徐某某认缴2500万元，凌某某认缴1500万元，应某某认缴1500万元，并于2009年10月23日之前缴足。但实际上，他们三人并无足够资金，根本做不到按期实缴。于是采用了虚假出资的方式，造成了实缴到位的假象。山东省高级人民法院判决徐某某、凌某某、应某某分别在2500万元、1500万元、1500万元的范围内对海洋造船公司应支付中国机械公司的12344万元及相应利息承担补充赔偿责任。[①] 这样一来，徐某某、凌某某、应某某三人认缴的巨额出资，成了套在他们自己身上的沉重枷锁。

假设一下，如果徐某某、凌某某、应某某等人不主动认缴如此高额的出资，自然不会出现这种严重结果。如果认缴的出资额比较小，对自己的危害后果也会相应地小一些，不至于如此严重。

认缴的数额越高，承担的风险就越大。因此，老板们在确定认缴的出资额时，千万不要头脑发热，要注意量力而行。对认缴的出资额度，要根据自己的风险承受能力确定，而且应在不影响自己基本生活的前提下确定。不要等到债权人追债时，才知道风险即将降临到个人头上。

在公司负有巨额债务的情形下，增资一定要慎重。在存在巨额负债，或者债务状况不明朗，或者有可能形成纠纷并导致巨额负债产生的情形下，盲目增资，很有可能给自己惹来灾祸。例如，前述徐某某、凌某某、应某某对海洋造船公司的认缴增资，就是如此。

如果已经认缴了，并且认缴的数额过高，那该怎么办？这时，有一个途径，可以降低风险甚至解除股东个人——而不是公司——的风险，这就是尽早、尽快，依法减资。股东是以其认缴的出资额为限对公司承担责任的，通过减资程序，把“认缴的出资额”降下来，也就等于把风险降下来。

当然，减资要注意依法进行。[②] 并且，在减资过程中，还有可能遇到债权人阻击。

---

① 见第七章所引案例。

② 见第八章所引案例。

二、实缴出资的时间尚未界至，如遇债权人追偿，有可能被判决承担责任

根据《公司法》的规定，认缴出资额、出资方式、出资期限等内容均属公司股东可以自主约定的范围，这些事项并记载于公司章程，通过注册登记公示于社会。股东应当依据公司章程规定的期限缴纳出资，这是其法定权利。依章程规定期限缴纳出资，即股东依法享有的期限利益。

前文提到，在股东出资实行认缴制的情况下，从认缴到实缴有一个时间差。如果在这个时间差里，公司欠下债务，债权人要求股东对公司债务承担补充赔偿责任，提前缴付期限尚未届满的出资，又该怎么办？一般来说，对债权人这样的要求，法院并不支持。

上海鸿运有限公司拖欠上海天佑投资有限公司租赁经营权转让费200万元，被天佑公司起诉，法院判决偿还。进入执行程序后，法院发现鸿运公司无财产可供执行，裁定终结执行。天佑公司又以鸿运公司的股东申某某、路某某为被告，向上海市虹口区人民法院起诉，请求判令申某某在未出资的出资额450万元本息范围内、路某某在未出资的出资额1125万元本息范围内，对鸿运公司所负天佑公司的债务本息中不能清偿部分承担补充清偿责任。

2011年12月，鸿运公司注册资本为500万元，全部实缴；股东为路某某、龙某某和申某某。2014年4月，公司增加注册资本至5000万元，其中龙某某出资额为3250万元、路某某出资额为1250万元、申某某出资额为500万元，鸿运公司章程载明出资时间均为2030年7月30日前。

虹口区人民法院认为，《公司法司法解释三》第十三条中规定的股东未履行或未全面履行出资义务，应当指股东根据法律规定或者约定已经负有缴纳出资义务的情形。本案中，鸿运公司章程明确约定各股东的出资时间为2030年7月30日前，此约定系附期限的义务，只有到2030年7月30日时，鸿运公司股东仍未履行出资义务的，才承担相应责任。因此，鸿运公司股东除已经实缴的500万元外，其余出资额尚未到缴纳期限。我国法律未规定只要公司不能清偿对外债务，公司股东尚未届满缴纳期限的出资即视为到期，故天佑公司要求申某某、路某某承担补充赔偿责任缺乏法律依据。虹口区人民法院判决驳回天佑公司的全部诉讼请求。

天佑公司不服，上诉于上海市第二中级人民法院。该院认为：《公司法司法解释三》第十三条是关于股东未履行或者未全面履行出资义务的责任的规定，该规定的适用要件应指向股东出资义务期限届满时的情形。本案中，鸿运

公司章程约定股东增资出资缴款期限为2030年7月30日，申某某、路某某作为鸿运公司认缴增资的股东至本案诉讼时并不存在未履行或者未全面履行出资义务的情形。鸿运公司虽不能清偿到期债务，但天佑公司据此主张股东未届履行期限的出资义务加速到期，将未到期出资等同为股东未履行或未全面履行出资义务，本院认为尚不能对司法解释相关规定作出如此延伸和扩张解释。故天佑公司的主张缺乏法律依据。最后判决驳回了天佑公司的上诉。[①]

与上述案例类似的还有山东省济南市中级人民法院审理的章某某与济南某某经贸有限公司等买卖合同纠纷案。山东省济南市中级人民法院在判决中指出，《公司法》第三条第二款固然规定股东以其认缴出资为限对公司承担责任，但第二十八条亦规定了股东应按期缴纳其出资。同时，《企业破产法》第三十五条对出资人认缴出资加速到期的规定，系以法院受理破产申请为前提的；《公司法司法解释二》第二十二条明确规定股东未缴出资作为清算财产的条件是公司进入解散阶段。因此，债权人要求股东提前履行其出资义务，应具备相应法定条件，亦即进入破产或解散程序。另外，济南市中级人民法院还认为，股东对公司的出资义务源于股东间出资协议或章程约定，并通过在工商行政管理部门备案登记向社会公示，已向包括债权人在内的不特定第三人宣告了出资期限，债权人也是在此预期下与公司进行交易，债权人仅以自己对公司债权尚未获得清偿为由，要求股东提前履行出资义务，并不具备相应正当性和合理性 。[②]

应该看到，对已认缴但实缴期限尚未届满的出资，亦即履行期限尚未届至的股东出资义务，能否加速到期，司法实务界并未取得一致意见。这样，自然会出现不同的判决。

卫某某、芦某某是广州市某石油化工有限公司的两位股东。卫某某认缴出资额为8000万元，实缴出资额为408万元，其余部分实缴期限未到；芦某某认缴出资额为2000万元，实缴出资额为102万元，其余部分实缴期限未到。化工公司拖欠山东高速海南发展有限公司货款1908多万元。山东高速公司向海南省洋浦经济开发区人民法院起诉，请求判令化工公司支付货款及违约金，卫某某、芦某某在未出资范围内对化工公司不能清偿部分承担补充赔偿责任。对山东高速公司的这些请求，洋浦区人民法院判决予以全部支持。

卫某某不服，上诉于海南省第二中级人民法院。该院认为：股东认缴的出资额由实缴出资额和应缴出资额两部分组成，未到缴纳期限的出资为应缴出资

---

① 参考案例：上海市第二中级人民法院（2017）沪02民终608号。

② 参考案例：山东省济南市中级人民法院（2016）鲁01民终5731号。

额。根据《公司法》第三条第二款“有限责任公司的股东以其认缴的出资额为限对公司承担责任”的规定，卫某某应以其认缴出资额为限对公司承担责任，不论是实缴出资还是应缴出资，故卫某某关于出资义务尚未到缴纳期限的抗辩理由不能成立。另，根据《公司法司法解释三》第十三条第二款中“公司债权人请求未履行或者未全面履行出资义务的股东在未出资本息范围内对公司债务不能清偿的部分承担补充赔偿责任的，人民法院应予支持”的规定，一审判决卫某某、芦某某在未出资范围内对化工公司不能清偿的部分债务承担补充赔偿责任，该责任的法律后果是先由化工公司进行清偿，对于不能清偿部分，由股东卫某某、芦某某在未出资范围内承担责任，符合法律规定和《公司法》的立法宗旨，应予维持。因此，判决驳回了卫某某的上诉。①

对比起来，似乎认为出资期限未届至的，股东出资义务并不能加速到期的观点占了多数。除前述上海市第二中级人民法院、济南市中级人民法院外，江苏省高级人民法院的一些法官也持这种看法。②

不过，有两种情形，老板们应当予以注意：

一是法律、司法解释规定应当提前到期的。按照《企业破产法》第三十五条的规定，公司被申请破产后，其股东应当缴纳所认缴的出资，不受出资期限的限制。债权人有申请公司破产的权利，在其债权得不到清偿的情况下，自然会想到申请公司破产这一招。例如，前文曾经提到的天佑公司，就曾经对鸿运公司用过这个办法，只是不太成功。③ 另外，按照《公司法司法解释二》第二十二条的规定，如果公司经营难以维持，不得不解散时，或者因其他事由而解散时，已认缴尚未实缴的出资，是应当纳入公司清算财产的。也就是说，即使未到实缴的期限，也要列入公司清算财产，用来清偿公司债务。

二是一种比较特殊的情况。如果股东认缴的出资额很高，出资期限又很长，如自然人股东认缴出资的期限超过了人的平均生存年限，又该怎么办？有可能被法院认定为恶意延长出资期限。在这种情形下，法院更有可能支持债权人的请求，要求股东提前履行义务，判决股东在未出资本息范围内，对公司债务不能清偿的部分承担补充赔偿责任。

---

① 参考案例：海南省第二中级人民法院琼97民终1102号。

② 夏正芳、史留芳：《公司设立、治理及终止相关疑难法律问题研究》，载《法律适用》2016年第12期。

③ 参考案例：上海市杨浦区人民法院（2017）沪0110破申1号裁定书。

三、实缴出资的时间尚未届至，转让了股权，并不能转让继续缴纳出资的义务，如遇债权人追偿，有可能被判决承担责任

四川省某某电子科技有限公司于2010年9月成立，注册资本1600万元。2011年9月，电子公司章程修正案记载，晏某某认缴出资额1440万元，实缴货币出资300万元，非货币出资675万元，与认缴出资相差465万元，差额交付期限为2012年9月12日前。文某某认缴出资额160万元，实缴货币出资20万元，非货币出资75万元，认缴出资差额65万元，差额交付期限为2012年9月12日前。2012年5月，晏某某将其持有的电子公司90%股份全部转让给成都某某投资管理有限公司。投资公司认缴出资额、实缴货币出资额、非货币出资额、认缴出资差额与晏某某相同，认缴出资差额交付期限仍为2012年9月12日前。投资公司未支付晏某某股权转让款，文某某、投资公司也未缴纳出资差额。

2011年3月至11月，电子公司先后多次向宁某某等三人借款，未能足额偿还，尚欠本金105.6万元、利息38.7万元。宁某某等三人以电子公司、晏某某、文某某、投资公司等为被告，向四川省阆中市人民法院起诉，请求判令偿还本金与利息。阆中市人民法院作出判决后，晏某某不服，上诉于四川省南充市中级人民法院。南充市中级人民法院作出二审判决后，投资公司不服，向检察机关申诉。四川省人民检察院向四川省高级人民法院提起抗诉，四川省高级人民法院进行了提审。三级法院均判决晏某某对电子公司债务不能清偿的部分在未出资465万元及利息范围内承担补充赔偿责任，投资公司、文某某承担连带责任；文某某对电子公司债务不能清偿的部分在未出资65万元及利息范围内承担补充赔偿责任。

晏某某主张，其转让股权时已经严格按照公司章程规定的期限履行了到期出资义务，在转让股权时未缴纳的尚未到期的出资部分不属于未全面履行出资义务，股权转让应为有效，股权转让后未到期的出资部分的缴纳义务也随之转移给股权受让人投资公司，因此判令其在未出资范围内承担本案借款的补充赔偿责任是错误的。

南充市中级人民法院认为，文某某与晏某某议定出资差额的缴纳时间是2012年9月12日前，晏某某对缴纳出资差额享有期限利益，该期限利益仅能对抗电子公司及其股东，不能约束第三人。尽管晏某某足额缴纳了届期的出资数额，但并未全部缴纳其认缴的出资额，在其足额缴纳出资差额之前皆属未全

面履行出资义务，且晏某某将其持有的股权转让与投资公司后，投资公司亦未缴纳出资差额。根据《公司法司法解释三》第十八条第一款“有限责任公司的股东未履行或者未全面履行出资义务即转让股权，受让人对此知道或者应当知道，公司请求该股东履行出资义务、受让人对此承担连带责任的，人民法院应予支持；公司债权人依照本规定第十三条第二款向该股东提起诉讼，同时请求前述受让人对此承担连带责任的，人民法院应予支持”和第十三条第二款之规定，晏某某应在未出资本息范围内对电子公司不能清偿宁某某等三人的借款承担补充赔偿责任。[①]

四川省高级人民法院提审后认为，判定电子公司股东在其未出资金额及其利息范围内对电子公司不能清偿的债务承担补充赔偿责任、投资公司承担连带责任并无不当，故判决维持了南充市中级人民法院的上述判决。[②]

比较一下，可以看出，四川省三级法院在本案中所持的观点，特别是南充市中级人民法院关于“尽管晏某某足额缴纳了届期的出资数额，但并未全部缴纳其认缴的出资额，在其足额缴纳出资差额之前皆属未全面履行出资义务”的观点，与海南省第二中级人民法院所持观点相近。南充市中级人民法院还进一步阐述，认为“晏某某对缴纳出资差额享有期限利益，该期限利益仅能对抗电子公司及其股东，不能约束第三人”。既然如此，晏某某在缴纳差额出资的最后时间到来之前，即使转让了其所持股份，却不能同时转让其应负的继续缴纳出资的义务，也就不应免除其对债权人所负的补充赔偿责任。

四、在公司负有债务的前提下，延长的认缴出资期限，对公司债权人不具有约束力

股东向公司实际交付出资的期间约定于公司章程，而章程是可以修改的。因此，股东可以通过修改公司章程，延长其实际交付出资的期限。

按照出资期限尚未届至，股东出资义务并不能因公司债权人主张补充赔偿责任而加速到期的观点，如果按照向社会公示的公司章程，股东向公司实际交付出资的时间尚未届至，法院是不应判决股东向债权人承担补充赔偿责任的。如果股东通过修改公司章程，延长了其实际交付出资的期限，结果会如何呢？

上海某餐饮娱乐有限公司成立于2013年4月，注册资本为1000万元，股东为留某某、节某某，各实缴出资100万元，共实缴出资200万元，未足额出

① 参考案例：四川省南充市中级人民法院（2013）南中法民终字第137号。
② 参考案例：四川省高级人民法院（2016）川民再232号。

资部分于2014年10月29日前缴足。2013年10月22日，留某某、节某某将其持有的餐饮娱乐公司股权全部转让给陈某某、惠某某、单某某，并明确未足额出资部分由该三人在规定期限内缴足。2013年10月22日，餐饮娱乐公司形成新的章程，载明公司的股东为陈某某、惠某某、单某某，认缴出资额分别为350万元、300万元、350万元。陈某某、惠某某、单某某已实际缴纳第一期出资，金额分别为70万元、60万元、70万元。第二期出资到位时间是2014年10月，陈某某、惠某某、单某某应缴纳出资分别为280万元、240万元、280万元。2016年6月20日，餐饮娱乐公司形成新的公司章程，陈某某、惠某某、单某某第二期出资期限均从2014年10月延长至2023年4月1日。同日，陈某某、惠某某、单某某形成股东会决议通过餐饮娱乐公司的章程，并在公司登记机关进行备案。

餐饮娱乐公司与上海某某装饰有限公司之间签订有建筑装饰工程施工合同、安装生产协议各一份。履行中，餐饮娱乐公司拖欠装饰公司工程款。2013年3月7日，装饰公司与餐饮娱乐公司签订付款协议，约定工程竣工结算款为577.6万元，于2014年春节前分四期付清。但餐饮娱乐公司只是履行了部分付款义务，经法院判决，尚欠装饰公司工程款本金241万元未付。

2015年11月，装饰公司以陈某某、惠某某、单某某为被告，向上海市奉贤区人民法院提起诉讼，请求判令三被告分别在未向餐饮娱乐公司出资280万元、240万元及280万元本息范围内对餐饮娱乐公司欠原告的本金241万元及利息承担补充赔偿责任。

诉讼中，有被告辩称，其第二期出资尚未到期。对此，奉贤区人民法院认为：第一，原告提起本案诉讼的时间是2015年11月13日，而三被告形成股东会决议延长第二期出资款缴纳期限的时间是2016年6月20日，也即三被告系在本案诉讼中延长第二期出资的缴纳期限，而餐饮娱乐公司于2014年年底已经停止经营，加之，原告主要是针对三被告的第二期出资未到位提起的本案诉讼，因此，本院有充分理由认定，三被告延长第二期出资缴纳期限的目的即对抗原告提起的本案诉讼，而并非餐饮娱乐公司的经营。申言之，三被告为了避免败诉的风险，免除其本应承担的补充赔偿责任，恶意延长出资缴纳的期限，以期进一步侵害原告的合法权益，显然有违诚实信用原则，不应得到支持。从此角度而言，三被告恶意形成股东会决议延长第二期出资缴纳期限的行为，对原告应不具有法律约束力。第二，原告对餐饮娱乐公司享有的债权形成于2014年10月之前，若三被告按期缴纳第二期出资款，则原告的债权完全可以得到清偿，现因三被告未按期缴纳第二期出资款，原告的债权未能得到清偿，也即三被告未按期缴纳出资的行为已经侵害了原告的合法权益。现三被告欲通过延长第二期出资缴纳期限的手段，进一步侵害原告的合法权益，使其债权不能得到清偿，显然有违公平原则，故三被告恶意延长出资期限的行为不应得到法律支持。遂判决陈某某、惠某某、单某某分别在其未向餐饮娱乐公司出资数额本息范围内，对餐饮娱乐公司债务，向原告装饰公司承担补充赔偿责任。①

本案中，装饰公司与餐饮娱乐公司确定工程竣工结算款的时间是2013年3月7日，而餐饮娱乐公司前股东留某某、节某某向陈某某、惠某某、单某某转让股权的时间是2013年10月22日。这就是说，公司债务确认在前，而股权转让在后。原告装饰公司虽然曾申请追加留某某、节某某为共同被告，但后又撤回该申请。既然债权人不向留某某、节某某主张权利，奉贤区人民法院自然没有判决其承担责任，但仍就此阐述了观点，认为：三被告的股权虽受让于案外人留某某、节某某，留某某、节某某亦仅出资200万元，但餐饮娱乐公司成立时的公司章程已经明确未足额出资部分应于2014年10月前补足，且涉案股权转让协议签订时间在2014年10月之前，也即股权转让协议签订时，留某某、节某某应补足出资的时间尚未届至，加之，涉案股权转让协议明确载明，未足额出资部分由三被告负担，因此，三被告应当承担补足第二期出资的义务。这一观点，与前引四川省三级法院判决晏某某承担补充赔偿责任一案中所持观点有所不同。

① 参考案例：上海市奉贤区人民法院（2015）奉民二（商）初字第3632号。

第六章　非货币财产出资的交付、过户与责任承担

《公司法》第二十七条第一款规定，股东可以用货币出资，也可以用实物、知识产权、土地使用权等可以用货币估价并可以依法转让的非货币财产作价出资。知识产权，主要包括商标权、专利权、著作权、非专利技术、设计、技术成果等。另外，依据《公司法司法解释三》第十一条的规定，可以以在其他公司的股权出资。按照《关于审理与企业改制相关的民事纠纷案件若干问题的规定》和《公司注册资本登记管理规定》第七条的规定，在少数情况下，也可以以债权出资。

相比之下，股东以货币出资的，往往比较直接、简单、清晰，如果出现问题，判断起来也比较容易。而以非货币财产出资，程序则比较麻烦。对这种麻烦，《公司法》作了相应规定：一是第二十七条第二款，规定对作为出资的非货币财产，应当评估作价，核实财产，不得高估或者低估作价；二是第二十八条第一款，规定以非货币财产出资的，应当依法办理其财产权的转移手续。实践中，非货币财产出资存在的问题，往往出在对这两条的执行上。

一、以非货币财产出资的，如实、及时地进行评估作价，有利于交付该项出资的股东

按照《公司法》第二十七条第二款的规定，如果以非货币财产出资，必须对该财产评估作价。及时做到这一点，可以避免很多麻烦。

宗某某是海南省某某物业经营有限公司的股东。2000 年 6 月，宗某某与其他三个股东一起设立物业经营公司。在第一次股东会会议上，确定宗某某对公司的出资为 517.5 万元。同年 8 月，物业经营公司取得了企业法人营业执照，但未经验资。宗某某除缴纳 138 万元货币出资外，还有实物出资，具体包括潜水设备、水上设备、潜水广告牌、餐具等。2000 年 12 月，物业经营公司对各

股东的实物出资，历时八天，进行了盘查、鉴定、评分，并出具了确认报告，由物业经营公司盖章，各股东代表签名。2001 年 5 月 25 日，物业经营公司吸收八个新股东。各股东通过并签署了章程，但并未到工商机关办理变更登记。依新章程，物业经营公司置备了股东名册。在股东名册中，宗某某货币出资和实物出资为 3182786 元，并经各股东签字确认。2003 年 11 月 24 日，会计师事务所对物业经营公司的出资进行了审验并出具了验资报告，认定物业经营公司收到宗某某缴纳的出资 138 万元。三亚市工商局登记宗某某应缴出资为 517.5 万元，实缴 138 万元。后来，因如何确定各股东的出资额，物业经营公司内部发生争议，宗某某诉至海南省三亚市中级人民法院。

三亚市中级人民法院认为：物业经营公司包括宗某某在内的各股东实缴的货币出资已经验资，公司登记机关已予登记。据此认定宗某某实缴货币出资为 138 万元。《公司法》规定股东实物出资必须进行评估作价，不得高估或低估作价，并规定以实物出资的应当依法办理其财产权的转移手续。宗某某以实物出资的事实，物业经营公司予以认可，但实物价值未经法定评估机构评估，不符合《公司法》的规定程序，其价值存在低估和高估的情形，可能损害公司其他股东利益，同时也未办理产权转移手续，故应按法定程序进行评估作价，办理产权转移手续后才能确认，遂判决确认宗某某对物业经营公司货币出资额为 138 万元，驳回其其他诉讼请求。宗某某不服，上诉于海南省高级人民法院。

海南省高级人民法院认为：本案各方当事人对宗某某具有物业经营公司的股东资格均无异议，争议的焦点是宗某某的出资数额问题。证据证明：物业经营公司设立时的章程中记载股东有宗某某等四人，出资方式为货币和实物，宗某某的出资额为 517.5 万元。2001 年 5 月 25 日物业经营公司吸收新股东并制定了新的公司章程，章程对股东及出资情况约定详见股东名册。股东名册记载股东共 12 位，其中宗某某出资合计数额为 3182786 元。但物业经营公司在吸收新股东、制定新章程后未办理变更登记。依照《公司法》关于有限责任公司股东名册的规定，股东名册的内容采取法定主义原则，是确定股东资格和出资数额的依据，记载于股东名册的股东可以依股东名册主张行使股东的权利，是否向登记机关登记或变更登记，只影响是否对抗第三人的效力，而不影响股东的权利。一般情况下，按合法、规范的要求，公司章程的记载、股东名册的记载和登记机关的登记应当一致。但是，当上述记载不一致时，应当依据股东名册确定股东的资格和权利，工商登记只具有证权性的功能，而不具备设权性的功能。本案中，物业经营公司设立时的章程虽规定了股东姓名和应当出资数额，但未确认各股东的实际出资额，也未置备股东名册，依各股东应当出资的数额办理了登记，故2001年5月25日的股东名册是确认股东及出资额的证据，对股东名册中记载的出资数额予以支持。上诉人宗某某对物业经营公司的出资数额合计为3182786元。被上诉人抗辩应以三亚市工商局变更登记的出资数额认定宗某某的出资，并无事实和法律依据。

对于实物出资的评估作价问题，海南省高级人民法院认为：对宗某某等股东的实物出资部分，由物业经营公司组织有关人员进行了资产评估，并由物业经营公司管理人员签字认可，评估价格和收到实物，上列出资均载入物业经营公司账内实收资本。《公司法》规定对实物出资应当评估作价，不得高估或者低估作价，对评估作价法律、行政法规有规定的，从其规定。宗某某对物业经营公司的实物出资为经营潜水沙滩娱乐的财产及相关低值易耗品，均属于动产，法律和法规未对动产的评估有特别规定，故物业经营公司组织人员评估认定财产价值并无不当。动产所有权的转移从交付之日成立，故实物出资已经转移给物业经营公司所有。被上诉人抗辩以会计师事务所的验资为准及实物未经评估作价，也未办理所有权转移手续的理由，无事实法律依据。

最后，海南省高级人民法院判决将宗某某对物业经营公司的出资额由“138万元”变更为“3182786元”。[①]

海南省高级人民法院的这个判决是在2006年12月作出的。当时，《物权法》尚未颁布，《公司法》还有“股东缴纳出资后，必须经依法设立的验资机构验资并出具证明”的规定。从这个角度看，三亚市中级人民法院的判决并非没有道理。但宗某某以实物出资确实是事实，而且时隔数年，宗某某出资的实物有的已被淘汰，有的报废甚至灭失，若像三亚市中级人民法院认定的那样，不经中介机构评估不能作为出资，那对宗某某明显是不公平的。因此，海南省高级人民法院的改判是符合事实和公平精神的。2013年，《公司法》修订，删除了关于股东缴纳出资须经验资机构验资并出具证明的规定。

不过，需要提醒一下的是，上述案例中的当事人是股东、其他股东和公司，并无公司债权人介入。如果公司债权人以追偿债权为目的，起诉物业经营公司及其股东宗某某，那么对宗某某出资额的判断，就可能会有所不同。

上述案例说明，对非货币出资的评估作价，并不一定需要经过会计师事务所，股东们即可以进行。公司收到出资的实物后，也可以进行复核。在评估作

① 参考案例：海南省高级人民法院（2006）琼民二终字第25号。

价过程中，主要是要注意不要高估作价。尽管《公司法》规定“不得高估或者低估作价”，但高估或低估，特别是低值高估的情形时常出现。非货币出资是要转交给公司的，从后果上来看，低估对公司有利，高估对公司不利。所以《公司法》第三十条从维护公司利益的角度出发，规定“有限责任公司成立后，发现作为设立公司出资的非货币财产的实际价额显著低于公司章程所定价额的，应当由交付该出资的股东补足其差额”，同时又规定“公司设立时的其他股东承担连带责任”。这就是说，用作出资的非货币财产，如果实际价额太（显著）低，而评估时，作价又太（显著）高，高低之间的差额，必须补足。谁认缴的该项出资，就由谁来补足。如果无法补足，就会连累其他股东。至于补足的方式，以货币补足的最为常见。

股东也好，公司也好，如果发现用于出资的非货币财产估价太高，应当尽早提出来，并重新进行评估，确定其实际价值。这是因为，随着时间的变化，这些非货币财产的价额也会随之发生或高或低的变化。如果是实物的话，则随着在使用过程中的损耗，多数情况下是趋向贬值。而且，可能还会发生一些其他影响出资实物价额的情况。因此，时间越长，实际价值变化越大，再评估失真的程度越高。最终将会导致无法再行评估，只得接受原来的评估作价结果。

某保税区国际贸易有限公司与某某边贸有限公司各出资4015.50万元，共同设立新疆西部矿业投资有限公司。其中边贸公司的出资由货币和实物两部分组成，货币出资额2984.50万元、实物出资额1031万元。实物包括机器设备和运输设备，如推土机、装载机、挖掘机、汽车等。经会计师事务所评估、验资，边贸公司出资的实物净值合计10310777.28元。评估验资1年后，保税区贸易公司认为边贸公司实物出资的实际价额显著低于公司章程约定价额，诉至新疆维吾尔自治区高级人民法院，请求判令边贸公司补足1031万元的实物出资。起诉后，保税区贸易公司申请对边贸公司出资的实物进行重新评估。新疆维吾尔自治区高级人民法院认为，此时评估价额不能准确反映出资时资产价额，且据西部矿业公司所称涉案工程机械均在国外工地使用，重新评估条件已不具备。因此，对保税区贸易公司关于重新评估的申请不予准许，判决驳回了保税区贸易公司的诉讼请求。[①]

应该认识到，评估作价这个程序是必需的，如果已将出资的非货币财产移交给了公司，但遗漏了这个程序，应该尽快想办法弥补。因为，如果公司债权

① 参考案例：新疆维吾尔自治区高级人民法院（2011）新民二初字第2号。

人甚至公司本身以及其他股东，不提异议还罢，一旦提出异议，如主张未履行或者未全面履行出资义务，就会给缴纳该项出资的股东带来麻烦。《公司法司法解释三》第九条规定，出资人以非货币财产出资，未依法评估作价，公司、其他股东或者公司债权人请求认定出资人未履行出资义务的，人民法院应当委托具有合法资格的评估机构对该财产评估作价。评估确定的价额显著低于公司章程所定价额的，人民法院应当认定出资人未依法全面履行出资义务。这是就尚能进行评估作价的非货币财产出资而言，如果无法再进行评估作价呢？结果将对缴纳该项出资的股东更加不利。因此，最好是能够及时补上评估作价这个环节。

另外，对公司来说，除募集设立的股份有限公司外，验资虽然不是必要的，但对股东出资来说，验资仍具有最高的证明力，在诉讼中发挥着难以替代的重要作用。

二、将非货币财产交给公司使用，列入公司账目，并向公司债权人表示用来偿还公司的债务，有可能被认定为向公司认缴的增资

《公司法》第二十八条第一款中规定，股东“以非货币财产出资的，应当依法办理其财产权的转移手续”。《公司法司法解释三》第十条第一款中规定，出资人以房屋、土地使用权或者需要办理权属登记的知识产权等财产出资，已经交付公司使用但未办理权属变更手续，公司、其他股东或者公司债权人主张认定出资人未履行出资义务的，人民法院应当责令当事人在指定的合理期间内办理权属变更手续；在前述期间内办理了权属变更手续的，人民法院应当认定其已经履行了出资义务。

2011 年 8 月，吉某某、刘某某、李某某、殷某某四人购买位于黑龙江省锦河农场场部，房屋所有权证号为 2405010001 至 2405010005 的五处房产。同年 11 月，四人共同出资设立了黑龙江某某饮料有限公司，公司注册资本为 50 万元，四人均以货币出资，各占 25% 的股份。由吉某某担任公司执行董事、法定代表人，其余股东分别担任董事、监事等职务。2012 年 5、6 月，饮料公司以前述房屋作为厂房，开始试生产。饮料公司对这些房屋进行了管理、使用和维修，并列入公司资产账目，办理这些房屋登记证书等相关费用亦由饮料公司支付。

饮料公司经营期间，向吕某某借款，一直未偿还。2014 年，四人对各股东投入饮料公司的投资金额进行了结算，确认截至 2014 年 10 月，四股东各投入饮料公司215万元。同一月，四人向吕某某出具了借据，该借据载明以前述房产为借款提供担保，但未办理不动产抵押登记手续。饮料公司召开股东会，四股东一致同意出售前述房产偿还吕某某借款。吕某某多次催要借款，四人曾先后承诺，待出售前述房产后再偿还其借款。

2015年，吕某某以饮料公司、吉某某、刘某某、李某某、殷某某为被告，向黑龙江省北安农垦人民法院提起诉讼，请求确认吉某某、李某某、刘某某、殷某某出资购买的房产为饮料公司的固定资产；吉某某、李某某、刘某某、殷某某将房产变更至饮料公司名下。

北安农垦人民法院认为，根据《物权法》，案涉房产的所有权人应当是四股东，但从本案四股东初始购买涉案房产、办理房产登记证书等费用由饮料公司支付、该房产一直由饮料公司使用和管理、房产列入饮料公司账目、四股东对投资金额的确定以及出售房产偿还吕某某借款的意思表示等一系列情形可见，四股东已明确作出了将案涉房产投资于饮料公司的意思表示。

四股东曾多次与吕某某就偿还借款进行协商，先后向吕某某作出了待出售案涉房产后再偿还其借款的意思表示。该行为依法成立、有效，对双方均具有约束力。现饮料公司并未偿还吕某某借款，四股东亦未出售房产偿还借款。本案中，饮料公司的生产经营、办公设备均在厂房内。四股东亦无法按约定单独出售案涉房产偿还吕某某借款。同时，饮料公司已对厂房进行了使用、维护并作为其资产进行管理。四股东已确认其投资金额分别为215万元，该投资金额远远高于饮料公司的注册资本。综上，足以认定四股东将所持案涉房产作为出资投入公司的意思表示。《公司法司法解释三》第十条第一款规定，出资人以房屋、土地使用权或者需要办理权属登记的知识产权等财产出资，已经交付公司使用但未办理权属变更手续，公司、其他股东或者公司债权人主张认定出资人未履行出资义务的，人民法院应当责令当事人在指定的合理期间内办理权属变更手续；在前述期间内办理了权属变更手续的，人民法院应当认定其已经履行了出资义务；出资人主张自其实际交付财产给公司使用时享有相应股东权利的，人民法院应予支持。据此，判决四股东办理权属变更手续，将位于黑龙江省锦河农场场部，房屋所有权证号为2405010001至2405010005的房产变更登记至饮料公司名下。

饮料公司不服，上诉于黑龙江省农垦中级人民法院，其主要理由为公司的注册资本50万元已经全部到位，四股东只是将案涉房产交给公司使用，并没有作为出资，确认投入公司的215万元不包括案涉房产。公司成立后的经营过程中再投入资金或实物应认定为投资，投资和出资是两个概念，案涉房屋不应认定为出资。

农垦中级人民法院认为，原审判决由四股东负有将案涉房产移转至饮料公司名下的义务，饮料公司并不负任何义务。四股东并未提出上诉，视为服从原审判决。而二审系由饮料公司提出上诉，与其并无实质关系。但农垦中级人民法院并未仅因此驳回饮料公司的上诉，而是作了进一步阐述，认为案涉房产，虽登记于四股东名下，但饮料公司成立后，四股东对投资饮料公司各自投入额作出了明确认定，其超出四股东原始投入的 50 万元之外的款项，饮料公司并未提供证据证实该四股东有其他现金、实物投入，应当认定为案涉房产。注册资本 50 万元已全部缴纳，并不涉及其后增资问题。并且，在饮料公司的财务账目中，已明确对案涉房产为公司资产作出了记载，且已计算、核减了相应税费。吕某某虽未举示四股东合意将案涉房产增资投入饮料公司的直接证据，但如原审法院裁判所认为，综合衡量四人共同出资购买案涉房产，各占比例 25%，事后成立公司，四股东投资比例亦是 25%，饮料公司的生产经营、办公设备均在案涉房产内，饮料公司已对厂房进行了使用、维护，尤其关键的是将案涉房产作为其公司资产进行管理，且四股东曾先后向吕某某作出了待出售案涉房产后再偿还借款的意思表示等，原判认定案涉房产系四人合意投入饮料公司的增资财产，并无不当。因此，判决驳回了饮料公司的上诉。[①]

这个案例耐人寻味。如果从合同法理上看，特别从要约、承诺而致合同成立的角度看，四股东向吕某某作出了出售案涉房产以偿还饮料公司欠其借款的意思表示，四股东是饮料公司的全部股东，其中吉某某又是饮料公司的法定代表人，因此，可以认定股东、公司和债权人三方，就出售股东名下的房产以偿还公司所欠债权人的债务，达成了合意。如果吕某某循此路径提起给付之诉，应亦可能实现其债权。吕某某提起本案之诉，法院在四股东并无明确的以案涉房产增加注册资本的共同意思表示，未因此增资修改公司章程，在没有办理与增资相应的变更登记手续的情况下，认定案涉房产系四人合意投入饮料公司的增资财产，判令他们将这些房产变更登记至饮料公司名下，似不无再探讨之余地。

---

① 参考案例：黑龙江省农垦中级人民法院（2017）黑 81 民终 356 号。

三、以非货币财产出资，需要办理权属变更登记手续的，如未办理或无法办理，会被认定为未全面履行出资义务，应承担相应责任

按照《公司法司法解释三》第八条的规定，以划拨土地使用权出资的应当办理土地变更手续，按照其第十条第一款的规定，以房屋、土地使用权或者需要办理权属登记的知识产权等财产出资的，应当办理权属变更手续。与此相类似的，还有其第十一条规定的以股权出资的，应当办理股权转让的手续。

如果未办理变更手续，怎么办？审判机关有权责令当事人在指定的合理期间内办理，逾期未办理的，有可能被认定为未履行或者未全面履行出资义务。

三亚某某生态旅游发展有限公司有两个股东，一个是自然人股东邹某某，另一个是法人股东海南三亚国家级珊瑚礁自然保护区管理处。生态公司的注册资本为500万元，其中邹某某以货币出资，出资额350万元，珊瑚礁管理处以9454㎡土地作价出资，出资额150万元。邹某某担任生态公司的法定代表人。

珊瑚礁管理处将用作出资的土地移交给生态公司使用，但一直未将该土地使用权移转登记至生态公司名下。2011年11月，邹某某与生态公司向海南省三亚市中级人民法院起诉，请求确认珊瑚礁管理处未履行其作为生态公司股东的出资义务，并判令珊瑚礁管理处于1个月内履行出资义务，将9454㎡土地权属过户登记至生态公司名下。在诉讼中查明，该宗土地系国有划拨地，登记权利人为珊瑚礁管理处，证号为三土房（2001）字第0975号。

三亚市中级人民法院认为，根据《公司法》第二十八条、《公司法司法解释三》第八条、第十条第一款、第十三条第一款以及生态公司章程，珊瑚礁管理处尚未将出资土地使用权变更登记于生态公司名下，未完全履行股东的出资义务，生态公司及其股东邹某某请求珊瑚礁管理处将出资土地使用权登记于生态公司名下，有事实根据与法律依据。因此，判决珊瑚礁管理处于3个月内，将三土房（2001）字第0975号土地证记载的9454㎡土地使用权移转登记至生态公司名下。珊瑚礁管理处不服，向海南省高级人民法院提起上诉，请求撤销一审判决，改判驳回邹某某、生态公司的诉讼请求，但被判决驳回。[①] 珊瑚礁管理处仍不服，向最高人民法院申请再审。

最高人民法院认为：划拨土地使用权只能用于划拨用途，不能直接用于出资。出资人欲以划拨土地使用权作为出资，应由国家收回直接作价出资或者将

---

① 参考案例：海南省高级人民法院（2014）琼民二终字第22号。

划拨土地使用权变更为出让土地使用权。《公司法司法解释三》第八条规定的本意就是考虑到在司法实践中如果划拨土地使用权存在的权利瑕疵可以补正，且在法院指定的合理期限内实际补正的，可以认定当事人以划拨土地使用权出资的效力。但能否补正瑕疵的决定权在于土地所属地方政府及其土地管理部门，法院判断出资行为的效力应以瑕疵补正的结果作为前提。因而，《公司法司法解释三》第八条中规定“法院应当责令当事人在指定的合理期间内办理土地变更手续”，即法院应当在诉讼过程中给当事人指定合理的期间，由其办理相关的土地变更手续，并视变更手续完成的结果再行作出判决。本案中，本院在再审审查期间已给予当事人相应的时间办理土地变更手续，再审审理过程中又为当事人指定了2个月的合理期限办理土地变更登记手续，但当事人未能在本院指定的期间内完成土地变更登记行为，即其无法自行补正划拨土地使用权出资的瑕疵。故珊瑚礁管理处虽将案涉土地交付给生态公司使用，但未将案涉土地过户登记至生态公司名下，因而其以案涉土地使用权出资的承诺并未履行到位。邹某某、生态公司请求确认珊瑚礁管理处未履行作为生态公司股东的出资义务，有事实和法律依据，本院予以支持。但因案涉出资土地系划拨用地，当事人未能在本院指定的合理期间内办理土地变更登记手续，故邹某某、生态公司请求将案涉土地办理过户登记至生态公司名下，没有法律依据，法院不予支持。最后，最高人民法院作出判决，一方面撤销了三亚市中级人民法院关于珊瑚礁管理处于3个月内将9454㎡土地使用权移转登记至生态公司名下的判决，另一方面又确认了珊瑚礁管理处未全面履行对生态公司的股东出资义务。[①]

既然未全面履行出资义务，自然是应当继续履行，只是需要变更一下履行方式，如变更为以货币，或者其他形式的财产出资。

四、以非货币财产出资，需要办理而未办理权属变更登记手续，且未交付公司使用的，会被判决直接向债权人承担补充赔偿责任

在前述两个案例中，股东分别以划拨土地使用权、房产出资，且均已交付给公司使用，所欠缺的，是未将权属变更登记到公司名下。

如果既未办理权属变更登记手续，又未交付给公司使用，认缴该项出资的股东会承担怎样的责任呢？

湖北省某某印染有限公司成立于2004年1月，注册资本300万元。同年4

① 参考案例：最高人民法院（2016）最高法民再87号。

月，公司注册资本变更为800万元，马某某以18亩土地使用权作价180万元、地上房屋作价320万元共计500万元进行增资，但该土地及附着房屋一直没有办理权属变更登记手续，仍在马某某名下，其收益由马某某享有。2008年11月，马某某将其持有的印染股权全部转让给何某某。何某某任印染公司执行董事、总经理，马某某任公司监事。

2006年8月，印染公司与山东省某某印染机械有限公司签订加工承揽合同一份，履行中，欠下机械公司工作报酬及利息66.5万元。2013年，机械公司以印染公司、马某某为被告，向山东省枣庄市薛城区人民法院提起诉讼。

薛城区人民法院认为，被告马某某作为被告印染公司的股东，以土地使用权及其地上房屋作价500万元增资，但没有将上述资产过户在印染公司名下，马某某现仍享有该资产收益。应认定马某某没有履行出资义务。《公司法》规定，股东以实物出资的，应当办理其财产权的转移手续。参照《公司法司法解释三》第十三条第二款规定，公司债权人请求未履行或者未全面履行出资义务的股东在未出资本息范围内对公司债务不能清偿的部分承担补充赔偿责任的，人民法院应予支持。因此，判决被告印染公司支付原告机械公司工作报酬及利息损失共计66.5万元，被告马某某在500万元本息范围内承担补充赔偿责任。印染公司、马某某不服，上诉于山东省枣庄市中级人民法院。

马某某上诉称，一审判决适用法律错误，马某某以土地和房屋作为出资已经交付公司使用但未办理权属变更手续，《公司法司法解释三》第十条第一款规定，法院应责令当事人在指定的合理期间内办理权属变更手续而并非补充赔偿责任。

枣庄市中级人民法院认为，马某某用于增资的土地使用权及房屋所有权至今未过户至公司名下，且上述资产已出租给第三人使用，租金由马某某个人收取，足以认定马某某未将增资的资产实际交付公司使用，未实际履行增加出资的义务。《公司法司法解释三》第十三条第二款规定的股东未履行或未全面履行出资义务，所指的股东出资义务，不仅包括股东在公司设立时应履行的出资义务，还应包括股东在增资时应履行的出资义务。原审法院根据该条规定判令上诉人马某某在未履行出资义务500万元的本息范围内对印染公司不能清偿的债务部分承担补充赔偿责任，合法有据，故判决驳回其上诉。①

① 参考案例：山东省枣庄市中级人民法院（2014）枣民二商终字第72号。

五、股东以实物出资，应对该项实物的形成、交付、估价、核实保留完整的书面证据，以证明完成了出资义务

如果做不到这一点，就有可能被认定为出资不实，被判决承担补充赔偿责任。

以非货币财产出资，多数是比较清晰明了的，法院对此类纠纷的判决也容易理解。但在司法实务中，情形十分复杂，有时要作出较为准确的判断比较困难。下面这个案例，就说明了这一点。

2003 年 1 月，创达公司向长沙银行麓山支行借款 1000 万元，未能如期偿还，被该行诉至湖南省长沙市天心区人民法院。天心区人民法院作出（2006）天民初字第 1101 号民事判决，判令创达公司向麓山支行偿还借款本金 1000 万元及利息。在执行过程中，天心区人民法院查明创达公司已无可供执行的资金和财产。于是，麓山支行开始追究创达公司股东的责任。

2008 年 10 月，麓山支行以出资不实为由，向天心区人民法院提出追加创达公司的股东联飞公司及南江公司为被执行人的申请。天心区人民法院作出（2008）天执裁字第 66 号民事裁定，认定联飞公司构成出资不实并追加联飞公司为被执行人。同时认定南江公司以在建工程的债权 1000 万元、实物 600 万元，合计作价 1500 万元的新增资本入股，经过了资产评估报告的审验，故认定麓山支行诉称南江公司虚假出资没有充分依据，驳回了麓山支行追加南江公司为被执行人的请求。

麓山支行不服，向天心区人民检察院提出申诉。天心区人民检察院作出长天检民行终查（2010）01 号民事行政检察终止审查决定书，认为麓山支行的申诉，证据不足。

2009 年 6 月，麓山支行再次向天心区人民法院提出追加南江公司为被执行人的申请。天心区人民法院作出（2009）天执裁第 35 号民事裁定，认定南江公司以 1000 万元在建工程的债权以及实物 600 万元，合计作价 1500 万元作为出资并已出资到位，驳回了麓山支行的请求。麓山支行不服，申请复议，又被驳回。

2012 年，麓山支行向湖南省高级人民法院申请执行监督。湖南省高级人民法院审查后认定："南江公司是以在建工程（管网公司、净化工程）1000 万元、机器设备 607.0232 万元，合计作价 1500 万元的新增注册资本入股创达公司，你行认为南江公司出资不实、香江所虚假验资，否定香江所出具的香江所

(2002）验字第76号验资报告的真实性，你行应依据相关法律规定依法提起诉讼”，故驳回了麓山支行的执行监督申请。

2013年4月，麓山支行以南江公司为被告，向长沙市中级人民法院提起诉讼，请求判令南江公司在未出资1500万元的本息范围内对创达公司不能偿还麓山支行借款本金1000万元整及逾期利息承担补充赔偿责任。

长沙市中级人民法院查明：2001年12月5日，创达公司与南江公司签订《工程承包合同》，约定由南江公司作为施工方，承包修建某某水厂建设工程，承包范围为某某水厂一、二、三期工程的水厂管网工程（部分城市配水工程管网），暂定总价为1000万元（按实结算），承包方式为包工包料。工程开工日期为2001年12月，整体竣工日期为2002年4月。

2002年3月26日，创达公司股东会决议新增资本4000万元，其中，由南江公司认缴新增额1500万元。会计师事务所对南江公司拟投资入股创达公司的机器设备和在建工程进行资产评估，作出第17号评估报告，结论为评估的资产市场公允价值为1607.0232万元，其中机器设备607.0232万元，在建工程1000万元。该评估报告附件2载明为工程成本发票及付款记录复印件，该附件显示创达公司分别于2001年10月8日、2001年11月4日支出建筑工程款800万元和建筑安装款200万元。2002年4月5日，同一会计师事务所作出第76号验资报告，审验结果为：截至2002年4月5日，创达公司收到投入的实物资产评估价值4000万元。其中包括南江公司投入的实物资产评估价值1607.0232万元，根据出资人协议书作价1500万元作为新增注册资本。2001年12月31日，创达公司出具收条载明“今收到南江公司机械设备一批，评估净值计：陆百零柒万零贰佰叁拾贰元整”。2002年3月3日，创达公司出具收条载明“今收到南江公司交来投资款项壹仟陆百万元（16000000元），其中工程款1000万元，实物600万元”。

长沙市中级人民法院认为，对于南江公司以价值607万余元的实物协议作价500万元出资入股创达公司的问题，麓山支行认为出资不实的主张缺乏事实依据。对于南江公司以在建工程出资的问题，南江公司在庭审中称其是以价值1000万元的在建工程实物出资，按照《公司法》第二十八条的规定，应当依法办理其财产权的转移手续。而根据2001年12月5日创达公司与南江公司签订的《工程承包合同》的约定，南江公司为某某水厂建设工程的施工方，暂定总价为1000万元（按实结算），承包方式为包工包料。南江公司提交的现有证据不能证明南江公司对其所承建的工程享有依法可转移的财产权利。且创达公司于2002年3月3日向南江公司出具的收据载明："今收到南江公司交来投资款壹仟陆百万元（16000000元），其中工程款1000万元，实物600万元"，显示南江公司出资创达公司是系以工程款1000万元出资，也与南江公司主张的以在建工程实物出资相矛盾。故南江公司没有提交充分有效的证据证明其有权以该在建工程实物出资并已依法办理了该在建工程财产权的转移手续。因此，南江公司主张以在建工程实物出资并已实际出资到位缺乏事实及法律依据。而对于南江公司是否以工程款1000万元出资，因与南江公司自行主张的实物出资相矛盾，且根据《公司法》第二十八条的规定，股东以货币出资的，应当将货币出资足额存入有限公司在银行开设的账户。南江公司未提交证据证明其出资符合上述法律规定的出资形式。因此，南江公司未履行出资义务，依法应在未出资1000万元的本息范围内对创达公司债务不能清偿的部分向麓山支行承担补充赔偿责任。

对于会计师事务所出具的第17号资产评估报告和第76号验资报告，根据当时的《资产评估操作规范意见（试行）》（现已失效）的规定，会计师审计机构应当充分履行执业审慎义务，在评估过程中了解在建工程的具体内容、开工日期、结算方式、实际完工程度和工程量、实际支付款项等情况内容，并在评估报告中予以明确说明。而从评估报告来看，会计师事务所明知南江公司仅是该在建工程的资产占有方，且该报告对在建工程的反映仅是报告附件中的在建工程的－土建工程清查评估明细表和两张显示创达公司共计支出1000万元建筑工程、安装款的发票，据此不能体现南江公司对该在建工程享有财产权，而应体现南江公司享有该在建工程工程款债权，故南江公司不能以在建工程这一实物进行出资。此外，股东以非货币财产出资的，应当依法办理其财产权的转移手续，由验资机构验资并出具证明。而验资报告中也没有体现南江公司将在建工程的财产权利依法进行了转移的事实，却作出了出资到位的结论。因此，验资报告认定南江公司以在建工程实物出资并已出资到位属于出具报告不实。

因此，长沙市中级人民法院判决南江公司在未出资1000万元的本息范围内对创达公司不能偿还麓山支行借款本金1000万元整及逾期利息的部分承担补充赔偿责任。

各方当事人均不服，上诉于湖南省高级人民法院。

湖南省高级人民法院认为：根据本案所查明的事实，南江公司没有提交充分的证据证明其建设了涉案争议的在建工程，争议的在建工程价值多少均无证据确认，且根据会计师事务所作出的第17号评估报告，创达公司分别于2001

年10月8日、2001年11月4日支出了建筑工程款800万元和建筑安装款200万元，而创达公司之后于2002年3月3日又向南江公司出具收据，载明以该所谓的1000万元工程款作为出资显然存在矛盾。按照我国《公司法》的有关规定，在债权人对出资人的出资存在异议时，出资人有义务证明其出资的真实性，现南江公司既无法证明涉案在建工程是否存在，价值多少，又无法说明该工程款已从创达公司支出的情况下，如何又能作为南江公司的出资。因此，根据现有证据，不能认为南江公司已经实际向创达公司出资1000万元。

因此，湖南省高级人民法院判决驳回了各方当事人的上诉。[①]

湖南省高级人民法院虽然维持了长沙市中级人民法院的判决，但是比较一下，可以发现两级法院判决的理由各有侧重。如果说湖南省高级人民法院判决的理由侧重于事实问题的话，那么长沙市中级人民法院判决的理由就是侧重于出资程序方面的问题。综合起来，主要有：

（1）虽然南江公司与创达公司签订了《工程承包合同》，但南江公司实际进行建设了吗？湖南省高级人民法院认为无证据确认。

（2）虽然南江公司与创达公司在《工程承包合同》中约定了工程暂定总价为1000万元（按实结算），但实际价值是多少？湖南省高级人民法院认为无证据确认。

（3）南江公司主张其是以在建工程实物出资，与证据即创达公司出具的收据载明的内容相矛盾。

（4）如果南江公司是以在建工程实物出资，根据《工程承包合同》的约定，南江公司为工程的施工方、在建工程的资产占有方，享有的是工程款债权，而不是对其所承建工程的可转移的财产权利。如果以实物出资，则应办理其财产权的转移手续，验资报告中没有体现南江公司将在建工程的财产权利依法进行了转移的事实。

（5）如果南江公司是以工程款出资，根据《公司法》第二十八条的规定，股东以货币出资的，应当将货币出资足额存入公司在银行开设的账户。南江公司也没有证明其出资符合法律规定的出资形式。

这个案例给人许多启示。

从事实上来看，一方面，创达公司与南江公司存在工程承发包合同关系，创达公司是发包方，对在建工程享有所有权，南江公司是承包方，对创达公司

① 参考案例：湖南省高级人民法院（2015）湘高法民二终字第17号。

享有的是债权。如果南江公司向创达公司出资，简便直接的方式应是以债权出资，即债转股。如果以在建工程出资，则需创达公司先将该工程转移给南江公司所有，南江公司再转回给创达公司所有，如此操作虽然在道理上能够说得通，但实践起来显然并不可行。这个内在矛盾，是南江公司在诉讼中无法解决的。

另一方面，无论是南江公司以债权出资，还是创达公司先以建筑工程款、安装款的名义向南江公司支付1000万元，后又以出资名义收回该1000万元，都须具备一个前提，即在建工程确实存在，并且其价值达到或超过1000万元。而这，南江公司未能证明。

再者，创达公司以建筑工程款、安装款的名义向南江公司支付1000万元，履行的是《工程承包合同》。以出资名义收回1000万元，则表明南江公司交付出资，且其出资方式系以货币出资。既然这样，就应当遵循《公司法》关于货币出资的程序，将1000万元货币出资足额存入创达公司开设的银行账户。显然，南江公司未能做到这一点。

作为债权人，麓山支行历经数年，多次被法院裁定驳回，仍不放弃，颇有不屈不挠、屡败屡战之精神，很好地诠释了湖南人如骡子般坚韧和倔强的性格。这就提醒老板们，对债权人的追偿努力，绝不可低估。

虽然两级法院最终支持了麓山支行的大部分诉讼请求，但此前的曲折经历，反映出了人们对南江公司以在建工程实物出资，存在着很大分歧。如果确实存在在建工程的实物形态，并且也确实缴付给了创达公司，那么剩下的就是如何完善出资手续了。如果出资手续符合法律要求，麓山支行就难以追究到南江公司。

这个案例也提醒老板们，在为股东办理实物出资手续时，一定要严谨、依法办理。遇到有债权人紧紧咬住不放的情形，就要提高警惕，反过来仔细审查股东当初出资的过程是否存在瑕疵，如有，则应尽早想办法消除。

六、以非货币财产出资的，一要实际交付，二要办理权属变更登记手续

对于以非货币财产出资的，在认定其出资是否到位时，应坚持权属变更与财产实际交付同时、并重的标准。

在可以用作出资的非货币财产中，实物占有很高的比例。实物出资的范围比较广，如房屋、原材料、存货、设施设备、交通工具、在建工程、待收割的

农作物等，都可以作为出资。实务中，有以翡翠原料出资的，[①] 从最高人民法院公布的案例看，甚至还有以金玉观音作为出资的。[②] 实物不同，需要办理的财产权的转移手续也就相应地会有所不同。

非货币出资财产权的转移手续，有的在股东与公司之间办理即可，像前文所述宗某某向物业经营公司以潜水设备、水上设备、潜水广告牌、餐具等实物出资那样，有的则需要到有关行政部门办理过户登记手续。例如，按照《物权法》第九条，不动产物权的转让，经依法登记发生效力。所以，如果以房屋、在建工程、土地使用权等出资，转移所有权时，应当以办理过户登记手续为准。另外，以知识产权财产出资的，有些也需要办理过户登记手续，如专利权（登记机关国家知识产权局）、商标权（登记机关国家工商总局）、软件著作权（版权保护中心）等。对于以某些动产出资，如机动车、航空器、船舶等，也需要办理过户登记手续。如果没有办理，会对股东产生不利后果。

与办理财产权的转移手续相比，更重要的是实际交付。按照《物权法》第二十三条的规定，动产物权的转让，自交付时发生效力。所以，如果以原材料、存货、设施设备、交通工具等出资，转移所有权时，应当以实际交付为准。与实际交付相匹配的，应有相应的书面记录。

在实践中，有的是已经实际交付了，但没有办理权属变更手续，如在前文所述邹某某、生态公司与珊瑚礁管理处一案中，珊瑚礁管理处将用作出资的土地移交给了生态公司使用，但却未将该土地的使用权移转登记至生态公司名下。这就是说，虽然实际交付了，但没有办理权属变更手续。有时，有些股东的做法正相反，对用作出资的非货币出资财产，虽然办理了权属变更手续，却没有实际交付。还有的股东，对用作出资的非货币财产，既没有实际交付，也没有办理过户登记手续，如前文所述机械公司诉印染公司、马某某一案中，马某某对印染公司就是如此。

上述无论哪一种情形，对股东来说，都是很大的潜在的风险。从法院的判决来看，出现了不少因此而追究股东出资补足责任的案例。《公司法司法解释三》第八条、第十条也有相应的规定。因此，对这个风险，应当尽快、尽早消除。

---

① 参考案例：北京市第一中级人民法院（2016）京01执异201号。

② 参考案例：最高人民法院（2004）民二监字第68—1号。

七、出资替代问题

消除上述风险的办法，当然首先是继续履行原来在章程中的承诺，没有交付的，尽快、尽早交付；没有办理过户登记手续的，尽快、尽早办理这一手续。

如果实在做不到，如出现了用作出资的非货币财产被扣押、查封、执行，或者毁损、灭失等情形，再也无法交付，无法办理过户手续，那就要采取替换的方式，如替换为货币出资，或者替换为其他种类的非货币财产出资。

江苏优园分子材料有限公司成立于2007年10月，股东有典某某、邱某某、穆某某、孟某某四人，注册资本148万元。2008年2月，优园公司四名股东召开股东会会议，作出对公司进行增资的决议，将公司注册资本增为600万元，其中邱某某以技术形式出资120万元，占股份总额20%。依据决议，制定了新的公司章程，但该决议及新章程均未在工商部门办理变更登记。

但是，优园公司股东会增资决议中，并未明确邱某某以何种技术出资。因此，优园公司与邱某某产生分歧。后，优园公司以邱某某为被告，诉至江苏省宿迁市宿城区人民法院，请求判令邱某某承担120万元的出资义务。

宿城区人民法院认为，邱某某用以出资的技术是高强度发动机油箱专利技术。根据《公司法》，对作为出资的非货币财产应当进行评估作价，并依法办理其财产权的转移手续。但邱某某以专利技术出资，未进行评估作价，亦未办理专利权属转移登记手续，且该专利技术已为案外人获得，客观上邱某某已无法以此技术履行出资义务。因此，应认定邱某某未能履行出资义务，优园公司有权向邱某某追缴出资。但专利技术是一种无形资产，是一种特殊的财产权，具有不可替代性。当货币、实物等出资不能或出资瑕疵时，可通过补缴出资以维护《公司法》确立的法定资本制。但是当专利等技术出资出现瑕疵或不能时，就难以用货币或实物替代，无法直接追究出资股东的补缴责任，只能通过协商代替履行、解除合同等方式予以救济。本案中，因邱某某已客观上无法履行技术出资的义务，造成该合同的履行不能，现优园公司要求变更合同履行方式，以货币出资替代技术出资。根据《合同法》的相关规定，合同履行发生变更需要当事人协商一致，而邱某某庭审中明确表示其对优园公司提出以120万元货币替代出资的主张有异议，即当事人关于合同履行方式变更不能达成一致意见，在此情况下优园公司不能单方变更合同履行方式，而只能寻求其他合法的权利救济途径。故优园公司要求被告邱某某以120万元货币替代履行出资义务，无法律依据。因此，判决驳回了优园公司的诉讼请求。优园公司不服，上诉于宿迁市中级人民法院。

宿迁市中级人民法院亦认为邱某某用以出资的技术是高强度发动机油箱专利技术，同时认为，优园公司股东会增资决议，以及因此形成的新公司章程，自股东签字之日起生效，对股东具有约束力。虽未经工商部门登记，仅仅是不具有公示效力，并不影响其效力，且公司其他股东均已履行了增资义务。邱某某未实际履行约定的专利权出资义务，客观上也无法履行该出资义务，且优园公司也不再主张邱某某将专利权交付优园公司。在优园公司增资决议和章程中，确定邱某某以专利权出资作价 120 万元，占公司 20% 的股份，其出资份额是确定的，故在无法履行以专利权出资的义务时，其应当全面履行出资 120 万元的义务，以货币补足。原审判决认为优园公司在邱某某无法交付专利权的情况下要求交纳 120 万元出资属于合同内容变更，与《公司法》的规定不符，依法应予纠正。因此，改判邱某某向优园公司履行 120 万元的出资义务。①

在以非货币财产出资难以完成的情况下，可以用货币出资来替代。相反，在以货币出资难以完成的情况下，也可以用非货币财产出资来替代。但此时要注意，用以替代出资的非货币财产应具备如下特性：其价值能够作价，可以用货币计量；对公司经营具有有用性；股东享有处分权且可以转让；交付给公司并办理财产权转移手续。

替代出资并非应当交付该项出资的股东单方就能够完成。替代，意味着对股东们原共同达成的出资合意进行修改，应当经过其他股东的同意。而且，对用以替代出资的非货币财产的评估作价，也应当经过其他股东的认可。否则，替代出资就难以完成。

2013 年 9 月，湖南某某旅游开发有限公司与湖南某某园林建设有限公司签订《工程施工承包合同》，旅游开发公司将其开发的某某小镇景观绿化工程发包给园林建设公司。2015 年 12 月，双方对工程进行了验收。2016 年 1 月，双方签署《工程结算确认表》，但对应付园林建设公司的工程款，旅游开发公司一直未结清。

2016 年 1 月，旅游开发公司与贵州山水旅游（集团）有限公司、况某某等人签署《增资扩股协议》，约定：旅游开发公司注册资本由 1000 万元增至 2. 35 亿元，其中，山水集团以现金方式认购新增注册资本 1. 2 亿元，占增资后的旅游开发公司 51. 6% 的股份。协议签订之日起 60 天内，各方将认购的股本金足

① 参考案例：江苏省宿迁市中级人民法院（2015）宿中商终字第 00210 号。

额存入旅游开发公司指定的银行账户。3 月，旅游开发公司办理了变更登记手续，其中注册资本变更为 2.35 亿元，股东为山水集团等。9 月，会计师事务所对山水集团投入旅游开发公司资金情况进行专项审计，所出具的《审计报告》载明："长期股权投资" 6 笔共计 10691 万元，"其他应收款" 14 笔共计 1309 万元。审计结论为：截至 2016 年 8 月 31 日，山水集团向旅游开发公司投资的 1.2 亿元已全部到位。

园林建设公司以旅游开发公司、山水集团、况某某等为被告，向贵州省高级人民法院提起诉讼，请求判令旅游开发公司支付工程款、违约金合计 3560 万元，山水集团、况某某对旅游开发公司未清偿的债务承担连带责任。山水集团辩称已经向旅游开发公司出资到位，不应承担责任。因此，山水集团是否足额出资问题，成了该案的焦点。

贵州省高级人民法院认为，根据《增资扩股协议》约定，山水集团应当"以现金"认购新增注册资本 1.2 亿元，《审计报告》载明其与旅游开发公司资金往来中，"长期股权投资" 6 笔共计 10691 万元，"其他应收款" 14 笔共计 1309 万元。贵州省高级人民法院对 10691 万元，认定实缴到位；对 1309 万元，认定出资未到位。原因是，首先，山水集团现将其对旅游开发公司的债权转化为其对旅游开发公司的股权投资，与《增资扩股协议》约定的"以现金"认购 1.2 亿元的约定不符。其次，因《审计报告》系对山水集团单方财务审计，山水集团未提供证据证明 14 笔"其他应收款"的真实有效存在。最后，山水集团改变《增资扩股协议》约定的现金出资方式为以债权投资，应当经《增资扩股协议》其余相对方以及旅游开发公司股东会同意，否则，其单方作出的以债权替代现金出资的意思表示不发生相应的法律效果；同时，根据《公司法》第二十七条第二款的规定，以债权等非货币财产作价出资的，应当评估作价，但山水集团并未提供证据证明旅游开发公司股东大会同意其债权转股权，也未提供证据证明相应债权经过评估。根据现有证据，应认定山水集团尚有 1309 万元出资未到位。因此，判决山水集团在未出资的 1309 万元及其利息范围内就旅游开发公司对园林建设公司的债务不能清偿的部分承担补充赔偿责任。山水集团不服，向最高人民法院提起上诉。

最高人民法院认为，首先，山水集团将对旅游开发公司的债权转化为股权投资，与其承诺的出资方式不符。无论是《审计报告》记载的"其他应收款"，还是山水集团主张的应收债权，与《增资扩股协议》中约定的"现金"的认购方式存在性质上的差异。其次，山水集团与旅游开发公司之间是否存在 1309 万元债权也缺乏有效证据支持。山水集团举示的《审计报告》是其单方财务审计，未能提供其与旅游开发公司之间完整的资金往来凭证予以佐证，园林建设公司不予认可。山水集团举示的旅游开发公司出具的《出资证明》，形式上不符合《民诉法解释》第一百一十五条的规定，同时，旅游开发公司与山水集团存在一定的利害关系，两公司的法定代表人均是章某某。故《出资证明》也不能作为有效证据采信。因此，最高人民法院判决驳回了山水集团的上诉。[①]

① 参考案例：最高人民法院（2017）最高法民终242号。

第七章　虚假出资、抽逃出资情形下的责任承担

如果说没有实际交付出资，或者没有办理非货币财产出资的过户登记手续，大致还属于消极、不作为的话，那么虚假出资、抽逃出资就属于故意犯错了。所以，对这两种行为，可按照《公司法》第一百九十九条、第二百条的规定给予行政处罚，其中数额巨大、后果严重或者有其他严重情节的，《刑法》第一百五十九条规定了相应的刑事责任。

一、虚假出资的，股东应在虚假出资额内向债权人承担补充赔偿责任

法院判决认定为虚假出资的案例，已经公布了不少。从这些个案中，可以看出，虚假出资的表现形式多种多样。

表面上以货币出资的，如承诺以货币出资，实际并没有出或者没有出够，却提供虚假的银行进账单、对账单，用来证明已经交付该项出资的；承诺以货币出资，但本人并没有出，而是用公司的款项在公司的财务报表、账户上进行倒腾。例如，公司的预收货款，本来应列入会计账目的负债项下，但却伪称为自己缴纳的出资，列入所有者权益项下，转作公司资本；股东向公司借款，用来缴纳出资，二者之间并未办理完备的借款手续，也无实际的资金过付。只是由公司内部在不同的银行账户之间进行转账，完成缴纳出资手续。上述情形下，股东形式上完成了缴纳出资的义务，但公司的资产却没有任何增加，所以属于虚假出资。

山东省某某海洋造船有限公司共有徐某某、凌某某、应某某等25名股东，徐某某为公司董事长、法定代表人。海洋造船公司原注册资本500万元。2009年10月，公司股东会决议增资，将注册资本增加到6000万元。增资额5500万元，由徐某某认缴2500万元，凌某某认缴1500万元，应某某认缴1500万元，并于2009年10月23日之前缴足。

2009年10月16日，海洋造船公司从中国工商银行蓬莱市支行的不同账户，分五笔汇入徐某某在中国农业银行蓬莱市支行的个人账户，共计2500万

元。10月16日至10月20日，徐某某从上述个人账户中分三次向海洋造船公司的银行账户汇入款项，共计汇入2500万元；2009年10月16日，海洋造船公司从中国工商银行蓬莱市支行账户中分三笔汇入凌某某在中国农业银行蓬莱市支行的个人账户，共计1500万元。10月19日，凌某某从上述个人账户汇入海洋造船公司的银行账户1500万元；2009年10月20日，海洋造船公司分两次从中国工商银行蓬莱市支行的账户汇入应某某在中国农业银行蓬莱市支行的个人账户，共计1500万元。同日，应某某从其上述个人账户中汇入海洋造船公司在中国农业银行蓬莱市支行的账户1500万元。

会计师事务所有限公司分三次根据徐某某、凌某某、应某某汇入海洋造船公司账户相关凭证、对账单和银行询证函进行了验资，认可三人的出资已经到位，并出具了验资报告。海洋造船公司依据该验资报告在蓬莱市工商行政管理局进行了注册资金变更登记，将注册资金变更为6000万元。

海洋造船公司在与中国机械设备工程股份有限公司的业务往来中，拖欠其垫付资金12344万元。因此，中国机械公司以海洋造船公司、徐某某、凌某某、应某某为被告，起诉至山东省高级人民法院，请求判令海洋造船公司偿还欠款12344万元及利息，徐某某、凌某某、应某某对被告海洋造船公司对上述欠款及利息承担连带责任。

山东省高级人民法院认为：被告徐某某、凌某某、应某某在增资和验资的过程中，通过将公司资金抽出后注入验资账户，然后再抽出再注入的方式，循环使用被告海洋造船公司的资金，虚构注册资本增加的事实。上述所谓的增资行为，并未使被告海洋造船公司承担民事责任的财产有任何增加，该行为不但与《公司法》基本法理不符，也违反了基本的诚实信用原则。因此，被告徐某某、凌某某、应某某上述行为构成虚假增资。原告中国机械公司主张被告徐某某、凌某某、应某某对被告海洋造船公司的欠款本息承担连带责任无法律依据。根据《公司法司法解释三》第十三条第二款，被告徐某某、凌某某、应某某未履行增资义务，应当在瑕疵出资的范围内向原告中国机械公司承担补充赔偿责任。因此，山东省高级人民法院判决被告海洋造船公司向原告中国机械公司支付12344万元及相应的利息，被告徐某某、凌某某、应某某分别在2500万元、1500万元、1500万元的范围内，对被告海洋造船公司的上述债务承担补充赔偿责任。[①] 徐某某、凌某某、应某某对海洋造船公司的债务，不仅向中国机械公

① 参考案例：山东省高级人民法院（2012）鲁商初字第25号。

司承担补充赔偿责任，而且需要向其他债权人，如烟台某某钢材有限公司承担补充赔偿责任。①

以非货币财产虚假出资的情形包括承诺以非货币财产出资，提供的手续却是假的，如以假的购货发票作为实物出资的凭据，虚假发票意味着实物的权属和来源存在问题；承诺以实物出资，甚至提供了产权变更手续，但实际上该项实物早就灭失了，甚至根本不存在，连过户手续都是虚假的；以非货币财产出资，作价时故意高估的。

2010 年 10 月，江西某某光伏材料工程有限公司与山东某某生态园发展有限公司签订一份《设备采购安装合同》，在履行过程中，生态园公司拖欠光伏公司货款 6611.888 万元，因此发生纠纷。

生态园公司由股东宋某某、晁某某、管某某三人共同出资设立。第一期货币出资 2000 万元，其中，宋某某出资 1200 万元、晁某某出资 400 万元、管某某出资 400 万元。2011 年 10 月 25 日，生态园公司增加注册资本。新增实物资本 3000 万元，其中宋某某认缴 1800 万元，晁某某认缴 600 万元，管某某认缴 600 万元，三人用作出资的实物为多晶组件。生态园公司提供的书面证明，证明生态园公司的 3000 万元的组件系三出资人出资购买。经查，以上发票均系光伏公司给生态园公司出具的增值税专用发票。2012 年 5 月 4 日，管某某与晁某某签订股权转让协议，管某某将其持有的 1000 万元股权转让给晁某某。同日，宋某某分别与燕某某、时某某签订股权转让协议，宋某某将其持有的 3000 万元股权分别转让给燕某某、时某某各 1500 万元。

光伏公司以生态园公司、晁某某、燕某某为被告，向山东省高级人民法院提起诉讼，请求判令生态园公司清偿拖欠的设备款 6611.888 万元并赔偿损失，判令晁某某在 1200 万元出资不实范围内承担补充赔偿责任，燕某某在 1500 万元出资不实范围内承担补充赔偿责任。

山东省高级人民法院认为：2011 年 10 月 25 日，生态园公司进行增资，晁某某认缴 600 万元，出资方式均为实物出资，提供的实物发票均系光伏公司给生态园公司出具的增值税专用发票。晁某某作为股东将公司的资产投入公司，未实际增加公司财产，虽然有生态园公司出具投入实物的证明，仍不能认定其实际出资到位。对光伏公司请求晁某某在 600 万元未出资范围内对公司债务不能清偿的部分承担补充赔偿责任，根据《公司法司法解释三》第十三条第二

① 参考案例：山东省高级人民法院（2014）鲁执复议字第 69 号执行裁定书。

款，予以支持。同样，管某某实物增资的600万元也属虚假出资，晁某某受让管某某持有的1000万元股权，其中包含了管某某虚假增资的600万元。对此，晁某某应是明知的，故根据《公司法司法解释三》第十九条，晁某某对受让管某某的600万元虚假增资，亦应对公司债务不能清偿的部分承担补充赔偿责任。燕某某受让的是宋某某的1500万元股权，因宋某某的3000万元出资中有1200万元为实际出资，本案中宋某某及时某某均是案外人，燕某某也不是发起人，现没有证据证明燕某某明知其受让的股权属宋某某的虚假出资，故对光伏公司要求燕某某在1500万元范围内对公司债务承担补充赔偿责任的主张，不予支持。山东省高级人民法院判决生态园公司偿还光伏公司货款6611.888万元及利息，晁某某在1200万元未出资范围内承担补充赔偿责任。① 对此判决，晁某某未上诉。后来在因生态园公司上诉引起的二审中，晁某某当庭答辩称认可本案事实。② 从判决书所叙述的事实看，晁某某、管某某、宋某某在生态园公司增加注册资本，本人作为股东缴纳实物出资时，系"将公司的资产投入公司"，所以，山东省高级人民法院认定构成虚假出资。

因为虚假出资是故意的，所以被发现的后果就比较严重。虚假出资的股东，除继续足额缴纳认缴的出资外，还有可能会被公司登记机关责令改正，给予行政处罚。按照《公司法》第一百九十九条的规定，可处以相当于虚假出资额5%～15%的罚款。严重者，按照《刑法》第一百五十九条的规定，可处以五年以下有期徒刑或者拘役，并处或者单处虚假出资金额2%以上10%以下罚金。

二、股东抽逃出资的，应向公司补缴出资，并赔偿相应的利息损失

顾名思义，所谓抽逃出资，是指将已经缴给公司的出资，又拿回来了。《公司法》第三十五条规定"公司成立后，股东不得抽逃出资"，可见这是一种违反《公司法》禁止性规定的行为。

在较早时期，抽逃出资的方式常常是直接将资金从公司账户转出，如将出资缴入公司账户，经过验资后，在没有正当理由，没有正当交易的情况下，又转出。此种行为即属抽逃出资，如在第四章曾经介绍过的上海浦东发展银行股份有限公司天津分行诉某某贸易公司、实业发展公司、控股集团公司、郭某某等借款合同纠纷一案中，控股集团公司向实业发展公司出资5000万元，成为实

---

① 参考案例：山东省高级人民法院（2012）鲁商初字第31号。

② 参考案例：最高人民法院（2014）民二终字第71号。

业发展公司的股东，但所缴 5000 万元出资在经过验资及工商登记变更后，实业发展公司将其中的 2200 万元转给案外人羊某某、郭某某、某某贸易公司，后羊某某、郭某某、某某贸易公司将该款转给物流公司，物流公司又转给控股集团公司，且剩余 2800 万元经实业发展公司直接转回控股集团公司账户。对此转账行为，实业发展公司及控股集团公司均不能提供证据证实系基于其他业务往来而形成的资金流转，亦不能对此转账行为作出合理解释，因此天津市第二中级人民法院认定为抽逃出资，判决控股集团公司在其抽逃 5000 万元注册资金范围内对实业发展公司的债务承担补充给付责任。控股集团公司不服，上诉于天津市高级人民法院，被判决驳回。仍不服，又向最高人民法院申请再审，最后最高人民法院判决维持了天津市高级人民法院的判决。

在实行认缴制的情况下，股东出资不一定经过验资程序。股东在按照章程规定的数额、时间缴纳出资后，出现又将资金转回行为的，同样属于抽逃出资。

作为抽逃出资的一种方式，直接通过账户转回缴纳的出资，比较粗糙拙劣，容易被人发现。于是，一些隐蔽的，并披上合法程序或交易外衣的方式出现了。

《公司法司法解释三》第十二条列举了构成抽逃出资的四种具体情形：（一）制作虚假财务会计报表虚增利润进行分配；（二）通过虚构债权债务关系将其出资转出；（三）利用关联交易将出资转出；（四）其他未经法定程序将出资抽回的行为。这四种表现形式，同时还须加上“损害公司权益”，才能构成抽逃出资。

与虚假出资应承担的法律责任一样，股东抽逃出资的，应在抽逃出资额内向债权人承担补充赔偿责任。如果是公司提出要求，则应向公司补缴出资，并赔偿相应的利息损失。

1999 年 7 月，某某控股有限公司与山东某某房地产总公司签署《合资经营合同》，决定共同出资，成立青岛置业有限公司，其中控股公司出资 2450 万元，占 49% 股权，房地产总公司出资 2550 万元，占 51% 股权，并制定了青岛置业公司章程。双方还签署了《合作协议书》，约定控股公司负责将“填海造地项目”整体转让至合资公司名下，控股公司因该“项目”而发生的前期工作费用计 3500 万元，由合资公司支付，计入合资公司开发成本。1999 年 10 月，合资的青岛置业公司领取了企业法人营业执照。2000 年 2 月，控股公司的 2450 万元出资全额到位。2000 年 8 月，青岛置业公司按照控股公司的要求，支付青岛市某某填海造地建设项目境外销售费用 2500 万元。

2009 年，控股公司以青岛置业公司等为被告，向山东省高级人民法院起诉，请求判令青岛置业公司向控股公司分配利润。青岛置业公司则提出反诉，请求判令控股公司向青岛置业公司补缴抽逃的出资2450万元，并判令控股公司在补足出资前，对青岛置业公司不享有股东权利。

这样，控股公司是否构成抽逃出资，是否应当补缴抽逃资本金，就成了该案的焦点之一。而是否构成抽逃出资，又是建立在控股公司主张的3500万元“前期工作费用（境外销售费用）”是否真实发生过的基础之上的。

控股公司认为，“前期工作费用”是真实的，并且已经实际支付给案外人某某外国公司，并提供了《声明书》及其附件等证据，而青岛置业公司则认为，“填海造地项目”从未在境外销售，不可能发生“境外销售费用”，并提供了《项目转让合同》等证据。

山东省高级人民法院认为：从现有证据分析，不能证明控股公司主张的3500万元“前期工作费用”真实发生。控股公司取回注册资本金2450万元的行为，属于股东“通过虚构债权债务关系将其出资转出”的行为，应当认定为抽逃出资。遂判决控股公司向青岛置业公司补缴出资2450万元，并赔偿相应的利息损失。① 控股公司不服，向最高人民法院提起上诉。

最高人民法院认为：《公司法司法解释三》第十二条将抽逃出资的表现形式界定为“制作虚假财务会计报表虚增利润进行分配”“通过虚构债权债务关系将其出资转出”“利用关联交易将出资转出”“其他未经法定程序将出资抽回的行为”等情形。无论何种形式，大多表现为股东之间通谋或者股东与公司之间通谋的行为，其他股东或者公司同意转出出资并安排了所谓的合法程序或交易，均是表象，实质是相关当事人虚构了有关事实将股东的出资非法转出。因此，就本案而言，股东之间通过签订《合作协议书》确认控股公司“前期工作费用”真实发生并确定由青岛置业支付，并不能直接证明控股公司的“前期工作费用”真实发生了，从而也不能证明2500万元的转出未构成抽逃出资。控股公司提交的《声明书》及其附件等证据均无法直接证明“前期工作费用”的真实发生。最后判决驳回了控股公司的上诉。②

从法院判决的案例来看，抽逃出资的具体表现形式也是多种多样，如股东负有债务，以公司财产提供担保。当股东无法清偿其债务时，由公司予以清偿的；通过法院调解的方式，以公司偿还所欠股东债务的名义，将当初股东缴付的出资退回的；公司与股东之间订立股权收购合同，向股东支付价款，但未依

① 参考案例：山东省高级人民法院（2015）鲁民四重初字第1号。
② 参考案例：最高人民法院（2016）最高法民终324号。

法定程序进行的；股东以在建房产作为出资设立公司。房产建成后，股东取得房产所有权，但未向公司支付对价的；缴纳出资后，又以领工资、差旅费的名义提走的；控股股东或其法定代表人，利用其地位，用公司收到的出资，偿还其个人债务的；股东和公司违反法定程序，如未通知债权人，未发布公告，进行减资的。

甘肃省某某铁业有限公司原有六名股东，分别是丰某某、英某某、代某某、向某某、童某某、肖某某。2008 年 6 月，向某某、童某某、肖某某三人将其所持铁业公司股权转让给丰某某、英某某二人。双方签订《股权转让协议》，约定股权转让款为 2880 万元，又就具体还款事宜签订《还款协议》。该协议内有一项约定：铁业公司以所有资产作担保，为受让方偿还向某某等三人本息和逾期违约金作担保，不按期归还本息时，依法承担连带责任。铁业公司在《还款协议》上作为担保方加盖了公章。付款期限届满后，丰某某、英某某二人未能按照协议向向某某、童某某、肖某某三人足额支付股权转让款。

2010 年 6 月，向某某等三人以丰某某、英某某、铁业公司违背《股权转让协议》《还款协议》为由，起诉至甘肃省高级人民法院，请求判令丰某某、英某某、铁业公司立即支付股权转让款等款项。甘肃省高级人民法院支持了向某某等三人的请求，判决丰某某、英某某给付向某某等三人股权转让金 2160 万元，铁业公司承担连带清偿责任。[①] 铁业公司、丰某某、英某某不服，向最高人民法院提起上诉。

最高人民法院认为：《还款协议》约定铁业公司为丰某某、英某某向向某某等三人支付转让款提供担保，不符合《公司法》关于股东缴纳出资后不得抽回的规定。向某某等三人与丰某某、英某某等人原均为铁业公司股东，其间发生股权转让由公司提供担保，即意味着在受让方不能支付股权转让款的情形下，公司应向转让股东支付转让款，从而导致股东以股权转让的方式从公司抽回出资的后果。《公司法》规定在未经公司注册资本金变动及公示程序的情形下，股东不得以任何形式用公司资产清偿其债务，否则构成实质上的返还其投资。因此，《还款协议》中关于铁业公司承担担保责任的部分内容，应认定无效。最高人民法院撤销了甘肃省高级人民法院关于铁业公司为丰某某、英某某所负向某某等三人债务承担连带清偿责任的判决。[②]

按照最高人民法院的上述判决，股东之间转让股权，若公司为受让一方支

---

① 参考案例：甘肃省高级人民法院（2010）甘民二初字第 19 号。

② 参考案例：最高人民法院（2012）民二终字第 39 号。

付转让款提供担保，应认定为无效。原因在于如果公司因此而实际承担了担保责任，将导致股东以股权转让的方式从公司抽回出资的后果。换言之，此后果一成立，即构成抽逃出资。如此认识，在一些地方法院的判决中也有所体现。①

三、判断是否构成抽逃出资，应以是否损害了公司权益为主要标准

判断股东的行为是否构成抽逃出资，除看形式要件，如上列各种外，还要看实质要件，即是否损害了公司利益。

2004 年 6 月，北京某某建设投资有限公司购买中国工商银行北京昌平支行对 43 家企业的债权，其中包括对北京某某汽车空调散热器有限公司的债权。散热器公司出具《债权转让确认函》，确认其欠工行昌平支行贷款本金 2545 万元，并同意工行昌平支行将上述债权转让给建设投资公司。2006 年 3 月，散热器公司决定向建设投资公司定向增资 316.7393 万美元，并于 5 月经过了审批。2006 年 6 月 9 日，建设投资公司向散热器公司开立的验资账户注入资金 2545 万元（折合 316.7393 万美元）。2006 年 6 月 12 日，会计师事务所经审验后，形成验资报告。同一天，上述 2545 万元资金通过广东发展银行转到建设投资公司账户。2006 年 6 月 22 日，散热器公司办理了变更登记手续，获颁新的企业法人营业执照。

后来，散热器公司与山东某某铝业有限公司因买卖合同产生纠纷，诉至山东省潍坊市中级人民法院。2011 年 11 月，该院判决散热器公司支付铝业公司货款 278 万余元及利息。在执行该判决过程中，潍坊市中级人民法院裁定追加建设投资公司为被执行人，在抽逃出资（2545 万元）范围内承担清偿责任，并实际执行了建设投资公司的部分财产。建设投资公司不服，提出异议，被潍坊市中级人民法院裁定驳回。建设投资公司仍不服，向山东省高级人民法院提出复议申请，又被驳回。建设投资公司仍然不服，向最高人民法院申诉，请求撤销山东省高级人民法院、潍坊市中级人民法院的裁定，并要求将已经执行的财产予以执行回转。

潍坊市中级人民法院认为，2006 年 6 月 9 日建设投资公司通过广东发展银行北京分行向散热器公司注入资金 2545 万元，在工商登记变更之前，上述款项又于 2006 年 6 月 12 日转入建设投资公司账户。因上述抽回出资的行为，造成

① 参考案例：山东省莱芜市中级人民法院（2016）鲁 12 民终 286 号。

建设投资公司对散热器公司的增资并未实际到位。根据中国人民银行的有关规定，验资账户中的2545万元资金，在验资期间是不能对外支付的，只有在公司完成变更登记，由验资账户转入基本存款账户后，方可办理公司结算业务。因此，即使建设投资公司与散热器公司之间存在债权债务关系，在散热器公司完成注册资本变更登记之前，上述增资款亦不能作为散热器公司的财产用于偿还建设投资公司债务。建设投资公司是否与散热器公司之间存在2545万元债权债务关系，并不影响其因抽回出资而造成增资不实的事实。

山东省高级人民法院认为，根据《公司法司法解释三》第十二条第（一）项的规定，“将出资款项转入公司账户验资后又转出”即属于股东抽逃出资的情形。建设投资公司于2006年6月9日向散热器公司注入资金2545万元，在会计师事务所审验后，且工商登记变更之前，上述款项又于2006年6月12日转入建设投资公司账户，应认定其为抽逃出资的行为。①

与上述观点不同，最高人民法院认为，建设投资公司不构成抽逃出资。主要理由如下：第一，建设投资公司对散热器公司存在合法的在先债权。抽逃出资一般是指不存在合法真实的债权债务关系，而将出资转出的行为。本案中，对于建设投资公司在2004年即通过债权受让的方式取得对散热器公司债权的事实，山东两级法院与各方当事人并无分歧。第二，未损害散热器公司及相关权利人的合法权益。法律之所以禁止抽逃出资行为，是因为该行为非法减少了公司的责任财产，降低了公司的偿债能力，不仅损害了公司与其他股东的权益，更损害了公司债权人等相关权利人的权益。而本案并不存在这种情况，建设投资公司对于散热器公司享有债权在先，投入注册资金在后。在整个增资扩股并偿还债务过程中，建设投资公司除了把自己的债权变成了投资权益之外，没有从散热器公司拿走任何财产，也未变更散热器公司的责任财产与偿债能力。第三，不违反相关司法解释的规定。本案中，山东两级法院认定建设投资公司构成抽逃出资适用的司法解释有两条：一是《执行规定》第八十条，二是《公司法司法解释三》第十二条。《执行规定》第八十条只是规定在执行程序中可以追加抽逃注册资金的股东为被执行人，但是并未规定构成抽逃注册资金的要件。《公司法司法解释三》第十二条具体规定了抽逃出资的构成要件，可以作为执行程序中认定是否构成抽逃注册资金的参照。该条文规定的要件有两个，一个是形式要件，具体表现为该条罗列的“将出资款转入公司账户验资后又转出”

① 参考案例：山东省高级人民法院（2013）鲁执复议字第59号。

“通过虚构债权债务关系将其出资转出”等各种具体情形。另一个是实质要件，即“损害公司权益”。本案虽然符合了该法条规定的形式要件，但是如上所述，实质要件难以认定。所以无法按照上述两个条文的规定认定建设投资公司构成抽逃注册资金，在执行程序中追加建设投资公司为被执行人证据不足。因此，最高人民法院撤销了山东省高级人民法院、潍坊市中级人民法院的执行裁定，并裁定将执行建设投资公司的款项执行回转。[①]

对是否构成抽逃出资的认识，相比之下，最高人民法院更重视实质性要件，即是否损害公司权益。后来，在其他判例中，最高人民法院又指出，根据《公司法司法解释三》第十二条、第十四条第一款等规定，股东是否构成抽逃出资，系以股东是否损害了公司的财产权益为认定标准。[②] 按此认识，如果没有损害公司利益，则不构成抽逃出资。但案例表明，在实务中，此点实难掌握。

抽逃出资应承担的法律责任，与虚假出资大致相当。如果被发现，除缴回抽逃的出资外，还有可能会被公司登记机关责令改正，给予行政处罚。按照《公司法》第一百九十九条的规定，可处以相当于抽逃出资额5%～15%的罚款。严重者，按照《刑法》第一百五十九条的规定，可处以五年以下有期徒刑或者拘役，并处或者单处抽逃出资金额2%以上10%以下罚金。

① 参考案例：最高人民法院（2014）执申字第9号。
② 参考案例：最高人民法院（2015）民申字第1467号。

第八章　减资，要按规则进行

对于公司来说，增资、减资，本是一件严肃的事情。但案例表明，有个别公司增资、减资频繁，犹如儿戏。例如，湖北省宜昌市某某建材批发有限公司2001年3月设立时注册资本为500万元，2003年3月减为50万元，2003年5月增资到1000万元。2004年3月，又从1000万元减资为30万元。再如，上海某某商贸有限公司1999年4月设立时注册资本为50万元，2001年4月，增资至55万元。2008年5月，增资至100万元。2011年3月，增资至300万元。2011年10月，增资至500万元。此后，公司的资本变化趋势便由增加转为减少。2013年5月，注册资本由500万元减至200万元。2014年12月，减至55万元。如此频繁地增资、减资，特别是减资，会给公司、股东带来不必要的麻烦、风险。

减资能够降低股东应承担的有限责任。对于那些认缴出资额过高又没有实际缴纳能力的股东来说，减资不失为一个纠正冒失行为、降低风险、保护自己的途径。

一、实质性减资与形式性减资

公司在经营过程中进行减资是一种常见现象。减资的原因多种多样，如因资金过剩导致资本闲置、公司分立导致资产减少、亏损使实有资产严重低于注册资本额、某一股东与其他股东之间产生矛盾而退出公司、[①] 公司由股份有限公司变更为有限责任公司，等等。但是，无论因为什么事由，减资都必须按照《公司法》规定的程序办理。

减资分为实质性减资和形式性减资。形式性减资，也就是名义上减资，一般是在账册上减少公司注册资本额，并不是减少公司的实有资产。公司在经营状况不良、亏损过多、造成公司实有资产大大低于公司资本总额时，可以采用

① 参见《公司法司法解释二》第五条。

减少注册资本总额的方式来弥补亏损。这种减资，就属于形式性减资。形式性减资既不会使公司实有的资产减少，也不会发生向股东返还出资的情形，而只是名义上减少了公司注册资本的数额。

实质性减资就不同了。实质性减资，包括股东不再缴纳所认缴的出资，或者公司将已经缴纳的出资返还给股东等情形。在公司前景不乐观，或者负债率较高的时候，股东通常希望用实质性减资的方式，来降低自己的风险或损失。

另外，公司在某些股东抽逃出资后不得不进行的减资也属实质性减资。股东在履行出资义务后又将出资抽逃，公司要求股东返还，但股东没有在合理期间内返还的，公司可以通过减资，使得实有资本与注册资本一致起来。如果股东抽逃了全部出资，公司股东会可能会决议解除该股东的股东资格。如果因此而引起诉讼，审理案件的法院在判决时应当释明，公司应当及时办理法定减资程序或者由其他股东或者第三人缴纳相应的出资。

我国在公司法律上并没有区别实质性减资和形式性减资，而是采取了统一对待的态度。这一点，是需要在运用《公司法》时加以注意的。

上海某某广告传播有限公司成立于2008年7月，设立时的注册资本800万元，股东有杭某某等4人，杭某某等4股东认缴800万元，实缴160万元。2009年4月，杭某某等4人将股权转让给彭某某、项某某。其中，彭某某受让传播公司70%的股权，项某某受让30%的股权。2010年6月，传播公司通过公司章程修正案，载明：公司注册资本800万元，彭某某认缴560万元、实缴112万元，项某某认缴240万元、实缴48万元，现修改为彭某某认缴560万元、实缴350万元，项某某认缴240万元、实缴150万元；未缴的公司注册资本由全体股东于2010年7月足额缴纳。2012年5月，传播公司通过股东会决议，决议内容为：公司的注册资本由800万元减至500万元，实收资本不变；减资后，彭某某认缴出资350万元、实缴350万元，项某某认缴出资150万元、实缴150万元。同月，传播公司在《上海商报》上刊登了减资公告。同年7月，传播公司办理了公司注册资本变更登记手续，注册资本变更为500万元。

传播公司与上海某某贸易有限公司因买卖合同产生纠纷。贸易公司于2010年4月诉至上海市徐汇区人民法院，该院于2012年7月判决传播公司支付贸易公司货款489.6万元及违约金。同年10月，该项判决进入执行程序，但因传播公司执行能力不足，徐汇区人民法院于2014年10月裁定终结执行。同年，贸易公司以彭某某、项某某为被告，传播公司为第三人，诉至上海市浦东新区人民法院，请求判令二人在减资范围内，对已生效判决书所确定的传播公司付款义务的未清偿部分，向贸易公司承担连带补充赔偿责任。

在诉讼过程中，彭某某、项某某认为，减资时，彭某某、项某某的实缴资本为500万元，传播公司的注册资本从800万元减至500万元，仅仅是对认缴资本的减少，是形式性减资，未实际造成传播公司财产的减少。

但浦东新区人民法院认为，公司的注册资本由实缴资本和认缴资本构成，传播公司在减资时，股东的认缴资本虽未实际到位，但该部分资本原本应由彭某某、项某某按期缴纳并在今后作为公司财产对外承担责任，现传播公司将需认缴的300万元减资，事实上减少了传播公司今后能获取的财产数额，系公司实质减资。此外，据2010年6月的传播公司章程修正案，未缴的300万元注册资本应由彭某某、项某某于2010年7月足额缴纳，但彭某某、项某某至2012年5月传播公司决定减资时仍未实际缴纳，该减资行为在客观上势必会导致传播公司的实际偿债能力受到实质性的影响，因此判决支持了原告贸易公司的诉求。彭某某、项某某不服，上诉于上海市第一中级人民法院，但被驳回。①

二、减资的基本程序

注册资本由股东认缴的出资组成，股东以此承担有限责任。减资，亦即减少注册资本，实际上也就是减少股东承担的责任。这对股东来说，是一种重要的保护措施。但同时，减资势必会降低公司的偿债能力，对公司的债权人不利。因此，《公司法》从保护债权人的角度，对减资规定了一系列必须遵守的规则，主要有：股东会会议作出减资决议；董事会制订减资方案；编制资产负债表及财产清单；10日内通知债权人；30日内在报纸上公告；债权人在规定时间内（自接到通知书之日起30日内，未接到通知书的自公告之日起45日内），有权要求公司清偿债务或者提供相应的担保；办理注册资本变更登记。

上述规则的宗旨是维护债权人的利益，所以规则的着重点是那些关于通知债权人，保障其救济权利的条款。只有按照这些规则，走完了必经的程序，才算完成了减资。

北京某某传媒技术开发有限公司于2015年8月增资扩股，公司原股东越某某与新增股东洪某某等五人签订了《增资扩股协议》，其中洪某某以200万元现金入股，占10%股权。协议签订后，洪某某履行了出资义务，传媒技术公司向其出具了收据，也办理了工商变更登记，将股东变更为越某某、洪某某等六

---

① 参考案例：上海市第一中级人民法院（2015）沪一中民四（商）终字第675号。

人。2016 年 1 月，越某某、洪某某等六名股东签订了《解除增资扩股协议》，约定解除于 2015 年 8 月签订的增资扩股协议，洪某某等人获得的公司股权全部退出，洪某某基于原协议注入公司的 200 万元资本金三日内如数退还。但协议签订后，传媒技术公司未按约将 200 万元资本金退还洪某某，也未办理工商登记变更手续。洪某某以传媒技术公司、越某某为被告，诉至北京市丰台区人民法院，请求判令退还其投资款 200 万元。

丰台区人民法院认为，六股东签订的《解除增资扩股协议》合法有效。该协议的实质系公司减少注册资本，根据《公司法》的相关规定，公司减少注册资本，必须履行编制资产负债表及财产清单、自作出减少注册资本决议之日起 10 日内通知债权人，并于 30 日内在报纸上公告等相关手续。本案中，洪某某未能证明传媒技术公司已经履行了法律规定的公司减少注册资本应当履行的义务，故认定传媒技术公司的减资程序尚未履行完毕，返还其投资款 200 万元及变更工商登记的条件尚未成就。丰台区人民法院判决驳回了洪某某的诉讼请求。

洪某某不服，上诉于北京市第二中级人民法院，主张传媒技术公司、越某某故意不履行减资程序、阻碍返还其投资款，根据《合同法》第四十五条第二款的规定，应视为付款条件已成就，应当返还洪某某投资款。但北京市第二中级人民法院以与丰台区人民法院同样的理由，判决驳回了洪某某的上诉。①

三、减资本身，是有风险的

减少公司注册资本，对于股东来说，虽然不失为一条降低风险的良好途径，但并非在任何情况下，都适用这个办法。如果对公司的出资已经实缴到位，而公司在经营中又出现亏损，造成所有者权益的实际价值低于财务账簿记载数额，那么减资就可能不会使股东按照原出资额收回资金。在这种情形下贸然减资，就可能成为给股东挖下的大坑，不仅起不到降低风险的作用，反而可能造成新的损失。

南方物产（集团）有限公司注册资本 6000 万元，有七个股东，其名称、出资额、所占股权比例分别是：上海海运（集团）公司，出资 200 万元，占 3.33%；中国汽车贸易华东公司，出资 200 万元，占 3.33%；中国地质物资供销总公司出资 100 万元，占 1.67%；中国船舶工业物资总公司出资 50 万元，占 0.83%；中国汇源生命产业有限公司出资 20 万元，占 0.34%；上海万方物业

① 参考案例：北京市第二中级人民法院（2016）京 02 民终 10165 号。

有限公司出资663万元，占11.05%；上海万方来利置业有限公司出资4767万元，占79.45%。

2006年，南方物产公司与上海鑫宝进出口有限公司发生纠纷，法院判决南方物产公司向鑫宝公司支付520万余元。

2009年5月，南方物产公司股东会决议减资，注册资本由6000万元减至5600万元，减少的是海运公司的出资200万元、3.33%股权和汽贸华东公司的出资200万元、3.33%股权。公司减资后，其他股东的出资额及出资比例作相应调整。根据评估报告，南方物产公司变更前的所有者权益评估值为5137378.70元，按照所占股权比例计算净资产，共应退出6.66%，即342149.42元。因此，南方物产公司减少海运公司出资200万元，实际归还171074.71元，减少汽贸华东公司出资200万元，实际归还171074.71元。2010年1月，南方物产公司办理了变更登记手续。

2010年4月，南方物产公司股东会再次决议减资，注册资本由5600万进一步减至5430万元。此次减少的是地质物资公司的出资100万元，船舶工业公司的出资50万元，汇源公司的出资20万元。减资额170万元占5600万元注册资本的3.03%。公司减资后，其他股东的出资额及出资比例作相应调整。根据评估报告，南方物产公司变更前的所有者权益评估值为5137378.70元，按照3.03%的净资产155662.57元退出。因此，南方物产公司减少地质物资公司出资100万元，实际归还91445.34元，减少船舶工业公司出资50万元，实际归还45722.67元，减少汇源公司出资20万元，实际归还18494.56元。减资后，南方物产公司的注册资本为5430万元，股东为万方物业公司和万方来利公司。

重复一遍，南方物产公司第一次减资，海运公司减少出资200万元，实际取得171074.71元，汽贸华东公司减少出资200万元，实际取得171074.71元。减资后，海运公司、汽贸华东公司退出南方物产公司，不再是其股东。

南方物产公司第二次减资，地质物资公司减少出资100万元，实际取得91445.34元，船舶工业公司减少出资50万元，实际取得45722.67元，汇源公司减少出资20万元，实际取得18494.56元。地质物资公司、船舶工业公司、汇源公司退出南方物产公司，不再是其股东。

2012年1月，南方物产公司的七个股东，即海运公司、汽贸华东公司、地质物资公司、船舶工业公司、汇源公司、万方物业公司和万方来利公司，首先遭到南方物产公司的债权人上海某某机器有限公司的起诉。机器公司指出，南方物产公司减资，未依法直接通知已知债权人，其减资程序存在瑕疵，七股东应承担相应责任。机器公司的主张得到法院支持，胜诉。该案进入执行程序后，海运公司被强制执行了209.8万元。

2012年12月，鑫宝公司也向上海市浦东新区人民法院起诉了七个股东，请求判令七股东对南方物产公司欠其520万余元，各自在减少的出资范围内承担补充赔偿责任，相互之间承担连带清偿责任。七股东中，海运公司、地质物资公司、船舶工业公司、汇源公司辩称，南方物产公司减资时，经过了审计，是按所占净资产比例进行减资的，故仅收回171074.71元、91445.34元、45722.67元、18494.56元。即使要承担责任，最多也只是在实际收回的款项范围内，将其退回。

浦东新区人民法院认为，由于公司注册资本具有公示作用，故七股东各自应当在所登记减少的注册资本范围内承担责任。海运公司等认为其仅在实际收回款项范围内承担责任的主张于法无据。但因海运公司于机器公司所诉一案中，已经在200万元的范围内承担了补充赔偿责任，故在本案中不应再承担责任。遂判决：对鑫宝公司未执行到位的债权，汽贸华东公司在200万元的范围内承担补充赔偿责任，地质物资公司、船舶工业公司、汇源公司、万方物业公司和万方来利公司对该项债务承担连带清偿责任；地质物资公司在100万元的范围内，船舶工业公司在50万元的范围内，汇源公司在20万元的范围内承担补充赔偿责任，万方物业公司和万方来利公司对该项债务承担连带清偿责任。

船舶工业公司、地质物资公司不服，上诉于上海市第一中级人民法院，请求改判。在上诉理由中，船舶工业公司主张，南方物产公司是按照审计评估的公司净资产退还减资股东减资款，其中船舶工业公司在第二次减资中收到的减资款为45722.67元。即便船舶工业公司的减资对鑫宝公司造成损失，实际的损失也是45722.67元。原审法院按照减少的注册资金判令船舶工业公司在50万元的范围内承担补充赔偿责任极大地加重了其责任。地质物资公司亦上诉称，减资的股东应在实际收到资金范围内对公司债务不能清偿部分承担责任，而不应在减少的注册资本范围内承担责任。海运公司、汇源公司、万方物业公司、万方来利公司虽未提起上诉，但均表示同意船舶工业公司、地质物资公司的上诉意见。

上海市第一中级人民法院认为，在立法未明确规定的情形下，原审法院比照抽逃出资的责任，认定五名减资股东在各自减资范围内，对南方物产公司的债务承担补充赔偿责任，并无不当。两上诉人船舶工业公司、地质物资公司主张不应承担责任，以及即便承担责任也应在收到退资款的范围内承担的主张于法无据，判决驳回其上诉。[①]

在这个案例中，南方物产公司的减资程序有瑕疵，从而给鑫宝公司、机器公司起诉七个股东创造了机会。这个案例，对准备减资的公司、股东来说，程序中的瑕疵虽然是个不小的教训，但还不是最大的教训。南方物产公司的减资有个特征，一方面，是注册的资本减少，这具有公示意义，但另一方面，减资的股东取回出资款，不是按减少的注册数额，而是按评估后的所有者权益净资产值。这样一来，由于公司亏损，使减资股东实际取回的数额大大低于减少的注册出资额。而法院，却是按照减少的注册出资额判决股东承担责任的。

减资的目的本来是降低风险，不料弄巧成拙，反而给自身造成了重大损失。所以说，这个案件，对准备减资的公司、股东来说，不啻为良好的反面教材。

应该说，七股东关于不应按照减少的注册资本额，而应该按照实际取回的数额承担责任的主张，并非没有道理。下面这个案例，对于准确理解瑕疵减资下股东应承担的责任，会有所帮助。

经仲裁裁决，北京某某环保科技有限公司应付上海某某环境工程有限公司佣金及有关费用共计 81 万元，但一直未履行。

环保科技公司于 2004 年成立，注册资本、实收资本为 1000 万元。至 2011 年，公司陷入严重亏损状态。环保科技公司原股东将其股权挂牌转让，评估值为 -401.7 万元，后以 100 万元的价格转让给北京某某物业管理有限公司。物业公司成为环保科技公司唯一股东。2012 年 4 月，环保科技公司的注册资本由 1000 万元减少至 100 万元。减资过程中，未通知债权人环境工程公司。物业公司于 2014 年 1 月注销，其股东为臧某某、张某某二人。

2014 年，环境工程公司以臧某某、张某某为被告，向北京市丰台区人民法院提起诉讼，以办理环保科技公司减资手续时，未通知债权人为由，请求判令二人对环保科技公司应向环境工程公司支付的 81 万元承担赔偿责任。臧某某辩称，物业公司接受环保科技公司的股权之后，环保科技公司本身处于亏损状态。环保科技公司减资，只是形式上的变更，并没有实际将公司的资产 900 万元抽逃出来。这个形式上的变更也没有给环境工程公司造成任何损害。

北京市丰台区人民法院认为，公司减资分为实质减资和形式减资。实质减资是指减少注册资本的同时，将一定资产返还给股东，从而减少公司的净资产。形式减资是指只减少注册资本额，注销部分股份，不减少公司净资产的减资，

---

① 参考案例：上海市第一中级人民法院（2013）沪一中民四（商）终字第 1817 号。

这种减资往往是亏损企业的行为，目的是使公司的注册资本与净资产水平保持相当。本案中，物业公司受让股权时，环保科技公司处于亏损状态，故环保科技公司注册资本由1000万元减少至100万元，属形式减资。目前没有证据显示，作为环保科技公司的股东，物业公司通过环保科技公司减资获得了一定资产。环保科技公司无财产清偿环境工程公司的债务，并非环保科技公司减资所致。遂判决驳回了环境工程公司的诉讼请求。环境工程公司不服，上诉于北京市第二中级人民法院。北京市第二中级人民法院认为，现有证据并未表明环保科技公司在2012年减资时，环保科技公司股东物业公司实际抽回环保科技公司的财产，进而导致环保科技公司的偿债能力降低。因此判决驳回了环境工程公司的上诉。①

四、减资时，要注意履行通知的义务

老板进行实质性减资，大多希望不声不响、悄悄地进行，上述规则中关于通知、公告的规定，使得老板的这种希望难以实现。

应该认识到，通知债权人并根据其要求进行债务清偿或提供担保，对股东具有重大意义，这是减资程序对债权人发生效力，股东在减资部分范围内免责的必要条件。

通知了债权人，让他们自己来决定是不是在规定时间内，要求公司清偿债务或者提供相应的担保。这只是一个权利救济机会。至于债权人会不会利用这个机会，会不会真的提出清偿债务、提供担保等要求，其实是未知数。

但通知还是不通知是公司的事，利用还是不利用这个救济机会是债权人的事。规则摆在这儿，不同的选择，会产生不同的后果。

从公布的案例中，可以看出，有没有通知，是债权人与公司股东在诉讼中争议最多的问题之一。

1. 未通知，或者未适当通知，后果很严重

如果不按照上述规则进行减资，会产生什么后果呢？在下面这个经过江苏省苏州市中级人民法院一审、江苏省高级人民法院二审、最高人民法院驳回再审申请的案例中，由于没有适当履行通知义务，股东们损失了1500万元。

2010年4月，浙江天惠建工集团有限公司与江苏海成房地产开发有限公司

---

① 参考案例：北京市第二中级人民法院（2015）二中民（商）终字第11003号。

订立一份《建设工程施工合同》，约定由天惠公司承包建设海成公司发包的工程。履行过程中，海成公司欠付天惠公司工程款。2011 年 7 月，海成公司股东会通过减少公司注册资本决议，将公司注册资本从 10000 万元减至 8500 万元，股东鲁某某、扈某某、呼某某、戴某某分别减少出资 510 万元、390 万元、420 万元、180 万元。同月，海成公司就减资事宜在报纸上刊登公告，并告知债权人自公告之日起 45 天内向海成公司提出清偿债务或提供相应担保的请求。2011 年 8 月，减资经过了公司登记机关的核准，办理了变更登记。

海成公司是否就减资事宜通知了天惠公司等债权人，双方说法不一。海成公司称口头通知，天惠公司称未通知。

减资后约 3 年，天惠公司起诉，请求判令海成公司支付所欠工程款及利息，同时判令鲁某某、扈某某、呼某某、戴某某分别在减少出资 510 万元、390 万元、420 万元、180 万元的范围内对海成公司的债务承担补充赔偿责任。

最高人民法院认为，海成公司减资之时，已经存在对天惠公司必然发生的工程款债务，天惠公司是已知债权人；海成公司主张曾口头通知天惠公司减资，但未提供相应证据证明，天惠公司对此不予认可，应认定海成公司没有履行通知债权人的法定程序；未履行通知的法定程序，致使天惠公司未能及时行使要求海成公司清偿债务或者提供担保的权利，从而影响其债权的实现。因此，原审判决认定扈某某等人“作为减资股东，其不当减资行为违反了公司资本维持原则，对于公司债务应当在其减资范围内承担补充赔偿责任”，并无明显不当，驳回了扈某某等人的再审申请。①

这一案件凸显了公司在减资过程中履行通知债权人这一法定程序的重要性。海成公司没有按照《公司法》的要求通知债权人，让天惠公司抓住了机会。天惠公司利用这个机会，给自己的至少 1500 万元的债权增加了一道保障。而对于减资的股东鲁某某、扈某某、呼某某、戴某某等人来说，则是面临着 1500 万元的损失。这笔巨额损失，或许本可以不发生。

2. 公告，不能代替直接通知

公司减资，应当采用合理、有效的方式告知债权人。从《公司法》第一百七十七条第二款的规定来看，公司减资，既需要通知，也需要公告。二者不能互相替代。虽然从广义上来讲，公告也属于通知的一种，但毕竟不是直接针对

---

① 参考案例：最高人民法院（2016）最高法民申 1112 号。

具体的债权人的，其效果无法与直接通知相比，因此尤其应当注意不能以公告代替直接通知。

有法院在判决中指出："虽然公司减资无须征得债权人同意，但我国《公司法》规定减资必须通知债权人并公告，这是出于保障债权人合法权益不因债务人公司减资而受损的制度设计。""关于通知的具体形式，虽然法律并未明确规定对于已知债权人应当采用直接通知的方式，但公告作为一种拟制通知的方式应当是直接通知的补充，适用于无法直接通知的债权人或者不明知的债权人。如果对于能够直接通知的债权人未采用直接通知方式，而事后以已作公告通知进行抗辩，不仅有违债权人利益保护原则，也不符合《公司法》相关规定的立法精神。"①

因此，对已知的并且能够通知到的债权人，直接通知是必要的。

3. 通知，应采用书面形式

直接通知也存在形式问题：是书面形式，还是口头形式？

从《公司法》第一百七十七条第二款关于"接到通知书""未接到通知书"的规定来看，显然是指书面形式。在前引贸易公司诉彭某某、项某某一案中，法院在判决书中即指出"在通知程序上，对于已知债权人应采用书面通知"。

还应该看到，从后果上来看，如果双方认可，口头也好、书面也好，并不会产生实质性的不同。如果债权人不认可，结果就大不一样了。前文引用的大惠公司诉海成公司、鲁某某、扈某某、呼某某、戴某某一案中，海成公司辩称减资之时，曾口头通知天惠公司，但天惠公司对此不予认可。最高人民法院认为，海成公司主张曾口头通知天惠公司减资，但未提供相应证据证明，应认定海成公司没有履行通知债权人的法定程序。可见，一旦出现分歧，口头与书面的区别就凸显出来了，这种区别，归根结底是证据问题。

因此，公司减资时，应当自作出减少注册资本决议之日起10日内，以书面形式通知债权人，并于30日内在报纸上公告。

既然书面通知的意义主要体现在证据上，那么公司一定要注意保管好债权人收到通知书的凭据，如送达回证、回函等。

---

① 参考案例：上海市第二中级人民法院（2016）沪02民终6253号。

4. 需要通知的债权人，不应以债权债务数额已经确定为标准

《公司法》第一百七十七条第二款规定了通知债权人，但人们对债权的理解、看法千差万别，因此对于需要通知的范围的认识也就不同。在减资程序中，对于哪些当事人属于公司的债权人、应当通知，哪些不属于公司的债权人、不必通知，就需要进行甄别。

从以往的案例中可以看出，这也会成为原告与被告、上诉人与被上诉人双方诉辩的一个焦点问题。

有些案例提醒人们，对于减资程序中应当通知的债权人，应当作广义的理解，不仅包括已知的，也包括应知的，而不能仅仅局限在债权债务数额已经确定的范围内，更不能进一步缩小在经法定程序确定的范围内。一般来说，只要合同尚未按约定履行完毕，当事人的权利、义务就不会终止，就会存在一方享有债权，另一方负有债务的情形。一方当事人是另一方当事人的潜在的、将来的债权人。具有这种事实基础的当事人，都可以纳入债权人的范围。

5. 虽然通知是公司的义务，但未通知的后果却需要股东来承担

从内部来说，减资涉及股东和公司，延伸到外部，则涉及债权人。对债权人，需要用直接通知的方式告知减资事宜。这样就产生了一个问题：对债权人，究竟是应该由公司通知，还是应当由股东通知？

《公司法》第一百七十七条第二款规定的是“公司应当自作出减少注册资本决议之日起十日内通知债权人”，可见，通知债权人是公司的义务。但这仅仅是公司的义务吗？如果公司未能履行该项义务，怎么办？

上海融房物业发展有限公司与上海某某物流（集团）有限公司存在房屋租赁合同纠纷，上海市徐汇区人民法院对此作出两份判决，其中一份判决融房物业公司支付物流公司欠租 509 万余元及滞纳金，另一份判决融房物业公司支付物流公司房屋使用费 3237 万余元及相应利息损失。这两份判决进入执行程序后，均由于融房物业公司名下无财产可供执行而终结。

融房物业公司于 2005 年 12 月成立，注册资本几经增资变更至 3000 万元，股东有上海祥瑞实业有限公司、上海某某计算机技术有限公司、容某某、归某某、荣某某、金某某等。2010 年 11 月，融房物业公司股东会决议减少注册资本，由 3000 万元减少为 2445 万元。就减资事宜，融房物业公司在《中国工商报》刊登了公告，但没有通知物流公司。2010 年 12 月，融房物业公司办理了

变更登记。

2015年，物流公司以融房物业公司的股东祥瑞公司、计算机公司、容某某、归某某、荣某某、金某某等为被告，向上海市徐汇区人民法院提起诉讼，请求按照股东损害公司债权人利益，判令各被告对融房物业公司的债务承担连带清偿责任。徐汇区人民法院作出一审判决后，物流公司不服，上诉至上海市第一中级人民法院。第一中级人民法院作出二审判决，判令上述股东在555万元的范围内对徐汇区人民法院前述两份已生效判决书未执行到位的部分承担补充赔偿责任。[①] 对第一中级人民法院此项判决，股东中的容某某、归某某、金某某等人不服，向上海市高级人民法院申请再审，但被上海市高级人民法院裁定驳回。

徐汇区人民法院认为，融房物业公司没有就减资事宜通知物流公司，不符合减资的法定程序。虽然《公司法》规定通知义务人是公司，但公司股东应当尽到合理的注意义务，督促公司依法履行通知义务。融房物业公司减资时，股东未尽到合理的注意义务，存在过错，应当承担相应的责任。上海市第一中级人民法院也认为，容某某、归某某、金某某等人作为融房物业公司的股东，在融房物业公司减资过程中未能尽到督促公司就减资情况通知公司已知债权人物流公司的义务，损害了物流公司的合法权益。但容某某、归某某、金某某等人认为，作为融房物业公司股东，他们并不负有公司减资的通知义务。一审、二审判决将公司的通知义务强加给股东，缺乏法律依据。上海市高级人民法院认为，融房物业公司减资未通知债权人物流公司，减资程序存在瑕疵，故该减资行为对债权人物流公司不生效，计算机公司、容某某、归某某、荣某某、金某某作为融房物业公司减资股东，需对融房物业公司瑕疵减资承担补充赔偿责任。

应该说，站在融房物业公司的减资行为因未通知而对债权人物流公司不发生效力的角度，判令已经减资的股东计算机公司、容某某等承担补充赔偿责任，是很有说服力的。但如果站在这些股东未尽到注意、督促等义务的角度而认定其损害债权人物流公司的权益，则不无再讨论之余地。

但不管怎么说，这个案例提醒公司和股东们，作出减资决议后，公司应当及时通知债权人，股东们也应当及时提醒、督促公司完成通知债权人的义务，以免使减资的目的落空。

---

① 参考案例：上海市第一中级人民法院（2017）沪01民终289号。

五、减资已完成，但程序存在未通知债权人等瑕疵，再进行增资，并不能对抗债权人

公司的减资程序已经完成，但由于未通知债权人，债权人未能在减资前提出清偿债务或者提供担保的要求。债权人起诉后，公司股东会又决议增资，使公司注册资本额恢复到减资前的水平。这一增资行为能不能起到对抗债权人的作用?

江苏某某信息产业有限公司拖欠上海某某信息科技有限公司股权转让款1600万元及利息损失，其股东华某某承担连带责任。对所欠信息科技公司的这笔巨款，信息产业公司、华某某一直未能清偿。

信息产业公司有两个股东，除华某某外，另一股东是陶某某。信息产业公司原注册资本500万元，陶某某认缴400万元，实缴350万元，华某某认缴100万元，实缴100万元。2013年4月，信息产业公司股东会决议减资，将注册资本500万元减少到330万元，实收资本450万元减少到330万元，其中陶某某认缴出资额400万元减少到230万元，实收资本230万元，华某某认缴额、实缴额不变，仍是100万元。2013年5月，信息产业公司办理了减资变更登记手续。

信息科技公司以陶某某为被告，信息产业公司为第三人，诉至江苏省南京市中级人民法院，请求判令陶某某对信息产业公司尚欠信息科技公司的债务承担清偿责任。南京市中级人民法院判决后，陶某某又上诉于江苏省高级人民法院。

诉讼过程中，2014年4月，信息产业公司股东会决议增资，将注册资本由330万元增加到500万元，恢复到减资前的水平。增资部分由陶某某以专有技术“数据防火墙”作价170万元作为无形资产出资。此次增资于2014年5月办理了变更登记。因此，陶某某主张，其已于2014年5月将信息产业公司因减资而减少的注册资本通过增资的方式补足，已不存在因注册资本的减少而导致信息产业公司对外偿债能力降低的问题，信息科技公司在此情况下仍要求陶某某在减资范围内继续承担偿还责任，缺乏事实及法律依据。

针对陶某某的主张，法院在判决中认为，陶某某不能因信息产业公司2014年5月的增资而免责。本案系债权人因债务人减资行为导致其债权实现受损而主张的侵权赔偿之诉，损害结果在减资行为作出时即已实际发生。故信息产业公司的专有技术增资仅证明其在本案诉讼过程中完善了公司注册资本登记，但对于债权人债权的实现并无影响，信息科技公司的债权亦未因2014年5月增资得到相应清偿。因此，陶某某应在减资额170万元范围内承担偿还责任。[①]

六、未减资的股东，应为减资的股东，向公司债权人承担相应的法律责任

公司减资有多种表现形式，既可以是所有股东共同减资，也可以是部分股东减资。如果是共同减资，既可以按照相同的比例减资，也可以按照不同的比例减资。如果减资程序存在瑕疵，未减资或者减资少的股东，也需要承担相应的风险。例如，如果只有部分股东减资，一旦遇到公司债权人追偿的情况，未减资的股东也要承担相应的法律责任。

2011年3月，上海某某电器集团有限公司与江苏某某高科有限公司签订一份《电气电工产品买卖合同》。履行中，高科公司拖欠电器公司货款77.7万元未付。

高科公司共有三个股东，即上海某某光电股份有限公司、马某某、谌某某。2012年8月，三股东召开股东会会议，通过减资决议，决定高科公司减资19000万元，注册资本由2亿元减为1000万元。减少的19000万元资本，均为马某某所缴，其中认缴额2700万元，实缴额16300万元，减资后，马某某不再具备股东资格。减资后，高科公司的注册资本为1000万元人民币，其中光电股份公司出资700万元，谌某某出资300万元。高科公司对减资事宜发布了公告，办理了工商变更登记，但未在减资前向电器公司清偿前述债务。

电器公司向上海市青浦区人民法院起诉，请求判令高科公司支付货款77.7万元，判令光电股份公司、马某某在19000万元减资范围内共同承担补充赔偿责任。

青浦区人民法院认为，电器公司要求其股东马某某在减资范围内对高科公司的债务承担补充赔偿责任，并无不当，但要求光电股份公司在减资范围内对高科公司结欠电器公司的债务承担补充赔偿责任，缺乏事实和法律依据。因此，只是判决马某某在减资19000万元的范围内对高科公司结欠电器公司的77.7万元债务承担补充赔偿责任。电器公司不服，上诉于上海市第二中级人民法院。

上海市第二中级人民法院认为，公司减资本质上属于公司内部行为，理应由公司股东根据公司的经营状况通过内部决议自主决定，以促进资本的有效利用，但应根据《公司法》第一百七十七条第二款的规定，直接通知和公告通知

① 参考案例：江苏省高级人民法院（2015）苏商终字第00034号。

债权人，以避免因公司减资产生损及债权人债权的结果。高科公司与电器公司的债权债务在高科公司减资之前已经形成。电器公司在订立的合同中已经留下联系地址及电话信息，且就现有证据不存在高科公司无法联系电器公司的情形下，故应推定电器公司系高科公司能够有效联系的已知债权人。高科公司在报纸上发布了减资公告，但并未就减资事项直接通知电器公司，故该通知方式不符合减资的法定程序，也使得电器公司丧失了在高科公司减资前要求其清偿债务或提供担保的权利。

根据现行《公司法》之规定，股东负有按照公司章程切实履行全面出资的义务，同时负有维持公司注册资本充实的责任。尽管《公司法》规定公司减资时的通知义务人是公司，但公司是否减资系股东会决议的结果，是否减资以及如何进行减资完全取决于股东的意志，股东对公司减资的法定程序及后果亦属明知，同时，公司办理减资手续需股东配合，对于公司通知义务的履行，股东亦应当尽到合理注意义务。高科公司就公司减资事项形成股东会决议时，电器公司的债权早已形成，作为高科公司的股东，光电股份公司和马某某应当明知。但是在此情况下，光电股份公司和马某某仍然通过股东会决议同意马某某的减资请求，并且未直接通知电器公司，既损害高科公司的清偿能力，又侵害了电器公司的债权，应当对高科公司的债务承担相应的法律责任。公司未对已知债权人进行减资通知时，该情形与股东违法抽逃出资的实质以及对债权人利益受损的影响，在本质上并无不同。因此，尽管我国法律未具体规定公司不履行减资法定程序导致债权人利益受损时股东的责任，但可比照《公司法》相关原则和规定来加以认定。由于高科公司减资行为上存在瑕疵，致使减资前形成的公司债权在减资之后清偿不能的，光电股份公司和马某某作为高科公司股东应在公司减资数额范围内对高科公司债务不能清偿部分承担补充赔偿责任，遂增加判决光电股份公司在减资 19000 万元的范围内对高科公司结欠电器公司的 77.7 万元债务承担补充赔偿责任。①

在这个案例中，虽然股东有三个，减资的却只是其中的一个。但当公司债权人提出主张后，未减资的股东也要承担相应的补充赔偿责任。

---

① 参考案例：上海市第二中级人民法院（2016）沪 02 民终 10330 号。

公司人格否认与老板责任

第九章　伤及灵魂的风险：公司人格否认

一、什么是公司人格否认

《公司法》第一条即说明这部法律的宗旨是“保护公司、股东和债权人的合法权益”。股东中的一部分人就是老板。前文曾经说过，《公司法》是保护老板的。

但除了保护老板以外，《公司法》也保护其他主体的利益。《公司法》第一条规定的三个主体，公司居首，它一头连着股东，另一头连着债权人。由于中间隔着公司，股东与债权人之间，难以建立直接的债权债务关系。公司就像一堵墙，向外挡住债权人，向内护住股东，使股东享有有限责任的好处。为什么公司有这么大的魔力，原因就在于它具有法人资格。

如果《公司法》到此为止，就只是体现了对股东的保护，维护股东的利益。也就是只体现了对老板的保护。那么，如果股东，主要是其中的老板，在公司的名义下，肆意损害债权人的利益，怎么办呢？换言之，债权人的利益又该如何保护呢？

答案是运用法人人格否认制度，追究股东，取消股东的有限责任，让股东为公司的债务承担偿还责任，从而让债权人的利益获得平衡。自然，这里所说的股东，并非指所有股东，而是指那些称得上老板，能够损害债权人利益的股东。

公司法律制度，从正面看，是公司具有独立法人资格和股东承担有限责任。从反面看，则有公司人格否认。在公司人格否认情形下，股东无法享有有限责任的好处。公司具有独立法人资格和公司人格否认，从正反两个方面保障了公司的独立性。但正面的，是基本的；反面的，则是对正面的必要补充。

公司有独立的法人资格这个外壳。法人人格否认制度就是专门对付这个外壳的，其采取的办法有两个：

一是只在外壳上钻个洞，使股东暴露在债权人面前，失去公司法人资格的保护，不能再享受有限责任的好处，对原本应只由公司偿还的债务承担连带责任，从而实现对债权人利益的保护。

二是干脆敲碎这层外壳，让股东向债权人直接偿还。这样，公司的法人资格被彻底、绝对、根本性地取缔，变得与个人独资企业、合伙企业一样，股东变得与个人独资企业的投资人、合伙企业的普通合伙人一样，承担无限责任。

如果望文生义，上述两个办法都属于“公司人格否认”。理论上，对“公司人格否认”的解释有广义、狭义之分。广义上，包括上述两种情形在内，狭义上，仅指第一种情形。无论是学界还是实务界，人们多在狭义上使用“公司人格否认”。

公司与个人独资企业、合伙企业有着本质的不同。这种不同点集中在有无法人资格，其投资者是否承担有限责任这两点上。个人独资企业、合伙企业都不具备法人资格，因此其投资人、普通合伙人，对企业债务承担的都是无限责任，或无限连带责任，并且自始至终都是如此。在“公司人格否认”情形下，股东承担的责任，会发生重大变化：原来是有限责任，将转向无限责任。只是依上述狭义、广义情形不同，从有限责任到达无限责任的程度不同。

第一章中曾经讲过，股东有限责任是老板的灵魂，第二章则说明公司法人资格是老板的防火墙。而公司的法人资格一旦被否认，则意味着“灵魂”失去了“防火墙”的保护。所以说，公司的法人资格被否认，给老板带来的是伤及“灵魂”的风险。

二、在“揭开公司面纱”的情形下，老板须向主张权利的公司债权人，对公司债务承担连带责任

《公司法》第二十条第三款规定：“公司股东滥用公司法人独立地位和股东有限责任，逃避债务，严重损害公司债权人利益的，应当对公司债务承担连带责任。”一般认为，该款规定了公司法人人格否认制度，因此，债权人通过否认公司的人格，要求股东们偿还公司欠下的债务，依据的就是这一条。但该款规定的，只是前文所述第一种情形，也就是狭义上的“公司人格否认”。

投资人设立公司，须向工商行政机关提出申请。工商行政机关发给法人执照，才算取得法人资格。从这个意义上看，是工商行政机关代表政府，依法授予公司法人资格。但能够揭开公司的面纱、否认其人格的，却是审判机关。审判机关这样做，是应公司债权人之请求，为了平衡股东与债权人之间的利益。这就决定了只有在特定情形下，也就是在出现了“公司股东滥用公司法人独立

地位和股东有限责任，逃避债务，严重损害公司债权人利益的”情形，并且是在受害的债权人提出诉讼请求后，法院才有可能在一个具体案例中这样做。这样做的目的，不是要取消公司的法人资格，而是让有滥用行为的股东承担损害债权人利益的责任。

狭义上的“公司人格否认”，被形象地称为“揭开公司面纱”，其突出特征是个案性的、暂时的、特定的。除了在该个案中被否定之外，公司的独立法人资格照旧继续存在，其他与公司有关的法律关系照旧不波及股东。用一句人们常引用的话，就是“由公司形式所树立起来的有限责任之墙上钻一个孔，但对被钻之孔以外的所有目的而言，这堵墙依然矗立着”。因此，此类情形的实质并不是针对公司，而是针对股东；并不是要否定公司的法人资格，而是要否定股东享有的有限责任，才“无视”“不顾”公司的法人资格。所以此类情形被称为“公司人格否认”，实际上是被夸大了。

此类情形下，股东应当承担的，是对公司债务的连带责任，但要注意：

不是所有的股东都要承担连带责任。公司可以有多个股东，但并非所有的股东都要向债权人承担连带责任，而是只有那些有滥用公司法人独立地位和股东有限责任行为的股东才向债权人承担，其他股东仍然承担有限责任。要知道，能够如此滥用公司法人独立地位的，其实是大股东、控股股东、实际控制人。这些人完全称得上老板。

不是向所有的债权人承担。由于在平常情况下，公司仍保持着法人资格。因此股东并非针对所有债权人，而只是在某一个具体案件中，针对提起诉讼的特定的债权人，承担连带偿还责任。

不过，应当看到，在公司的面纱被揭开以后，尽管股东对公司债务承担连带责任，与个人独资企业的投资人对企业债务承担无限责任，合伙企业的普通合伙人对企业债务承担无限连带责任相比，在法理上仍有许多不同。但从向某一个债权人进行清偿的实际效果上看，却并无大的差别。

江苏省高级人民法院二审审理的外资企业某某镀锌工业公司诉南京八达投资管理有限公司、聂某某、台某某、南京隆裕物业有限公司股权转让纠纷一案，是适用“揭开公司面纱”规则的一个案例。

镀锌公司是隆裕公司的股东。聂某某、台某某是八达公司的股东，其中聂某某任公司法定代表人，持有公司90%股权，台某某持有10%股权。八达公司于2011年3月设立，注册资本100万元，自成立以来，一直没有进行实际经营，也没有业务收入。

2012 年 9 月，镀锌公司将其所持隆裕公司的股权转让给八达公司。履行过程中，办理了变更登记，但八达公司只支付了部分转让款，剩余 370 万元一直未付。2012 年 10 月 10 日、10 月 28 日，八达公司分别与台某某、聂某某签订《股权转让协议》，将八达公司持有的隆裕公司的全部股权转让给台某某和聂某某，并办理了工商变更登记。

镀锌公司向江苏省南京市中级人民法院提起诉讼，南京市中级人民法院的判决未支持镀锌公司的请求。镀锌公司又上诉于江苏省高级人民法院。在一审、二审中，镀锌公司提出的诉讼请求均是要求八达公司支付剩余股权转让款 370 万元及相应的违约金，并判决聂某某、台某某承担连带责任。

江苏省高级人民法院认为：首先，聂某某、台某某存在滥用公司法人独立地位的行为。本案中，聂某某、台某某两人合计持有八达公司 100% 的股权，对八达公司享有控制权。其中，聂某某是持有八达公司 90% 股权的股东，并担任八达公司的法定代表人。而台某某作为八达公司的股东，其受让八达公司持有的隆裕公司的股权，显然同意并参与了转让股权的行为。由上述事实可知，无偿转让股权虽然表面上是八达公司所为的，但实际上是由聂某某、台某某操作八达公司完成的。其次，聂某某、台某某的行为严重损害了债权人镀锌公司的利益。根据工商登记档案显示，八达公司的资产只有 100 万元，且未实际经营，无营业收入，如将股权无偿转让，则公司资产不足以清偿其对镀锌公司所负 370 万元的债务。聂某某、台某某作为八达公司的控股股东对此应当是明知的。在这种情况下，聂某某、台某某仍操纵八达公司无偿转让股权，严重损害了债权人镀锌公司的利益。因此，依照《公司法》第二十条第三款的规定，判决八达公司支付镀锌公司 370 万元及违约金 74 万元，聂某某、台某某承担连带责任。

聂某某和台某某不服，向最高人民法院申请再审。最高人民法院认为：聂某某和台某某是八达公司的股东，合计持有八达公司 100% 的股权。二人在八达公司对镀锌公司负有 370 万元债务，而八达公司注册资本只有 100 万元且无实际经营、无营业收入的情况下，向包括台某某本人在内的自然人无偿转让八达公司持有的隆裕公司的股权，严重损害八达公司债权人镀锌公司的利益。二审法院根据《公司法》第二十条第三款的规定判令其对八达公司的债务承担连带责任并无不当。遂驳回了聂某某和台某某的再审申请。[①]

---

① 参考案例：江苏省高级人民法院（2014）苏商外终字第 0015 号；最高人民法院（2015）民申字第 3302 号。

除按照《公司法》第二十条第三款的规定，判令公司股东对公司债务承担连带责任外，还有另外一种“揭开公司面纱”，不是判令股东，而是判令关联公司承担连带责任。关于这种“揭开公司面纱”，我们将在第十一章介绍。

三、如果公司的法人资格被彻底否认，将给老板带来十分严重的后果

按照广义上的认识，公司人格否认除“揭开公司面纱”外，还有一大类，即名实相符的公司人格否认，彻底否认公司法人资格。

一旦“揭开公司的面纱”，股东需对公司债务承担连带责任，虽然仅限于所欠特定的债权人的债务，但因为股东无法再享有有限责任的好处，所以给股东带来的风险很大。而如果公司的法人资格被彻底否定，比起面纱被揭开，后果更严重。

尽管在学界和实务界，人们多将“公司人格否认”等同于“揭开公司面纱”，在狭义上使用“公司人格否认”，但从根本上，彻底、绝对、全面地否定公司的法人资格，并非没有法律上的依据。从《公司法》的规定看，至少有如下两项。

一是第一百九十八条的规定，虚报注册资本，或者采取其他欺诈手段隐瞒重要事实取得公司登记，情节严重的，撤销公司登记或者吊销营业执照。此种情形下，说明公司本来不具备获得法人资格的条件，但由于采用了“虚报”“提交虚假材料”等欺诈手段获得了法人资格，现在被揭穿，被吊销了营业执照，其内涵应是被取缔了法人资格。最高人民法院的法官们认为，“虚假出资适用公司设立无效制度。注册资本乃公司存续下去的基础，股东虚假出资严重时，公司实有资本在大多情况下难以达到法律的硬性要求，法人的独立人格缺少构成依据，公司的设立条件无法满足。也即公司一开始就不具备获得独立人格条件，无法独立地承担民事责任，其独立人格亦不当被肯定，即使以欺诈手段取得程序上的认可，公司依然存在设立无效的事由，只要利害关系人于一定期限内提出申请，则公司即被认定设立无效而人格消灭”。①

二是第二百一十三条规定，利用公司名义从事危害国家安全、社会公共利益的严重违法行为的，吊销营业执照。此类行为中严重者，如《刑法》第一百零七条规定的资助危害国家安全活动、第一百二十条之一规定的资助恐怖活动等。按照《公司法》第二百一十三条的规定，公司变成了从事违法犯罪行为的

---

① 最高人民法院民事审判第二庭编著：《最高人民法院关于公司法解释（三）、清算纪要理解与适用（注释版）》，人民法院出版社2016年版，第234页。

工具。吊销其营业执照，也就是取缔其法人资格。

如果公司的法人资格被彻底否定，也就意味着保护股东的那堵墙坍塌了，其责任再也不是有限责任，而是像个人独资企业的投资人或者像合伙企业的普通合伙人那样，对企业债务承担无限责任。这给股东带来的风险极大，此种风险，仅次于被追究刑事责任。因此，老板要给予高度重视。

较早时期，这方面的案例时有出现，而且判决彻底否认法人资格的理由也不限于前述《公司法》所列理由。

山东某某磨具磨料有限公司成立于1992年11月，系由烟台某某石材开发集团公司、国家开发投资公司、福建某某磨具厂三方共同出资开办，注册资金500万元。根据其公司章程及工商登记材料确认，该三股东单位应当分别以现金形式缴纳100万元、150万元和250万元出资，但三股东均未实际出资。因此，烟台市中级人民法院在审理由济南某某印务有限公司提起的借款纠纷之诉中，认定磨具磨料公司虽然领取了企业法人营业执照，但其本身并不拥有独立的法人财产，不能独立承担民事责任，不具备法人资格，判决其民事责任由三股东承担。国家开发投资公司等不服，上诉于山东省高级人民法院，被判决驳回。国家开发投资公司等又向最高人民法院申请再审，被裁定驳回。① 这个案件中，判决应向债权人印务公司支付的借款本息合计为395万多元。但磨具磨料公司并非仅对印务公司负有债务，其他债权人亦会效仿印务公司要求其股东承担偿债责任。到2010年8月，仅国家开发投资公司被执行的数额即达726万多元。后来，国家开发投资公司又以另两家股东为被告，提起了追偿权之诉。②

这个案例说明了，公司人格被彻底否认，给股东带来的危害极大。不过，十余年来，这类案例极其少见。

公司的法人资格一旦被否认，无论是狭义上的，还是广义上的，都将使老板再也无法享受有限责任的好处，从而背离设立有限公司的初衷。因此，老板们要高度重视，在日常经营中，就要注意切实维护公司的法人资格，防范“公司的面纱”被揭开、法人资格被否定。

---

① 参考案例：山东省高级人民法院（2008）鲁商终字第197号；最高人民法院（2008）民申字第746号。

② 参考案例：最高人民法院（2014）民申字第1265号。

四、对未履行出资义务的股东，债权人可否通过揭开公司面纱，追究其责任

对这个问题，可以用一个历经三级法院审理的案例来回答。

江苏省某市经济开发区经济发展总公司与香港银达有限公司共同设立某某娱乐服务有限公司，注册资本465万元。其中开发区总公司认缴额为46万元，银达公司认缴额为419万元。对认缴的出资额，开发区总公司和银达公司均未实际缴纳。

娱乐服务公司拖欠某某建筑工程公司工程款，被该公司诉至镇江市中级人民法院，并被判决向该公司支付工程款284万元以及其他费用、相关利息。在执行过程中，开发区总公司被追加为被执行人。镇江市中级人民法院裁定开发区总公司对娱乐服务公司的债务在46万元范围内向债权人建筑工程公司承担清偿责任。后开发区总公司与建筑工程公司达成协议，以调解的方式履行了裁定。不过，此处调解解决的是针对开发区总公司的裁定，而不是针对娱乐服务公司的判决。2008年，建筑工程公司将判决项下对娱乐服务公司的所有债权转让给佘某某。

佘某某以开发区总公司、银达公司为被告，诉至浙江省镇江市中级人民法院，请求判令该二公司就娱乐服务公司应向建筑工程公司支付的工程价款及其他费用、相关利息等，共计801.6万元，向佘某某承担连带清偿责任。佘某某的主要理由是，开发区总公司、银达公司作为娱乐服务公司的投资方均未履行投资义务，根据《公司法》第二十条第三款的规定，应当对娱乐服务公司上述债务承担连带清偿责任。

镇江市中级人民法院认为：娱乐服务公司有效成立，具有独立法人资格。佘某某虽证明了其股东开发区总公司、银达公司出资不到位，但不能证明包括法人人格滥用者系有实际控制能力的支配股东，有滥用公司人格或有限责任行为并追求不法目的以及其损失与滥用者行为存在因果关系等公司法人人格否认要件事实，即佘某某不能举证证明开发区总公司、银达公司存在滥用娱乐服务公司法人独立地位和股东有限责任逃避债务的情形。且娱乐服务公司取得一宗国有划拨土地使用权，具有一定公司法人财产。因此，对佘某某主张依据《公司法》第二十条第三款规定，开发区总公司、银达公司对娱乐服务公司所欠债务承担无限连带清偿责任的请求，不予支持。

原债权人建筑工程公司与开发区总公司达成的调解协议，处分的仅涉及开

发区总公司在其应出资46万元范围内的清偿责任，即其应出资46万元范围内的清偿责任免除。开发区总公司、银达公司仍应在银达公司应出资人民币419万元范围内对娱乐服务公司的债务承担连带清偿责任。现债权人佘某某所主张的债权，在做相应扣减后，剩余债权总额已超过银达公司应承担的419万元。因此，开发区总公司、银达公司应以银达公司应出资419万元为限对娱乐服务公司欠佘某某的债务承担连带清偿责任。遂判决银达公司一次性给付佘某某419万元，开发区总公司承担连带清偿责任。

佘某某不服，向江苏省高级人民法院提起上诉。其上诉理由为：根据《最高人民法院关于企业开办的其他企业被撤销或者歇业后民事责任承担问题的批复》的规定，企业开办的企业实际没有投入资金或投入的自有资金达不到法定数额，应当认定其不具备法人资格，其民事责任由开办该企业的企业法人承担。开发区总公司与银达公司作为娱乐服务公司的股东，未尽出资义务，导致娱乐服务公司的法人资格在本案中被否认，故应由二公司对娱乐服务公司的债务承担无限连带清偿责任。因此，佘某某上诉请求改判二公司连带给付801.6万元。

江苏省高级人民法院认为：根据《公司法司法解释三》第十三条第二款中的规定，公司债权人请求未履行或者未全面履行出资义务的股东在未出资本息范围内对公司债务不能清偿的部分承担赔偿责任和连带责任的，人民法院应予支持。本案开发区总公司、银达公司作为娱乐服务公司的股东，应分别出资46万元、419万元，但均未履行出资义务，依法应对娱乐服务公司债务不能清偿部分在各自未缴出资范围内承担补充清偿责任。开发区总公司因已实际履行与建筑工程公司达成的和解协议，已在其应出资46万元范围内承担了补充清偿责任，其应出资范围内的清偿责任已免除，但对于银达公司未清偿部分应承担连带责任。故原审判决并无不当。

对于佘某某主张的娱乐服务公司不具备法人人格，江苏省高级人民法院认为：娱乐服务公司经工商行政机关核准取得"中华人民共和国外商投资企业批准证书"，具有独立法人资格，且取得一宗国有划拨土地使用权，具有一定公司法人财产。佘某某上诉认为娱乐服务公司实际没有投入资金或投入的自有资金达不到法定数额（3万元）与事实不符，据此主张娱乐服务公司不具备法人人格不能成立，故本案不适用《最高人民法院关于企业开办的其他企业被撤销或者歇业后民事责任承担问题的批复》第一条第（三）项的规定，佘某某据此上诉主张开发区总公司、银达公司对娱乐服务公司的债务应承担无限连带清偿责任无法律依据，不予采纳。因此，判决驳回了佘某某的上诉。

佘某某仍不服，向最高人民法院申请再审，其申请理由与其向江苏省高级人民法院提出的上诉理由相同。

最高人民法院认为：娱乐服务公司系取得外商投资企业批准证书后申请成立的中外合资经营有限责任公司，其具有独立法人资格。本案纠纷系因娱乐服务公司股东未履行出资义务引发，佘某某作为娱乐服务公司债权人提起诉讼，主张本案应适用《最高人民法院关于企业开办的企业被撤销或者歇业后民事责任承担问题的批复》，但该批复是针对如何适用《国务院关于在清理整顿公司中被撤并公司债权债务清理问题的通知》作出的，具有当时特定的历史背景。《公司法司法解释三》则对公司债权人请求未履行或者未全面履行出资义务的股东承担责任的问题作出了更为明确的规定。一审、二审法院适用该规定并结合开发区总公司与建筑工程公司达成的执行和解协议履行情况判决银达公司给付佘某某人民币 419 万元，开发区总公司对该债务承担连带清偿责任并无不当。因此判决驳回了佘某某的再审申请。[①]

上述案例说明，以股东未缴付出资为由，公司人格否认制度难以适用。

从佘某某提出的诉讼请求来看，其主要目的是想通过对娱乐服务公司法人人格的否认，使开发区总公司、银达公司无法再受到有限责任的保护，从而使其债权得到足额清偿。应该说，佘某某的这一做法，在法理上是有一定依据的。

20 多年前，朱慈蕴教授在其博士论文中曾经指出，各国在司法实践中，适用公司法人格否认法理的场合较为复杂，而学者在对适用场合进行归纳时也是众说纷纭，但也有认识一致的地方，即均将公司资本显著不足列入。在朱慈蕴所列适用公司法人格否认法理的几种场合中，公司资本显著不足被排在首位。[②]

公司资本显著不足，即虽然股东缴付了出资，但缴得不够、不足。所谓不足，又有绝对不足和相对不足之分。绝对不足，是指在法律规定了注册资本最低限额的前提下，股东所缴出资未能达到最低限额。相对不足，是指与公司所经营的事业相比，资本明显偏低，即所谓“小马拉大车”。与绝对不足相比，相对不足又是较轻的。从国外的司法实践来看，是将资本绝对不足作为彻底否认公司法人资格（即广义上的“公司人格否认”）的一种情形，而将资本相对不足作为适用“揭开公司面纱”（即狭义上的“公司人格否认”）的一种情形。在国内，也有不少学者和法官主张将资本相对不足作为适用“揭开公司面纱”

---

① 参考案例：江苏省镇江市中级人民法院（2010）镇民初字第 15 号；江苏省高级人民法院（2013）苏民终字第 0001 号；最高人民法院（2015）民申字第 2023 号。

② 朱慈蕴：《公司法人格否认法理研究》，法律出版社 1998 年版，第 140 页。

情形的观点。①

与资本显著不足相比，股东根本没有缴付出资，致使公司并无资本，其应承担的法律后果显然应该更严重。依此逻辑，似乎应当认定佘某某的主张成立，对娱乐服务公司的法人人格应予以否认。

我国《公司法》自1993年颁布以来，先后在1999年12月、2004年8月、2005年10月、2013年12月、2018年10月进行过五次修正。其中2005年10月修正时，对注册资本制度作了重大修改，在继续保留注册资本最低限额制度的同时，将限额统一降低为3万元，并允许在首次缴付不低于20%后，其余在2年及5年内缴足。佘某某在向镇江市中级人民法院起诉时，正处在这一制度适用期间。由于开发区总公司、银达公司一直没有履行出资义务，使得娱乐服务公司实际上没有资本，不具备公司成立并运作的基本条件。因此，从法理上来看，对娱乐服务公司的法人资格应当予以否认。虽然镇江市中级人民法院、江苏省高级人民法院指出娱乐服务公司取得一宗国有划拨土地使用权，具有一定的公司法人财产，但这与股东出资、公司注册资本并无必然联系，作为不适用法人资格否认的理由，过于勉强。

《公司法》2005年10月修正时，还增加了公司法人人格否认制度。佘某某在镇江市中级人民法院起诉时，正是根据《公司法》第二十条第三款的规定，要求否认娱乐服务公司的法人资格，判令开发区总公司、银达公司对娱乐服务公司的债务承担连带清偿责任。第二十条第三款的规定是“公司股东滥用公司法人独立地位和股东有限责任，逃避债务，严重损害公司债权人利益的，应当对公司债务承担连带责任”。在前面章节中已经指出，这一款要求同时具备滥用行为、逃债目的和严重损害三个方面的条件，并且建立因果联系才能适用。但佘某某在诉讼中未能满足这些要求。镇江市中级人民法院指出，佘某某虽证明了开发区总公司、银达公司出资不到位，但不能证明包括法人人格滥用者系有实质控制能力的支配股东，有滥用公司人格或有限责任行为并追求不法目的以及其损失与滥用者行为存在因果关系等公司法人人格否认要件事实。因此，判决驳回了佘某某关于否认娱乐服务公司法人资格的请求。

这就说明，要想否认公司法人资格，单纯地以未缴付出资或者未履行出资义务为理由，并运用《公司法》第二十条第三款这条规定是做不到的。

前文提到，佘某某关于否认娱乐服务公司法人资格的请求，是有法理依据

---

① 朱慈蕴：《公司法人格否认法理研究》，法律出版社1998年版，第141～143页；夏正芳、史留芳：《公司设立、治理及终止相关疑难法律问题研究》，载《法律适用》2016年第12期。

的，但现在要问，有法律依据吗？既然无法运用《公司法》第二十条第三款，那么还有其他法律条款可以运用吗？答案是没有。

佘某某在向江苏省高级人民法院上诉、向最高人民法院申诉时，虽然同样是请求否认娱乐服务公司的法人资格，但没有再以《公司法》第二十条第三款为依据，而是以《最高人民法院关于企业开办的其他企业被撤销或者歇业后民事责任承担问题的批复》为依据。这是一个司法解释性质的文件，发布时间是1994年3月，比《公司法》规定公司法人人格否认制度早了11年。关于这个文件的规定与公司人格否认制度的异同，朱慈蕴教授和刘敏法官曾经作过比较。① 刘敏法官指出：该批复“所涉企业开办的企业，因其实际没有投入自有资金，或者投入的自有资金达不到有关法规规定的基本数额，或者不具备企业法人其他条件，其根本不具备法人成立的基本要件，故法律从根本上不承认其法人人格。这种对法人人格的否认是彻底的、绝对的，是法律对法人人格作出的客观评价。这种评价导致的结果是向自然人责任的复归，其效力不仅仅及于某一特定法律关系，而是直接影响到该法人所有的法律关系，并且影响其作为独立法人继续存在”。显然，佘某某就是沿着这个思路上诉、申诉的。

但江苏省高级人民法院、最高人民法院认为，佘某某诉开发区总公司、银达公司一案，不适用该批复。最高人民法院认为该批复是针对如何适用《国务院关于在清理整顿公司中被撤并公司债权债务清理问题的通知》作出的，具有当时特定的历史背景。这就是说，那是一个历史文件，随着其发布时的特定背景的消失，也就不再适用了。这样，从根本上否认公司的法人资格，司法解释层面上的成文依据也没有了。②

这就是说，因股东未缴付出资而否认公司的法人资格，尽管从法理上说得通，但由于缺乏相应的法律依据，其实是难以做到的。

股东未履行出资义务，需要承担的仍是有限责任。这显然有利于股东，有利于老板，而不利于债权人。

---

① 朱慈蕴：《公司法人格否认法理研究》，法律出版社1998年版，第355～360页；刘敏：《“法人人格否认制度”在个案中的慎重适用》，载《中国民商审判指导与参考》2005年第1辑。

② 本处是指在民事诉讼程序中否认公司人格，前文称《公司法》第一百九十八条、第二百一十三条是根本否认公司人格的依据，其事由与本处不同，亦无法直接适用于民事诉讼程序。

第十章　股东财产与公司财产界限划不清，后果很严重

《公司法》第三条第一款中规定，公司是企业法人，有独立的法人财产，享有法人财产权。公司和自然人一样，能够用自己的名称，以自己的名义，拥有各种财产权，如物权、债权、股权、知识产权及其他各种无形财产权。公司就是以这些财产为基础，对所负的债务承担偿还责任。因此，公司的财产应该完整、独立。

老板，特别是股东老板的个人财产与公司的财产，应该是截然分开、各自完全独立的。从公司法理论上看，有些学者将公司财产与股东财产相分离，看成公司制度中除股东承担有限责任和公司具有独立法人资格外的第三大原则，由此足见其重要性。

公司的财产不是股东的财产，股东的财产也不是公司的财产。这是一项基本规则，切忌违反。二者之间，有一条清晰的界限，不能逾越。如有逾越，应当尽快纠正。否则，有可能带来严重的后果。

一、对股东财产与公司财产的不同，一定要有充分认识

股东与公司、股东个人财产与公司财产应该有怎样的界限，这是老板们，特别是股东老板们必须弄清楚的一个重要问题。

虽然公司法律上早就规定了股东财产与公司财产相分离的原则，但事实上，除在以城市为核心的文化程度普遍较高，经济又较为发达的地区外，其他地区的很多人仍存在着不同程度的模糊认识。在民营公司，尤其在一些家族色彩浓厚的公司，这种模糊认识更普遍，也更严重。在这些公司的老板看来，私企私企，公司的不就是业主老板私人的吗？老板想拿就拿、想怎样花就怎样花，自己“侵占”自己难道有罪吗？

在现实中，老板们常常将公司财产与股东个人财产相混同。有些老板，动

不动就说公司的"这个楼是我的""那个楼是我的"，其实就是这种错误认识在语言上的反映。此类老板在行为上自然也会有表现。一方面，他们随意取用公司的财物，或者占用公司的资金供个人使用；另一方面则相反，是将个人的资金、物品交给公司使用，有时将个人财产注入公司，极少数甚至是连续无限制地注入。这两个方面，看似是两种对立的行为，其实又互为因果。这两种行为有着共同的背景，即公司财产与个人财产不分。

认识不到股东财产与公司财产是严格分离的或者常常将两者混同，有时会给老板本人带来严重的后果。轻者，会导致公司的法人资格被否认，老板需要对公司债务承担连带清偿责任。重者，会被认定为构成侵占、挪用之类的犯罪，从而被追究刑事责任。因此，老板千万不能说"这家公司是我的"之类的昏话。

二、错误地认为公司财产即为股东个人财产，被判决犯有职务侵占罪，身陷囹圄

下面这个案例虽发生在十几年前，但其中当事人的遭遇，对认识股东财产与公司财产的相互独立性，仍然具有很强的参考价值。

辛某某是北京某某房地产开发有限责任公司的副总经理兼销售部经理。她的丈夫庾某某是公司的大股东、董事长、总经理、法定代表人。二人感情不和，签署《离婚协议书》，庾某某答应给予辛某某900万元费用，但未兑现，亦未办理离婚手续。房地产公司决定在北京市区发布户外房地产广告，并由辛某某具体负责。辛某某与广告公司商定广告发布费为170万元。在此基础上，又以公司提现金为由，提议将合同上的广告发布费增加到198万元。对多出的28万元，让广告公司在扣除10%的税金后，以现金返给辛某某。合同经庾某某签字确认后生效，并履行。广告公司按照与辛某某的约定，将多出的28万元扣除税款后的余款252000元，分两次交给辛某某。辛某某将此款借给他人使用。

辛某某获得的上述款项是何性质，恐怕是她在事前万万没有想到的。公安机关、检察机关认为是职务侵占行为，并已构成犯罪。辛某某及其辩护律师认为无罪。北京市通州区人民法院经审理后认为辛某某的行为构成职务侵占罪，判决其有期徒刑五年。辛某某不服，上诉至北京市第二中级人民法院，但被驳回。①

辛某某职务侵占案轰动一时，后来以这个案例作为研究对象的文章也发表

① 参考案例：北京市通州区人民法院（2003）通刑初字第299号；北京市第二中级人民法院（2003）二中刑终字第1925号。

了不少。由于其丈夫是公司大股东，持有公司的绝大部分股权，在这种情况下，在公司任副总经理职务的妻子占用公司资金仍构成职务侵占罪。仔细查看辛某某关于无罪的表述，可以发现她关于区分股东个人财产与公司财产的认识严重不足。如果再对照一下通州区人民法院法官的看法，可以加深对什么是股东财产与公司财产相分离以及什么是职务侵占的理解。

关于辛某某无罪的理由	认定辛某某有罪的理由
辛某某没有故意将公司财物占为己有的目的。辛某某与庾某某的日常家庭开销，全部从公司财务支出，主观认识上将公司财产等同于家庭财产，其提走25万余元现金，是认为拿走了自己家庭的财产，并没有侵害他人或单位的利益。在主观上将公司财产与家庭财产视为一体的前提下，也只能说，辛某某对自己的行为性质产生了错误认识，即她对自己行为的性质或方式的认识与实际情况不符合。这种认识错误所导致的法律后果只会有两种不同的情况：或是意外事件，或是过失犯罪。因为职务侵占罪只能由故意构成，而不存在过失犯罪，所以辛某某的行为即使在客观上符合侵占罪的形式要件，也仍然不能构成犯罪。	辛某某有故意将公司财物占为己有的目的。辛某某身为公司副总经理，从事企业的经营、管理工作，对公司由若干股东构成是明知的，却非法侵吞公司25万余元款项归己所有，显然其非法占有公司财务的主观故意是客观存在的，同时由于现行法律对家族公司未作规定，其认为自己侵犯的是家族公司利益的抗辩于法无据。
职务侵占罪的前提即以职务为便利，具有一定的隐蔽性，但根据辛某某及部分证人证言反映，辛某某以回扣方式提走现金25万余元是公开的，市场部人员及董事长庾某某是知道的。辛某某虽然收到回扣款，但其行为是在他人知晓的情况下公开进行，并不具有私自占有该笔款项的客观条件。	职务侵占具有一定的隐蔽性。本案中，证人庾某某及市场部人员等人均证实不知道辛某某提现金归己一事，辛某某亦多次供述公司的人不知道此事，其行为符合职务侵占罪的客观构成要件。
房地产公司的财产究竟是属于公司还是属于庾某某家族，是本案的关键问题。不能仅以工商登记材料来认定公司的实际性质，名不符实的公司企业大有人在。房地产公司更符合家族企业的特征，最起码也是为家族所把持、控制财权的企业。该类企业内部家族人员尤其是夫妻之间发生财产关系的纠纷，不应属于职务侵占的范围。此外，从公司的日常财务开支情况来看，多年以来庾某某家中的一切实际开销完全由公司支付，大到数百万元的购房款、购车款、日常生活支出、庾某某父母家的部分开支、辛某某父母家的部分开支，小到购买卫生纸的钱。这充分反映出该公司的实际经济性质。该公司是以有限公司之名，而行家族公司之实，至少是被家族控制的公司。公司的财产即家庭共同财产，辛某某提走的资金事实上应属于其与庾某某拥有的家庭共同财产，不能认定为侵犯公司的财产。	职务侵占罪的客体是公司的财产所有权。工商部门核发的企业营业执照证明辛某某所在房地产公司系有限责任公司，由多个股东构成，目前公司股东以及董事会、监事会成员发生了变化，但企业性质仍未发生变化，故辛某某的行为侵犯了房地产公司的财产利益，而非个人的财产利益。

续表

关于辛某某无罪的理由	认定辛某某有罪的理由
即便房地产公司是股份制有限公司，侵占公司财产，实际上就是侵占若干股东的财产权。由于庚某某是大股东，公司的财产也自然包括庚某某股本中的应得利益，辛某某应对庚某某应占有份额的财产享有财产共有权。所以，辛某某占有的25万余元中，对应属于庚某某股份的部分款项，不应认定在计算的数额之内，应将该笔数额从25万余元中剔除。	辛某某的职务侵占行为有一定的社会危害性，应当定罪处罚。首先，辛某某的行为侵犯了公司股东的利益。有限责任公司的股东财产与公司财产是分离的，辛某某将公司财产擅自占为己有，严重损害了公司股东特别是小股东的利益。其次，辛某某的行为侵犯了公司债权人的利益。其私自占有公司财产的行为本身就是对公司的偿债能力的一种破坏，如果股份公司的大股东都争相效仿，那么公司的偿债能力将大为降低，对公司的信誉度有很大影响。
即使房地产公司性质上为股份制有限公司，那么庚某某、辛某某家庭开销均在公司财务中支出，也应认定为侵占公司的财产。但是，该部分开销全部是庚某某授意并由庚某某签字支取，那么，真正实施职务侵占的应是庚某某而非辛某某，因为辛某某并不知情。如若追究，首先应当追究庚某某的刑事责任。再退一步说，假设庚某某在支出或报销后并未侵犯到其他股东利益，那么，庚某某也构成偷税罪。而辛某某在始终都认为公司的财产即家庭财产的情况下，不具有侵占他人财产的主观故意，自然不能构成职务侵占罪。	庚某某在离婚协议中同意补偿辛某某人民币900万元以及房屋、汽车等，其在财产分割协议中写明将所有权属于公司的汽车分给辛某某，即在私自处分公司财产，可见庚某某也有把公司财产等同于个人财产的表现。另外，庚某某于2002年年底用公司100余万元资金交纳了其个人在市区购买的房产的首付款，尽管后来公司向本院提交了董事会决议，证明公司同意为庚某某购买房产，入公司固定资产账，但该董事会决议只有庚某某在内的三个人签字，如此重大事项就三个人签字即可，显见公司资产受庚某某等三人控制。但是这些行为属于什么性质是另外一个法律关系，并不影响辛某某所犯职务侵占罪的成立。

对股东个人财产与公司财产相分离的原则认识不清，将公司财产误认为股东个人财产，是诱发辛某某占用公司资金的主观上的原因，结果导致辛某某被认定为有罪，承担了刑事责任。

这个案例虽然发生在十几年前，但在这十几年中，老板犯职务侵占罪的现象并未有减少。北京师范大学中国企业家犯罪预防研究中心课题组编制的《2016中国企业家刑事风险分析报告》对中国企业家犯罪情况进行了统计分析。这个报告显示，在2014年至2016年三年之内，职务侵占类犯罪在所有类型的犯罪中，一直稳居前三名。这些数据显示的判决结果真实且残酷，许多民营企业家因为职务侵占罪、挪用资金罪等经济犯罪被追究刑事责任，身陷囹圄，企业也因此遭受严重危机，令人唏嘘。

因此，一定要划清股东个人的财产与公司财产的界限，并且做到清晰明确，边界清楚，切实维护公司财产的独立、完整。老板们不可心存侥幸，触碰法律红线。对此，一定要有深刻、充分的认识。

三、账户是否混用，是判断股东财产与公司财产是否分离的重要标志。因此，账户最有可能成为认定二者混同的突破口

老板们在处理公司事务过程中违背股东个人财产与公司财产相分离的原则、使二者混同，在更多的时候是被判决承担民事责任。

我们曾经在第二章指出，公司的法人资格是老板们的防火墙。老板们在处理公司事务过程中，要注意切实维护公司的法人资格，防止“公司的面纱”被揭开。老板如果不能使公司的财产与股东的财产分离，公司法人资格这堵防火墙就有可能被穿破，使股东享受不到有限责任的好处，从而对公司的债务承担偿还责任。简言之，股东个人财产如果与公司财产划分不清，常常需要个人承担公司的债务。

从已公布的案例来看，股东个人账户与公司账户划分得清楚还是不清楚，是判断股东个人财产与公司财产是否划分清楚的一个重要的依据，即判断股东财产与公司财产是否分离的重要标志。如果出现股东个人账户与公司账户借用、混用、互相往来不正常等情况，那么被认定为股东个人财产与公司财产相混同的概率很高。

1. 公司使用股东个人账户，被认定为股东财产与公司财产混同

欧某某、曲某某、檀某某、国际旅游广东有限公司是国际旅游江门有限公司的四个股东，分别持股12%、10%、8%、70%。国旅广东公司推荐其工作人员担任国旅江门公司的执行董事、法定代表人，欧某某担任公司经理。

国旅江门公司在经营过程中，欠下江门黄宫旅游有限公司租车费，虽经法院判决并强制执行，但仍未支付。黄宫公司遂以国旅江门公司的四个股东为被

告，起诉至广东省江门市蓬江区人民法院，请求依法判令四个股东对国旅江门公司所欠债务承担连带责任。

该案中有一个各方当事人一致认可的事实，即欧某某个人开设了一个银行账户，国旅江门公司将该账户用于公司的各项业务收支，数额高达 2264 万多元。这一事实成为证明欧某某个人资产与国旅江门公司资产混同的关键。

债权人黄宫公司认为：欧某某的私人名下账户，却实际用于了国旅江门公司的日常业务收支，违反了法律规定，导致了公司资产与股东资产混同。该账户名下的资产既不列于法定的公司会计账簿，也未列入每年财务会计报告中，其行为已违反《公司法》的强制禁止性规定，属非常明显的滥用公司法人独立地位损害公司债权人利益的行为。

欧某某承认国旅江门公司使用其个人账户用于公司经营违反了法律规定，但辩称这并不能构成公司人格否认。他提供了三份专门针对这个账户的审核报告，指出账户内的收入、支出均为 2264 万多元，达到平衡；账户内的每笔支出与会计记账凭证、会计原始凭证等金额一一对应，均对应为公司业务经营活动的事项。

欧某某还辩称：银行账户虽是他的名义，但是由公司专职财务人员开设，并按惯例使用，就连他本人都不知道该账户的密码。欧某某从来没有将该账户内的资金用于个人开支，也从未转移或挪用该账户内的任何资金。因此，国旅江门公司虽使用欧某某的个人账户，但没有导致公司资产与股东资产混同的情形，亦没有对包括公司债权人在内的外部相对人之合法利益造成实质损害。

蓬江区人民法院认为：欧某某将公司资产存入自己个人账户中，确实违反了法律规定，但违法“并不必然导致滥用公司法人独立地位和股东有限责任的情况出现”。虽然国旅江门公司的资金存入了欧某某的个人账户中，但是该账户的所有支出均系公司业务支出，体现了公司的整体意志，欧某某并未将个人资金存入该账户中，也未将该账户的资金转入自己的其他账户中。因此，该账户虽然系欧某某名下，但其并未将该账户用于个人用途，公司意志与股东意志并未出现混同，资金也未出现混同。公司使用个人账户这一行为，与国旅江门公司无法履行法院生效判决，也不存在直接的因果关系。因此，蓬江区人民法院判决驳回了黄宫公司的全部诉讼请求。黄宫公司不服，上诉于江门市中级人民法院。

江门市中级人民法院认为：欧某某作为国旅江门公司的股东，同时担任公司的经理职务，并负责公司的财务、人事等经营管理工作。欧某某开设其个人银行账户进行公司的各项业务支出，其个人财产与国旅江门公司的资产相混同，无法区分。虽然审计结果显示该账户的每一笔交易均用于国旅江门公司的经营支出，且该账户的总收入与总支出基本达到平衡，并未见公款私用的情形。但上述审计所依据的资料均由欧某某单方提供，欧某某自公司成立以来即负责公司的财务工作，对公司具有控制能力，具备支配公司财务资料的便利条件，且该资料显示部分款项存在直接支取现金、款项用途不明确或仅注明用途而无收款人的情况，不能直接证明实际用于公司经营。加之审计资料仅包括会计汇账凭证、会计原始凭证等，没有相关的支付依据等证据予以佐证，足以令人产生上述审计意见不真实的合理怀疑，而欧某某未能进一步提供其他证据去除上述合理怀疑，故对欧某某所提交的审核报告出具的审计意见的证明力不予确认。由于欧某某未能举证证明开设的个人银行账户中其个人财产与国旅江门公司的资产可以区分而不相混同，应承担举证不能的法律责任，其行为符合股东滥用公司法人独立地位和股东有限责任的行为要件。

曲某某、檀某某、国旅广东公司作为国旅江门公司的股东，均参与公司的实际经营，知道或应当知道欧某某以其私人账户用于公司经营的行为而没有提出异议，应推定均同意欧某某的上述行为，亦符合股东滥用公司法人独立地位和股东有限责任的行为要件。虽然檀某某、国旅广东公司辩称对欧某某的行为不知情，但现有的证据显示，檀某某的工资均由欧某某的个人银行账户发放而非公司发放，故其明知欧某某使用个人账户进行公司经营支出。国旅广东公司指派其公司人员担任国旅江门公司的法定代表人的职务，亦理应知道国旅江门公司使用欧某某的个人账户用于经营行为，故檀某某、国旅广东公司的抗辩理由缺乏依据。

最后，江门市中级人民法院改判欧某某、曲某某、檀某某、国旅广东公司对国旅江门公司应付黄宫公司款项的义务承担连带责任。①

应该说，欧某某对公司使用其个人账户开支可能带来的风险，是有比较充分的认识的，所以才采取措施，提供了三份审计被告。审计被告是比较有力的证据，在一般情况下，应该能够说服法庭，本案中也确实为一审法院所采纳。遗憾的是，江门市中级人民法院对证据的要求更高，仍然认为欧某某个人财产与国旅江门公司的资产相混同，无法区分。

这个案例也说明了，从逻辑上看，公司使用股东个人账户，并不一定就构

① 参考案例：广东省江门市中级人民法院（2015）江中法民二终字第469号。

成二者财产混同，但要进一步证明这一点，需要提供强有力的证据，而这几乎是难以做到的。

2. 股东与公司混用账户，被认定为股东财产与公司财产混同

账户混用的外在表现为：从收入的角度看，公司的收入本应进入公司账户，却进入了股东个人的账户。或者反过来，股东个人的收入本应进入股东个人账户，却进入了公司的账户；从支出的角度看，公司的应付款项本来应该从公司的账户支出，却是从股东个人账户支出的。或者反过来，股东个人支出本来应当由股东个人账户付款，但实际上却是从公司账户支出的。

俞某某、柏某某是云南某某进出口有限公司的两位股东，各持 50% 的股权。俞某某担任进出口公司的法定代表人。进出口公司借用云南某某经贸有限公司的名义，向银行借款 1800 万元。后因进出口公司未能按时还款，经贸公司代其向银行偿还借款本金 850 万元、利息 13 万元。经贸公司以进出口公司、俞某某、柏某某为被告，向云南省昆明市中级人民法院提起诉讼。

昆明市中级人民法院判令进出口公司归还经贸公司款项 863 万元，支付相应的违约金，同时判令俞某某、柏某某对进出口公司的债务承担连带清偿责任。俞某某、柏某某不服，向云南省高级人民法院提起上诉，请求改判他们二人对进出口公司债务不承担连带清偿责任。云南省高级人民法院经审理后，判决驳回上诉，维持原判。①

昆明市中级人民法院、云南省高级人民法院判决的主要理由是“进出口公司的实际控制股东俞某某，其个人财产与公司财产混同，并最终严重损害了本案债权人经贸公司的利益”。

那么，股东俞某某个人的财产与进出口公司的财产混同，又是如何认定的呢？主要有：进出口公司的经营场所是股东俞某某名下的个人房产；进出口公司向俞某某个人账户的转款行为，合计 885 万元。俞某某未就这些款项作出合理抗辩并提供证据予以证实；进出口公司与俞某某分别多次从公司账户和个人账户转款至经贸公司账户，用于偿还涉案贷款。

云南省高级人民法院认为，上述事实可以证实进出口公司违反公司财产与股东财产分离原则，进出口公司的财产与股东俞某某的个人财产存在混同，并最终严重损害了本案债权人经贸公司的利益，俞某某应对进出口公司尚欠经贸

---

① 参考案例：云南省高级人民法院（2015）云高民二终字第 84 号。

公司的债务承担连带清偿责任。柏某某作为进出口公司持股50%的另一名股东，与俞某某又为夫妻关系，在俞某某应对进出口公司的债务承担连带责任的情况下，亦应承担连带责任。

在这一案例中，昆明市中级人民法院、云南省高级人民法院认定股东俞某某个人财产与进出口公司财产混同的依据，除经营场所外，主要就是公司账户与个人账户，一方面进出口公司向俞某某的个人账户转款，另一方面不仅进出口公司多次从公司账户向经贸公司转款，而且俞某某多次从个人账户向经贸公司转款，但所偿还的是同一笔借款。此笔款本系进出口公司所借，应由进出口公司从公司账户向经贸公司转款，实际上不仅如此，作为股东的俞某某还多次从个人账户转款，所以外观上形成了股东与公司混用账户。

衣某某、付某某是清河县某某绒毛制品公司的股东，其中衣某某持有80%的股权，并担任公司的执行董事、法定代表人。绒毛制品公司与阴某某之间存在买卖合同关系，且此合同关系持续近两年。履行中，绒毛制品公司拖欠阴某某货款543万元。阴某某以绒毛制品公司、衣某某、付某某为被告，向山东省德州市夏津县人民法院提起诉讼，请求判令绒毛制品公司、衣某某、付某某给付货款543万元，并互负连带责任。经过审理，夏津县人民法院认定股东衣某某个人财产与绒毛制品公司财产混同，其根据是："被告绒毛制品公司自己提交的向原告付款的银行卡转账凭条表明绝大部分货款是通过衣某某个人账户向原告支付的。且经本院释明，衣某某未能提供其个人财产独立于公司财产的证据，绒毛制品公司也没能向法庭提交公司的会计账簿和会计凭证、银行账户流水等表明其公司账目规范的证据以进一步反驳原告的初步证据，表明衣某某个人财产与公司财产不能清楚地区分。"

夏津县人民法院判决绒毛制品公司支付货款543万元及违约金，衣某某承担连带责任。绒毛制品公司、衣某某不服，上诉于山东省德州市中级人民法院，被驳回。①

这个案例也是从账户的角度，也就是股东衣某某用个人账户向阴某某支付了本来应当由绒毛制品公司账户支付的绝大部分货款，表明其个人财产与公司财产不能清晰区分。再加上绒毛制品公司、衣某某均未能举出反证，导致法院认定股东个人财产与公司财产混同。

---

① 参考案例：山东省德州市中级人民法院（2016）鲁14民终1615号。

3. 股东个人账户与公司账户往来不正常，被认定为股东财产与公司财产混同

股东与公司之间是可以建立合同或者进行其他有经济内容的业务往来的。例如，股东出任公司的董事、高管，可依照《公司法》第一百四十八条，在不违反公司章程规定或者经股东会、股东大会同意后，与本公司订立合同或者进行交易。这就意味着，公司账户与股东个人账户之间也会有资金往来。但如果这种往来不正常，可能就表明公司财产与股东个人财产混同。

夏某某、漆某某是上海A公司的股东，其中夏某某持股70%，为公司执行董事、法定代表人。在上海海虹贸易有限公司诉夏某某、漆某某股东损害公司债权人利益责任纠纷一案中，上海市闵行区人民法院认为："夏某某在不到5年时间，个人与A公司之间发生款项往来144笔，涉及款项数额合计9145.15万元。夏某某抗辩全部款项往来系公司借其个人发生，至今A公司尚欠夏某某105.51万元，该节陈述没有证据佐证……流水账单款项往来情况也与借款事实不符（既然是个人借给公司，应该是个人款项先转入公司，但流水账单反映公司款项先陆续转入个人账户）。况且，仅在2009年8月19日至2011年9月13日两年内，夏某某与A公司之间的款项往来差额已经达到－234.31万元，个人借款给公司无从谈起！"从A公司银行账户经常性余额来看，"其经常保持较小数额（有恶意逃避公司对外债务的意图）。公司一有款项进账，立即划出至夏某某个人账户；公司一有需要支出，立即将夏某某个人账户款项划入公司。该节事实反映A公司与股东的财产混合，资金随意流转，公司与股东人格严重混同，公司形骸化表现明显。"因此，闵行区人民法院判决夏某某对A公司向海虹公司所负债务承担连带清偿责任。夏某某不服，上诉于上海市第一中级人民法院。该院认为："从夏某某与A公司的资金往来情况及A公司的经营模式等综合方面来看，夏某某作为股东确实与A公司的财产存在严重的混同。"遂判决驳回其上诉。①

金某某、郑某某既是无锡市腾飞化工贸易有限公司的股东、实际控制人，合计持股100%，又是无锡市宏浦化工贸易有限公司的股东、实际控制人，合计持股92%。腾飞公司由郑某某担任董事长、法定代表人，宏浦公司由金某某担任董事长、法定代表人。在与淄博市鲁运化工有限公司履行买卖合同过程中，欠下货款750万元。

---

① 参考案例：上海市第一中级人民法院（2016）沪01民终11107号。

鲁运公司向山东省淄博市临淄区人民法院起诉，提出的请求是：宏浦公司、腾飞公司人格混同，应共同向鲁运公司支付货款750万元及违约金；金某某、郑某某作为公司股东、实际控制人，与宏浦公司、腾飞公司人格混同，隐匿、转移公司财产，应对上述债务负连带责任。

对鲁运公司的诉求，临淄区人民法院判决支持。金某某不服，上诉于淄博市中级人民法院，被判决驳回。①

临淄区人民法院认定金某某、郑某某与宏浦公司、腾飞公司存在人格混同，理由是：银行账户明细显示，两股东金某某、郑某某与宏浦公司、腾飞公司之间资金往来频繁，数额较大，金某某、郑某某随意从公司调动资金，且数量巨大，这说明两股东与两公司之间存在非正常的财产关联，因此可以认为两公司与两股东存在财产混同情况。另外，宏浦公司账目显示收到抵债货物，价值高达1884万元之多，去向不明，金某某、郑某某又拒不作出说明，因此可以认为两股东存在隐匿转移公司财产行为。

淄博市中级人民法院认为：郑某某、金某某二人关系特殊，郑某某从两公司相关开户行非法转移公司巨额资金，可以认为金某某对此明知、放任，且金某某本人亦有转移公司资产的行为，二人至今未具体说明对大宗抵债货物不知去向的问题，因此原审判决其承担连带责任并无不当。

比较一下可以发现，除对抵债货物去向不明的看法一致外，对其他问题的认识，临淄区人民法院与淄博市中级人民法院的侧重点有所不同。临淄区人民法院着重于股东账户与公司账户之间资金的来往情况，指出次数频繁、数额巨大，据此认定股东个人财产与公司财产混同。

这些案例提示，不要在股东账户与公司账户之间，随意流转资金。

除分红和因担任董、监、高职务发放工资性报酬外，老板尽量不要从公司账户向股东个人账户转款支取费用，也不要发生公司财产流入股东个人名下的情况。要严格划清公司财产与股东财产的界限，以免给自己带来风险。

四、股东代替公司履行义务，或者公司代替股东履行义务，可能会被认定为公司和股东债务混同，从而使股东对公司债务承担责任

在市场经济条件下，无论是个人还是社团、组织，都有可能产生债务。所谓债务，往小处说，有水电费、租金、工资或其他劳务报酬、咨询费、保管费、

① 参考案例：山东省淄博市中级人民法院（2016）鲁03民终3204号。

仓储费、运输费等，往大处说，有可能是银行贷款、货款、工程款等，也可以是其他能够用金钱偿还的债务。

正常情况下，股东个人的债务由股东个人偿还，公司的债务则由公司偿还。但如果股东的债务由公司偿还，或者反过来，公司的债务由股东个人出钱款偿还，那就有可能被认定为股东财产与公司财产混同。

饶某某是高邑县某某化工产品销售有限公司的大股东、法定代表人。化工销售公司与某某外资公司订立一份国际货物买卖合同。在履行中，外资公司支付预付款，本应付至化工销售公司，却由饶某某个人接收了。后来，双方发生纠纷，先后诉至河北省高级人民法院和最高人民法院。最高人民法院认为，“化工销售公司是有限责任公司，应当维护公司法人的独立地位，独立地履行民事义务，不能以任何方式混淆公司债务和个人债务。作为法定代表人，饶某某个人接受了本应由化工销售公司接收的外资公司的合同预付款，对此，化工销售公司并不表示反对”。根据《公司法》第二十条第三款的规定，饶某某对化工销售公司的该笔债务应当承担连带返还责任。[①] 财产除了直接占有的以外，也包括债权、债务在内，这个判例中所说的“混淆公司债务和个人债务”，也属于混淆财产。

这个案例提示股东不要代替公司向公司的债权人偿付债务、支付报酬；公司也不要代替股东个人，向股东个人的债权人偿付债务、支付报酬。相类似的，也不要相互代替出具债权债务凭证。[②] 因为，这些做法都可能会被认定为财产混同。

五、公司使用股东名下的房产作为住所、经营场所，或与股东共用或者混用住所、经营场所，会成为认定股东与公司财产混同的依据

这种情况，特别是在一人有限责任公司中，是股东财产与公司财产混同的常见现象。[③] 股东为了节约费用，将个人名下并且还在使用的房地产交给公司使用，又不通过订立租赁或者其他性质的合同明确相互关系，从而形成共用或混用局面。

在前文所举的经贸公司诉进出口公司、俞某某、柏某某一案中，昆明市中级人民法院、云南省高级人民法院认定股东俞某某个人财产与进出口公司财产

① 参考案例：最高人民法院（2016）最高法民申2427号。
② 参见第十二章引用的段某某诉润飞公司、来某某案。
③ 朱慈蕴：《公司法人格否认法理研究》，法律出版社1998年版，第223页。

混同的一个重要的依据，即进出口公司的经营场所是股东俞某某名下的个人房产。

汕头市百姓购物中心有限公司有两个股东，即祁某某、茅某某。祁某某持有百姓购物公司73.33%股权，任执行董事、经理、法定代表人；茅某某持有26.67%的股权，任公司监事、财务负责人。百姓购物公司在经营过程中，拖欠汕头市粤达百货有限公司货款80余万元。粤达公司起诉百姓购物公司、祁某某、茅某某，要求判决祁某某、茅某某对百姓购物公司所负债务承担连带责任。此案经过广东省汕头市金平区人民法院一审、汕头市中级人民法院二审、再审三次审理。汕头市中级人民法院二审、再审均认为百姓购物公司的财产与祁某某、茅某某的财产存在混同情形，判决祁某某、茅某某对百姓购物公司的债务承担连带责任，① 其中一个重要依据就是“百姓购物公司连续多年使用祁某某个人租赁的房产及个人名下房产作为经营场地”。

六、实际控制人个人从事与公司同样的业务，且存在公司资金向个人转移等情形，会成为认定股东财产与公司财产混同的依据

嵊州市嵊商投资管理有限公司有三个股东娄某A、娄某B、毕某某，所占出资额百分比分别为10%、70%、20%，其中娄某A与娄某B为父子关系，娄某B的股权系由娄某A赠予所得，娄某A是公司的实际控制人。邬某B是嵊商投资公司的员工，在上班途中发生交通事故死亡。劳动仲裁委裁决嵊商投资公司支付给邬某B的父母邬某A、倪某某工亡、丧葬补助金合计45万元，但嵊商投资公司一直未执行。邬某A、倪某某向浙江省嵊州市人民法院起诉，要求判令娄某A、娄某B、毕某某对嵊商投资公司应付其45万元及利息承担连带责任。

嵊州市人民法院查明嵊商投资公司开展借贷业务，娄某A个人也开展借贷业务；且娄某A从嵊商投资公司提取款项，用于个人借贷业务；嵊商投资公司资金存在账外运行，资金的管理上较为混乱；娄某A将个人业务中的开销在公司账目中报销，报销制度不规范；邬某B既是嵊商投资公司的员工，又替股东娄某A个人办事，管理放贷事宜；娄某A的个人通信地址与嵊商投资公司的登记地址相同，使用同一营业场所。嵊州市人民法院认为娄某A滥用控制权，与嵊商投资公司的人格混同，使得该公司逃避了债务，严重损害了两位债权人邬

---

① 参考案例：广东省汕头市中级人民法院（2012）汕中法民四终字第21号；（2013）汕中法审监民再字第1号。

某 A、倪某某的利益，遂判决其对嵊商投资公司应付 45 万元及利息承担连带责任。娄某 B、毕某某不承担责任。娄某 A 不服，上诉于浙江省绍兴市中级人民法院。

绍兴市中级人民法院认为：嵊商投资公司与娄某 A 之间存在财产混同的情形，主要表现在嵊商投资公司资金与娄某 A 个人资金存在主要由嵊商投资公司向娄某 A 转移和混同的情形，娄某 A 作为嵊商投资公司实际控制人个人从事的借贷业务与公司的借贷业务混同，邬某 A、倪某某之子邬某 B 为嵊商投资公司员工，但也为娄某 A 个人借贷业务提供服务等。嵊商投资公司与娄某 A 存在人格混同的事实清楚。因此，娄某 A 应当对公司债务承担连带责任。遂判决驳回娄某 A 上诉，维持原判。①

七、股东个人与公司互相担保，可能会成为认定股东财产与公司财产混同的依据

股东个人借钱，公司出面担保。反过来，公司借钱，股东出面担保。尽管法律上对这种行为并不禁止，但却有可能被认定为是一种能够造成股东个人财产与公司财产相互混同的行为。

在前文引用的粤达公司与百姓购物公司、祁某某、茅某某买卖合同纠纷一案中，汕头市中级人民法院认定百姓购物公司的财产与股东祁某某、茅某某的财产存在混同情形还有一个重要依据，即“作为百姓购物公司的股东，祁某某、茅某某与百姓购物公司之间存在股东向银行借款，百姓购物公司提供连带责任保证；百姓购物公司向银行借款，股东提供个人房产作为抵押物并由股东提供连带责任保证的情况”。具体事实是祁某某两次向工商银行汕头龙湖支行借款共 640 万元，百姓购物公司为这两次借款提供连带责任保证。反过来，百姓购物公司四次向汕头市澄海农村信用合作联社东里信用社借款共 1060 万元，祁某某、茅某某以个人名下的多处房产作为抵押物提供担保，个人并提供连带责任保证。对这些借款，作为借款人的祁某某、百姓购物公司均没有履行还款义务，被相关银行、信用社起诉至法院，并在经判决后进入执行程序。再加上百姓购物公司连续多年使用祁某某个人租赁的房产及个人名下房产作为住所地、经营场地，汕头市中级人民法院认为，这是随意将本应独立于法人财产之外的个人财产和百姓购物公司财产混同。因此判决祁某某、茅某某对百姓购物公司

① 参考案例：浙江省绍兴市中级人民法院（2015）浙绍商终字第 1373 号。

应付粤达公司的货款承担连带责任。

上述案例说明，切实维护公司财产的独立、完整，使其与老板个人的财产相分离，防止被认定为财产混同，与老板个人的利益密切相关。因此，老板们必须做好这方面的工作。

除上述案例中所提到的情形外，如果股东与公司之间存在下列情形，也有可能会被认为是一种混同行为：截留资金、无对价转移财产；以一方的名义借款，由另一方使用；无偿、零对价使用对方的资金、财产；公司的领导人员如董事、经理、监事，分别是某一股东本人、其妻子、其母亲或其他亲属；股东个人日常所用的印鉴，与其担任法定代表人留存于公司财务部门、银行的个人印鉴相同；一方公开的电话是另一方工作中或生活中所用电话；没有召开过股东会会议、董事会会议、监事会会议，没有相应的记录。

老板在经营公司过程中，应当尽量避免出现上述情形，以免落下股东与公司之间混同的把柄。

第十一章　公司之间虽为关联关系彼此界限也要划清

很多老板似乎有“公司瘾”，并不是只开办一家公司，而是往往开办若干家甚至一群公司。这些公司之间成为兄弟型公司，或者母子型公司。这些公司之间是不是也应该像股东与公司之间那样划清界限呢？答案是肯定的。如果划不清界限，股东或者公司又会承担什么后果呢？

按照《公司法》第二十条第三款的规定，公司股东对公司债务承担连带责任。在实务中，似乎还有另外一种“揭开公司面纱”，其做法不是判令股东，而是判令关联公司承担连带责任。

依据《公司法》第三条第一款的规定，公司财产独立系公司人格独立的一个侧面，故当公司财产相对于其关联公司不具有独立性时，自然就否定了公司人格独立性，并进而导致公司承担独立责任的基础丧失，其关联公司应对其债务承担连带责任。此类情形与《公司法》第二十条第三款所规范的情形不同，此种“揭开公司面纱”的司法处断，《公司法》并无明文规定，是由法院参照《公司法》第三条第一款和第二十条第三款适用的。相对于公司法律而言，这也可以说是一项司法创新。

什么是关联关系、关联公司？《公司法》第二百一十六条对关联关系作了界定，关联关系是指公司控股股东、实际控制人、董事、监事、高级管理人员与其直接或间接控制的企业之间的关系，以及可能导致公司利益转移的其他关系。最高人民法院在判决中据此认为：“公司法所称的关联公司，既包括公司股东的相互交叉，也包括公司共同由第三人直接或者间接控制，或者股东之间、公司的实际控制人之间存在直系血亲、姻亲、共同投资等可能导致利益转移的其他关系。”①

---

① 参考案例：最高人民法院（2015）民二终字第324号。

几家、十几家甚至几十家公司，由同一老板操控，或者由存在直系血亲、姻亲、共同投资等关系的若干个老板操控，依上述观点，这些被操控的公司就形成关联关系，互相成为关联公司。

尽管由同一老板，或者由存在利益关系的若干个老板操控，关联公司也应该依法在彼此之间划清界限，各自保持独立。但如果关联公司的形式与实际背离，即如果从注册登记的手续上看，关联公司表现为彼此独立的企业法人，但实际上相互之间界限模糊，则很有可能会被认定为公司人格混同，被判令对关联公司的债务承担连带责任。

一、关联公司之间构成人格混同，严重损害债权人利益的，相互承担连带责任

关联公司在人员、业务、财务等方面交叉或混同，导致各自财产无法区分，即构成人格混同，如果严重损害了债权人的利益，就要相互承担连带责任。

徐工机械集团有限公司与成都翔凤工贸有限责任公司有着多年的工程机械买卖合同关系，后者拖欠前者货款1000多万元。徐工机械公司以翔凤工贸公司、成都腾龙机械有限责任公司、四川祥通建设有限公司、梅某某、田某某、霍某某、樊某某、卞某某、骆某某、井某某、仲某某、束某某为被告，向江苏省徐州市中级人民法院提起诉讼，请求判令翔凤工贸公司支付货款，其他被告承担连带责任。

被徐工机械公司列为被告的三家公司和九名自然人之间的关系为：三公司之间无交叉持股关系，但其实际控制人是一个自然人，即梅某某。同时，梅某某是其中两家公司，即腾龙机械公司、祥通建设公司的注册股东；霍某某是梅某某的妻子，翔凤工贸公司的股东；田某某是翔凤工贸公司的股东；樊某某、卞某某、骆某某、井某某、仲某某曾经是翔凤工贸公司的股东，但在徐工机械公司起诉前，已将股权转让给了霍某某。其中樊某某还是三公司的财务负责人；束某某是三公司的出纳会计。

徐州市中级人民法院判决翔凤工贸公司向徐工机械公司支付货款及相应逾期付款利息，腾龙机械公司、祥通建设公司对翔凤工贸公司的债务承担连带清偿责任，同时驳回了徐工机械公司要求梅某某、田某某、霍某某、樊某某、卞某某、骆某某、井某某、仲某某、束某某承担连带责任的诉讼请求。

腾龙机械公司、祥通建设公司不服，向江苏省高级人民法院提出上诉，请求改判对翔凤工贸公司所负债务不承担连带责任。

江苏省高级人民法院认为：翔凤工贸公司、腾龙机械公司、祥通建设公司三公司虽在工商登记部门登记为彼此独立的企业法人，但实际上人员混同、业务混同、财务混同，已构成人格混同，损害了债权人的利益，违背了法人制度设立的宗旨，其危害性与《公司法》第二十条规定的股东滥用公司法人独立地位和股东有限责任的情形相当，腾龙机械公司、祥通建设公司应当对翔凤工贸公司的债务承担连带清偿责任。因此，驳回上诉，维持原判。①

上述案例说明，关联公司的人员、业务、财务等方面交叉或混同，导致各自财产无法区分，丧失独立人格的，构成人格混同。而关联公司人格混同，严重损害债权人利益的，关联公司相互之间对外部债务承担连带责任。

1. 人员混同

人员是否混同，是判断关联公司是否构成人格混同的一个重要依据。

《公司法》并不禁止同一个自然人在不同的公司任职，如在上海证券交易所上市的甲通信科技股份有限公司的董事长鲁某，同时又是在深圳证券交易所上市的乙理工光科股份有限公司的董事长。但是，如果类似这样的情况频繁、交叉发生，就会对公司经营产生影响，从而可能成为审判机关认定为关联公司人格混同的依据。

在上述案例中，徐州市中级人民法院、江苏省高级人民法院是在这样几个方面判断翔凤工贸公司、腾龙机械公司、祥通建设公司构成人员混同的：（1）腾龙机械公司与祥通建设公司的股东相同，均为梅某某等人。翔凤工贸公司虽股东与之不同，但拥有90%股份的控股股东霍某某系梅某某之妻。此外，翔凤工贸公司的其他股东均为腾龙机械公司的高级管理人员；（2）腾龙机械公司从1994年4月成立至2007年10月的法定代表人为梅某某。祥通建设公司从2004年9月成立至今的法定代表人亦为梅某某。翔凤工贸公司的法定代表人田某某是腾龙机械公司的综合部行政经理；（3）三公司的财务负责人均为樊某某，出纳会计均为束某某，工商手续经办人亦均为同一个人；（4）根据公司章程，三公司行使主持生产经营管理工作等职权的均为经理，且三公司聘任的经理均为梅某某；（5）卞某某既是翔凤工贸公司的副总经理，又是腾龙机械公司销售部的销售经理。其翔凤工贸公司副总经理的职务曾经被免去，但作出免职决定的却是腾龙机械公司，且原因是腾龙机械公司业务板块建设等工作需要。因此，最高人民法院认为：三公司的股东、法定代表人或相同或具有密切关联，

---

① 参考案例：最高人民法院第15号指导案例。另参见最高人民法院（2008）民二终字第55号判决。

三公司主持生产经营管理的经理均为梅某某，在人事任免上存在统一调配使用的情形，其他高级管理人员存在交叉任职，且重要部门任职人员相同，构成人员混同。

从最高人民法院的判决中可以看出，实际控制人问题是认定关联公司人格混同的一个着眼点，受到格外重视。实际控制人是公司行为的幕后操纵者，公司不过是实际控制人的木偶、傀儡。因此，认定了实际控制人及其操控行为，也就容易顺理成章地得出关联公司人格混同的结论。在前引徐工机械公司诉翔凤工贸公司、腾龙机械公司、祥通建设公司一案中，认定梅某某系翔凤工贸公司、腾龙机械公司、祥通建设公司三家公司的实际控制人。在信达成都办事处与景达装饰公司、景达房屋开发公司、景达娱乐公司一案中，认定申某某是景达装饰公司、景达房屋开发公司、景达娱乐公司三公司的董事长，"对公司拥有绝对的控制权",① 并利用了这种控制权。

最高人民法院在其他案例中，也有关于人员混同的认定，特别是对实际控制人问题的认定。

上海某某生物科技有限公司、辽宁某某置业发展有限公司。这两家公司以及上海某某实业发展有限公司是关联公司，其构成如下。

生物科技公司的股东为八人，其中浦某某出资 885 万元，持股比例 73.75%，蔚某某出资 24 万元，持股比例 2%，戈某某出资 24 万元，持股比例 2%。公司法定代表人为戈某某。

置业发展公司的股东有两个，其中实业发展公司出资 1800 万元，出资比例 90%，满某 B 出资 200 万元，出资比例 10%。公司的法定代表人先是满某 A，后为蔚某某。

实业发展公司的股东有两个，其中满某 A 出资 200 万元，出资比例 67%，满某 B 出资 100 万元，出资比例 33%。公司的法定代表人为满某 A。诉讼时已进入清算程序。

在上列股东中，浦某某与满某 A 系夫妻关系，满某 A 与满某 B 系兄妹关系。

置业发展公司的股东是实业发展公司和满某 B，实业发展公司占 90% 的股份，而实业发展公司的股东是满某 A、满某 B，满某 A 占 67% 的股份，因此满某 A 对置业发展公司具有绝对的控股权。而满某 A 的妻子浦某某持有生物科技

① 参考案例：最高人民法院（2008）民二终字第 55 号。

公司73.75%的股份，对生物科技公司具有绝对的控股权。因此，满某A夫妻对置业发展公司、生物科技公司、实业发展公司具有完全的控制权。而浦某某常居香港，故三公司实际上由满某A一人控制。

除受同一人控制外，生物科技公司、置业发展公司、实业发展公司三公司还存在人员混同问题。

高管人员之间存在混同。蔚某某既是生物科技公司的股东和董事，又是置业发展公司的法定代表人，同时，还参与实业发展公司的清算；戈某某既是生物科技公司的法定代表人，又是实业发展公司的工作人员；勾某某既是生物科技公司的监事，又是置业发展公司的董事，还以该公司工作人员的身份代理过相关行政诉讼案件。

普通员工也存在混同。冉某某是生物科技公司的工作人员，在本案中为生物科技公司一审诉讼代理人，但又曾代表置业发展公司签订建设施工合同；那某某是置业发展公司的会计，既代置业发展公司开立银行账户，又代生物科技公司开立银行账户；沃某某系置业发展公司的工作人员，既经置业发展公司授权办理银行账户开户事宜，又经生物科技公司授权办理该公司的开户事宜，且为该银行账户的联系人；匡某某是生物科技公司的工作人员，在本案中作为生物科技公司的代理人，又代置业发展公司办理企业登记等相关事项等。

根据浦某某长期生活在香港的情况及在案证据，上述人员实际上服从满某A一人的指挥，根据不同的工作任务，随时转换为不同关联公司的工作人员。

最高人民法院认为，从生物科技公司与置业发展公司人员混同、银行账户同为满某A控制的事实可知，生物科技公司与置业发展公司已经失去了公司法人所具有的独立人格，两公司即同属一人。①

2. 业务混同

业务混同是认定关联公司构成人格混同的又一个重要依据。在前述徐工机械公司诉翔凤工贸公司、腾龙机械公司、祥通建设公司等一案中，徐州市中级人民法院、江苏省高级人民法院从以下几个方面论证了翔凤工贸公司、腾龙机械公司、祥通建设公司在业务上是混同的。

（1）经营范围基本重合。三公司在工商行政管理部门登记的经营范围均涉及工程机械且基本重合，其中，翔凤工贸公司的经营范围被腾龙机械公司的经营范围完全覆盖。此外，在实际经营中，三公司均经营工程机械相关业务，且

---

① 参考案例：最高人民法院（2015）民二终字第324号。

在仅有祥通建设公司的经营范围曾包括公路及市政工程施工等情况下，腾龙机械公司实际经营着市政工程施工等业务，并将之确定为三大业务板块之一。

（2）在对外进行宣传时信息混同、未作区分。翔凤工贸公司、祥通建设公司在网上共同招聘员工，且所留联系方法等招聘信息一致；在网上对企业进行宣传时未进行区分，如以翔凤工贸公司、祥通建设公司名义所发布的招聘信息中包括了大量腾龙机械公司的介绍，在以翔凤工贸公司名义发布招聘信息中列明的是祥通建设公司的介绍以及腾龙机械公司的成立时间、企业精神等。

腾龙机械公司登记的地址与翔凤工贸公司登记的地址不同。但是，腾龙机械公司编辑的内部报纸所载的地址并非腾龙机械公司的地址，而是翔凤工贸公司的地址，而且还将翔凤工贸公司的人事任免情况作为简讯进行刊登。

（3）在工程机械销售等业务中不分彼此。在三公司均与徐工机械公司存在业务往来的前提下，三公司共同出具《说明》《申请》，不仅要求将相关业务统计于翔凤工贸公司名下，还表示今后的业务尽量以翔凤工贸公司的名义操作。因此，翔凤工贸公司是三公司相关交易的名义相对人，记载于翔凤工贸公司名下的交易还包括了腾龙机械公司与祥通建设公司的业务。可见，在案涉交易模式中，三公司将自身视为一体，刻意要求不进行明确区分。

（4）翔凤工贸公司与祥通建设公司共用统一格式的《销售部业务手册》，且封面载有上述两公司的名称，手册中载明两公司的结算开票资料，其中结算账户为两公司共同的财务人员束某某的个人银行账户，而手册中的《徐工样机发货申请单》表明该手册用于徐工工程机械的销售。该事实表明，翔凤工贸公司、祥通建设公司在销售徐工工程机械时对以谁的名义进行销售是不加区分或者视为等同的。

（5）在以经销商身份经营相关业务时，腾龙机械公司与翔凤工贸公司未区分彼此。在翔凤工贸公司向其客户开具的收据中，有的盖有祥通建设公司的财务专用章，而一个公司签订的合同由另一个公司履行是业务混同在实践中的重要表现之一。

关联公司的经营范围相同，并不一定就是业务混同，但却给判断业务是否混同提供了基础。业务混同，是指两个或者两个以上的公司，在经营业务、经营行为、交易方式、价格确定等方面，持续混同在一起，无法进行区分。从上述案例的案情来看，三公司的对外宣传信息给人留下了混同的印象，但更主要的是，三公司在向徐工机械公司作出意思表示时，刻意自我混同；对外销售时，用同样的销售手册、《发货清单》，不分彼此；结算开票使用同一个账户；签订合同的是一个公司，而履行合同的是另外一个公司等。这些事实说明，三公司在经营行为、方式、价格确定等方面是混同在一起的。

3. 财务混同

翔凤工贸公司、腾龙机械公司、祥通建设公司在财务方面也是混同的，这主要表现在：

（1）使用共同的账户。束某某、樊某某是三公司共同的财务管理人员，三公司均使用束某某、樊某某的个人银行账户，往来资金数额巨大，其中樊某某的个人账户资金往来达1300余万元，束某某的个人账户资金往来高达8800余万元。

（2）由一人签字用款。三公司高达8800余万元的款项在进入束某某个人银行账户后，具体用款的依据仅是三公司经理梅某某的签字。在法院明确要求进一步举证的情况下，三公司并未提供充分证据证明财务人员对三公司共同使用的账户中的资金进行了必要的区分并有相应的记载。

（3）财务项目统一统计。三公司要求将与徐工机械公司之间的债权债务、业绩、账务均计算至翔凤工贸公司名下。

（4）返利统一统计，且未加区分。三公司与徐工机械公司之间业务往来的返利均统计在翔凤工贸公司账户内尚未分配，且对返利的分配未做约定，即对相关业务的收益未加区分。

在上述关于生物科技公司、置业发展公司、实业发展公司的一案中，也存在财务混同情况。生物科技公司和置业发展公司账户之间的资金往来，既有生物科技公司转入置业发展公司账户款项的情况，也有置业发展公司转入生物科技公司账户款项的情况，资金往来频繁。生物科技公司、置业发展公司以及其他关联公司之间、同一公司的不同账户之间随意转款，款项用途随意填写。这些都表明，这些公司之间的财务没有严格区分。

4. 组织机构混同

这是认定关联公司人格混同的又一个重要依据。案例中，组织机构混同往往是与人员混同，或者人事混同结合在一起阐述的。

江西佳路林业有限公司、佳林林业（江西）营林有限公司分别于2009年、2010年成立，其股东均为佳林林业（中国）投资有限公司，且其持股均为100%。因此佳路公司、佳林江西公司都是佳林中国公司的全资子公司，二者为关联关系。除股东唯一、不设股东会外，两公司也不设董事会、监事会，而是设执行董事、监事。这样，两公司的组织机构完全一致。任职的人员存在混同情形，两公司的法定代表人同为游某某，总经理同为褚某某，监事同为沙某某，工商手续经办人同为查某某，且查某某不仅是佳路公司的人力资源及行政部的职员，还是佳林江西公司的人力资源及行政部的职员。

江西省南昌市中级人民法院在审理江西某某实业有限公司诉佳路公司、佳林江西公司买卖合同纠纷一案时认为：佳路公司、佳林江西公司的“法定代表人相同，董事、总经理、监事等公司高级管理人员均由同一人担任，组织机构严重混同。公司作为拟制的法律主体，其意志是通过公司的股东、董事、经理表达出来的，如果公司的上述人员与其他公司的同类人员相同，则很难保证公司能形成独立的完全基于本公司利益而产生的意志，这样公司的独立是有疑问的。实践中，组织机构混同主要表现在：公司集团中公司之间董事长的相互兼任，总经理及公司高级管理人员的统一调配和任命；公司与股东或两个不同实体的董事、经理一致，甚至企业之间的雇员无甚差异，即通常所说的‘一套人马，两块牌子’。本案中……两公司的高管均系同一人，两公司的雇员亦无甚差异，完全属于‘一套人马，两块牌子’”。南昌市中级人民法院将组织机构混同作为认定佳路公司、佳林江西公司二者人格混同的主要依据，判决佳林江西公司对佳路公司所负债务承担连带责任。佳林江西公司不服，上诉于江西省高级人民法院，被驳回。佳林江西公司仍不服，向最高人民法院申请再审，又被驳回。①

判令股东承担连带责任与判令关联公司承担连带责任，依据的都是《公司法》第二十条第三款。可以说，这是“揭开公司面纱”中的两种情形，只不过一是针对股东，二是针对关联公司。如果说前一种“揭开公司面纱”是因为“人格滥用”的话，那么此种类型就是因为“人格混同”。此种类型中，公司的债务并没有波及股东，也就是说，股东仍然能够享受有限责任的好处。因此，对股东本身并没有直接的大的危害。

二、认定关联公司人格混同，须具备《公司法》第二十条第三款规定的主体要件、行为要件和结果要件

在判断关联公司是否构成人格混同这一方面，四川资中西南水泥有限公司、西南水泥有限公司历经一审、二审、再审，直至申诉到最高人民法院，最后获得成功的案例，可以说是一个结果与上述案例判决相反的典型。

---

① 参考案例：最高人民法院（2014）民申字第419号。

四川省资中县东方红水泥有限责任公司对外负债很多，不仅数额大，而且涉及的债权人数量比较多，比较分散。债权人起诉东方红公司，要求判决其偿还债务，同时又起诉了资中西南公司、西南水泥公司，要求判决这两家公司承担连带责任。债权人的诉求，先是获得基层和中级两级法院的支持，资中西南公司、西南水泥公司均被判决对东方红公司所欠债务承担连带责任。从四川省高级人民法院所作的（2013）川民申字第 1820 号裁定来看，该院也持同样观点。资中西南公司、西南水泥公司一直不服，向最高人民法院申诉，在最高人民法院作出（2016）最高法民再 108 号民事判决书后，案情发生了逆转，四川省高级人民法院进行再审，撤销了关于资中西南公司、西南水泥公司对东方红公司所欠债务承担连带责任的判决。

从公布的判决来看，属于上述范围的案件有五十多件。这些案件除在债权人称呼、债权数额、债权性质等方面有所不同外，在东方红公司、资中西南公司、西南水泥公司三公司是否人格混同，资中西南公司、西南水泥公司是否应对东方红公司的债务承担连带责任上，甚至在所经过的诉讼程序上，几乎相同。这里选取其中的一件，即由债权人国某某提起诉讼的这一件，以作具体说明。

东方红公司成立于 1998 年，股东为张某某等五人。2010 年 1 月和 3 月，公司分两次向国某某借款 105 万元，约定了利息，但一直拖欠未偿还。

自 2011 年 11 月开始，东方红公司与西南水泥公司进行合作，并共同设立了资中西南公司。其简要过程如下：

2011 年 11 月，签署《合作协议》，协议的主体为西南水泥公司（甲方）、东方红公司（乙方）、张某某等五股东（丙方）。内容主要有：（1）东方红公司将其全部非流动资产（包括土地使用权、采矿权、所有建筑物及构筑物、地面附着物等）和西南水泥公司认为必需的原燃料、半成品和产成品等存货作为合作的标的资产；（2）东方红公司以其所欠资中县农村信用合作联社等五单位的 26780 万元本金及利息作为合作的标的债务；（3）合作的方式为：西南水泥公司出资 70%，东方红公司出资 30%，共同设立资中西南公司，由该公司收购东方红公司的上述标的资产，受让上述标的债务；（4）转让价格为标的资产作价后减去标的债务的差额；（5）在标的资产进入资中西南公司后，资中西南公司接受东方红公司不超过 330 名员工，但不承担此前所欠员工的各种费用，也不接受东方红公司的离退休人员；（6）对除标的债务外的存续债务，不纳入合作范围，由东方红公司、张某某等五人自行承担。后者保证，在收到标的资产转让价款后，依次偿还所欠自然人及企业的高息借款本金及利息、预收的水泥、熟料款、应付设备、工程款等。以东方红公司的名义开立账户，由西南水泥公司、东方红公司共管，以确保转让价款用于偿还债务。经双方代表同意后，方可动用共管账户内的资金；（7）东方红公司认可西南水泥公司的“三五”管理模式，未来资中西南公司的资本投资、市场营销和采购等应与西南水泥公司的整体战略协调一致，并纳入西南水泥公司对下属子公司的管理体系和考核体系。

2012 年 1 月，资中西南公司成立，张某某任公司副董事长。公司的股权结构为西南水泥公司出资 10500 万元，占 70% 的股权，东方红公司出资 4500 万元，占 30% 的股权。东方红公司的出资款系向西南水泥公司所借，故将其股权质押给了西南水泥公司。

同一月，东方红公司为转让方，资中西南公司为受让方，签署《资产转让协议》《资产交接协议》，以落实前述《合作协议》，又约定东方红公司将与标的资产有关的现有的文件和资料原件交由资中西南公司保管，包括但不限于业务记录、营运记录、统计资料、说明书、维护手册、培训手册、可行性研究报告、政府批文等文件和资料，无论是以文字形式还是以电脑软件、硬件形式或其他形式予以记录的，均包括在内。

资中西南公司取得了全国工业产品生产许可证，但是，系通过东方红公司变更企业名称的方式取得。

国某某为追收出借的 105 万元本金及相应利息，以东方红公司、资中西南公司、西南水泥公司为被告，向四川省内江市资中县人民法院提起诉讼。资中县人民法院支持了国某某的请求，判决东方红公司向国某某偿还 105 万元本金及利息，资中西南公司、西南水泥公司承担连带清偿责任。资中西南公司、西南水泥公司不服，上诉于内江市中级人民法院，该院仍支持国某某的请求，判决驳回上诉，维持原判。①

在国某某起诉以前，资中县人民法院、内江市中级人民法院、四川省高级人民法院曾审理过肖某某诉东方红公司、资中西南公司、西南水泥公司以及中国建材股份有限公司建设工程施工合同纠纷一案②，三级法院均认为资中西南公司、西南水泥公司应当对东方红公司所欠工程款承担连带清偿责任。其中，四川省高级人民法院认为，“三公司人格持续发生混同。三公司无视各公司的独立人格，随意处置、混淆各个公司的财产及债权债务关系，东方红公司无法

---

① 参考案例：四川省内江市资中县人民法院（2014）资中民初字第 1314 号；四川省内江市中级人民法院（2015）内民终字第 79 号。

② 案号：（2012）资中民初字第 3478 号；（2013）内民终字第 423 号；（2013）川民申字第 1820 号。

偿还到期债权，损害了债权人的合法权益，其行为违背了法人制度设立的宗旨，违反了诚实信用和公平原则”，资中西南公司、西南水泥公司应当对本案东方红公司的债务承担连带清偿责任，因此裁定驳回了这两个公司的再审申请。这个案件的判决结果，对后来包括国某某起诉一案等类似案件的判决产生了重要影响。

但在这个案例中，对《公司法》第二十条第三款所规定公司人格否认制度的运用，最终未能成功。

2016 年，案情出现了转机，最高人民法院作出了（2016）最高法民再 108 号民事判决书，认定资中西南公司、西南水泥公司与东方红水泥公司三者不构成公司人格混同，资中西南公司、西南水泥公司不应对东方红公司对外所负债务承担连带清偿责任。四川省高级人民法院进行再审，转而认为，个案适用公司人格否认制度，须具备《公司法》第二十条第三款规定的主体要件、行为要件和结果要件。在主体要件方面，东方红公司的全部股东为张某某等五个自然人，西南水泥公司和资中西南公司均非东方红公司的股东；在行为要件方面，三公司之间不存在人员混同、业务混同、财产混同的情形；在结果要件方面，西南水泥公司、资中西南公司的资产收购行为，支付了合理对价，并不构成公司人格否认意义上的严重损害包括国某某在内的东方红公司债权人利益的情形。因此，判决撤销（2015）内民终字第 79 号和（2014）资中民初字第 1314 号民事判决，由东方红公司偿还国某某 105 万元本金及利息①

各方当事人对于东方红公司应向国某某偿还 105 万元的本金及利息并无异议，但对于资中西南公司、西南水泥公司是否应为东方红公司的债务承担连带责任，分歧比较大。资中县人民法院、内江市中级人民法院两级法院的观点也比较一致，即认为应当承担。最高人民法院的观点则相反。四川省高级人民法院的观点先是认为应当承担，后又变为不应当承担，此中转变显然是受了最高人民法院的影响。现将一审、二审与再审在具体事项上的不同观点列表如下：

① 案号：(2016) 川民再 278 号。

一审、二审观点	再审观点
本案以承担部分债务的形式转让资产后，东方红公司、资中西南公司、西南水泥公司之间还在履行相关协议，三公司之间还存在资产联系和法律关系，已形成关联企业。	三公司是否构成关联公司，应根据《公司法》第二百一十六条的规定处理。西南水泥公司、资中西南公司不持有东方红公司的股份，不能通过行使股东权控制东方红公司。东方红公司持有资中西南公司股份，其董事长兼任资中西南公司的副董事长。据此，西南水泥公司不是东方红公司的关联公司，不具备适用法人人格混同制度的主体要件；东方红公司与资中西南公司存在关联关系，符合法人人格混同制度的主体要件要求。
三公司高级管理人员在一段时间内存在交叉兼职关系。	西南水泥公司与东方红公司之间的公司人员没有交叉任职，不存在人员混同。东方红公司拥有资中西南公司30%的股份，两公司高管存在交叉任职的情形。同时，资中西南公司依约定接受东方红公司不超过330名职工，因此，东方红公司与资中西南公司人员交叉任职，属于股东履行职责和安置职工的正常行为，不能与一般的关联公司人员混同相提并论。
西南水泥公司、资中西南公司要求东方红公司将其共管账户内的资产转让款专门用于偿还指定的债务，并规定该账户需要双方的共同行为才可启动，使得东方红公司不能独立管理和支配其财产。	西南水泥公司通过有关协议收购东方红公司的大部分资产并将资产注入资中西南公司，与东方红公司之间的联系在于设立资产转让款共管账户以监督资产转让款优先偿还东方红公司债务，此行为属于正常的商业风险防控手段，并不构成对东方红公司法人行为的控制或导致公司利益的转移。共管账户并非两公司的法人账户，而是专为东方红公司偿还合同约定债务使用的，且该共管账户权属归东方红公司所有，东方红公司亦认可上述共管账户中的款项已全部用于偿还其所欠债务，不能由此认定两公司的财产发生混同及难以区分。
三公司通过《资产转让协议》《资产交接协议》约定将应支付于共管账户内的资产转让款先行进行扣除，用于偿还东方红公司与西南水泥公司的债务，使得经过评估报告确认的其他债权人的债权中应按比例受偿的份额受到损害。	在东方红公司所欠债务的偿还顺序上，双方依据《合作协议》第2.1条的约定，将东方红公司所欠西南水泥公司关联方及资中县农村信用合作联社的债务优先清偿，既是东方红公司自主处置收购款的意思表示，也是上述债权人清收到期债权的合法权利。特别是在东方红公司尚未进入破产程序的情况下，东方红公司的所有债权人，并不具有法律意义上的债权按比例清偿的权利。资中西南公司作为资产收购方，因已支付了合理对价，其收购行为并没有导致东方红公司资产的减少，而只是将资产形态由流动资产和非流动资产转变为现金，用于清偿东方红公司之前所欠债务，并没有减少东方红公司的偿债能力。
东方红公司所持有的上诉人资中西南公司的股权又被质押给上诉人西南水泥公司，使得东方红公司不能独立管理和支配其财产，导致东方红公司已无力偿还债务，损害了债权人的利益。	各份《评估报告》均证明，东方红公司在收购时已资不抵债。后其资产规模并未减少，只是资产形态发生了变化。虽所持资中西南公司30%股权被质押给了西南水泥公司，但由此获得了5000万元的借款，反而增加流动资金和偿债能力。因此，原审所认定的西南水泥公司、资中西南公司通过协议安排使东方红公司不能独立管理和支配其财产、导致其无力偿还债务，损害了债权人利益，缺乏事实和法律依据。

续表

一审、二审观点	再审观点
东方红公司、资中西南公司的住所、经营场所相同。资中西南公司的经营业务、内部机构设置、人事和财务的管理等均受西南水泥公司支配，不能自主决策，生产经营的收益转入西南水泥公司指定的公司。资中西南公司的全国工业产品许可证是通过东方红公司更名换证的方式取得的。	根据《合作协议》《资产转让协议》《资产交接协议》等约定，资中西南公司收购东方红公司的资产，两公司之间在运作方面确实不可避免地会发生一定程度的交叉现象。但上述资产收购价格以依法定程序作出的《评估报告》为依据，属于合理对价。因资中西南公司的主要资产系支付合理对价从东方红公司购买而来，东方红公司已丧失上述资产所有权，两公司资产不存在混同。资中西南公司受让上述资产后，东方红公司即停止了水泥生产，两公司也不存在业务混同情况。而且，根据已查明的事实，东方红公司出售资产后，成为资中西南公司占股30%的股东，也没有实施利用股东地位向公司无偿或低价转让资产以逃避其债务的行为。

三、作为一种避债方式的新老公司问题

有些老板为应对公司的债务危机，有时会设立一个新公司，将债务留在原公司，而将优质资产和营利业务或者其他资源装进新公司。一旦危机来临，让原公司顶包甚至破产，同时着力经营新公司。

这就是我们所说的新老公司问题。

作为摆脱债务危机的一种方式，这种做法并不新鲜，成功者有之，失败者亦有之。

这种方式最直接的好处是能够缓一时之危，即争取一定的缓冲时间。在这段时间里，由老公司扛着债务，新公司则无负债经营。这种方式能否成功，关键看新公司的效益如何。如果新公司效益好，甚至获利颇丰，即可用所获利润反哺老公司，从而为老公司清偿债务。珠海某某高科技集团公司于1996年陷入困境，就在这一年，以老板景某某为实际控制人的一家新公司诞生。次年，高科技集团危机爆发。也是在次年，景某某的新公司生产出了新产品并推向市场。短短几年，获得成功，不仅新公司获得大发展，也为高科技集团偿清了债务。景老板的“咸鱼大翻身”，可以说是这方面最典型的一个例子。

采用新老公司这种方式，虽然说是成功的和失败的皆有，但显然失败的多于成功的。因为若想通过采用这种方式获得成功，非严密操作不可，但一般的老板做不到这一点。在严密操作过程中，要点是隐形。此处的“隐形”，一是指老板要做隐形人，这当然是指做新公司的隐形人；二是指新公司所使用的老公司的资源要隐形。之所以如此，是为了避免老公司的债权人寻踪而来，再向

新公司索债，使新公司难以正常经营。景老板做到了，所以他成功了。新公司由景老板操控，同时又掩护了他，使外界不了解新公司、景老板与高科技集团之间的关系，无法产生三者有关的联想。他蛰伏了四年，做到了隐形，用媒体的话来说是“将自己藏起来”，不让外界知晓，直到有能力偿还老公司的债务。

像景老板这样的现象当然极为鲜见。更多的情况是，老板对新公司的经营并不理想，无法反哺老公司，更无法替老公司偿债。在这种情况下，要么新老公司一起破产，要么存新去旧，留存新公司，让老公司破产。老板们采用新老公司这种方式，一般是有存新去旧的目的的。存新去旧是发生在后的结果，但能不能做到，关键还是在于开始建立新公司时，是否做到了严密操作。新老公司之间，一定要干干净净，切忌拖泥带水、藕断丝连。

新老公司由于受同一个老板操控，实质上存在关联关系。关联公司之间要划清界限。老板要实现存新去旧的目的，在新老公司之间，更需要划清界限。

四、新老公司之间界限划不清，会被认定为存在混同的可能性，从而使新公司被判决为老公司的债务承担连带责任

2013 年 5 月，浙江某某传动机械制造有限公司为宁波市某某服饰有限公司向宁波银行江北支行借款提供担保。2014 年 6 月，浙江某某机器人有限公司成立。

传动机械公司与机器人公司之间是何关系？按传动机械公司的老板步某某后来向法庭所作的陈述，传动机械公司因为给服饰公司提供担保而于 2014 年 9 月、10 月出现经营危机，但在业务上还是具有一定的竞争力，如果放弃较为可惜。同时，也为解决拖欠员工工资款及经济补偿金、工龄等问题，故谁愿意帮传动机械公司承担责任，他就将传动机械公司好的资源给谁。最终，机器人公司将员工接收，员工工龄继续计算，而传动机械公司将好的资源给机器人公司，包括业务、关系、机器设备等。

2015 年 4 月，宁波银行江北支行以服饰公司、传动机械公司、机器人公司以及步某某等六名自然人为被告，向浙江省宁波市江北区人民法院提起诉讼，请求判令服饰公司立即偿还贷款本金、利息，传动机械公司、步某某等六名自然人、机器人公司对服饰公司的债务承担连带保证责任。

机器人公司并没有与宁波银行江北支行签订担保合同，宁波银行江北支行为什么起诉它呢？宁波银行江北支行的理由是：机器人公司与传动机械公司在同一地点从事生产经营，且两公司均涉及齿轮、齿轮箱、机械零部件的制造、加工等业务，经营范围混同；步某某为传动机械公司、机器人公司的实际控制人，两公司人员混同。贷款出现风险后，传动机械公司毫无承担保证责任的意愿，而是用机器人公司的名义在同一地点、使用同一资产设备继续从事相同业务，实为转移资产、逃避债务，两家公司人格混同。

宁波市江北区人民法院支持了宁波银行江北支行的诉讼请求，判决传动机械公司、步某某等六名自然人对服饰公司的债务承担连带清偿责任，机器人公司对传动机械公司的上述连带清偿责任承担连带责任。机器人公司不服，上诉于宁波市中级人民法院，但被判决驳回。[①]

从判决来看，两级法院认定机器人公司与传动机械公司存在构成人格混同的可能性，其主要理由如下。

在人员方面：（1）现任职于机器人公司的大部分员工原系传动机械公司员工，且并未与传动机械公司解除劳动关系。机器人公司无法说明其具体接受传动机械公司员工的原委、过程，员工究竟与哪家公司建立劳动关系并不明确，两公司之间的员工流动情况不符合普通企业之间的员工流动。（2）机器人公司的股东之一、法定代表人隆某某是步某某侄子经营的宁波某某有限公司的会计，未在机器人公司领取工资。另一股东师某某原为传动机械公司员工，其领取的工资也仅为一般普通员工的工资水平。二人无正当理由未按要求到庭陈述、接受质询。（3）机器人公司厂区门卫称公司的老板为步某某，步某某自己也陈述机器人公司的员工有困难会去找其解决，并将其作为老板。故机器人公司的实际控制人为步某某存在可能性。

在财产方面：（1）机器人公司租赁传动机械公司部分厂房，租期 8 年，协议约定的租金低廉，每年 1 月支付当年租金 6 万元，却在其注册资金仅 100 万元、需要大量资金运营的情况下，于 2014 年 10 月、11 月分两次将 48 万元的租金全额支付给传动机械公司；（2）传动机械公司提供抵押的机器设备仅能贷款 380 万元，但机器人公司却需要偿付 642 万元的借款本金。机器人公司的以上行为均不符合理性商事主体的行为模式。

在业务方面：（1）在极短的时间里，传动机械公司原先 70% 以上的客户与机器人公司建立了业务关系，两公司的上下游客户存在高度重叠，这绝非机器人公司在短时间通过其自身业务拓展能够完成的；（2）机器人公司与传动机械公司在经营范围上的最大区别即工业机器人及其零部件方面的生产经营，却并

---

① 参考案例：浙江省宁波市中级人民法院（2016）浙 02 民终 322、324 号。

未开发、生产。

两级法院认为，从现有证据看，机器人公司与传动机械公司在人员、财产、业务上存在混同的可能性。在二审中，两公司经法院要求无正当理由拒不提供其会计凭证和财务账簿，故认为两公司存在公司平移、人格混同、利益转移，滥用公司法人独立地位的现象。传动机械公司陈述其将优质资源给机器人公司，让机器人公司接收员工，包括员工的工龄持续计算，但机器人公司应承担相应的债务。这里的承担债务，应不仅是指某一笔担保债务，还应该包括其他债务。传动机械公司在把自身优质资源转移给机器人公司后，其盈利能力大幅下降，向宁波银行江北支行承担担保责任的能力也随之下降，必然造成宁波银行江北支行利益受损。故判决机器人公司对传动机械公司所负宁波银行江北支行的担保债务承担连带责任。

五、在企业公司制改造过程中形成的新老公司形态下，新公司接收老企业财产的，在接收财产范围内对老企业债务承担连带责任

在上述案例中，如果按照步某某向法庭所作的陈述，他并不能控制机器人公司，但如果按照机器人公司门卫的说法，情况则相反，所以两级法院认定机器人公司的实际控制人为步某某存在可能性。如此，机器人公司与传动机械公司就属于《公司法》上所界定的关联公司。

但如果步某某向法庭所作的陈述符合客观实际，他的确并不控制机器人公司，又该如何认识呢？

应当指出，在社会实践中，确实存在这样的现象，当企业步履维艰、生存困难的时候，老板可能会拿出企业的部分甚至全部优质资源，折价入股，与他人共同设立一家新的公司。新公司由他人控制，原企业继续存在。在这种情形下，原企业的债权人除了以原企业在新公司的股权作为实现债权的目标这条途径之外，是不是还可以以新公司的法人财产作为实现债权的目标呢？换言之，新公司对原企业的债务，是不是需要承担偿付义务呢？

下列案例，对回答上述问题有一定的参考意义。

1991 年 12 月至 1994 年 12 月，广东省某市电化企业集团公司向中国工商银行南海支行借款。期限届满后，未能足额偿还。工行南海支行对电化公司享有的债权，后来转让给了深圳市锦荣担保有限公司。2013 年，该项债权确定为 2620 万元及利息，即电化公司应向锦荣公司偿还欠款 2620 万元及利息。

1997 年，电化公司按照市政府转换企业经营机制有关文件精神，进行改制。经清产核资，电化公司的资产总额为 186707495.55 元，负债总额为 169193162.04 元，资产净值为 17514333.51 元。1997 年 12 月，市工业局批复设立电子集团有限公司。电子集团公司的总股本为 19915400 股。股本的来源，除员工现金 2398400 股外，即电化公司的账面净资产。市工业局在批复中确认电化公司的账面净资产调整为 1751.7 万元，按每股 1 元入股。1998 年 1 月，电子集团公司注册成立。此后，电化公司作为一个独立法人仍然存在。这样，电子集团公司与电化公司，形成了新老公司并存的局面。

现在的问题是，对电化公司所欠债务，电子集团公司是不是有偿还义务？如果有，有没有范围限制？

从电化公司到电子集团公司的背景是企业改制。《关于审理与企业改制相关的民事纠纷案件若干问题的规定》第六条规定了“企业以其部分财产和相应债务与他人组建新公司，对所转移的债务债权人认可的，由新组建的公司承担民事责任；对所转移的债务未通知债权人或者虽通知债权人，而债权人不予认可的，由原企业承担民事责任。原企业无力偿还债务，债权人就此向新设公司主张债权的，新设公司在所接收的财产范围内与原企业承担连带民事责任”，第七条规定了“企业以其优质财产与他人组建新公司，而将债务留在原企业，债权人以新设公司和原企业作为共同被告提起诉讼主张债权的，新设公司应当在所接收的财产范围内与原企业共同承担连带责任”。按照这一司法解释，老企业拿出财产与他人组建新公司，对老企业的债务，新公司是有代为偿还的义务的。并且，这一义务有范围限制，即“在所接收的财产范围内”。

广东省高级人民法院先后审理了与电子集团公司、电化公司有关的多起案件，均在判决中确认电子集团公司仅在电化公司投入的 1751.7 万元的范围内对电化公司的债务承担连带清偿责任，且这些判决均已发生法律效力。电子集团公司承担 1751.7 万元的债务清偿义务已履行完毕。

2014 年，锦荣公司以电子集团公司为被告，向广东省佛山市中级人民法院提起诉讼，请求判令电子集团公司对电化公司所欠借款本金 2620 万元及计至 2012 年 10 月 18 日的相应利息 5858 万元承担连带清偿责任。

佛山市中级人民法院认为，电子集团公司承接了电化公司的优质资产，依据《关于审理与企业改制相关的民事纠纷案件若干问题的规定》第七条的规定，电子集团公司应在其接收电化公司净资产 1751.7 万元的范围内对电化公司的外债承担连带清偿责任，但该项责任因电子集团公司在本案诉前业已全额履行完毕而归于消灭，故判决驳回锦荣公司的诉讼请求。锦荣公司不服，上诉于广东省高级人民法院。

广东省高级人民法院认为，电子集团公司成立后，电化公司仍作为一个独立法人存在，电子集团公司承接了电化公司的优质资产。改制时，电化公司的资产总额为186707495.55元，负债总额为169193162.04元，资产净值为17514333.51元。市工业局将电化公司的账面净资产调整为17517000元。由此可见，电化公司折价入股电子集团公司的净资产17517000元，是电子集团公司接收电化公司186707495.55元财产及169193162.04元债务的基础上形成的。遂根据《关于审理与企业改制相关的民事纠纷案件若干问题的规定》第七条的规定，判决电子集团公司在其接收的186707495.55元财产总额范围内对电化公司的债务承担连带责任。电子集团公司不服，向最高人民法院申请再审。

最高人民法院认为，关于电子集团公司是在接受的净资产还是全部资产范围内承担清偿责任，电子集团公司并未提供证据证明，在电化公司企业改制中已就案涉债务的承担作出约定且经工行南海支行同意，故参照企业改制规定的精神，电子集团公司就案涉债务应当在所接收的财产范围内与电化公司承担连带民事责任。企业资产作为企业法人的物质基础，是其对外债务的一般担保。电化公司将其部分资产转移给电子集团公司，其对外偿债能力也相应降低。故在没有证据证明相关各方已就案涉债务的承担作出约定且经工行南海支行同意的情况下，本案转制时有关债务转移的约定不具有对抗工行南海支行债权受让人锦荣公司的效力。无论锦荣公司的案涉债权是否包含在169193162.04元转制负债范围内，锦荣公司均可主张在包括186707495.55元转制资产在内的转制前电化公司全部资产范围内清偿案涉债权。电子集团公司有关其仅在所接收的净资产范围内承担清偿责任的主张，本院不予支持。原判决要求电子集团公司在其接收电化公司186707495.55元转制资产范围内对案涉债务承担连带责任，结果并无不当。故裁定驳回电子集团公司的再审申请。[①]

从这个裁定来看，最高人民法院更加重视公平保护债权人的利益，指出企业资产作为企业法人的物质基础是其对外债务的一般担保。电化公司将其部分资产转移给电子集团公司，其对外偿债能力也相应降低。除非经过债权人工行南海支行同意，否则转制时有关债务转移的约定不具有对抗工行南海支行债权受让人锦荣公司的效力。

如果抛开企业改制的背景，不考虑适用《关于审理与企业改制相关的民事

---

① 参考案例：广东省佛山市中级人民法院（2014）佛中法民二初字第48号；广东省高级人民法院（2015）粤高法民二终字第988号；最高人民法院（2016）最高法民申1201号。

纠纷案件若干问题的规定》，那么是否也可以以新公司接受老公司的财产，导致其偿债能力降低，因而需要为老公司的债务承担责任呢?

在前引宁波银行江北支行与机器人公司、传动机械公司、服饰公司等一案中，作为一审法院的宁波市江北区人民法院阐述了这样的观点："一旦传动机械公司将其优质资源转由机器人公司继受后，其盈利能力也随之丧失，显然对宁波银行江北支行的利益造成了损害。从本案现有证据来看，正如传动机械公司所述，其本身的经营状况良好，是因担保而陷入了危机，在此种情况下，传动机械公司可以申请破产清算或破产重整对以往的债务进行清理，对其优质资源进行折价，如此能更好地保护债权人的公平受偿的权利，包括职工的利益，但其未经法定程序，私自将核心资产、资源转由机器人公司继受，虽然也一定程度上保护了企业的核心竞争力，保护了员工的利益，维护了社会稳定，但不可否认的是损害了包括宁波银行江北支行在内的债权人的利益。"

由此可见，老板拿出企业的部分或全部优质资源，折价入股，与他人共同设立一家新公司，即使不参与控制新公司，也很有可能将新公司拖入债务的泥潭。因此，意图采用新老公司的方式突出债务重围的老板，必须慎重考虑。

第十二章　一人有限责任公司情形下的老板责任预防

公司的财产不是老板的财产，对于一人有限责任公司的老板来说，尤其应当加以注意。

按照我国《公司法》，公司分为有限责任公司和股份有限公司两大类。在有限责任公司中，又有两类比较特殊的公司：一是一人有限责任公司，二是国有独资公司。

虽然同样是有限责任公司，但是从规则上来看，与其他类型的有限责任公司相比，一人有限责任公司有几个突出的特点。《公司法》要求，一人有限责任公司应当在公司登记中注明，并在公司营业执照中载明自然人独资或者法人独资；一人有限责任公司不能投资设立新的一人有限责任公司。更重要的是，《公司法》对一人有限责任公司，尤其注重将股东的财产与公司的财产区分开来，即对此类公司的财产独立性，对此类公司及其股东遵守公司财产与股东财产相分离的原则，要求更严格。这就意味着，如果违反相关规定，后果会比普通有限责任公司更严重。

因此，遵守公司财产与股东财产相分离的原则，对一人有限责任公司的老板来说，尤为重要。

一、老板作为股东，不能证明公司财产独立于自己的财产的，应当对公司债务承担连带责任

义乌市某某塑胶工贸有限公司是一家由自然人独资的一人有限责任公司，其唯一股东是楚某某。2010 年，塑胶工贸公司承租了义乌市自来水有限公司的房屋 74 间，作仓库用，但这些房屋未经验收，亦未取得产权证书。2014 年，塑胶工贸公司将其中的 11 间转租给北京胜达贸易有限公司。半年后，仓库发生火灾。经消防部门认定，起火原因可以排除电气线路故障、自燃、生产生活用

火引起火灾，不能排除人为放火引发火灾。经司法鉴定，胜达公司损失261.5206万元。

胜达公司要求塑胶工贸公司、楚某某、自来水公司予以赔偿。该案经浙江省义乌市人民法院一审、浙江省金华市中级人民法院二审，判决：塑胶工贸公司承担主要赔偿责任，为损失额的60%，即156.9124万元，楚某某对该项负连带责任；自来水公司因将未取得合法产权及未经消防验收的房屋出租获利，承担20%，即52.3041万元的赔偿责任；胜达公司因承租不符合消防安全的房屋，自担剩余20%的损失。塑胶工贸公司、楚某某不服，向浙江省高级人民法院提出再审申请，但被驳回。①

三级法院一致认定楚某某对塑胶工贸公司的债务应承担连带责任，理由为塑胶工贸公司是一人有限责任公司，楚某某是投资人。《公司法》第六十三条规定："一人有限责任公司的股东不能证明公司财产独立于股东自己的财产的，应当对公司债务承担连带责任。"楚某某恰恰未能提供充分证据证实塑胶工贸公司财产独立于她自己的财产。相反，在胜达公司与塑胶工贸公司签订的租赁合同中，注明的租金收款账户系楚某某个人账户，相应租金由楚某某个人收取，一审庭审中楚某某也自认租金先由其个人收取，塑胶工贸公司和楚某某均未提供充分证据证实租赁款已经实际支付给塑胶工贸公司。法院认为，这足以表明，塑胶工贸公司与楚某某的财产在一定程度上相互混同，故楚某某应对塑胶工贸公司的债务承担连带责任。

二、作为股东的老板，提供审计报告等证据证明了公司财产独立于个人财产，不对公司债务承担责任

最高人民法院在判决中指出："在审理法人人格否认案件时，考虑到债权人处于信息劣势地位而举证困难等因素，人民法院通常会根据上述规定合理分配举证责任，在债权人用以证明股东滥用公司法人独立地位和股东有限责任的证据令人产生合理怀疑的情形下，将没有滥用的举证责任分配给被诉股东。但上述举证责任调整的前提，应是作为原告方的债权人已举出盖然性的证据证明股东存在滥用公司法人独立地位和股东有限责任的行为以及由此产生了损害的结果，而不是当然的举证责任倒置。"② 因此，对股东与公司人格混同的可能性，如果债权人提出的证据证明力达不到合理怀疑程度，那就不应适用举证责

① 参考案例：浙江省高级人民法院（2016）浙民申2050号。

② 参考案例：最高人民法院（2015）民二终字第85号。

任倒置规则，不能转由股东以及公司举证。

对其他类型的公司而言，债权人已经提供盖然性证据，是公司法人人格否认举证责任倒置的前提。但对一人有限责任公司来说，情况完全不同。一人有限责任公司的股东与公司之间的财产发生混同的可能性更大，给债权人利益造成损失的风险程度更高。因此，按照《公司法》第六十三条的规定，在债权人起诉一人有限责任公司，同时要求其股东对公司债务承担连带责任的情形下，如果股东想拒绝承担连带责任，就必须证明公司的财产独立于股东自己的财产。否则，股东将无法再享有有限责任的好处。这就是说，与其他类型的公司相比，当面临法人人格否认的诉讼时，一人有限责任公司的举证责任是倒置的，举证责任在股东一方，而不是在债权人那里。

对公司财产与股东财产相分离，实行举证责任倒置，是一人有限责任公司的重要特征。

佳慧（上海）商贸有限公司是由居住在上海市的我国台湾地区居民鞠某某投资设立的，法定代表人也是鞠某某。2012 年 8 月，佳慧公司与农某某签订一份《投资合同》，约定农某某对佳慧公司进行投资，但在履行过程中发生纠纷。2013 年，农某某向上海市长宁区人民法院提起诉讼，请求判决佳慧公司返还投资款，鞠某某对佳慧公司的还款义务承担连带清偿责任。长宁区人民法院作出判决，支持了农某某的诉讼请求。佳慧公司、鞠某某不服，向上海市第一中级人民法院提出上诉，并提供了财务报告等证据。上海市第一中级人民法院维持了原审关于佳慧公司向农某某返还投资款的判决，但撤销了关于鞠某某对佳慧公司的还款义务承担连带清偿责任的判决。

上海市第一中级人民法院为什么改判呢？

上海市第一中级人民法院在确认了一审查明的事实外，另查明：2011 年至 2013 年间，上诉人佳慧公司委托有关会计师事务所对公司的财务报表等分别进行了审计、审核，根据 2011 年度至 2013 年度的《财务报表及审计报告》，佳慧公司财务报表在所有重大方面按照小企业会计准则的规定编制，公允反映了佳慧公司的财务状况以及经营成果和现金流量；2012 年度至 2013 年度的《外商投资企业外方权益确认表审核报告》及 2011 年度《外汇收支情况表审核报告》反映了佳慧公司的外方权益确认表及外汇收支情况表的编制在所有重大方面符合国家外汇管理的有关规定。

上海市第一中级人民法院认为：《公司法》第六十三条规定要求一人有限责任公司的股东将公司财产与个人财务严格分离，且股东应就其个人财产是否与公司财产相分离负举证责任。本案中，佳慧公司并无款项转入鞠某某个人账户的记录。鞠某某提供了佳慧公司的相关审计报告，可以反映佳慧公司有独立完整的财务制度，相关财务报表亦符合会计准则及国家外汇管理的规定，且未见有公司财产与股东个人财产混同的迹象，可以基本反映佳慧公司财产与鞠某某个人财产相分离的事实。因此，鞠某某的上诉理由成立，一审判令鞠某某对佳慧公司的债务承担连带清偿责任不当，应依法予以纠正。①

不难看出，鞠某某上诉成功，对佳慧公司的债务不承担连带清偿责任，主要是其提供并运用了《财务报表及审计报告》《外商投资企业外方权益确认表审核报告》《外汇收支情况表审核报告》等财务、审计被告，由此也足见此类报告在维护股东权益方面的重要作用。

《公司法》在第一百六十四条第一款规定公司应当在每一会计年度终了时编制财务会计报告，并依法经会计师事务所审计。这是适用于所有公司的。但在特别规范一人有限责任公司的第二章第三节，又专门用了一个条文，即第六十二条作了相同的规定，足见《公司法》对一人有限责任公司的这一项工作特别关注、重视。因此，一人有限责任公司，一定要按照《公司法》的要求，建立规范、独立、完整的财务会计制度，制作的财务报表一定要符合会计准则的要求，切实防止出现公司财产与股东财产混同的现象。这对于公司，特别是对于其唯一股东，有重要意义。因为法院在判断公司的财产与股东个人财产是否混同时，虽然是进行综合考量，但是其审查的着重点在公司是否建立了独立规范的财务制度、财务支付是否明晰以及是否具有独立的经营场所等。

在由北京市海淀区人民法院一审、北京市第一中级人民法院二审的侯某某与北京某某宾馆有限公司股东损害公司债权人利益责任纠纷一案中，股东侯某某亦因提供记账凭证、原始凭证、财务账册、年度审计报告等，得以对其投资的一人有限责任公司——北京某某餐饮有限公司——的债务不承担连带责任。②

康健律师曾经分析了最高人民法院、高级人民法院和部分中级人民法院关于适用一人公司法人人格否认规则的约122个案例，撰写了《百余案例揭秘：一人公司人格否认规则如何适用》一文，指出对一人公司的法人资格，“下级法院存在一定的‘过度刺穿’情况”。在提供了审计报告的情况下，如果无其他证据相佐，或者不能提供原始记账凭证、银行往来记录，或者存在股东账户

---

① 参考案例：《最高人民法院公报》2016年第10期“案例”。

② 参考案例：北京市第一中级人民法院（2014）一中民终字第5382号。

和公司账户混用，或者存在公章混用，或者审计报告系由单方委托出具等情形，法院仍有很大可能支持否认一人公司法人人格，判令股东向债权人承担连带责任。

诉讼中的这种风险，提醒一人有限责任公司的老板们，自公司设立开始，就要十分注意遵守公司财产与股东个人财产相分离的原则，在二者之间划出清晰的界限。

三、夫妻公司问题

《公司法》第五十七条定义的一人有限责任公司，是指只有一个股东的有限责任公司。这个股东可以是自然人，也可以是法人。这个股东，是不是应该限定为仅指注册登记的股东？如果注册登记的股东只有一个，那就是一人有限责任公司，反之则不是。

依照上述定义，如果有限责任公司实际上只有一个人出资并控制，但名义上却有两个或两个以上的股东，又该如何认识？由此产生实际出资人与名义股东问题，[①] 即这种公司虽然在实质意义上是一人有限责任公司，但在形式上却不是。与此相类似，如果股东虽有两个，但双方存在委托关系，其中一个所持股权系为另一个代持，此类公司也只是实质意义上的一人有限责任公司，而不是形式意义上的。此类情形下，实际出资人同时又是一名注册股东，但注册的股东还有他人，此他人即名义股东。一般情况下，实际出资人处于这种半隐藏状态，会得到不少的好处，特别是可以规避公司法律对一人有限责任公司的严格要求。

有一类有限责任公司很特殊。这类公司从形式上、外观上看，有两个或两个以上的股东，依照《公司法》第五十七条的定义，不是一人有限责任公司。但股东之间存在着夫妻关系或父母子女关系等。有时，在诉讼中，此类公司——特别是夫妻公司——会被当作一人有限责任公司对待。

夫妻之间有着极为密切的关系，此关系大致可分为人身、财产两个方面。夫妻共同设立有限责任公司，涉及的主要是财产关系。夫妻同为股东，所持股权作为财产性权利，同时受《公司法》《婚姻法》调整。但若依《公司法》，股权分别归属夫和妻；若依《婚姻法》，除非另有约定，股权则为夫妻共同财产。从较早时期的最高人民法院的案例，可以看出：

---

① 《公司法司法解释三》第二十四条、第二十五条、第二十六条有关于“实际出资人与名义出资人”“实际出资人与名义股东”的规定，不过《公司法》本身并没有类似规定。

一是尽管股权登记于夫、妻各自名下，但原则上应认定为夫妻共同财产。那么对夫妻登记在各自名下的股权份额如何认识？最高人民法院曾在案例中指出："夫妻双方共同出资设立公司的，应当以各自所有的财产作为注册资本，并各自承担相应的责任。因此，夫妻双方登记注册公司时应当提交财产分割证明。未进行财产分割的，应当认定为夫妻双方以共同共有财产出资设立公司，在夫妻关系存续期间，夫或妻名下的公司股份属于夫妻双方共同共有的财产，作为共同共有人，夫妻双方对该项财产享有平等的占有、使用、收益和处分的权利。"如此，则区分出了两种情形：其一，如果在公司注册登记时，表明了夫妻身份，特别是提交了财产分割证明，则与普通有限责任公司无异；其二，如果没有提交财产分割证明，那么各自名下的股权将被按照共同共有财产对待。最高人民法院此一观点，其实是视出资额、比例之不同为无物。因为，照此观点，除满足到工商部门办理公司登记手续之用外，确定不同的出资额、出资比例，并无其他用处。夫妻同时出资设立有限责任公司，为法律所允许；明确各自的出资额和出资比例，又为注册登记所要求。那么，数目不同的出资额、出资比例，意义何在？不同的出资额、出资比例本身，难道还不足以表明已对财产作了分割？因此，如果仅因没有提交财产分割证明，即按共同共有财产对待，不无再探讨之余地。

二是夫妻双方共同共有公司股权的，如果夫处理妻名下或妻处理夫名下的股权，"他人有理由相信夫或妻一方作出的处理为夫妻双方共同意思表示的，另一方不得以不同意或不知道为由对抗善意第三人"。"夫或妻一方与他人订立股权转让协议的效力问题，应当根据案件事实，结合另一方对股权转让是否明知、受让人是否为善意等因素进行综合分析。如果能够认定另一方明知股权转让，且受让人是基于善意，则股权转让协议对于另一方具有约束力。"① 有论著认为，这是适用表见代理原则。不过，如果对照《合同法》关于表见代理的规定，上述观点似乎严于表见代理。

三是沿着上述逻辑，夫妻一方对对方名下的股权没有优先购买权。《物权法》只规定了按份共有人的优先购买权，而对共同共有无此规定。在共同共有关系存续期间，共有人不享有财产分割请求权，不能在共有财产中确定自己的份额，不能转让自己的权利，不存在优先购买权，故夫或妻一方对另一方名下的股权不享有优先购买权。②

---

① 参考案例：最高人民法院（2007）民二终字第219号。

② 参考案例：最高人民法院（2008）民申字第677号。

可见，在共同共有的关系下，对只有夫、妻两个股东的有限责任公司的股权，应当看成一体。但是否应当按照一人有限责任公司对待呢？案例中出现了不同的做法。

在第十章引用的阴某某诉绒毛制品公司、衣某某、付某某一案中，衣某某与付某某系夫妻关系，但一审法院认为没有证据证实付某某参与公司的经营管理，也无证据证实其滥用公司法人人格。因此，对原告阴某某要求被告付某某承担连带责任的诉讼请求予以驳回。这就表明，一审法院并没有将绒毛制品公司作为一人有限责任公司对待。但二审法院虽维持了一审判决，但发表的看法似乎有所不同。二审法院认为绒毛制品公司为“夫妻公司，衣某某拥有80%的股权，妻子付某某拥有20%的股权，这种夫妻股东开办的公司类似一人公司”，“经原审法院释明，上诉人衣某某未能提供其个人财产独立于公司财产的证据，上诉人绒毛制品公司也没能向法庭提交公司的会计账簿和会计凭证、银行账户流水等表明其公司账目与公司股东的财产相互独立”。由此看来，二审法院是将绒毛制品公司作为一人有限责任公司对待的。

同在第十章曾经引用过的粤达公司与百姓购物公司、祁某某、茅某某买卖合同纠纷一案中，祁某某、茅某某二人之间的关系亦为夫妻。无论在一审、二审还是再审过程中，债权人粤达公司均提出百姓购物公司是典型的夫妻公司，股东只有祁某某、茅某某夫妻两人，公司设立时亦没有向工商部门提供财产分割证明，其实质就是一人公司。一审法院认为，《公司法》所称一人有限责任公司，是指只有一个自然人股东或者一个法人股东的有限责任公司，但百姓购物公司是由祁某某、茅某某夫妻设立的有限责任公司，并不是只有一个自然人股东的公司，因此粤达公司主张百姓购物公司系一人公司，没有法律依据；规定应当提交财产分割证明的《公司登记管理若干问题的规定》已于2006年6月废止，粤达公司主张祁某某、茅某某投资设立公司时必须提供夫妻财产分割证明，也没有依据。一审人民法院判决驳回了粤达公司关于祁某某、茅某某对百姓购物公司所负债务承担连带责任的请求。二审、再审法院虽改判祁某某、茅某某承担连带责任，但对百姓购物公司是否一人公司的看法，却与一审人民法院相同。

另外，在第十章引用的俞某某、柏某某、进出口公司与经贸公司案例中，虽然进出口公司的股东是俞某某、柏某某夫妻二人，法院也判决二人对进出口公司应当向经贸公司清偿的债务承担连带责任，但并没有把进出口公司看成一人有限责任公司，而是运用了夫妻共同债务的偿还规则。

四、其他准一人有限责任公司

除股东为夫妻关系外，常见的还有股东之间为父母子女关系等。

股东之间没有亲属关系，或者虽有亲属关系但已较为疏远，所设立的公司也有被认定为实质上为一人有限责任公司的可能。段某某与郧县润飞劳务派遣有限公司、来某某承揽合同纠纷再审一案，就是如此。

段某某诉称润飞公司和来某某租用其挖掘机，拖欠其工程款、机械费用、加油款共计26万余元。润飞公司实际上由公司法定代表人即股东来某某控制，润飞公司和来某某财产混为一体，故来某某应承担连带责任。除双方的债权债务已经清算外，来某某的抗辩主张主要是他本人不是适格被告，其理由为：与段某某建立合同关系的是润飞公司，他本人系润飞公司的法定代表人，与段某某之间处理结算事务均属职务行为，所产生的法律后果应由润飞公司承担。但在庭审中，来某某自认润飞公司登记的股东为来某某和盖某某二人，盖某某是其外甥，盖某某既没有投资也没有参与经营，润飞公司实际由其一人经营。

湖北省十堰市郧阳区人民法院认定润飞公司尚欠段某某26万余元。根据来某某的自认，认定润飞公司实为一人有限责任公司。根据本案承揽合同实际履行过程中，既有润飞公司给段某某出具的债权凭证，也有来某某个人给段某某出具的债权凭证的事实，认定润飞公司和来某某个人在履行合同过程中相互混同。另外，来某某亦未提供证据证明润飞公司的财产独立于其个人财产。遂根据《公司法》第六十三条之规定，判决润飞公司和来某某共同支付段某某26万余元及相应利息，并互负连带支付责任。来某某不服，上诉于湖北省十堰市中级人民法院，但被驳回。[①]

老板们选择有限责任公司这种模式，目的就是享有有限责任的好处。不同类型的有限责任公司，享有这种好处的稳固程度是不一样的。由于一人有限责任公司接近于个人独资企业，其股东享有有限责任好处的稳固性最低，这主要表现在遇到债权人要求股东对公司债务承担连带责任的诉求时，需要由股东来举证证明公司财产独立于股东自己的财产，如果做不到，法院会判令股东对公司债务承担连带责任。因此，老板们为了充分、稳固地享有有限责任，往往以亲属挂名，使股东数量成为两个或更多，从而规避成立一人有限责任公司的法律风险。但是，一旦被认定为一人有限责任公司，这种目的就会落空。为了防

---

① 参考案例：湖北省十堰市郧阳区人民法院（2015）鄂郧阳民再初字第00005号；湖北省十堰市中级人民法院（2017）鄂03民再4号。

止这种情形的出现，老板们有必要采取一定的预防措施，如在申请注册公司时，提供家庭共有财产分割的书面证明或者协议等。特别是在日常经营过程中，更要注意严格划清公司财产与股东财产的界限，建立完善的财务制度和完备的会计账簿。

第十三章　老板承担连带责任须同时具备“滥用”“逃避”“严重损害”三个条件

一、维持公司的法人资格是常态，否认是例外

公司法规定了独立法人资格和公司人格否认制度，从正反两个方面保障了公司的独立性。但正面的是基本的，反面的则是对正面的必要补充。这就决定了处理债权人提出的诉讼时，维持公司的法人资格是常态，否认则属于例外。

最高人民法院在判决中一再指出，《公司法》第二十条第三款的规定“为否认法人独立人格提供了法律依据。但法人人格独立是公司法的基本原则，对法人人格否认应予慎重适用”①；如果“动辄适用公司法人人格否认制度，否定公司与公司股东各自独立的人格及股东的有限责任，有违公司人格独立原则，故对该项制度应慎重适用”②；“作为对于法人独立财产制和公司有限责任制之公司法基本原则的例外规定，揭开公司面纱，判令公司股东承担连带责任应当掌握较为严格的认定标准”③。

各地高级人民法院也不止一次地在判决中指出：“为了保护债权人的利益，只有在特殊情况下即当股东滥用公司独立人格，与公司存在人员、财产、业务混同的情况时，才对公司的独立人格进行否认，股东才需对公司的债务承担连带责任”④；“公司人格否认，是指在具体的法律关系中，基于特定事由，否认公司的独立人格，直接使股东对公司的债务或行为承担责任，或撇开公司的存在重新确定股东应承担的义务。法人人格独立是公司法的基本原则，公司人格

---

① 参考案例：最高人民法院（2016）最高法民申3168号。
② 参考案例：最高人民法院（2015）民一终字第198号。
③ 参考案例：最高人民法院（2015）民申字第2083号。
④ 参考案例：吉林省高级人民法院（2017）吉民终44号。

否认是公司制度的例外”①。

这就意味着，债权人要想循着公司人格否认这条路径追究股东的责任，其实困难重重，成功的概率比较低。

在第十一章所引徐工机械公司诉翔凤工贸公司、腾龙机械公司、祥通建设公司一案中，徐工机械公司不仅诉求翔凤工贸公司支付货款及利息，并诉求腾龙机械公司、祥通建设公司承担连带责任，而且还按照“揭开公司面纱”的正常路径，诉求梅某某、霍某某、田某某、樊某某、卞某某、骆某某、井某某、仲某某八名自然人股东承担连带责任。徐州市中级人民法院认为，“徐工机械公司未提供证据证明梅某某、霍某某将应当归属于公司的资产占为己有，亦未提供证据证明其个人资产与公司资产混同”，“徐工机械公司无证据证明三公司资产混同系由田某某、樊某某、卞某某、骆某某、井某某、仲某某所为，且法律无明文规定知晓关联公司资产混同就要对公司债务承担连带责任”，故判决驳回了徐工机械公司关于八名自然人股东对翔凤工贸公司承担连带责任的请求。

在云南省高级人民法院审理的某某建筑工程有限公司诉云南融金房地产有限公司、云南林业房地产开发经营有限公司、昆明飞天房地产开发有限公司、巩某某建设工程施工合同纠纷一案中，债权人建筑工程公司在请求判令融金房地产公司支付拖欠的工程款以及违约金、利息的同时，还请求判令融金房地产公司的三个股东，即云南林业房地产公司、飞天房地产公司、巩某某承担连带责任。但云南省高级人民法院认为，根据《公司法》第二十条第三款的规定，建筑工程公司提出这一请求，需要举证证实三股东在融金房地产公司经营过程中存在出资不实、抽逃出资，股东与公司财务及人事混同，股东非法隐匿、转移公司财产等行为，但建筑工程公司没有证据证实。相反，云南省高级人民法院认定云南林业房地产公司、飞天房地产公司和巩某某作为融金房地产公司的股东，已经足额履行了出资义务，各公司之间资金独立、财务独立，经营业务相互独立，不存在财产混同的情况，也不存在人员相互兼任和混同的情况。因此，认为三股东不应当对融金房地产公司的债务承担连带责任，判决驳回了建筑工程公司的该项请求，② 建筑工程公司未上诉。

分析案例可以发现，层级越低的法院，越具有适用公司人格否认的倾向，判决股东对公司债务承担连带责任的情形越多。自然，其中不符合《公司法》

---

① 参考案例：四川省高级人民法院（2016）川民再265号；江苏省高级人民法院（2016）苏民再362号。

② 参考案例：云南省高级人民法院（2015）云高民一初字第20号

规定条件的，会被上级法院纠正。

宫某某出借给上海某某科贸有限公司 88 万元，科贸公司向宫某某出具了借款收据。科贸公司又将该笔款项，连同其他款项合计 348 万元，出借给了上海某某实业有限公司。科贸公司的控股股东、法定代表人是乌某某。2014 年 4 月，乌某某作为仲裁申请人，以实业公司为被申请人提起仲裁，要求实业公司返还借款及支付利息。实业公司在仲裁中抗辩称，其与乌某某之间并无任何借款关系，与科贸公司有借款关系。嗣后，双方在仲裁过程中达成和解，仲裁庭根据和解协议裁决由实业公司分期将借款及利息支付至乌某某指定的科贸公司银行账户。但实业公司并未执行和解协议，后法院强制执行未果，终结执行程序。

2014 年 9 月，宫某某向上海市普陀区人民法院提起诉讼，以科贸公司已无独立的办公场所，与乌某某存在人格混同为依据，诉请判令科贸公司归还借款 88 万元，支付利息，乌某某承担连带清偿责任。

普陀区人民法院认为：“被告乌某某系被告科贸公司的法定代表人及控股股东，而在明知被告科贸公司向第三人实业公司出借 348 万元的款项中包括本案系争 88 万元借款的情况下，仍以个人名义向第三人实业公司提起仲裁，要求第三人实业公司向自己还本付息的行为，可视为滥用公司法人独立地位和股东有限责任，逃避债务。且仲裁事先未经与原告协商，便由被告乌某某与第三人实业公司达成和解，严重损害了原告作为被告科贸公司债权人的利益”，故判决乌某某对科贸公司应向宫某某归还的本金及利息承担连带清偿责任。乌某某、科贸公司不服，上诉于上海市第二中级人民法院。

上海市第二中级人民法院对宫某某与乌某某之间的争议进行了分析，认为：“宫某某主张否认科贸公司人格系基于乌某某将科贸公司 348 万元债权转移到自己名下的这一行为”，“借款实际债权人为科贸公司，乌某某此举令人生疑，但对行为动因的认定，也应当考虑有限责任公司在现实中存在的诸多不规范操作及切于实现债权的目的而进行一些便利性行为”。“通过仲裁和解，最终约定实业公司将借款打入科贸公司账户。系争款项并不直接进入乌某某个人账户这一项特别安排，与乌某某所称因该借款实际为科贸公司款项，故约定进入科贸公司账户具有一定合理性，且乌某某在本案审理中，明确表示实际权利主体为科贸公司，对该笔款项其不会动用也不会主张任何权利。故仅就该行为本身而言，尚无法认定为属滥用公司独立人格之行为。”“根据现查明的事实，宫某某所主张的不当行为本身尚未发生严重的损害后果”，“故科贸公司目前情况，尚未达到资不抵债或显然无法清偿宫某某债权的程度”。因此，上海市第二中级人民法院判决撤销了关于乌某某对科贸公司所负债务承担连带责任的内容。[①]

二、老板转移公司资金、资产，是一种严重滥用权利的行为，应对公司债务承担连带责任

《公司法》第二十条第三款规定，公司股东滥用公司法人独立地位和股东有限责任，逃避债务，严重损害公司债权人利益的，应当对公司债务承担连带责任。该条款并没有就什么是公司人格否认下一个定义或明确其构成要件。但分析该条款的规定，可知其中有四个要素，即主体、行为、目的、结果。主体是特定的，即公司股东。股东有滥用行为，其目的是逃避债务。从结果上看，是“严重损害了公司债权人的利益”。因此，在股东既定的情形下，主要考虑是不是有滥用行为、是不是为了逃避债务、是不是严重损害了债权人利益。在适用“揭开公司面纱”制度时，这三项内容应当同时具备，并能建立起内在联系。

揭开公司的面纱，要求股东对公司债务承担连带责任，虽然须同时满足“滥用”“逃避”“严重损害”三个要件，但其中比较有疑问的是滥用行为。哪些行为属于滥用公司法人独立地位和股东有限责任的情形，《公司法》既没有定义，也没有列举。

从案例来看，老板转移公司的资金、资产，往往会被认定为一种严重的滥用行为，应对公司债务承担连带责任。

在第十章所引的经贸公司诉进出口公司偿还贷款，俞某某、柏某某承担连带责任一案中，昆明市中级人民法院、云南省高级人民法院认定股东俞某某个人财产与进出口公司财产混同的一个重要依据，就是进出口公司合计 885 万元的资金转入股东俞某某个人的账户。对此转款行为，俞某某作为公司法定代表人未作合理说明，同时作为股东未作出合理抗辩并提供证据予以证实。

同样在第十章所引的鲁运公司诉宏浦公司、腾飞公司、郑某某、金某某一案中，淄博市中级人民法院的侧重点在于股东郑某某、金某某转移公司资金、资产。正常情况下，对抵债所得的大宗货物去向不明作出具体解释，也是作为公司股东、实际控制人、法定代表人的郑某某、金某某应该做的。如果拒不进行解释，可以推论已由其转移、隐匿。因此，在适用“揭开公司面纱”上，淄

① 参考案例：上海市第二中级人民法院（2016）沪 02 民终 4257 号。

博市中级人民法院所给出的理由更为有力。

股东，特别是控股股东，利用担任公司主要管理人员的机会，在公司收到合同相对人支付的货款后，没有用于合同约定的业务，而是挪作他用，甚至用于增加与股东个人密切相关的利益。这种行为当然也属于滥用。如果这一行为导致公司难以继续履行合同，无法完成对合同相对人承担的义务，使合同相对人的利益严重受损，那么合同相对人就可能以债权人的身份要求“揭开公司面纱”，让该股东对相应债务承担连带责任。云南银达商务有限公司诉云南某某锻造有限公司返还货款，延某某、云南某某商贸有限公司等承担连带责任一案，就是如此。

银达公司与锻造公司建立购销合同关系，向锻造公司支付价款 973 万元。但锻造公司只交付了价值 605 万元的货物，尚欠价值 368 万元的货物未交付。锻造公司系由商贸公司、延某某、葛某某出资成立，注册资本 100 万元，三股东持股比例分别为 60%、30%、10%，法定代表人由股东延某某担任。在银达公司支付的 973 万元货款中，有 444 万元几经辗转，由商贸公司取得。银达公司向云南省昆明市中级人民法院起诉，请求判令锻造公司返还货款，延某某、商贸公司、葛某某等承担连带责任。昆明市中级人民法院认为：“锻造公司注册资本仅为 100 万元，本案中签约的合同履行标的累计却高达 900 万余元，履行能力已呈现不足”；“商贸公司作为锻造公司的控股股东，将锻造公司收取的银达公司的货款，在不成立购销合同关系的前提下，几经银行承兑汇票背书，最终取得了 444 万元的货款，取得货款后，并无证据证实商贸公司将此款项用于锻造公司履行合同义务”；“锻造公司的股东及法定代表人延某某，依《公司法》对公司法定代表人及股东的要求，应尽全面、诚实履行合同的义务，但作为公司法定代表人及股东的延某某在参与了交易行为并在锻造公司取得银达公司的货款后，并未将全部货款用于履行合同义务，而是将所收取的货款中的 444 万元，通过银行承兑汇票背书最终转到了商贸公司”，商贸公司、延某某的行为都“具有侵害公司债权人、回避契约义务、形骸化公司财产的特征”。而“葛某某虽为锻造公司的股东，在本案中尚无证据证实葛某某直接参与了与银达公司的交易行为”。因此，昆明市中级人民法院判决锻造公司归还银达公司货款 368 万元，延某某、商贸公司承担连带责任，同时驳回了银达公司对葛某某等人的诉讼请求。[1]

---

① 参考案例：云南省昆明市中级人民法院（2005）民民四初字第226号。

公司有独立的法人财产，享有法人财产权，并以其全部财产对公司的债务承担责任。股东借担任公司负责人之便利，转移公司资金、资产，减少了公司的财产数量，降低了公司的偿债能力。因此，这是一种极为严重的违法行为。在“揭开公司面纱”的情形下，转移公司资金、资产，是判决股东承担连带责任的重要依据。

其实，转移公司资金、资产，还有可能产生更严重的后果。转移出去的资金、资产，虽然不一定转归个人所有，但往往与个人使用、占有牵扯在一起，难以分辨清楚。因此，有被追究刑事责任的风险。

三、任意处分公司财产，应对公司债务承担连带责任

滥用公司法人独立地位和股东有限责任的行为，有多种表现形式，如将公司财产以不合理的低价，甚至无偿转让出去；虚构债务，误导法院查封自有财产；无正当理由放弃到期债权；为原来没有担保的债务，以公司财产设立抵押、质押等可以享有优先受偿权的担保等。虽然债权人在此类情形下可以采取其他救济方法，如通过提起撤销权之诉或确认转让无效之诉，来维护自己的利益，但也可以提起公司法人资格否认之诉，让股东承担连带责任。

广东某市隆昌贸易有限公司对某某房地产开发有限公司负有债务，债务额302万余元。隆昌公司开发建设了隆昌大厦。邢某某、宦某某、逄某某是隆昌公司的股东。2001年5月21日，三人签订了一份《股份转让合同》。该合同约定：隆昌大厦第十层、第十一层、三个地下停车场的车位交付给逄某某；已收取的地下商铺预售款466万余元归邢某某所有。履行中，未向逄某某实际交付楼层，而是折现给付100万元。

房地产公司以隆昌公司、邢某某、宦某某、逄某某为被告，诉至法院，请求判令隆昌公司返还302万余元及相应利息，邢某某、宦某某、逄某某承担连带清偿责任。一审、二审法院判决支持了房地产公司的诉求。[①] 宦某某不服，向广东省高级人民法院申请再审。

广东省高级人民法院认为，根据《公司法》第三条、第四条的规定，股东将资产投入公司意味着将资产的处分权转移给公司，股东失去了直接支配该资产的权利，不能在公司存续期间抽逃出资也不能要求返还资产，只能以投资额获取公司的红利，通过股权参与公司重大决策、选择管理者以及实施监督。公

---

① 参考案例：广东省东莞市中级人民法院（2013）东中法民二终字第645号。

司则享有了财产所有人的地位，公司成立后股东出资的财产成为公司的独立财产，由公司独立支配，并通过法人的治理机构来完成。如果股东再任意处置公司的财产，则构成了对公司财产的侵犯，应当对公司承担赔偿责任。本案中，隆昌公司开发建设了隆昌大厦，因此出售隆昌大厦所得的收益应归隆昌公司所有。而邢某某、宦某某、逄某某签订《股份转让合同》，共同处分了公司的财产，将本应属于隆昌公司所有的售房款归为股东个人所有，未入公司账簿，共同侵犯了公司的财产权。这一行为属于《公司法》第二十条规定的滥用股东权利的行为，损害了公司及债权人的利益，应当承担赔偿责任。隆昌公司应当返还房地产公司302万余元及相应利息，该款项未超过邢某某、宦某某、逄某某共同处分的公司财产的数额，邢某某、宦某某、逄某某应当对隆昌公司的上述债务承担连带清偿责任，遂驳回了宦某某的再审申请。①

四、公司财务管理混乱、账簿缺失，未能证明公司资产系合理损耗的，应对公司债务承担连带责任

童某某、伏某某是福建某某钢结构工程有限公司的股东，出资额分别为489.6万元、38.4万元，持股比例分别为92.73%、7.27%，童某某担任公司法定代表人。2011年9月，钢结构公司承建福建某某纸业有限公司的钢结构厂房。2012年2月15日、2012年3月5日，纸业公司分别支付钢结构公司50万元、40万元，童某某分别出具收条各一张交由纸业公司收执。2012年5月，该工程完工交付使用。纸业公司在使用过程中发现厂房漏水，钢结构公司进行多次维修仍存在问题。2012年10月9日，钢结构公司指派人员到纸业公司再次维修，但由于所派人员在屋顶排水口进行电焊作业时未采取有效防范措施，掉落的焊渣引燃工厂的产品纸，造成厂房及厂内大部分物品被烧毁。年检报告书中显示，到2012年12月31日，钢结构公司的年末资产总额565.05万元。2013年，福建省漳州市中级人民法院作出（2013）漳民初字第261号民事判决书，判令钢结构公司赔偿纸业公司经济损失628万元。漳州市中级人民法院在执行过程中，发现钢结构公司没有财产可供执行。纸业公司以童某某、伏某某为被告，向福建省泉州市中级人民法院起诉，请求判令童某某、伏某某对钢结构公司的债务承担连带清偿责任，即支付纸业公司赔偿款565.05万元。

泉州市中级人民法院认为：本案主要审查的是童某某、伏某某作为钢结构

---

① 参考案例：广东省高级人民法院（2013）粤高法民申字第1462号。

公司股东的行为是否已使钢结构公司丧失了独立的法人人格。纸业公司初步举证证明2012年12月31日钢结构公司年末资产总额565.05万元，但漳州市中级人民法院在执行中发现钢结构公司没有财产可供执行，童某某个人账户直接收取钢结构公司的工程款，故童某某、伏某某作为公司股东应对公司资产如何合理损耗，以及其个人收取公司款项作出合理举证及说明。童某某提供的钢结构公司2013年及2014年1月至3月的记账凭证，显示其大部分记账凭证不是正式发票而是收款收据，特别是2014年的记账凭证全部是收款收据，其在经营过程中存在财务制度不完善、记账凭证不规范的情形。记账凭证及审计报告也无法显示其公司资产从2012年年末起是如何合理损耗的。且童某某也未能就其个人账户收取公司款项后，是否将款项占为己有，以及如何区分其公司财务与个人财产作出合理说明。其后果导致相应的资产从公司转移给股东时，股东并未向公司交付等值的资产或权益，即存在股东抽逃出资。因童某某未能举证证明其个人财产与公司财产不存在混同、钢结构公司经营管理过程中其公司资产流向及如何合理损耗，其股东行为已使钢结构公司丧失独立法人人格。遂判决童某某、伏某某连带清偿钢结构公司对纸业公司所负的债务565.05万元。童某某不服，上诉于福建省高级人民法院。

福建省高级人民法院认为，滥用公司法人独立地位和股东有限责任的行为主要包括两类：一是利用公司法人人格规避合同或法律义务的行为，二是公司法人人格形骸化的行为。本案中，纸业公司举证证明钢结构公司与其法定代表人童某某存在财务混同的情形，从而导致钢结构公司人格形骸化，丧失独立人格。纸业公司提供了将钢结构工程款汇至钢结构公司法定代表人童某某个人账户的汇款凭证和童某某个人出具的《收条》为证。童某某确认上述两笔款项是钢结构公司的工程款，但其未对该笔工程款为何汇入其个人账户作出合理解释，也未对该笔款项的去向作出说明。上述事实足以让人对钢结构公司与童某某财产是否相互独立产生合理怀疑。此种情况下，童某某作为钢结构公司法定代表人、控股股东，完全有可能也有义务对钢结构公司是独立法人、拥有独立财产，能够独立承担民事责任承担举证责任。但从童某某一审提供的证据材料看，钢结构公司的财务账册资料不仅缺失严重（钢结构公司目前仅存2013年和2014年1月至3月的记账凭证，2013年以前和2014年4月之后公司的财务账簿资料，童某某均以公司搬迁遗失为由未予提供），而且存在记账凭证不规范的情形。并且，这些记账凭证也不能体现童某某收取的工程款是否有进入公司账户并用于公司的经营开支，根本无法证明钢结构公司的财产独立于童某某个人财产，钢结构公司具有独立法人人格的事实。与此同时，童某某提供的钢结构公司2013年和2014年1月至3月的《审计报告书》显示，钢结构公司的资产从2012年的565.05万元到2013年的650.02万元再到2014年3月底的14.41万元，变化巨大。但对于2014年钢结构公司资产锐减的事实，童某某目前所能提供的记账凭证全部都是收款收据，未附相关款项支出凭证，仅凭上述收款收据也无法证明钢结构公司的资产是如何合理损耗的。鉴于钢结构公司存在财务账簿缺失、财务管理混乱、公司资产流向不明等情况，并造成纸业公司对钢结构公司债权至今无法得到清偿，法院认为，纸业公司主张童某某、伏某某滥用公司法人独立地位和股东有限责任，损害公司债权人利益的理由成立，一审判令童某某、伏某某对钢结构公司债务承担连带责任，于法有据，遂判决驳回了童某某的上诉。[①]

① 参考案例：福建省高级人民法院（2016）闽民终983号。

股东赔偿责任

第十四章　股东损害公司、其他股东利益的责任承担

股东与公司之间的关系，是公司最主要的关系之一。如果股东处事不当，给公司造成了损失，是要承担赔偿责任的。同理，股东与股东之间的关系，也是公司内部最主要的关系之一。如果股东处事不当，给其他股东造成了损失，也有可能被其他股东追究，从而承担赔偿责任。

一、股东违反公司章程约定的义务，损害公司的利益，应承担赔偿责任

承德某某电梯有限责任公司成立于 2005 年 4 月，注册资金 50 万元，后增加注册资金为 100 万元。电梯公司的股东及其所持股权比例为：米某某占股 60%，贾某某占股 40%。米某某任电梯公司执行董事、法定代表人，贾某某任经理，并负责公司全面经营工作。2005 年至 2013 年重庆妥斯基制造有限公司不同程度地授权电梯公司在河北承德地区市场的电梯销售、安装、维保等工作。电梯公司指派贾某某负责与重庆妥斯基公司开展电梯业务。

2010 年 3 月，贾某某与重庆妥斯基公司投资成立承德妥斯基电梯有限公司，但不久注销。此后，贾某某继续为重庆妥斯基公司联系电梯销售业务并负责安装维修，所得收入没有交给电梯公司，亦没有以其他方式向电梯公司交相应的管理费。贾某某有自己的施工、维保队，并受雇于重庆妥斯基公司。经评估，电梯公司 2010 年至 2012 年流失的电梯销售服务费、安装费、维保费损失金额为 1303480 元。

2014 年，电梯公司向河北省承德市中级人民法院起诉，请求判令贾某某、重庆妥斯基公司赔偿电梯公司各项经济损失 1303480 元。诉讼中，贾某某提出已于 2010 年 3 月辞职，电梯公司则称贾某某一直担任其公司经理。

承德市中级人民法院认为，贾某某身为电梯公司经理，本应对公司的工作恪尽职守，坚守岗位，维护公司的利益。但贾某某在电梯公司工作期间，又另

成立同类行业的公司，干的是同行业的工作，虽然该公司已注销，但是贾某某继续为重庆妥斯基公司联系电梯销售业务并负责安装维修，收入没有交给电梯公司。贾某某单独成立施工、维保队，并受雇于重庆妥斯基公司，贾某某作为公司的经理和持有40%股份的股东，其行为违反了《公司法》关于同业禁止的规定，也违反了公司章程不得损害公司利益的规定。重庆妥斯基公司明知贾某某是电梯公司经理，还与贾某某个人开展电梯业务，并雇用贾某某安装维修电梯，是违反同业禁止行为的共同实施者和受益者，应与贾某某共同承担赔偿责任，赔偿电梯公司的损失。贾某某提出已与电梯公司解除工作关系，但没有证据证实。遂依据《公司法》的相关规定，判决贾某某、重庆妥斯基公司赔偿电梯公司2010年至2012年流失的电梯销售服务费、安装费、维保费损失1303480元。贾某某、重庆妥斯基公司不服，向河北省高级人民法院提出上诉。

河北省高级人民法院认为，贾某某对其辞职主张已完成举证义务。电梯公司主张至起诉前贾某某仍系其公司经理，但不能提供任何证据证明2010年3月后双方雇佣关系仍然存续、贾某某仍在履行经理职责，电梯公司应承担举证不能的不利后果。故对贾某某2010年3月辞去电梯公司经理职务的主张予以支持。贾某某任职电梯公司期间，掌握电梯公司的商业运营信息，从电梯公司辞职后很快受雇于重庆妥斯基公司，经营与电梯公司同类的业务，电梯公司此后商业客户的流失应与贾某某有一定关系。贾某某作为电梯公司持有40%股份的股东，其行为对电梯公司利益造成了相应的损害，违反了公司章程约定的股东义务，基于公平原则，贾某某应对电梯公司损失给予合理赔偿。现有证据不能证明评估的电梯公司业务流失损失完全由贾某某的行为造成，故酌定贾某某赔偿电梯公司损失的20%，计260696元（1303480元×20%）。因重庆妥斯基公司对贾某某的身份和行为均系明知，且共同损害电梯公司利益而获益，故应对贾某某的赔偿义务承担连带责任。因此，改判贾某某赔偿电梯公司损失260696元，重庆妥斯基公司对贾某某的赔偿义务承担连带责任。[①]

二、滥用股东权利增资，给其他股东造成损失，应承担赔偿责任

股东基于其出资，对公司享有权利。一般情况下，这种权利又因其出资所占公司注册资本比例的多少而有所区别。在非由原股东同比例认缴的情况下，公司增加注册资本，会导致原股东享有的权利发生变化。如果有股东，特别是

---

① 参考案例：河北省高级人民法院（2014）冀民一终字第376号。

控股股东、多数股东滥用股东权利进行增资，就有可能损害其他股东的利益。

2004 年 4 月 21 日，祝某某、龚某某、糜某某、莫某某、封某某、皮某某六人共同出资设立了彩虹制品有限公司。彩虹公司注册资本 400 万元，其中：祝某某出资 120 万元，持股 30%；龚某某、糜某某各出资 80 万元，各持股 20%；封某某、莫某某、皮某某各出资 40 万元，各持股 10%。

2006 年 10 月，彩虹公司将注册资本由 400 万元增加为 1500 万元，新增的 1100 万元，由上海莱才建筑安装工程有限公司出资。彩虹公司变更了注册登记，将股东及持股比例登记为：莱才公司出资 1100 万元，持股 73.33%，祝某某出资 120 万元，持股 8%，龚某某、糜某某各出资 80 万元，各持股 5.33%；封某某、莫某某、皮某某各出资 40 万元，各持股 2.67%。但在办理变更登记所依据的股东会决议和修改后公司章程上，均无龚某某本人的签名。在完成验资后，彩虹公司就将用于增资的 1100 万元，以“借款”的形式归还给莱才公司。

2009 年 5 月，莫某某作为彩虹公司股东代表与苏州巴巴斯工程机械有限公司签订股权转让合同，苏州巴巴斯公司以 8248500 元价格受让了彩虹公司的全部股权。股权转让以后，彩虹公司名称变更为江苏巴巴斯重工机械有限公司，6 月 24 日，股东由龚某某、莫某某、封某某、祝某某、糜某某、皮某某、莱才公司变更为苏州巴巴斯公司。

2012 年 4 月，龚某某以莱才公司、莫某某、封某某、祝某某、糜某某、皮某某、苏州巴巴斯公司等为被告，向上海市虹口区人民法院起诉。龚某某诉称于 2011 年 5 月发现所谓的增资情况，此前对此事完全不知情，也未在增资的股东会决议上签字，且莱才公司的 1100 万元出资在验资后即转走，公司从未进行过实际增资。此外，受让方在收购彩虹公司股权时，受让价格亦未考虑增资部分。因此，龚某某认为彩虹公司的增资行为是虚构且无效的，故请求判令确认他在 2004 年 4 月 1 日彩虹公司设立之日起至 2009 年 6 月 6 日股权转让期间持有彩虹公司 20% 的股权。

虹口区人民法院认为，在龚某某没有对其股权作出处分的前提下，除非彩虹公司进行了合法的增资，否则龚某某的持股比例不应当降低。莱才公司等声称彩虹公司完成增资 1100 万元，并为此提供了所谓的股东会决议，但在龚某某及皮某某否认的情况下，莱才公司等却没有提供足以证明该些书面材料系真实的证据材料。由此，应认定龚某某、莫某某、封某某、祝某某、糜某某、皮某某作为彩虹公司的前股东未就彩虹公司增资 1100 万元事宜召开过股东会会议。

在未召开股东会的情况下，所谓彩虹公司增资1100万元的行为，违反了彩虹公司的章程及法律的规定，是无效的行为。此外，从结果上来看，莱才公司用于所谓增资的1100万元，在完成验资后，就以“借款”的形式归还给莱才公司，此种情形不能认定莱才公司已经履行了出资的义务。综上，虹口区人民法院认定，彩虹公司并未完成实质上增资，彩虹公司以增资为名，降低龚某某的持股比例，侵犯了龚某某的合法权益。因此判决确认龚某某自2004年4月21日起至2009年6月24日止持有彩虹公司（现名称为江苏巴巴斯公司）20%的股权。莱才公司不服，上诉于上海市第二中级人民法院。

上海市第二中级人民法院认为，在没有证据证明龚某某明知彩虹公司增资至1500万元的情况下，对彩虹公司设立时的股东内部而言，该增资行为无效，且对于龚某某没有法律约束力，不应以工商变更登记后的1500万元注册资本金额来降低龚某某在彩虹公司的持股比例，而仍旧应当依照20%的股权比例在股东内部进行股权分配。因此判决驳回了莱才公司的上诉 。①

一般情况下，股东的权利与股东的持股比例是对应的；股东持股比例高则权利大，持股比例低则权利小。从这个案例中不难看出，龚某某持股比例的大小，决定了他应得转让款的多少。如果按照增资前的原持股比例20%，他可分得1649700元，而按照增资后的持股比例5.33%，他只能分得439645元。

应当说，上海市第二中级人民法院及其下属各基层法院，在审理与增资有关的案件时，一直比较注意维护弱势股东的利益。早在2008年审理的郁某某与上海某某建设发展有限公司、上海安达置业发展有限公司、上海某某投资管理有限公司一案，就是如此。

安达公司有两个股东，即郁某某和建设发展公司。安达公司注册资本2100万元，其中郁某某出资315万元，占15%股权，建设发展公司出资1785万元，占公司85%股权。

2005年5月、7月、9月和11月，安达公司以解决公司流动资金为由，四次召开股东会，形成决议：建设发展公司向安达公司增资1900万元，引进投资管理公司作为战略投资者向安达公司增资1000万元。郁某某认为这些决议属于恶意增资，均持反对意见。之后，安达公司以公司原注册资本2100万元为增资时的净资产完成了增资行为，并办理了变更登记。变更后，安达公司注册资本为5000万元，其中建设发展公司出资3685万元，占73.7%股权；投资管理公

---

① 参考案例：上海市虹口区人民法院（2012）虹民二（商）初字第754号；上海市第二中级人民法院（2013）沪二中民四（商）终字第188号。

司出资1000万元，占20%股权；郁某某出资315万元，占6.3%股权。安达公司增资扩股前后均未对公司净资产进行审计、评估。

截至2005年12月31日，安达公司净资产评估值155360385.30元。

郁某某认为，安达公司资金非常充裕，在没有作财务审计，又没有作净资产评估的情况下，依据安达公司的原注册资本比例增资，根本不能体现股权的价值，股东会增资决议和引进战略投资者投资管理公司决议是恶意的，其目的是大股东稀释小股东的股权，以掠夺小股东的利益。故向上海市静安区人民法院提起诉讼，请求判令建设发展公司、安达公司赔偿直接经济损失13516354元。建设发展公司、安达公司辩称，安达公司的增资，在程序上、实体上均未违反法律、章程的规定。有关增资的比价，应由股东协商。国家对公司增资是否应经过审计、评估未作强制性规定，因此，安达公司的增资决议合法有效。

静安区人民法院认为，安达公司的股东会决议召集的程序合法，其内容也系根据"资本多数决"的表决原则作出的。但应该公平维护小股东的权益。损害小股东的利益，应当承担相应的民事责任。安达公司的审计、评估报告显示，股东会作出引进战略投资者、进行增资决定时，公司的经营状况良好，经营利润丰厚，公司净资产已达155360385.30元的规模。审理中，建设发展公司、安达公司均未能对增资决策作出合理解释。客观上，增资并未按照当时安达公司的净资产额进行，而是按照大大低于当时公司净资产额的公司注册资本进行增资，显著降低了小股东郁某某所持股权的价值，侵害了郁某某的权益，造成了郁某某的损失。建设发展公司系掌握安达公司控制权的大股东，凭借其控制的多数表决权，将自己的增资意志拟制为公司的意志，对该决议的通过起到了决定性作用，且在实施股东会决议时未能客观、公正地对安达公司的净资产进行必要的审计、评估，致使郁某某的股权价值蒙受了巨额损失。建设发展公司的行为属于滥用股东权利，违反了大股东对小股东的信义义务，故对郁某某因此所受的损失应承担赔偿责任；安达公司不应承担赔偿责任。建设发展公司应当按照安达公司作出增资决定时即2005年12月31日的公司净资产为基准，以原告郁某某在增资扩股前后其所持股权价值的实际减少部分为计算标准，赔偿损失，具体为：原告郁某某在增资扩股前的股权价值［（155360385.30元－29000000元）×15%］，减去原告在增资扩股后的股权价值（155360385.30元×6.3%）。判决被告建设发展公司赔偿原告郁某某损失9166353.52元。

建设发展公司不服，上诉于上海市第二中级人民法院。经法院主持调解，郁某某获得股权转让款315万元，一次性补偿款610万元。[①]

这个案例说明，控股股东利用其控股优势，强行以背离公司实有资产的低价进行增资，损害了小股东权利，应当承担赔偿责任。

三、控股股东，或者多数股东低价转让公司股权、资产，损害少数股东利益的，应向少数股东承担赔偿责任

2008年开始发生的体运系列案闻名全国。在这一系列案中，民事与刑事交错，分别承办案件的有上海、江苏、山东三地的法院、公安机关。而且，其中有的案件上诉或申诉到了最高人民法院。仅在民事方面，经过最高人民法院作出裁判的法律文书至少有（2013）民申字第519、546号民事裁定书、（2015）民二终字第96号民事判决书。在这一系列案件中，有一起是控股、多数股东因滥用股东权利而向个别股东进行赔偿的案例。

上海体运实业（集团）有限公司注册资本为5000.4万元，股东共有十一名。股东及其持有股权比例分别为：靖某某持有50.98%、施某某、蓬某某各持有12.81%、密某某、伊某某、戎某某各持有4.48%、秋某某、牧某某各持有2.98%、班某某持有1.50%、羿某某、诸某某各持有1.25%。上海体运公司有数家或控股，或参股的子公司。

2007年10月，上海体运公司的股东与利达亚洲投资顾问公司签订《股权转让意向书》，主要内容为股东们拟将持有的上海体运公司及其子公司、关联公司的部分股权转让给利达公司，利达公司支付的收购价款将不少于各目标公司定价EBITDA的7倍。对该《股权转让意向书》，除施某某外，上海体运公司的其他股东均签字确认。2007年12月，上海体运公司召开股东大会，讨论利达收购事宜，施某某对利达公司收购表示反对，欲行使优先购买权。靖某某等人谋划设立一个没有施某某的新公司，将上海体运公司的资产转入新公司，再行与利达方面合作，以避开施某某的优先购买权。2008年5月，他们设立了江苏体运公司。在施某某未参会的情况下，上海体运公司临时股东会决议将公司持有的股权转让给江苏体运公司，转让价为393943398.93元。同月，江苏体运公司及其股东与利达公司签订股权转让及增资协议，利达公司购买江苏体运公司股东所持40%股权，价格9.472亿元。8月，上海体运公司将其运营相关的全部业务转移至江苏体运公司。11月，又将其拥有的全部资产出售给江苏体运

---

① 参考案例：上海市静安区人民法院（2006）静民二（商）初字第755号；上海市第二中级人民法院（2008）沪二中民三（商）字第238号。

公司。

在上述一系列转让过程中，上海体运公司的股东施某某始终表示反对。施某某认为，靖某某等十位股东，明知施某某持反对意见，却恶意串通，规避施某某的优先购买权。这一系列关联交易的结果不仅使价值20余亿元的上海体运公司资产以3.93亿元的低价被贱卖给江苏体运公司，而且亦将上海体运公司长期积累的客户、商誉、市场份额、品牌价值和市场垄断地位等无形资产也一并转移给了江苏体运公司。靖某某等十位股东的行为，造成施某某的股东利益受到严重损害，应共同向施某某承担赔偿责任。因此，施某某向上海市第一中级人民法院提起诉讼，要求赔偿损失4.49亿元。

上海第一中级人民法院认为：原告施某某自始反对利达公司收购上海体运等公司的股权。但除原告以外的其他上海体运公司的股东，即本案自然人被告，采用了设立新公司—江苏体运公司、通过股东会决议进行关联交易等形式，执意将上海体运等公司资产以明显的低价转让给江苏体运公司，再将以明显低价受让了上海体运等公司资产的江苏体运公司的40%股权，以与利达公司原拟收购上海体运等公司股权相似的较高价格，转让给利达公司。其结果直接导致作为上海体运公司股东的施某某所占股权明显贬值的损失，且使施某某无法享受江苏体运公司将该低价受让的资产又以股权转让的方式高价出售所取得的正常收益。故对给施某某造成的实际损失，应当依法承担赔偿责任。

关于赔偿的范围，上海第一中级人民法院认为，应当以利达公司收购江苏体运公司部分股权的对价9.472亿元所折算的江苏体运公司资产价值，与上海体运公司等向江苏体运公司转让资产的价值393943398.93元之间的差额计算，即（9.472亿元÷40%－393943398.93元）×12.81%＝252876650.60元。因此，上海第一中级人民法院判决靖某某等十位股东向原告施某某赔偿252876650.60元及利息，并承担连带赔偿责任。靖某某等十位股东不服，上诉于上海市高级人民法院。

上海市高级人民法院认为，为规避施某某的股东优先购买权，十股东新设除施某某之外的江苏体运公司，并将上海体运等公司的资产以明显低于利达公司的拟收购价格转让给江苏体运公司，再将江苏体运公司的40%股权以较高价格转让给利达公司。十股东有共同的意思联络，为利达公司收购股权的目的实现，紧密配合，规避法律，共同完成相关公司之间资产的反复移转和股权的转让，其目的具有违法性。十股东的行为直接导致施某某在上海体运等公司所占股权利益受损的结果发生，应当共同承担赔偿责任，遂驳回靖某某等十人的上诉。靖某某等八股东不服，申请最高人民法院进行再审。

最高人民法院认为，作为股东，施某某反对公司重组和股权转让，属于正常行使股东权利，并没有过错。在施某某反对转让股权的情况下，其他股东设立新的公司，将上海体运等公司的资产低价转让给江苏体运公司，之后又转让给其他公司，后一转让的价格远远高于前一转让，施某某作为股东的利益严重受损。再审申请人等股东的行为构成侵权，应承担民事责任，最终裁定驳回再审申请。[①]

四、多数股东横向联合，损害弱势股东的利益，应予以赔偿

1990 年 5 月，江某某与宿某 A 登记结婚。2003 年 5 月，宿某 A、宿某 B、宿某 C、符某某等人设立了江苏省海临市宏运翻砂有限公司，公司的法定代表人是符某某，公司注册资本 100 万元，其中宿某 A 占 25% 股份，符某某占 15%。2004 年，宿某 A 起诉江某某要求离婚，不久撤诉。撤诉后，宿某 A 将宏运翻砂公司 25% 股权转让给符某某，并办理了工商变更登记手续。2005 年，宿某 A 再次起诉江某某要求离婚，法院判决宿某 A 与江某某离婚，但未涉及宏运翻砂公司股权分割。2006 年 4 月，江某某起诉要求确认宿某 A 和符某某之间的股权转让无效。2006 年 11 月，符某某将 40% 股权（含从宿某 A 处受让所得的 25% 股权）转让给卓某某，并办理了工商变更登记手续。2006 年 12 月，南通市中级人民法院终审判决宿某 A 与符某某之间股权转让无效。2007 年 10 月，海临市人民法院判决符某某转让所持宏运翻砂公司 25% 股权给卓某某行为无效。2008 年 6 月，海临市人民法院判决江某某对宏运翻砂公司 25% 的股份享有 15%。2010 年，宏运翻砂公司被吊销营业执照。同年，宏运翻砂公司将土地使用权及地上建筑物、附着物所有权以 410 万元的价格转让给海临市某某电器有限公司。

2011 年 6 月，江某某向海临市人民法院申请对宏运翻砂公司进行强制清算，因宏运翻砂公司拒绝签收相关法律文书，拒绝提供公司财务账册，致清算无法进行，海临市人民法院终结强制清算程序。2013 年，海临市人民法院要求对宏运翻砂公司截至 2012 年 10 月 31 日的净资产进行专项审计，因宏运翻砂公司会计账册、会计报表等严重不完整、重要原始记录不完整、部分现金收入来源不清、固定资产在建工程计量依据不充分、个人为宏运翻砂公司借还款依据

---

① 参考案例：上海第一中级人民法院（2011）沪一中民四（商）初字第 29 号；上海市高级人民法院（2012）沪高民二（商）终字第 44 号；最高人民法院（2013）民申字第 519、546 号。

不充分、采购和付款收入账依据不充分等情况，致会计师事务所无法进行审计认定。

江某某为其股权利益，诉至海临市人民法院，请求判令宿某A、宿某B、宿某C、符某某、卓某某向其支付宏运翻砂公司剩余财产60万元。

海临市人民法院认为：宏运翻砂公司系有限责任公司，公司股东都是清算义务人，都应当对清算不能承担责任。宏运翻砂公司清算不能的直接原因是公司账册、主要财产和重要文件的灭失，而根本原因却与公司实际控制人、控股股东相关，因为正常的公司运营，账册、主要财产、重要文件是不可能灭失的，除非负责公司资产保管和日常经营的人员保管不力或故意藏匿、转移，甚至销毁公司账册或重要文件。宏运翻砂公司系家族式有限责任公司（公司法定代表人符某某系股东宿某A、宿某B、宿某C的母亲，宿某A、宿某B、宿某C系同胞兄妹，股东卓某某系符某某外甥儿媳妇），公司股东人数较少且人合性较强，江某某的15%股权系离婚分割夫妻共同财产所得，且经过一系列的诉讼，取得股东身份后亦未能参与公司经营管理，属弱势股东。宿某A、宿某B、宿某C、卓某某直接持有宏运翻砂公司85%股份，基于上述股东之间的身份关系及本案纠纷的由来及发展过程，历次股东会议的出席情况及表决的一致性，可认定宿某A、宿某B、宿某C、卓某某横向联合实际形成共同控制股东，利用对公司的实际控制力和股东会优势表决权地位排挤了弱势股东江某某的权利，违反了股东的忠实和注意义务，应对公司账册、重要文件不全导致清算不能对江某某承担赔偿责任。符某某虽不是公司股东，但其作为公司实际控制人利用其控制地位，阻碍清算程序的启动与运作，亦应对江某某承担相应的赔偿责任。因此，按照江某某在宏运翻砂公司所持股权比例、所占出资额，判决宿某A、宿某B、宿某C、符某某、卓某某赔偿江某某损失15万元，并支付相应利息。江某某不服，向南通市中级人民法院提起上诉。

南通市中级人民法院认为：江某某因离婚分割夫妻共同财产而取得宏运翻砂公司15%股权，宏运翻砂公司的其他股东及实际控制人之间均是亲属关系。在江某某与宿某A离婚诉讼及财产纠纷中，宿某A擅自转移夫妻共同财产宏运翻砂公司的股权给其母符某某，符某某又将宏运翻砂公司股权转让给亲属卓某某，以上转让行为均为生效判决确认无效。江某某通过离婚后财产纠纷之诉取得宏运翻砂公司15%的股权。江某某虽取得宏运翻砂公司股权，但并未能有效行使股东权利，宏运翻砂公司实际控制人符某某及其他股东转让宏运翻砂公司主要资产（土地使用权、厂房、附房及配套设施）、停止宏运翻砂公司的经营活动、不履行年检义务，致宏运翻砂公司被吊销营业执照，且拒绝对宏运翻砂公司进行清算。在江某某申请对宏运翻砂公司进行强制清算的过程中，宏运翻砂公司拒绝签收相关法律文书、拒绝向法院提供公司财务账册、拒不履行证据保全裁定，致公司清算无法进行。后江某某提起本案损害股东利益、公司剩余财产分配之诉，并申请对宏运翻砂公司进行资产审计，而宏运翻砂公司仍不提供完整会计账册、会计报表，财务资料存在重要原始记录不完整、部分现金收入来源不清、固定资产在建设工程计量依据不充分、个人为宏运翻砂公司借还款依据不充分、采购和付款收入账依据不充分等情形，导致财务资料不满足审计要求，审计机构无法进行审计认定。宏运翻砂公司显然故意不提供完整、有效的财务资料。江某某作为在离婚财产分割中取得宏运翻砂公司15%股权的小股东已穷尽全部法律手段，仍无法举证证明宏运翻砂公司的财产情况。从以上江某某与宏运翻砂公司及其股东、实际控制人之间的财产纠纷诉讼过程及诉讼中查明的事实可见，符某某等宏运翻砂公司的实际控制人、股东回避法律责任、损害江某某合法利益的故意明显。在本案情况下，应当运用民事诉讼证据规则，依法保护小股东江某某的合法权利，支持江某某的全部诉讼请求。且江某某主张赔偿60万元，相对于宏运翻砂公司处置的主要资产规模，并无不合理情形。遂判决撤销原判，改判宿某A、宿某B、宿某C、符某某、卓某某一次性赔偿江某某损失60万元。

符某某、宿某A不服，向江苏省高级人民法院申请再审，被裁定驳回。[①]

五、股东不按照法律和公司章程规定缴纳出资的，应当向已按期足额缴纳出资的股东承担违约责任

有限责任公司具有人合性质，在对内关系上，根据《公司法》第二十八条第二款的规定，股东不按照前款规定缴纳出资的，除应当向公司足额缴纳外，还应当向已按期足额缴纳出资的股东承担违约责任。按照第一百七十八条的规定，增加注册资本时，股东认缴新增资本的出资，亦适用这一条。

甘肃省某某清真肉品有限责任公司与辽宁省某某食品工业有限公司共同设立甘肃某某羊业有限责任公司。羊业公司注册资本1500万元，其中清真肉品公司出资600万元，食品工业公司出资900万元。羊业公司于2010年2月3日注册成立，2月5日，食品工业公司将其出资全额抽逃。经清真肉品公司起诉，法院判决食

---

① 参考案例：江苏省启东市人民法院（2015）启商重初字第00001号；江苏省南通市中级人民法院（2015）通中商终字第00396号；江苏省高级人民法院（2016）苏民申1137号。

品工业公司向羊业公司返还出资款900万元，并返还相应利息2737352元。食品工业公司辩称未抽逃出资，并向最高人民法院申请再审，但被驳回。[①]

清真肉品公司认为，食品工业公司利用其控制羊业公司的机会，不仅将其900万元出资抽逃，还使清真肉品公司600万元出资去向不明，由此给清真肉品公司造成的损失是巨大的。因此，清真肉品公司向平凉市中级人民法院起诉，请求判令食品工业公司赔偿使用其600万元出资的利息及损失。

平凉市中级人民法院认为，在诉讼过程中，清真肉品公司始终未明确起诉的法律依据，仅针对造成的损失提供了相关证据。《公司法司法解释三》第十四条规定股东抽逃出资后，守约股东可向抽逃出资的股东请求向公司返还出资本金及利息，对能否请求向守约股东赔偿损失未明确规定。因此，清真肉品公司的诉讼请求无事实及法律依据，遂判决驳回其诉讼请求。清真肉品公司不服，向甘肃省高级人民法院提出上诉。

甘肃省高级人民法院认为，根据《公司法》第二十八条第二款的规定，清真肉品公司要求食品工业公司承担600万元利息损失的上诉理由成立，遂改判食品工业公司赔偿占用清真肉品公司600万元入股资金的利息损失2184584元。[②]

六、股东未履行或者未全面履行其出资义务，其他股东代为履行后，可以向该股东进行追偿

在设立公司过程中，如果发起人因履行设立公司职责而造成他人损害，需要进行赔偿，后来公司又因故未能成立，那么，对于受害人，全体发起人有义务承担连带赔偿责任。如果损害是因某一个，或者几个发起人的过错造成的，那么其他发起人在承担了赔偿责任后，可以向有过错的发起人进行追偿。

如果说公司法律中关于没有足额缴纳出资额的股东对其他股东承担违约责任的规定，是在对内关系上，体现了有限责任公司的人合性质，那么，关于股东未足额出资的由其他股东连带承担资本充实责任的规定，目的在于保障公司和第三人的利益，该规定则是在对外关系上，体现了有限责任公司的人合性质。其他股东承担了连带责任，就会产生追偿问题。

---

① 参考案例：甘肃省平凉市中级人民法院（2012）平中民二初字第1号、甘肃省高级人民法院（2013）甘民二终字第41号；甘肃省平凉市中级人民法院（2015）平中民二初字第8号、甘肃省高级人民法院（2016）甘民终24号；最高人民法院（2014）民申字第1814号。

② 参考案例：甘肃省平凉市中级人民法院（2013）平中民二初字第6号；甘肃省高级人民法院（2014）甘民二终字第43号。

按照《公司法》和相关司法解释的规定，公司成立后，股东之间出现的追偿，主要有：

股份有限公司的股东未按照公司章程规定缴足出资的，应当补缴，其他发起人承担连带责任。后者承担了责任后，可以向前者追偿（《公司法》第九十三条、《公司法司法解释三》第十三条、《公司法司法解释二》第二十二条第二款）。

股东以非货币财产出资的，但在公司成立后，发现该项出资的实际价额显著低于公司章程所定价额的，应当由交付该出资的股东补足其差额，公司设立时的其他股东承担连带责任（《公司法》第三十条、第九十三条第二款）。后者承担了责任后，可以向前者追偿。

除上述规定情形外，实践中，股东之间还会出现其他各种各样的追偿。

在第九章中，曾经提到山东某某磨具磨料有限公司，系由烟台某某石材开发集团公司、国家开发投资公司、福建某某磨具厂三方共同出资开办，注册资金 500 万元。根据其公司章程及工商登记材料确认，三股东应当分别以现金形式缴纳 100 万元、150 万元和 250 万元出资，在注册资本中所占比例分别为 20%、30%、50%。但由于三股东均未实际出资，烟台市中级人民法院、山东省高级人民法院、最高人民法院均认定磨具磨料公司不具备法人资格，判决其民事责任由三股东连带承担。在法院强制执行过程中，到 2010 年 8 月，国家开发投资公司被执行的数额达 726.34 万元。

国家开发投资公司认为，对公司所负债务，应由三股东按照出资比例分担。现因为已由国家开发投资公司全部承担，其他两家股东应按其持股比例，将应分担的磨具磨料公司的债务款项支付给国家开发投资公司。其中股东福建某某磨具厂的出资比例为 50%，应承担的债务额为 363.17 万元，烟台某某石材开发集团公司的出资比例为 20%，应承担的债务额为 145.27 万元。因此，国家开发投资公司以福建某某磨具厂、烟台某某石材开发集团公司为被告，向烟台市中级人民法院提起了追偿权之诉，请求判令福建某某磨具厂向其支付 363.17 万元及利息，烟台某某石材开发集团公司向其支付 145.27 万元及利息。

烟台市中级人民法院认为，国家开发投资公司的诉求符合《民法通则》第八十七条和磨具磨料公司章程第五条关于各股东按其出资比例分担风险和亏损的约定，判决予以支持。福建某某磨具厂不服，上诉于山东省高级人民法院，被判决驳回。福建某某磨具厂仍不服，向最高人民法院申请再审，被裁定驳回。①

---

① 参考案例：山东省烟台市中级人民法院（2010）烟商初字第 107 号；山东省高级人民法院（2014）鲁商终字第 128 号；最高人民法院（2014）民申字第 1265 号。

老板作为董事、监事、高管可能承担的责任

第十五章　未尽勤勉、忠实、审慎义务应当承担赔偿责任

一、董事、监事和高级管理人员的任职资格、义务

不是任何股东都可以担任公司领导职务的。有这么一批人，可以充任股东，却不可以担任公司的领导职务。按照《公司法》第一百四十六条的规定，不能担任公司的董事、监事、高级管理人员的有五种人：（1）无民事行为能力或者限制民事行为能力；（2）因贪污、贿赂、侵占财产、挪用财产或者破坏社会主义市场经济秩序，被判处刑罚，执行期满未逾五年，或者因犯罪被剥夺政治权利，执行期满未逾五年；（3）担任破产清算的公司、企业的董事或者厂长、经理，对该公司、企业的破产负有个人责任的，自该公司、企业破产清算完结之日起未逾三年；（4）担任因违法被吊销营业执照、责令关闭的公司、企业的法定代表人，并负有个人责任的，自该公司、企业被吊销营业执照之日起未逾三年；（5）个人所负数额较大的债务到期未清偿。这五种人，即使担任了董、监、高，也是无效的。如果在任职期间，本来正常的董、监、高变成这五种人的一种，就应当解除其职务。

担任了公司的领导职务，可以领取与职务相匹配的、高出普通员工数倍甚至数十倍的薪酬。担任了公司的领导职务，有权发号施令，但同时也要承担相应的义务。《公司法》第一百四十七条规定，董事、监事、高级管理人员应当遵守法律、行政法规和公司章程，对公司负有忠实义务和勤勉义务。不得利用职权收受贿赂或者其他非法收入，不得侵占公司的财产。第一百四十八条还对董事和高级管理人员的一些特定行为作了禁止性规定，即规定他们不得有这样八类行为：（1）挪用公司资金；（2）将公司资金以其个人名义或者以其他个人名义开立账户存储；（3）违反公司章程的规定，未经股东会、股东大会或者董事会同意，将公司资金借贷给他人或者以公司财产为他人提供担保；（4）违反

公司章程的规定或者未经股东会、股东大会同意，与本公司订立合同或者进行交易；(5) 未经股东会或者股东大会同意，利用职务便利为自己或者他人谋取属于公司的商业机会，自营或者为他人经营与所任职公司同类的业务；(6) 接受他人与公司交易的佣金归为己有；(7) 擅自披露公司秘密；(8) 违反对公司忠实义务的其他行为。如果违反了这些规定，所得的收入应当归公司所有。

另外，董事、监事、高级管理人员还负有其他一些义务，如应要求列席股东会或者股东大会会议并接受股东质询的义务等。

遵守法律、行政法规，是每一个公民都应尽的义务，按照公司章程行事，是每一个股东、董事、监事、高级管理人员都应当遵守的义务，而对公司的忠实、勤勉，则是每一个董事、监事、高级管理人员都应尽的义务。

因为公司是营利法人，以取得利润为目的，所以公司的所有行为应当围绕此目的而进行。董事、监事、高级管理人员作为公司行为的执行者，应当充分认识到公司利益高于个人利益，围绕着公司利益行事，为增加公司利益、减少公司的损失而努力，绝不能出现损害公司利益的行为。

《公司法》第一百四十七条、第一百四十八条，从“应当”和“不得”两个方面对董事、监、高的义务与行为进行了明确规范。第一百四十八条对董、高“不得有”的行为进行了列举，在列举了七项之后，第八项是“违反对公司忠实义务的其他行为”。第一百四十九条又规定，“给公司造成损失的，应当承担赔偿责任”。

二、虽无董事、高管之名，却有董事、高管之实，应按董事、高管对待，承担相应的法律责任

较大的公司一般都设有董、监、高，依法、依公司章程分别行使不同的职权。但在股东人数较少或者规模较小的公司，情况就不同了。在这些公司里，可以没有董事会、监事会，也可以没有专门的经理。但公司事务总得有人去做，于是就出现了这样一些人：从形式上看，或者说从名义上看，他们没有高级管理人员的头衔，但从实际上，掌管的却都是高管职权范围内的事务。案例表明，法院可以将他们当作高级管理人员来看待，让其承担相应的法律责任。

麦克斯基与尤某某二人于2005年7月登记结婚，于2005年12月在香港设立荣蓉（宁波）有限公司。麦克斯基为荣蓉公司唯一董事。2007年3月，荣蓉公司在宁波设立代表处。荣蓉公司自成立以来所有经营活动实际均在宁波开展。麦克斯基负责公司在国外的业务，尤某某负责公司在国内的采购业务，公

司公章、公司宁波代表处公章均由尤某某掌管。2013 年年初，麦克斯基与尤某某夫妻关系恶化，2014 年 8 月经法院判决离婚，并对夫妻部分共同财产进行了分割。

2013 年 6 月，尤某某将荣蓉公司的货款人民币 613731 元转入其个人银行账户，代荣蓉公司支付房租人民币 47000 元和员工遣散费人民币 45000 元。同月，尤某某又将荣蓉公司银行账户内的 204746 美元转走，用于偿还荣蓉公司的债务 156572 美元。

2014 年 9 月，荣蓉公司以尤某某作为公司高级管理人员损害公司利益为由，向浙江省宁波市中级人民法院提起诉讼，请求判令尤某某返还 613731 元人民币和 204800 美元，并赔偿利息损失。

宁波市中级人民法院认为，尤某某作为荣蓉公司设立人之一，同时实际负责荣蓉公司国内采购业务，负责与公司经营相关的日常事务，掌管并有权决定使用公司公章，尽管荣蓉公司并没有正式任命尤某某担任公司高级管理人员，但从其实际行使的职权看，其拥有的职权已相当于荣蓉公司高级管理人员的职权。尤某某利用职权擅自将荣蓉公司货款资金 613731 元人民币转入其个人名下，还擅自将荣蓉公司银行账户内资金 204746 美元转走，显然违反了其对荣蓉公司应尽的义务，侵害了荣蓉公司的合法权益，扣除用于清偿荣蓉公司对外债务后的剩余款项，应当返还荣蓉公司并赔偿相应损失。遂依照《公司法》第一百四十七条、第一百四十九条之规定，判决尤某某返还荣蓉公司 521731 元人民币和 48174 美元，并赔偿利息损失。荣蓉公司和尤某某均不服，上诉于浙江省高级人民法院。

浙江省高级人民法院认为，尤某某与荣蓉公司唯一董事麦克斯基原系夫妻关系，荣蓉公司设立于婚姻存续期间。公司虽成立于香港特别行政区，但其主要的业务均发生在内地，日常的业务联系及公司管理亦均由尤某某负责。尤某某掌握公司的印章及账户等，可与之印证。虽然尤某某未经荣蓉公司形式上的任命，但鉴于公司营运的实际情况以及尤某某与荣蓉公司的利害关系，一审认定尤某某为荣蓉公司的高级管理人员，并无不当。尤某某转走案涉款项的行为，显然超越了职务行为范畴，侵害了荣蓉公司的权益，理应承担返还的义务。其中部分款项用于清偿荣蓉公司对外的债务，减轻了荣蓉公司的对外责任，一审法院从中予以扣除，并无不当。遂判决驳回上诉，维持原判。①

---

① 参考案例：浙江省高级人民法院（2016）浙民终 163 号。

青岛弘润有限公司与青岛弘丰有限公司为关联公司，均为韩国 LCK 公司所实际控制，且二者均在同一地点经营，即均在弘丰公司位于莱西市望城街道办事处的场地及房屋办公。漆某某系弘丰公司的经理，在弘润公司没有职务，但受韩国 LCK 公司的委托，保管弘润公司资金，参与弘润公司财务管理，签批过部分财务支出款项。经其本人确认，签名审批对外支付的会计凭证达 483528.79 元。在这些款项中，2013 年 12 月 11 日转向漆某某个人账户 1010 元，标记用途为“转款”，涉及弘丰公司的共计四笔 3704 元，涉及用途包括“密码器、报关章、成立企业手续费、印章费、居留许可费用、办理电子口岸过路费等”。其余款项则涉及多家公司或单位，用途包括“原丝、拉头购买、模具开发、税款”等。

2015 年，弘润公司以漆某某为被告，向山东省青岛市中级人民法院起诉，称漆某某既不是弘润公司的董事长、总经理，也不属于弘润公司的职工，没有权利处分弘润公司的任何财产。漆某某未经弘润公司法定代表人、总经理或者其他权利人员的授权，擅自挪用、处置弘润公司所有的钱款，没有用在弘润公司的业务发展上，而是以各种名义挪作他用或据为己有，给弘润公司的财产造成严重损失，请求判令漆某某赔偿给其造成的损失人民币 30 万元。

青岛市中级人民法院认为，本案为损害公司利益责任纠纷，弘润公司主张漆某某擅自挪用公司资金，侵犯公司利益，则应就漆某某实施了侵权行为即存在挪用行为、实际损失以及因果关系承担举证责任。弘润公司主张漆某某存在越权行为，但其亦称，韩国 LCK 公司授权漆某某保管弘润公司资金，弘润公司未能提供证据证明漆某某的明确授权范围，亦无法证明漆某某存在“越权”行为。关于弘润公司主张的漆某某挪用公司资金，从审批凭证上看，除 2013 年 12 月 11 日转向漆某某个人账户的人民币 1010 元外，其余款项用途均系公司正常经营性支出，而弘润公司也未提交证据证明上述资金用途并非真实交易、给公司造成实际损失。对于 2013 年 12 月 11 日转款的 1010 元，漆某某虽称该款后转交给韩国 LCK 公司会长，但未能提交证据予以证明，该款项去向不明，故漆某某应向弘润公司返还 1010 元。遂依照《公司法》第一百四十八条等规定，判决漆某某偿还弘润公司 1010 元，并驳回弘润公司的其他诉讼请求。弘润公司不服，上诉于山东省高级人民法院。

山东省高级人民法院认为，在漆某某经营管理弘润公司期间所发生的资金往来，除其中一项人民币 1010 元的支出与漆某某的个人账户有关外，其他均系弘润公司的正常经营性支出。最后判决驳回了弘润公司的上诉。①

在这个案例中，漆某某虽受弘润公司的实际控制人韩国 LCK 公司的委托，并实际参与了弘润公司的经营管理，但从形式上看，却并未担任弘润公司的任何职务。从判决书的内容来看，法院系依照《公司法》第一百四十八条作出的判决，说明青岛市中级人民法院、山东省高级人民法院是把漆某某作为弘润公司的董事或者高管对待的。

三、董事、高管基于公司业务收取的佣金，应当归公司所有

浙江南北极科技股份有限公司成立于 2012 年 8 月，股东有南北极（北京）科技有限公司、元某某、卜某某、计某某、季某某、闵某某、强某某、谈某某等人，法定代表人为元某某，注册资本为 1000 万元。股东卜某某认购出资 200 万元，首次实际出资 100 万元，并担任公司董事、总经理。2012 年 8 月 16 日，浙江南北极公司向北京两极技术有限公司汇付人民币 3097900 元，用于购买“地底通信智慧专利知识使用权和商标使用权”。

北京两极技术公司与浙江南北极公司的股东北京南北极公司，均为美国两极国际公司在中国的关联公司。美国两极国际公司总裁兼执行长、北京南北极公司的法定代表人均为连某某。2012 年 8 月 16 日至 10 月 16 日，卜某某与连某某互发邮件，商讨佣金事宜。至 2012 年 10 月 16 日，北京南北极公司向卜某某汇付 3 笔款项共计 145790 元。

2013 年 11 月，浙江南北极公司进入强制清算程序。2014 年 7 月，浙江南北极公司以卜某某为被告，向浙江省湖州市中级人民法院起诉，请求判令向浙江南北极公司返还私自收取的佣金 145790 元。

湖州市中级人民法院认为，在浙江南北极公司与北京两极技术公司完成交易后，卜某某通过北京两极技术公司的关联公司北京南北极公司收取了该笔交易的佣金并据为己有。卜某某作为公司的高级管理人员，对公司负有忠实义务，其收取佣金的行为违反了《公司法》的规定，收取的款项应当归公司所有，遂判决卜某某向浙江南北极公司返还 145790 元佣金。卜某某不服，向浙江省高级人民法院提起上诉。卜某某上诉称，其收取连某某的佣金系其与美国两极国际有限公司间的居间业务费用，不属于浙江南北极公司交易的佣金。

浙江省高级人民法院认为，卜某某虽提供了证据，但根据查明的事实，不

① 参考案例：山东省高级人民法院（2016）鲁民终 1186 号。

足以证明收取连某某的佣金系其与美国两极国际有限公司间的居间业务费用。已生效的法院判决已经证实浙江南北极公司向北京两极技术有限公司购买了价款为3097000元地底通信系统的技术和商标的独占使用权。结合本案各方当事人提供的证据，可以证实卜某某收取的佣金系基于浙江南北极公司与北京两极科技有限公司的交易。卜某某作为浙江南北极公司的总经理，依法负有对公司的忠实义务，但其基于浙江南北极公司交易业务接受他人的佣金并归为己有，违反了《公司法》的规定，应将已取得他人的佣金收入归还浙江南北极公司所有。因此判决驳回卜某某的上诉。①

四、谨慎也是董事、高管应尽的义务

按照《公司法》第一百四十七条，董、监、高对公司负有忠实义务和勤勉义务。在这里，并没有把审慎或者谨慎单列出来。其实，审慎或者谨慎也是董、监、高的应尽义务，当然，也可以说是忠实义务中的应有之义。

厦门市靖海塑料有限公司成立于2006年10月，注册资本600万元，股东为钮某某、狄某某，二人各出资300万元，各持有股权50%。公司成立之初，钮某某任公司执行董事、法定代表人，狄某某任公司监事。2008年6月，公司股东会决议，由狄某某任公司执行董事、法定代表人，钮某某为公司监事。

2007年9月，靖海塑料公司作为发包人，与福建矿业建设集团有限公司签订《建设工程施工合同》及《补充协议》，约定靖海塑料公司的橡塑厂项目由矿业建设公司承建，主要条款有工程价款为2778.58万元，合同价款采用固定价格等。此外，靖海塑料公司还委托了监理方。

2009年11月25日，矿业建设公司向靖海塑料公司提交《工程增加造价确认单》，附汇总表、预算清单及专项报告、签证单等。《工程增加造价确认单》上载明增加报价9788482.56元，其中土建增加2123733.86元，水电增加4242.7元，报告类（材料、误工）增加7660506元。《工程增加造价确认单》上业主签收人及日期栏有狄某某签字，落款日期为2009年11月25日；审核价及意见栏手写载明：同意增补9588482.56元，并有狄某某签字，落款日期为2009年12月26日；最后一栏手写载明：以业主确认为准，监理工程师签名并加盖监理公司公章，落款2009年12月26日。在附件3的25份签证单中，全部有监理单位签字盖章，其中15份建设单位意见栏中，有狄某某和监理工程师

---

① 参考案例：浙江省高级人民法院（2015）浙商终字第7号。

签字，另10份仅有狄某某签字，没有监理工程师签字，其中签-007中，矿业建设公司计算的增加工程量为8815元，但《工程增加造价确认单》附件1汇总表显示，该项增加工程量审报金额为13997.69元；签-021中，矿业建设公司计算的增加工程量为24200元，但《工程增加造价确认单》附件1汇总表显示，该项增加工程量审报金额为26501.86元；签-023中，矿业建设公司计算的增加工程量为40万元，但《工程增加造价确认单》附件1汇总表显示，该项增加工程量审报金额为438047.43元。《工程增加造价确认单》汇总表对应的这三项金额比原始单据累计增加45531.89元。

工程竣工后，矿业建设公司以靖海塑料公司尚欠工程款为由，向福建省厦门市中级人民法院提起诉讼。案件审理过程中，狄某某就其在《工程增加造价确认单》上签字的过程当庭陈述表示其对工程方面不太熟悉。厦门市中级人民法院认定靖海塑料公司橡塑厂项目已经验收合格。靖海塑料公司法定代表人狄某某在《工程增加造价确认单》上签字同意增加工程量9588482.56元，监理单位亦在该确认单上盖章。法定代表人是代表法人行使职权的负责人，企业法人对它的法定代表人的经营活动，承担民事责任。狄某某的签字即代表靖海塑料公司行使职权，应由公司承担相应的责任，因此认定讼争工程在实际施工中增加工程造价为9588482.56元。据此，判令靖海塑料公司向矿业建设公司支付工程款及利息。该判决已生效。

钮某某作为公司监事，以靖海塑料公司的名义，向福建省厦门市海沧区人民法院提起诉讼。靖海塑料公司认为狄某某未尽到忠实、勤勉、谨慎义务，签字确认《工程增加造价确认单》，给公司造成巨额经济损失，请求判令狄某某赔偿靖海塑料公司经济损失660.6万元。

该案历经厦门市海沧区人民法院一审、厦门市中级人民法院二审、福建省高级人民法院再审。诉讼过程中，争议的焦点主要是：狄某某在《工程增加造价确认单》上签字确认的行为是不是未尽对公司的忠实义务？

海沧区人民法院认为，从《工程增加造价确认单》的内容来看，狄某某2009年11月25日在业主签收人处签字，2009年12月26日又在审核价一栏中手写"同意增补9588482.56元"，并在其上签字。监理公司在2009年12月26日手写"以业主确认为准"，并盖章签字。上述内容反映出狄某某在签字确认增加9588482.56元的事项时，监理公司对增加工程量部分并无审核意见。狄某某自身对工程情况不熟悉，又无证据证明其在签字之前由熟悉工程的工地工程师或者监理工程师、监理单位先行审核，并在此情况下签字确认增加工程造价

9588482.56元。该行为有悖于公司法定代表人履行职责的谨慎义务，违反了对公司的忠实义务。狄某某的行为是否给靖海塑料公司造成实际损失，应以狄某某确认的增加工程量与实际工程量之间是否存在差额为依据，主要有三项：一是《工程增加造价确认单》汇总表对应的第7、21、23项金额，比起对应的原始单据签-007、签-021、签-023所体现的金额高出45531.89元。该部分金额是因狄某某既没有经过合理程序由监理单位核对，也没有自行仔细核对而导致多承担的金额，属于靖海塑料公司的损失范围。二是狄某某在双方就工程延误存在争议，没有经监理单位或者建设单位驻地工程师审核签字的原始凭证的情况下，擅自对矿业建设公司提出的误工费全盘接受并签字确认。《工程增加造价确认单》中的误工费有52万元应由靖海塑料公司承担，但超出52万元的部分，即308.6万元，因狄某某没有证据表明其签字确认有合理的依据，应认定为狄某某未谨慎履行法定代表人职务而给靖海塑料公司造成的损失。三是《工程增加造价确认单》中钢筋差价款超过10%以外的部分，应认定为狄某某未谨慎审核而致使公司多承担的部分。综上，狄某某作为公司法定代表人，其明知或应知他的签字可以代表公司，根据法律规定将对外产生应由公司承担责任的法律后果，但仍然在既没有监理公司，也没有驻地工程师事先审核，且本人对工程情况不甚了解，又未自行仔细一一核对原始单据的情况下，草率地在矿业建设公司提交的《工程增加造价确认单》上签字确认增加工程造价为9588482.56元，并据此被生效判决认定为应由靖海塑料公司向矿业建设公司承担增加工程造价9588482.56元的工程款，其中可认定为狄某某未经与原始单据核对确认的金额部分累计为4931531.89元，该部分金额应认定为因狄某某未谨慎履行作为公司董事兼法定代表人的职责，有悖对公司的忠实义务而给公司造成的损失。故判决狄某某向靖海塑料公司赔偿损失4931531.89元。

对上述判决，狄某某不服，上诉于厦门市中级人民法院。厦门市中级人民法院认为一审人民法院认定狄某某未尽忠实义务承担公司损失赔偿责任的理由不能成立，应予纠正，故改判驳回钮某某代表靖海塑料公司提出的诉讼请求。钮某某又不服，代表靖海塑料公司向福建省高级人民法院申请再审。

福建省高级人民法院认为，狄某某未尽公司忠实义务，损害了靖海塑料公司利益，应承担相应的赔偿责任。但海沧区人民法院关于钢筋差价款的计算不当，予以纠正。最终认定狄某某因未尽对公司忠实义务给靖海塑料公司造成的实际损失共计4340580.36元，故判决狄某某向靖海塑料公司赔偿损失

4340580.36 元。[①]

五、董事、高管未尽审慎管理义务，造成公司重大财产损失，应当承担赔偿责任

乐华不动产评估有限公司成立于2000年11月，共有13名股东，其中卫某某、阳某某、康某某、滕某某四名股东共计持有公司50.7043%股权。2007年1月，四人当选为乐华公司董事，组成董事会。因此，四人兼具股东、董事双重身份。同时，卫某某任公司董事长、法定代表人，康某某为公司总经理。2009年10月，乐华公司被北京市高级人民法院终审判决解散后，进入清算阶段。

清算期间，清算组认为卫某某、阳某某、滕某某、康某某在任公司董事期间，有转移公司资产、损害公司利益的行为，具体是指：（1）乐华公司原有两辆沃尔沃轿车，购车金额分别为57万元、68万元。2009年1月，这两辆沃尔沃轿车过户至北京乐华人投资顾问有限公司名下。经评估，现市场价值为103500元。（2）乐华公司原有两套商品房，购入价格分别为10058425.2元、2424506元。2007年7月，这两套房屋以10499400元、2530800元的价格出售给了他人。（3）乐华公司原有9个停车位，购入价格110万元，也于2007年7月作价100万元，一同出售给了他人。清算组遂以乐华公司的名义向北京市第一中级人民法院提起诉讼，请求依据《公司法》第二十条、第二十一条和第一百四十七条，判令四人赔偿乐华公司财产损失4250万元。

北京市第一中级人民法院认为，《公司法》第二十条前两款的规定，股东依法和依公司章程正当行使权利，是股东的基本义务，股东滥用权利给公司和其他股东造成损失的，应承担赔偿责任。同时，在法律和公司章程的范围内，董事被赋予了广泛地参与管理公司事务和公司财产的权力，董事应当在遵循法律和公司章程前提下为公司的最大利益服务，以善良管理人的细心，尽谨慎注意义务，忠实履行职责，保证公司财产安全，维护公司经济利益。本案中，卫某某、阳某某、滕某某、康某某是乐华公司股东，合计持有公司50.7043%的股权，四人经股东会决议自2007年1月起成为公司董事，负责经营管理乐华公司，应当对公司尽勤勉、忠实义务。但是，就乐华公司清算组起诉的事实看：（1）乐华公司名下两辆沃尔沃轿车，在卫某某等四人担任公司董事并经营管

---

① 参考案例：福建省厦门市中级人民法院（2010）厦民初字第319号；福建省厦门市海沧区人民法院（2014）海民初字第52号、福建省厦门市中级人民法院（2015）厦民终字第1263号、福建省高级人民法院（2017）闽民再44号。

理、控制乐华公司期间转移，卫某某既未能提供相应的股东会决议等证据证明转让行为的合法依据，又未提交交易对应的车辆转让合同和款项交付凭证，对乐华公司财产未尽谨慎管理义务，损害了乐华公司的利益，应赔偿由此给乐华公司造成的损失。（2）在股东会作出出售公司名下房产的决议后，卫某某等四人作为董事长和董事会成员，应当积极履行职责，确保乐华公司获得售房资金收入，特别是在四人同时亦是作出上述股东会决议的股东的情况下，更应关注房款是否实际支付至乐华公司，确保乐华公司的财产权益不因出售行为受到损失。但是，卫某某等四人既未能提供证据证明乐华公司实际收到售房款项的事实，又无法对购房款资金去向问题予以说明，甚至对房产转让合同、转让价款亦未能提供和说明，对乐华公司财产未尽谨慎管理义务，系怠于履行职责的行为，损害了乐华公司的利益，应赔偿由此给乐华公司造成的损失。（3）关于乐华公司名下停车位的转移，卫某某等人作为持股多数股东、董事和实际经营管理者应对此予以合理解释、说明，但卫某某既未能对此予以解释，又未提供证据证明其对乐华公司名下停车位采取了哪些保护措施，对乐华公司财产未尽谨慎管理义务，损害了乐华公司的利益，应赔偿由此给乐华公司造成的损失。

因此，北京市第一中级人民法院完全支持了乐华公司的诉求，判决卫某某、阳某某、滕某某、康某某四人赔偿乐华公司损失 4250 万元。卫某某不服，上诉于北京市高级人民法院。

北京市高级人民法院认为，卫某某、阳某某、康某某、滕某某在控制、经营管理公司期间，第一，未经公司股东会或董事会决议，擅自处分公司车辆并转移至与其有关联关系的乐华人公司，且没有支付对价，致公司财产损失；第二，虽经股东会决议出售涉案房屋及停车位，但相关款项长期未归入公司，致公司财产损失。卫某某、阳某某、康某某、滕某某在控制、管理经营公司期间，擅自处置、转移公司财产且未使公司获得合理对价，以及作为作出出售公司财产决议并执行的公司控制股东、董事，未尽审慎管理义务，造成公司长期不能取得应收款项，严重损害公司利益，违反公司法规定的控制股东、实际控制人、董事对公司负有的忠实义务和勤勉义务，没有维护公司财产的安全，导致公司重大财产损失，应当承担损失赔偿责任。只是北京市第一中级人民法院认定的损失数额有误。因此，北京市高级人民法院改判卫某某、阳某某、滕某某、康某某四人赔偿乐华公司损失 1413 万余元。[①]

---

① 参考案例：北京市高级人民法院（2016）京民终 210 号。

六、董事明知股东虚假增资而未予监督，属未尽忠实勤勉义务，应在股东未出资本息内承担补充清偿责任

《公司法司法解释三》第十三条第三款规定，股东在公司设立时未履行或者未全面履行出资义务，“公司或者其他股东”“公司债权人”请求公司的发起人与被告股东承担连带责任的，人民法院应予支持。该条第四款规定，股东在公司增资时未履行或者未全面履行出资义务，“公司或者其他股东”“公司债权人”请求未尽《公司法》第一百四十七条第一款规定的义务而使出资未缴足的董事、高级管理人员承担相应责任的，人民法院应予支持。

我们在第四章中曾经指出，按照《公司法》第三十条的规定，设立时股东需要承担连带责任的，系针对其他股东以非货币财产出资，且该项出资的实际价额显著低于公司章程所定价额的情形。而按照《公司法司法解释三》第十三条第三款的规定，股东需要承担连带责任的，则扩大到其他股东所有形式的出资。即其他股东凡有未履行或者未全面履行出资义务的，均有可能承担连带责任。但无论如何，股东在公司设立时未履行或者未全面履行出资义务，是不需要董事、高级管理人员承担责任的。

但股东如果在公司增资时未履行或者未全面履行出资义务，情况就不同了。按照《公司法司法解释三》第十三条第四款的规定，此种情形下需要承担责任的是“未尽《公司法》第一百四十七条第一款规定的义务而使出资未缴足的”董事、高级管理人员，且承担的是“相应责任”而非连带责任。至于股东——包括设立时股东和增资时加入股东——是否需要承担责任，则没有规定。从案例来看存在不同裁判观点。

深圳市杏花实业有限公司成立于1995年6月，注册资本为100万元，其股东及持股比例为刘某某95%，深圳市杏花食品有限公司5%。刘某某为法定代表人。1996年8月18日，杏花公司召开股东大会，选举刘某某、任某某、文某某、周某某、林某某五人为董事会成员。杏花公司成立后进行了两次增资：第一次于1995年12月22日，增为1000万元，在增加的900万元中，刘某某认缴855万元，食品公司认缴45万元。第二次于1996年8月19日，增为4000万元，在增加的3000万元中，刘某某认缴2850万元，食品公司认缴150万元。但经查实，两次增资均为虚假增资，其中刘某某虚假增资共3705万元，食品公司虚假增资共195万元。

因杏花公司拖欠其他人的债务，广东省阳春市人民法院作出（2006）春法

执裁字第577-5号裁定，追加刘某某为被执行人，在注册资本不实3705万元的范围内向申请执行人承担偿还责任。刘某某与申请执行人于2007年11月12日签订《执行和解协议》，约定刘某某将其所有的注册商标作价35376500元抵偿给该申请执行人，另支付该申请执行人200万元。刘某某履行完该《执行和解协议》所确定的义务后，阳春市人民法院于2007年11月29日作出（2006）春法执字第577号《结案通知书》，载明该执行案已和解并履行完毕，作结案处理。

但杏花公司尚拖欠其他多家债务，且亦进入法院强制执行程序，其他债权人申请追加刘某某、食品公司为被执行人。广东省高级人民法院作出（2012）粤高法审监执监字第1号执行裁定、（2012）粤高法民二执复字第10号执行裁定，广州铁路运输中级人民法院作出（2010）广铁中法民执加字第2号裁定，深圳市中级人民法院作出（2011）深中法执追字第3号裁定、（2011）深中法执追字第11号裁定、（2011）深中法执追异字第16号裁定、（2012）深中法执复字第71号裁定，深圳市罗湖区人民法院作出（2011）深罗法执追字第26号裁定、（2012）深罗法执异字第13号裁定，均驳回了有关债权人关于追加刘某某为被执行人的申请、异议、复议，其理由均为认定刘某某已在阳春市人民法院（2006）春法执字第577号案件中承担了出资不实的法律责任，无须再重复承担责任。

2013年8月，深圳市中级人民法院受理杏花公司破产清算一案，确认债权人债权金额共计112798844.69元。2013年12月13日，深圳市中级人民法院作出（2013）深中法破字第40-3号裁定，认定杏花公司下落不明，无法进行全面清算，经调查无任何财产可供分配，裁定终结杏花公司破产程序。杏花公司未注销工商登记。

2014年，杏花公司的管理人以杏花公司的名义，以食品公司、刘某某、任某某、文某某、周某某、林某某为被告，向深圳市中级人民法院提起诉讼，请求判令：1. 食品公司在出资不实的本金195万元及利息范围内承担清偿责任；2. 刘某某就出资不实的3705万元所产生的利息承担清偿责任（其中855万元自1995年12月22日计至2007年11月12日，利息为7925208.75元；2850万元自1996年8月19日计至2007年11月12日，利息为23501955元，利息合计31427163.75元）；3. 刘某某对食品公司出资不实本息5312333.83元承担连带责任；4. 食品公司对刘某某出资不实3705万元的利息31427163.75元承担连带责任；5. 任某某、周某某、文某某、林某某作为杏花公司的董事对刘某某、食品公司增资不实行为承担相应的赔偿责任。

深圳市中级人民法院认为，根据《公司法司法解释三》第十三条的规定，杏花公司有权要求其股东全面履行出资义务。由于刘某某已在另案承担了出资不实的法律责任，故无须再重复承担该责任。食品公司未承担出资不实的法律责任，杏花公司要求该公司依法缴足注册资金195万元有事实及法律依据，法院予以支持。杏花公司要求刘某某及食品公司支付虚假出资部分相关利息，并对增资过程中出资不实的行为相互承担连带责任，但其主张不符合上述规定。杏花公司要求公司董事对股东增资不实承担补充赔偿责任，但本案没有证据证明股东增资不实系因董事未尽对公司忠实及勤勉义务所致，故该主张缺乏事实依据。遂判决食品公司向杏花公司支付195万元，同时驳回杏花公司的其他诉讼请求。杏花公司不服，上诉于广东省高级人民法院。

广东省高级人民法院认为，食品公司增资不实的行为持续至今，根据《企业破产法司法解释二》第二十条第一款、《公司法司法解释三》第十三条第二款的规定，食品公司应缴付未履行出资的本息。一审仅判决食品公司缴付未履行出资的本金，予以纠正。

关于刘某某是否应承担2007年11月12日前虚假增资的利息。由于刘某某于2007年11月12日对其增资不实承担了出资责任，该出资责任承担行为发生在《企业破产法司法解释二》《公司法司法解释三》实施及杏花公司提起本案诉讼多年前，且有多份生效裁判文书认定刘某某已承担了全部出资责任，故杏花公司要求刘某某再承担2007年11月12日前增资不实的利息，依据不足，不予支持。

关于刘某某、食品公司作为股东是否需要相互对虚假增资承担连带责任。从《公司法司法解释三》第十三条第三款与第四款规定的内容和逻辑看，第三款针对的是公司设立时出资不实责任承担问题，第四款针对的是公司增资时出资不实责任承担问题，两款分别规定了不同责任主体和责任方式。由于刘某某、食品公司对杏花公司设立时的出资义务已及时履行，杏花公司主张刘某某、食品公司作为股东对彼此在公司增资时未履行的出资义务承担连带责任，没有法律依据，不予支持。①

关于刘某某、任某某、文某某、周某某、林某某作为董事是否需要对股东虚假增资承担赔偿责任。因违反《公司法》第一百四十七条规定的董事忠实勤

---

① 不同裁判观点，参见最高人民法院（2013）民申字第1504号。

勉义务而产生的责任是过错责任，以因过错而未能履行忠实勤勉义务给公司利益造成损害为前提。刘某某、食品公司作为杏花公司的股东，两次增资提供的验资报告显示的增资账户均在事实上不存在，刘某某和食品公司使用同一虚假账号进行虚假增资，故刘某某对食品公司的虚假增资行为是明知的。刘某某作为公司法定代表人和董事对食品公司的虚假增资未予监督，未履行忠实勤勉义务，存在过错。杏花公司上诉主张刘某某未尽忠实勤勉义务，对食品公司的虚假增资承担相应赔偿责任理据充分。由于公司法及其司法解释均未对违反忠实勤勉义务应承担何种责任作出明确规定，为维护公司利益，法院认为刘某某应对食品公司未出资本息承担补充清偿责任。一审认定刘某某无须承担责任，予以纠正。因任某某、周某某、文某某、林某某不是杏花公司的股东，两次增资都提供了验资报告，现有证据不足以证明任某某、周某某、文某某、林某某未尽忠诚勤勉义务，存在过错，故杏花公司上诉主张其承担赔偿责任理据不足。最后，广东省高级人民法院终审判决维持了深圳市中级人民法院关于食品公司向杏花公司支付195万元出资本金的判决，又判决食品公司支付该项出资款的利息，刘某某对食品公司前述债务承担补充清偿责任。①

七、协助股东抽逃出资，应当承担连带赔偿责任

董事、高管、实际控制人不得协助股东抽逃出资。协助股东抽逃出资的，应当承担连带赔偿责任。

股东抽逃出资，是一种严重损害公司利益的违法行为。既然已经将出资缴付给公司，股东又是如何抽逃出去的呢？《公司法司法解释三》第十二条列举了四种途径：（1）制作虚假财务会计报表虚增利润进行分配；（2）通过虚构债权债务关系将其出资转出；（3）利用关联交易将出资转出；（4）其他未经法定程序将出资抽回的行为。如果不是利用担任公司领导职务之便，或者得到了公司领导的协助，股东是很难将已经缴付的出资抽逃出去的。

纠正抽逃出资行为的办法，就是让股东尽快将出逃的出资连本带息返还给公司。如果股东返还不了，怎么办？可以追究协助抽逃出资的其他股东、董事、高级管理人员或者实际控制人的责任。按照《公司法司法解释三》第十四条的规定，他们应当对此承担连带责任。

2007年9月，大江空港集团有限公司、矿业资源控股（集团）有限公司共

---

① 参考案例：广东省高级人民法院（2017）粤民终1964号。

同出资，设立瑞华龙光建设有限公司，其中大江空港公司出资2719.2万元，持股比例51.5%，矿业资源公司出资2560.8万元，持股比例48.5%。大江空港公司、矿业资源公司两股东的出资均到位。但大江空港公司所缴纳出资中的1439万元，系由矿业资源公司协调并担保，向经济特区浩运来医药工业公司借款而来。

瑞华龙光公司董事会选举欧阳某某为该公司董事长兼总经理，担任法定代表人。同时，欧阳某某还担任着大江空港公司的法定代表人和大江空港公司下属子公司清淤有限公司的法定代表人。因此，瑞华龙光公司、大江空港公司、清淤公司三者是关联公司。

2007年12月，瑞华龙光公司以支付工程款名义向清淤公司汇款1439万元。次日，清淤公司以工程款名义又将该笔款转付给浩运来公司。欧阳某某在瑞华龙光公司该笔用途为工程款的资金使用申请单上签字。但事实上，清淤公司与瑞华龙光公司之间，没有工程合同关系或委托关系，瑞华龙光公司支付给清淤公司的1439万元也没有用于工程建设，而是由清淤公司支付给浩运来公司，偿付了借款。

瑞华龙光公司、矿业资源公司认为大江空港公司的行为严重损害了其合法权益，遂依法向甘肃省高级人民法院提起诉讼，请求判令大江空港公司向瑞华龙光公司返还抽逃的出资，并判令欧阳某某对大江空港公司抽逃注册资金的行为承担连带责任。

甘肃省高级人民法院认为：欧阳某某利用关联公司的便利，从瑞华龙光公司以支付工程款名义向清淤公司汇款1439万元，第二天又从清淤公司将该笔款再次以工程款名义转付给浩运来公司。工程款名义为虚构，最终偿还了大江空港公司向浩运来公司的1439万元借款。该行为已构成抽逃出资。根据《公司法司法解释三》第十二条第（二）项、第十四条第一款的规定，大江空港公司应当承担返还抽逃出资并赔偿利息损失的法律责任。欧阳某某既是大江空港公司的法定代表人，也是瑞华龙光公司的法定代表人。没有欧阳某某的协助，大江空港公司是不可能实现抽逃其出资的。根据《公司法司法解释三》第十四条第一款的规定，欧阳某某应当对大江空港公司返还抽逃出资的本息承担连带责任。遂判决大江空港公司向瑞华龙光公司返还抽逃的出资1439万元，并按中国人民银行同期贷款利率支付从抽逃之日至实际返还之日的利息，欧阳某某承担连带责任。

欧阳某某不服，向最高人民法院提出上诉。因对原审判决认定大江空港公司抽逃了对瑞华龙光公司的1439万元出资这一事实，大江空港公司和欧阳某某均未提出异议，故最高人民法院直接确认了抽逃出资的事实。欧阳某某的上诉理由和最高人民法院对这些理由所涉事实的认定，对准确认识所谓抽逃出资之“协助”，有很大的参考意义，兹列表引述如下。

欧阳某某上诉理由	最高人民法院认定
即便1439万元款项被转出被认定为抽逃出资，也是在矿业资源公司的授意和指导下，通过大江空港公司的共同配合而完成，与上诉人无关。	根据《公司法司法解释三》第十四条第一款的规定，公司的其他股东、董事、高管人员等，只要实施了协助股东抽逃出资的行为，即应承担连带责任，而与协助行为对抽逃出资所起作用的大小、是否为抽逃出资的必要条件等无关。
涉案的1439万元，系被上诉人矿业资源公司法定代表人桓某某利用关联关系，将其实际控制的国有公司资金借贷给大江空港公司。桓某某同时作为浩运来公司的负责人，为避免债权不能实现导致国有资产流失的严重后果，又一手导演了之后的抽逃出资行为。 （注：在二审答辩中，矿业资源公司承认协调并担保大江空港公司向浩运来公司借款出资，但表示从未同意也绝不会同意大江空港公司以抽逃对瑞华龙光公司1439万元出资的方式偿还借款。）	从主观上看，大江空港公司、瑞华龙光公司、清淤公司之间通过虚构债务、间接转款用以抽逃出资、偿还债务的行为，显然系精心设计、相互配合、故意而为之，采用间接转款的隐蔽方式是为了规避公司法关于禁止股东抽逃出资的规定，欧阳某某一方在庭审中对此也是认可的。大江空港公司、瑞华龙光公司、清淤公司的时任法定代表人均为欧阳某某，从常理上判断，欧阳某某对其控制的三个关联公司之间故意实施的抽逃出资行为应是明知或应知的，欧阳某某在虚构工程款以抽逃出资的资金使用申请单上签字同意亦可证明此点。欧阳某某主张抽逃出资行为系矿业资源公司的法定代表人桓某某授意其委派到瑞华龙光公司担任财务经理的冷某某所实施，目的是将1439万元尽快转至浩运来公司，而其本人对此主观上并不知情，客观上也未实施协助行为，本院认为不足采信。
整个转款行为是由瑞华龙光公司的财务经理冷某某负责实施的，而冷某某不但是矿业资源公司委派到瑞华龙光公司的财务负责人，而且在上诉人已签字的资金使用申请单上擅自加注了“实际为还借款”的字样，上诉人在该项转款行为实施的过程中对此并不知情。	冷某某虽然是矿业资源公司委派的人员，但瑞华龙光公司的另一财务人员李某却不是，根据瑞华龙光公司的财务制度，一万元以上的对外付款必须经欧阳某某批准，且由冷某某和李某分别签章才能完成。故没有瑞华龙光公司人员的配合，即便桓某某授意冷某某帮助大江空港公司抽逃出资，冷某某也无法完成。在冷某某明知付款行为无法掩饰，而擅自付款又将承担巨大法律责任的情况下，其未经欧阳某某的同意而擅自对外付款，也与常理不符。

续表

欧阳某某上诉理由	最高人民法院认定
上诉人虽然受股东大江空港公司的委派，担任瑞华龙光公司名义上的法定代表人，但公司的日常工作均由矿业资源公司委派的工作人员负责，矿业资源公司委派的相关财务人员在被上诉人的授意下实施了“先斩后奏”的转款行为，目的是将1439万元尽快转至浩运来公司，从而避免自身依据《借款协议》承担担保责任以及浩运来公司的国有资金不能及时收回产生的不利后果。因此，涉案的1439万元被转至浩运来公司这一事实与矿业资源公司法定代表人实际控制的浩运来公司之前的借款行为以及其委派的工作人员违反财务制度办理转款手续等行为是紧密结合的，在这一过程中，上诉人在转款完成后按照内部财务管理制度方才补签字的行为，仅是为完善转款手续而履行法定代表人职责的职务行为，其主观上系被蒙蔽，客观上亦未实施“协助”或“利用关联公司便利”等行为。	如果系桓某某授意冷某某不经欧阳某某的同意而擅自转款，以便尽快偿还大江空港公司欠浩运来公司的借款，那么冷某某为何会舍近求远，避简就繁，不将款项直接转入桓某某控制的浩运来公司，而是先转入冷某某和桓某某均不掌控、但却是欧阳某某担任法定代表人的清淤公司呢？ 从清淤公司向外转款的过程看，款项是由时任大江空港公司人事部经理、清淤公司人事部总经理的党某某指示清淤公司出纳梁某某，于1439万元到账后的第二天即转出支付给了浩运来公司。而党某某恰是当初大江空港公司向浩运来公司借款时，受欧阳某某委托，在借款协议上签字的经办人员。党某某是清淤公司的人事部总经理，财务事宜并不在其工作职责范围之内，如果不是法定代表人欧阳某某的授权指使，其何以能够得知1439万元款项到账的事实，又何来权力指令财务人员将款项转给浩运来公司？

最高人民法院认为，从本案的一系列事实分析判断，有充足的理由使人相信，欧阳某某对通过其担任法定代表人的三个关联公司之间故意虚构债务以抽逃出资的行为主观上存在过错，客观上也实施了协助的行为，应当承担连带返还责任，遂判决驳回其上诉。①

根据《公司法司法解释三》第十四条第一款的规定，参照最高人民法院的这一判决，其他股东、董事、高管人员或者实际控制人只要有协助行为，而不论其是否为抽逃出资的必要条件，也不论其在抽逃出资过程中所起作用大小，即应承担连带责任。在这个案例中，虽然被判承担连带责任的是公司的法定代表人——当然，这个群体最容易犯下协助抽逃出资的错误——欧阳某某，但是

① 参考案例：甘肃省高级人民法院（2012）甘民二初字第3号；最高人民法院（2014）民二终字第00092号。

以《公司法司法解释三》第十四条第一款规定的标准来衡量，其他主体呢？作为另一个股东，矿业资源公司是否也应当承担连带责任呢？如果党某某、冷某某属于高管人员，是否也应当承担连带责任呢？这些都值得考虑。当然，在本案中，由于其不是当事人，自是无法判决他们承担责任。

这个案例还告诉股东、董事、高管人员或者实际控制人们，不能抽逃出资或者不能协助抽逃出资，这是一种严格责任，是一条高压线，切不可掉以轻心，一旦触碰，会产生严重后果。这方面的案例已经有不少。在广东省高级人民法院审理的一个案例中，公司法定代表人被判决承担2500万元及利息的连带责任。[①] 该法定代表人不服，向最高人民法院申请再审。最高人民法院经过审查后认为，案中抽逃出资行为是以对外开具转账支票的形式进行的，而该转账支票上加盖了法定代表人的名章，最高人民法院认为该法定代表人不能提供证据证明其名章的使用系他人盗盖，即应认定实施了协助抽逃出资的行为。[②] 这个案例还提醒人们，尤其是提醒公司法定代表人，保管好自己的名章十分重要。实践中，公司法定代表人的名章一般是交给公司财务部门的人员保管。此种现状虽然难以在短期内改变，但也要采取相应措施，防止出现被他人使用等纰漏。

八、将公司款项出借给他人，应当承担相应责任

泰合发展有限公司成立于2004年9月，注册资金4000万元。2009年5月后，泰合发展公司的股东及其所持股权比例分别为：蒙某某持股21.5%，涌泉纺织有限公司持股22.5%，江苏五环泰合投资有限公司持股56%。泰合发展公司的股东五环泰合公司系费某某设立的一人有限责任公司。泰合发展公司成立后，未设董事会、监事会，由费某某任公司执行董事兼经理、法定代表人，蒙某某任公司监事，晋某某任公司财务总监。另外，费某某还是江苏五环建设集团有限公司的控股股东、董事长。

泰合发展公司章程第52条第2款规定董事、经理不得挪用公司资金或将公司资金借贷给他人，财务管理制度实施细则第8条规定公司使用的所有资金（包括生产性费用支出和非生产性费用支出）均实行申报、审批制度，生产性支出超过5万元以上的、非生产性费用支出超过3000元以上，审批人为执行董事、执行监事，核准人为董事长。

---

① 参考案例：广东省高级人民法院（2014）粤高法民二终字第27号；广东省深圳市中级人民法院（2014）深中法执字第1775号。

② 参考案例：最高人民法院（2015）民申字第996号。

2012年7月13日，泰合发展公司出借给五环集团公司3000万元，约定借款期限3个月，利息按照人民银行定期存款基准利率计算。2012年11月5日，五环集团公司将30239342元汇入泰合发展公司，归还前述欠款本息。但同一天，泰合发展公司转入江苏泰合房地产开发有限公司3000万元。泰合房地产公司于2012年11月23日将3000万元汇入泰合发展公司。泰合发展公司于2012年11月30日转给亢某某200万元，2012年12月3日转给泰合房地产公司2800万元。泰合房地产公司于2013年6月4日转给泰合发展公司3045.5万元。上述借款、转款，均未经过公司监事同意。因此，蒙某某作为泰合发展公司的监事，以泰合发展公司的名义，向江苏省南京市中级人民法院起诉了泰合发展公司的执行董事、法定代表人费某某和财务总监晋某某。起诉时，上述3000万元尚未回转到泰合发展公司。

南京市中级人民法院认为，费某某未经泰合发展公司股东会同意，亦未经公司监事审核，利用其系法定代表人的职务之便，将泰合发展公司的3000万元巨额款项出借给其担任法定代表人且控股的五环集团公司，违反了泰合发展公司的章程和公司财务管理制度，亦违反了其对公司依法应负有的忠实义务。该行为使泰合发展公司负担了或然性债务，亦使该公司的巨额资金面临不能收回的巨大风险。在诉讼过程中，费某某自行通过补救措施，将泰合发展公司借出或转出的款项予以收回或转回，可以视为未对泰合发展公司的利益造成实质性损害。但费某某利用其身份便利，持续违反公司章程和法律规定，拒不履行其对公司负有的忠实义务，将公司巨额款项借出或转出，对案涉纠纷的引起负有直接责任，应承担支付案件受理费、财产保全费的民事责任，遂判决费某某负担案件受理费193950元、保全费5000元。费某某不服，向江苏省高级人民法院提起上诉。

江苏省高级人民法院认为：第一，费某某没有证据证明案涉3000万元款项的流转符合泰合发展公司章程、财务制度细则的规定。第二，从目前情况看，上述款项在转回泰合发展公司时，实际金额有所增加，并未导致泰合发展公司的实际损失，但是鉴于款项回转的时间是在本案诉讼发生之后，故并不能据此倒推蒙某某以泰合发展公司的名义提起本案诉讼缺乏依据。第三，即便费某某就泰合发展公司的3000万元有进行投资运作进而使泰合发展公司受益的意愿，也应当按照公司章程和财务制度细则进行，而不应擅自操作。因此，判决驳回了费某某的上诉。[①]

九、凡损害公司利益的，均需要向公司承担赔偿责任

对公司的经营管理，涉及公司的方方面面，董、高的忠实、勤勉、审慎义务，也应当贯彻到公司的方方面面。

列文·库斯丁在2008年11月至2011年10月担任汗巴斯顿（北京）煤机配件有限公司的总经理。汗巴斯顿公司董事会认为他有疏忽失职行为。在一份名为“2011年11月10日汗巴斯顿公司董事会会议记录”的文件中，列明的列文·库斯丁的失职行为有：“账上列支雇员较低的薪金，由此缴纳较低的社会保险；未及时以及实事求是地、正确地执行订单；员工奖金通过私人账户办理；私人开支作为公司开支进行列支；非本公司员工通过汗巴斯顿公司进行登记并用公司资金购买社会保险；对于张女士的工资记账了两次，对于为何列支两次未作合理说明；在未经批准的情况下更改了个人工资；缺少现金流动报告。”这份文件指出列文·库斯丁违反公司法及公司义务，有重大失职行为。

汗巴斯顿公司起诉了列文·库斯丁。案经北京市第二中级人民法院、北京市高级人民法院、最高人民法院，最终判决列文·库斯丁向汗巴斯顿公司偿还86万元人民币及利息 。[②]

司马某某是陕西旅宿业投资有限公司的自然人股东，持股40%。旅宿业投资公司有两个股东，除司马某某外，另一个是法人股东某某酒店控股集团有限公司，持股60%。陕西汉唐酒店有限公司是旅宿业投资公司所属的全资子公司。自2007年7月起，范某某担任汉唐酒店公司董事、总经理。自2010年5月起，扶某某任汉唐酒店公司董事、总经理。

2014年，司马某某以范某某、扶某某等为被告，向陕西省西安市中级人民法院提起诉讼，请求判令二被告赔偿损失。西安市中级人民法院作出一审判决，支持了司马某某的诉讼请求。范某某、扶某某等不服，向陕西省高级人民法院提出上诉。陕西省高级人民法院仍判决范某某、扶某某向汉唐酒店公司赔偿损失。

根据司马某某所诉，经陕西省高级人民法院认定，范某某、扶某某在先后担任汉唐酒店公司的董事、总经理期间，违背应尽的忠实、勤勉义务，损害了

---

① 参考案例：江苏省高级人民法院（2013）苏商终字第0235号。

② 参考案例：北京市第二中级人民法院（2013）二中民初字第00923号；北京市高级人民法院（2015）高民（商）终字第1047号；最高人民法院（2016）最高法民再278号。

汉唐酒店公司的利益，应予以赔偿。其行为具体有：

在范某某任总经理期间，允许陕西某某汽车租赁有限公司在汉唐酒店11层1105号房间办公，使用酒店客房共计434天，按照当期平均房价每天120元，造成酒店损失52080元；该公司人员使用汉唐酒店11层1103号房间作为生活用房，共计使用557天，按照每天120元，造成酒店损失66840元；该公司员工5人在酒店免费用餐434天，共计造成酒店损失17360元。对这些损失，范某某辩称属于价值置换，但未举证证明。

范某某在任总经理期间，长期占用一套豪华套间，造成汉唐酒店公司损失794484元。范某某辩称酒店高管使用客房属于国内外惯例，但旅宿业投资公司没有向公司高管提供客房的惯例，其又未举证证明该行为属于公司行为。

扶某某在任总经理期间，安排章某某每月领取工资6000元，由公司支出了共计30个月的工资，但是章某某从未到公司上班，属于领取空饷，给汉唐酒店公司造成损失180000元，扶某某未提交证据证明章某某在公司的任职情况。

因此，陕西省高级人民法院终审判决范某某赔偿汉唐酒店公司损失930764元，扶某某赔偿汉唐酒店公司损失180000元。[①]

诉讼过程中，司马某某还提出范某某任职期间将其家属及部分员工旅游花费在汉唐酒店报销、扶某某擅自免除承租户的租金、在汉唐酒店报销出国费用、个人专用轿车使用费或以应收租赁费相抵、个人消费签单以公司应收物业费冲抵等，但未被法院认定。

经营管理酒店公司的老板占用豪华套间作为自己的办公场所，安排亲属、朋友在酒店免费住宿、就餐，曾经是一种常见现象。当人们习以为常后，就往往会认为这是一件微不足道的小事情，而忽视了这其实是一种损害公司利益的行为。在这个案例中，两级法院均判决被告因此而承担赔偿责任，从而提醒老板们，在处理公司事务过程中，“勿以恶小而为之”的古训要时时注意遵守。

司马某某诉范某某、扶某某这个案例还有一个特别之处，即汉唐酒店公司是旅宿业投资公司的全资子公司，司马某某是旅宿业投资公司的股东，但并非汉唐酒店公司的股东，其以损害公司利益为由，起诉汉唐酒店公司的董事、总经理，充作原告是否适格？如果再引申一下，亦即在母子公司结构中，母公司的股东能不能对子公司的董、监、高提起损害公司利益之诉？

这是一个纯法律问题。范某某、扶某某以及旅宿业投资公司的另一个股东

---

① 参考案例：陕西省西安市中级人民法院（2014）西中民四初字第00244号；陕西省高级人民法院（2016）陕民终255号。

酒店控股公司均提出，根据《公司法》第一百五十一条第一款的规定，董、高有《公司法》第一百四十九条规定情形的，有限责任公司的股东有权为了公司的利益以自己的名义直接向法院提起诉讼。这里的董、高和股东应是本公司的，也即本公司的股东对本公司的董、高，认为给本公司造成损失的，股东有权为了公司的利益以自己的名义直接向法院提起诉讼。司马某某不是汉唐酒店公司的股东，无权对范某某、扶某某在担任汉唐酒店公司总经理期间的事宜提起诉讼，即司马某某作为原告属于主体不适格。

但陕西省高级人民法院认为："股东因公司的全资子公司利益受到损害，依据《公司法》第一百五十一条提起诉讼，请求被告向全资子公司承担民事责任的，符合法律规定。"同一合议庭在审理的与本案相关联的另一起案件的判决中，更清晰地表达为："在母公司对子公司形成绝对资本控制的情形下，母公司的股东为了子公司的利益以自己的名义直接向人民法院提起诉讼，亦不违反《中华人共和国公司法》规定"[①]。

① 参考案例：陕西省高级人民法院（2016）陕民终228号。

第十六章　不依法、章程、决议履职应当承担赔偿责任

《公司法》第一百四十九条规定："董事、监事、高级管理人员执行公司职务时违反法律、行政法规或者公司章程的规定，给公司造成损失的，应当承担赔偿责任。"一般来说，若要某一主体承担民事责任，须具备四个要件，即损害事实、违法行为、损害事实与违法行为有因果关系和行为主体主观上有过错。对比之下，可知董事、监事、高管需要向公司承担赔偿责任时，也是如此。

一、未依照公司章程行事，给公司造成了损失，应当进行赔偿

公司章程一向有公司内部的"宪法"之誉，由此足见本公司的章程对于一个公司来说具有何等重要的意义。《公司法》第十一条规定，公司章程对公司、股东、董事、监事、高级管理人员具有约束力。一旦违反了章程的规定，给公司造成了损失，就要承担赔偿责任。

宁波佰利来投资管理有限公司成立于2000年，注册资本为300万美元，董事长、法定代表人为鄂某某，股东为中国台湾居民陇某某、鄂某某、慎某某三人，其中陇某某、鄂某某分别出资120万美元，各占40%的股份，慎某某出资60万美元，占20%的股份。公司设董事会，陇某某、鄂某某、慎某某为公司董事。佰利来公司章程规定，董事会为公司最高权力机构，决定公司的一切重大事宜和全权负责处理日常工作中的重大问题，包括决定和批准总经理提出的如资金安排、生产经营计划等重要报告，讨论决定公司停产、终止或与另一经济组织合并等。因陇某某与鄂某某之间发生矛盾，自2013年12月起鄂某某担任佰利来公司董事长并实际控制公司，陇某某及慎某某未参与公司经营。

2016年1月，鄂某某未经佰利来公司股东及董事会决议，以佰利来公司的名义，与宁波永福投资咨询服务有限公司的股东茹某某等三十人签订《股权转让协议》，由佰利来公司出资人民币2322万元，受让茹某某等三十人所持永福

公司的全部股权。履行中，佰利来公司实际支付了股权转让款23164277.92元及费用81610元，合计23245887.92元，并且完成了工商变更登记。当时，永福公司无任何资产、无任何经营，是一空壳公司。

陇某某知悉后，先是函告鄂某某及佰利来公司，对佰利来公司受让永福公司股权事宜提出异议，后以鄂某某为被告，佰利来公司为第三人，向浙江省宁波市中级人民法院起诉，请求判令鄂某某赔偿佰利来公司损失。

宁波市中级人民法院认为，按照佰利来公司章程的规定，公司的一切重大事宜均由董事会决定，而鄂某某未经公司董事会同意，私自决定以佰利来公司名义受让永福公司的全部股权，而永福公司账面无任何资产，鄂某某的行为损害了佰利来公司的利益，依法应当承担赔偿责任。且鄂某某本人亦曾同意向佰利来公司进行赔偿。依照《公司法》第一百四十九条、第一百五十一条之规定，判决鄂某某赔偿佰利来公司损失23245887.92元及利息损失。鄂某某不服，上诉于浙江省高级人民法院，被驳回。①

二、未依照法律规定行事，给公司造成了损失，应当进行赔偿

河北某某玻璃钢有限公司成立于2007年3月，股东为裘某某、柯某某、赢某某三人，其出资比例为裘某某40%、柯某某30%、赢某某30%。三股东达成的合资协议规定，玻璃钢公司实行股东会领导下的总经理负责制。三股东组成股东会，股东会为公司最高权力机关，决定公司一切重大事宜，三股东的议事权力及义务平等，公司事项经研究后办理，未达成一致意见不能办理。除日常沟通议事外，三人每月必须正式开会一次，会议任务为共同审阅财务账目，总结财务状况成本变动等。三股东推举柯某某出任公司执行董事兼总经理，具体组织实施股东会作出决定的事项。2010年1月6日，柯某某离开了玻璃钢公司。

2013年12月，衡水市国家税务局发现玻璃钢公司在2009年8月至11月，在与广东某某食品有限公司、河北某某酱油厂的业务往来中，未申报纳税，违反了税收征收管理法和增值税暂行条例的规定。衡水市国家税务局下达衡国税处（2013）13号处理决定书，衡水市国家税务局稽查局下达衡国税罚（2013）12号行政处罚决定书，对玻璃钢公司的违法行为进行了处罚，包括责令缴纳滞纳金、罚款。2015年2月，玻璃钢公司以柯某某为被告，裘某某、赢某某为第

① 参考案例：浙江省宁波市中级人民法院（2016）浙02民初411号；浙江省高级人民法院（2017）浙民终75号。

三人，诉至河北省冀州市人民法院，请求判令柯某某赔偿因不履行执行董事等职责给公司造成的滞纳金、罚款等损失及利息。冀州市人民法院认为，玻璃钢公司迟滞缴纳税款属公司违法，而违法行为不能受法律保护，判决驳回其诉讼请求。

玻璃钢公司、裘某某、赢某某不服，上诉于河北省衡水市中级人民法院。该院作出判决后，玻璃钢公司、裘某某、赢某某仍不服，向河北省高级人民法院申请再审，请求判令柯某某承担玻璃钢公司的全部损失。

衡水市中级人民法院、河北省高级人民法院认为，在柯某某担任执行董事兼总经理职务期间，玻璃钢公司通过不计收入、不开票等方式，少缴相应税款，被税务机关予以了罚款、加收滞纳金的处罚，合计 160173. 64 元。滞纳金和罚款的支出属于公司财产非正常的减少，应认定为公司财产损失。玻璃钢公司这些损失的造成，系柯某某及其他股东会成员怠于履行对公司负有的忠实义务和勤勉义务，疏于财务上的管理所致，故根据法律规定，柯某某及其他股东会成员均应承担相应赔偿责任。对 2010 年 1 月 6 日柯某某离开后玻璃钢公司的损失，柯某某不应再承担责任。关于责任比例的承担，因柯某某系公司执行董事兼总经理，理应承担相对较重的赔偿责任，而根据合资协议，股东会每月必须正式开会一次，共同审阅财务账日，总结财务状况等，公司税务筹划及账目设置在三人之间保持全透明，故对公司损失，其他股东会成员亦未尽到对公司的忠实义务和勤勉义务，亦应承担相应责任。故此，酌定柯某某承担的责任比例为 40%。最终判决柯某某给付玻璃钢公司 64069. 46 元。[①]

三、不执行股东会决议，或者不执行董事会决议，给公司造成了损失，应当进行赔偿

按照《公司法》第四十六条、第四十九条的规定，董事会对股东会负责，执行股东会的决议，而经理对董事会负责，组织实施董事会决议。如果董事会不执行股东会的决议，经理不实施董事会的决议，则是属于不履行义务，违反《公司法》的行为。一旦给公司造成了损失，有关董事、经理应当向公司承担赔偿责任。

在这方面，由北京市东城区人民法院一审、北京市第二中级人民法院二审的北京万方演艺有限公司诉劳某某损害公司利益纠纷案是一个较早的案例。

---

① 参考案例：河北省冀州市人民法院（2015）冀民三初字第 419 号；河北省衡水市中级人民法院（2016）冀 11 民终 460 号；河北省高级人民法院（2017）冀民再 99 号。

万方演艺公司是一家中外合资的有限责任公司，实行董事会领导下的总经理负责制。董事会由七名董事组成，由欧某某担任董事长、法定代表人。董事会聘任董事劳某某担任公司总经理。

2005年7月，万方演艺公司与中国交通银行北京分行（以下简称交行北京分行）签订了借款合同，向该行借款4000万元，借款期限为2005年8月3日至2006年8月3日。2006年7月28日，万方演艺公司召开董事会会议，经全体董事一致同意，作出董事会决议，内容为向交行北京分行借款4000万元，用于归还2005年7月所订立合同项下的借款，并以公司自有房产为该次借款提供抵押担保。决议中还有向交行出具承诺函、授权公司法定代表人欧某某在《借款合同》和《抵押合同》及其他相关法律文件上签字等内容。在该董事会决议上，包括劳某某在内的公司七名董事均签了字。

会后，万方演艺公司拟定了向交行北京分行出具的不可撤销承诺函，欧某某也代表公司在《借款合同》和《抵押合同》等法律文件上签字。随后，董事会内部发生纠纷，向交行北京分行申请借款事宜陷入停顿。

2006年8月4日，万方演艺公司收到交行北京分行的催收通知书及扣划通知。11月7日又收到交行北京分行的告知函，该函再次要求万方演艺公司务必即刻出具合法合规的用于办理逾期贷款转期的董事会决议，并着手办理贷款转期手续。但万方演艺公司并未向交行北京分行出具用于办理逾期贷款转期的董事会决议，亦未按时还款，导致交行北京分行向北京市第一中级人民法院起诉。北京市第一中级人民法院判决万方演艺公司向交行北京分行偿还本金、利息、复利、罚息，并承担案件受理费。诉讼中，北京市第一中级人民法院冻结了万方演艺公司的银行账户。

另，在北京市东城区人民法院的主持下，万方演艺公司与北京某某商贸有限公司达成调解，约定万方演艺公司于2006年11月10日前给付商贸公司欠款。又与北京某某建设开发有限公司达成调解，约定万方演艺公司于2007年2月1日前给付建设开发公司工程款。但因账户被冻结，万方演艺公司无法按约定履行，导致被强制执行，产生了违约金、执行费等损失。

万方演艺公司以劳某某为被告，向北京市东城区人民法院提起诉讼，请求判令劳某某赔偿因其行为导致公司额外向交行北京分行支付的罚息、复利，向北京市第一中级人民法院缴纳的诉讼费，向商贸公司、建设开发公司支付的违约金、执行费等共计50余万元。

北京市东城区人民法院认为：被告劳某某作为原告万方演艺公司的总经理，

应按公司章程的规定，组织领导原告的日常经营管理工作，直接对董事会负责，执行董事会的各项决定。但在2006年7月28日原告董事会做出决议后，劳某某未按董事会的指示，将董事会决议及其他文件送交交行北京分行，致使未能与交行北京分行重新办理贷款事宜。原告董事长欧某某得知被告的不作为情况后，虽然采取了一定措施，但因董事会内部分歧，无法形成有效的董事会决议，即原告无法通过命令被告交出董事会决议或重新形成新的董事会决议的途径，达到与交行北京分行签订新贷款合同以偿还已到期贷款的目的。被告劳某某未执行董事会决议，原告又无其他救济途径，致使交行北京分行对原告逾期还款加收罚息和复利，并通过诉讼主张权利，由此给原告造成了支付复利及诉讼费等损失，被告应承担赔偿责任。原告由于其银行账户被冻结，无法向其他单位自动履行支付欠款的义务，由此产生的违约金、执行费等损失，被告亦应承担赔偿责任。因此，东城区人民法院判决被告劳某某赔偿原告万方演艺公司罚息损失、复利损失和其他经济损失共计44万多元。

对上述判决，劳某某不服，向北京市第二中级人民法院提出上诉，但被驳回。[①]

四、部分董事擅自决定减免公司债务人应支付的利息，给公司造成了损失，应当承担赔偿责任

广东省致远实业集团有限公司成立于1992年，注册登记的股东及其出资额、持股比例分别为某某市致远社区居民委员会，出资6815万元，占股权85.19%；致远经济发展有限公司，出资1185万元，占股权14.81%。致远集团公司成立后，直接向所在社区居民发放股权股份证。2011年1月，致远集团公司经换届选举，产生了新一届股东代表以及董事会、监事会，股东代表由一百一十名股东组成，董事会由洪某A、洪某B、洪某C、洪某D、洪某E、洪某F、洪某G七人组成，监事会由洪某H、洪某I、洪某J、郑某某、洪某K、洪某L、洪某M、洪某N、洪某O、洪某P、洪某R十一人组成。

2011年9月5日，致远集团公司召开董事会、监事会会议，会议内容为“关于洪某Z借致远实业集团有限公司200万元本金及利息一事，现洪某Z承诺在一周内归还本金200万元，所欠利息致远实业集团有限公司不再追究进行表决”，到会董事洪某D、洪某C、洪某F、洪某B四人、监事洪某M、洪某R、

① 参考案例：北京市东城区人民法院（2006）东民初字8542号；北京市第二中级人民法院（2008）二中民终字第03331号。

洪某N、洪某P、郑某某、洪某L、洪某K、洪某J、洪某O九人，共计十三人表决全部同意会议内容，并作为方案提请股东代表表决（会议记录上明确写有“提请股东代表表决方案”字样），到会同意人员在同意栏内签名并加盖致远集团公司公章。2011年9月22日，股东代表大会对相关议题进行表决，结果对洪某Z借致远集团公司200万元本金及利息归还一事，不同意减免洪某Z的债务利息。该次股东代表大会的实际到会股东代表九十四人，占全部股东代表一百一十人的85.45%。

2011年12月7日，致远集团公司以及董事会成员洪某A、洪某B、洪某C、洪某D与洪某Z签署还款保证书，称经致远集团公司董事会同意决定，同意洪某Z只归还上述债务本金200万元，并定于2012年1月20日前清还，致远集团公司终止诉讼。签名同意的董事有洪某A、洪某B、洪某C、洪某D，致远集团公司加盖了公章。

2012年4月9日，致远集团公司监事会就是否对董事会通过减免洪某Z债务利息一事进行追责进行表决，到会监事十一人，以八人同意追究、二人弃权，一人不同意追究的投票结果，责成董事会成员在五天内向监事会提交书面回复并为确保股东利益不受损失，责成公司董事会迅速处理。后由于致远集团公司及其董事会未对监事会提出的决议进行处理，致远集团公司监事会决定就洪某A、洪某B、洪某C、洪某D四董事擅自减免洪某Z债务利息一事追究该四人法律责任，以挽回公司经济损失，诉至广东省中山市第一人民法院。

2013年6月7日，中山市第一人民法院判决洪某A、洪某B、洪某C、洪某D向致远集团公司赔偿经济损失1033600元。洪某A、洪某B、洪某C、洪某D不服该判决，提起了上诉。2014年6月6日，广东省中山市中级人民法院终审判决驳回他们的上诉，维持原判。

2014年9月，致远集团公司监事会以尚有经济损失未主张为由，又提起诉讼。2015年3月15日，中山市第一人民法院判决洪某A、洪某B、洪某C、洪某D向致远集团公司赔偿经济损失86243.57元。

中山市第一人民法院认为，本案为损害公司利益责任纠纷。损害公司利益责任纠纷，是指公司股东滥用股东权利或者董事、监事、高级管理人员违反法定义务，损害公司利益而引发的纠纷。致远集团公司股东代表大会代表全体股东行使股东大会的权力，因此，股东代表大会于2011年9月22日作出的关于“对洪某Z借致远集团公司200万元本金及利息归还一事，不同意减免洪某Z的债务利息”的决议，作为致远集团公司以及董事会各成员必须无条件执行。致远集团公司董事会成员洪某 A、洪某 B、洪某 C、洪某 D 共同违背上述股东代表大会的决议，擅自以致远集团公司名义减免洪某 Z 的债务利息，违反了对公司的忠实义务，给公司造成了经济损失，根据《公司法》第一百四十七条、第一百四十九条之规定，应共同承担赔偿经济损失的法律责任。作为董事会成员的洪某 A、洪某 B、洪某 C、洪某 D 以具体参与人的身份在还款保证书董事签名栏上共同签名同意减免洪某 Z 债务利息并加盖致远集团公司公章，致使公司利益遭受严重损失，根据《公司法》第一百一十二条第三款关于“董事应当对董事会的决议承担责任。董事会的决议违反法律、行政法规或者公司章程、股东大会决议，致使公司遭受严重损失的，参与决议的董事对公司负赔偿责任。但经证明在表决时曾表明异议并记载于会议记录的，该董事可以免除责任”的规定，洪某 A、洪某 B、洪某 C、洪某 D 依法共同承担对致远集团公司损失的赔偿责任。①

本案中，对于是不是免除洪某 Z 应付利息，致远集团公司董事会、监事会召开过的会议不止一次。2011 年 9 月 5 日，董事会召开会议，总共七名董事中到会四名，表决同意免除。同日，监事会召开会议，总共十一名监事中到会九名，亦表决同意免除。但是，董事会、监事会提出的免除洪某 Z 应付利息这一事项，被在 2011 年 9 月 22 日召开的股东代表大会否决了。在此情形下，2011 年 12 月 7 日，四名董事（其中有一名与 2011 年 9 月 5 日到会董事不同）又决定同意洪某 Z 只归还本金 200 万元，免除其应付利息，并因此给致远集团公司造成了损失。根据《公司法》第一百一十二条第三款的规定，参与作出此决定的董事承担赔偿责任。还有三名董事没有参与，故不负责任。

---

① 参考案例：广东省中山市第一人民法院（2012）中一法民二初字第 2744 号；广东省中山市中级人民法院（2013）中中法民二终字第 449 号；广东省中山市第一人民法院作出（2014）中一法民二初字第 2260 号。

第十七章　未履行竞业禁止义务应承担赔偿责任

董事、高管利用职务便利，为自己或者他人谋取属于公司的商业机会，自营或者为他人经营与所任职公司同类的业务，是一种严重违反对公司所负忠实义务的行为，为《公司法》第一百四十八条第一款第（五）项所列明禁止。公司对于此类行为，往往视为“背叛”，必予追究。其方式主要是依照《公司法》之规定，行使归入权。例如，公司为国有性质，也可能依照《刑法》之规定，以非法经营同类营业罪追究董事、高管的刑事责任。因此，董事、高管一旦有此类行为，须随时警惕来自公司的追究。

规范竞业禁止义务的条文属于强制性规定。此规定经历了从较为严格到稍微宽松的变化。《公司法》在2005年修订前较为严格，直接规定董事、经理不得自营或者为他人经营与其所任职公司同类的营业，并未设定豁免竞业禁止义务的条件。在2005年修订后，增加了豁免条件，即经股东会或者股东大会同意后，可以从事同业经营。但在实践中，股东会或者股东大会同意董事、高管可以从事同业经营的情形很少。

一、董事、高管自营或者为他人经营与所任职公司同类的业务，无论是否利用职务上的便利，均存在被所任职公司追偿的风险

山东某某管业设备有限公司成立于2002年12月，注册资本1500万元，股东有李某某、刘某某、朴某某、昌某某、迦某某，其中昌某某出资65万元，占注册资本的4.33%。昌某某在管业设备公司担任董事、副总经理，负责销售工作。管业设备公司的经营范围为压力容器的制造、销售，管件的机械加工，其他组合装置的制造、销售，弹簧、水喷淋冷却装置、非标件的生产、销售。2012年12月，管业设备公司发布声明，内容包括昌某某已于2012年7月自动离职，不再担任管业设备公司副总经理职务，本公司与其解除劳动合同关系等。

但工商登记显示昌某某仍为管业设备公司董事。

济南某某机械设备有限公司成立于2012年6月，注册资本1200万元，股东有昌某某、房某某、郭某某、吉某某，其中昌某某出资660万元，占注册资本的55%。机械设备公司成立时，昌某某担任执行董事、经理、法定代表人。2012年9月，由袁某某担任公司经理、法定代表人，昌某某继续担任执行董事。税务机关的数据显示，昌某某2013年8月至2015年5月在机械设备公司的工资薪金所得为71300元。机械设备公司的经营范围为石油化工设备及配件与附件、管道配件与附件、机床配件的生产、销售，紧固件、垫片、阀门与钢材的销售。机械设备公司的经营范围与管业设备公司的经营范围部分相同或相似。

2015年5月，管业设备公司以昌某某未经其允许，私自成立经营范围与其相同的机械设备公司，违反了《公司法》第一百四十九条的规定，损害其公司利益为由，以昌某某、机械设备公司为被告，诉至山东省济南市中级人民法院，请求判令昌某某停止担任机械设备公司的执行董事并自机械设备公司将出资撤回，两被告赔偿其经济损失1000万元。

济南市中级人民法院认为，《公司法》第一百四十七条规定了董、监、高对公司负有忠实义务和勤勉义务，即在执行公司业务时或担任公司职位期间需全心全意为公司服务，以公司最佳利益为出发点行事，不得追求公司利益以外的利益，不得追求个人利益。第一百四十八条第一款第（五）项规定了董、高负有竞业禁止义务。竞业禁止是指对与权利人有特定关系之人的特定竞争行为的禁止，包含禁止自营或为他人从事与公司营业有竞争性的活动，也包含禁止利用职务便利谋取属于公司的商业机会。昌某某系管业设备公司的董事、副总经理，属于管业设备公司的高管，其在管业设备公司担任董事期间，发起成立机械设备公司并担任机械设备公司的执行董事、法定代表人和经理职务，后虽然不担任机械设备公司法定代表人，但仍担任机械设备公司执行董事。而机械设备公司与管业设备公司的经营范围部分相同，属同类经营。昌某某的行为已构成对管业设备公司竞业禁止义务的违反，其担任机械设备公司的执行董事的行为违反了法律规定。管业设备公司请求判决昌某某停止担任机械设备公司的执行董事符合法律规定，但其请求昌某某自机械设备公司将出资撤回，没有法律依据。《公司法》第一百四十八条第二款规定了董、高违反前款规定所得的收入应当归公司所有，即规定了公司对董、高违法所得有权行使归入权。归入权是指公司可以要求董、高把其为个人利益或为他人利益而获得的竞业收入、报酬归于公司，把董、高竞业的交易，视为公司的交易。昌某某在担任机械设备公司执行董事期间，自 2013 年 8 月至 2015 年 5 月的工资薪金所得为 71300 元，对于管业设备公司要求应将昌某某的该部分薪金属于管业设备公司所有的主张，系其对公司归入权的正当行使。管业设备公司未有证据证明机械设备公司的主营业务收入系其开展同业竞争业务所得，而且我国《公司法》规定的赔偿主体仅为侵权的董、高，并不包括他们所就任的公司，故依照《公司法》第一百四十七条、第一百四十八条第一款第（五）项、第二款之规定，判决昌某某停止担任机械设备公司执行董事，赔偿管业设备公司经济损失 71300 元。

昌某某、管业设备公司均不服，上诉于山东省高级人民法院，但被判决驳回。[①]

在这个案例中，昌某某在担任管业设备公司董事、副总经理期间，发起成立了机械设备公司并担任机械设备公司的执行董事、法定代表人和经理职务，属于违反竞业禁止义务。但仅此是否应该承担赔偿责任，值得探讨。昌某某自称于 2012 年 6 月无奈离职，管业设备公司则声明昌某某于 2012 年 7 月自动离职。无论原因如何，昌某某离职应是事实，且是经管业设备公司确认的。相应地，此后虽然在工商登记材料中，昌某某仍为管业设备公司的董事，但显然应只是空头名义，而无履行董事职责之实。相比之下，昌某某自愿在机械设备公司所任之董事，则名实具备，不仅在工商登记材料中有所显示，而且切切实实地履行着董事职责。法院在判决中，并不考虑这种差别，而径直判决昌某某停止担任机械设备公司执行董事，其逻辑显然是认为昌某某应回任、履职管业设备公司的董事。当然，法院如此判决，也可能与昌某某没有提出反诉或另行起诉有关。诉讼中，昌某某只是要求管业设备公司尽快变更其工商登记信息，公示其不再是管业设备公司的董事和副总经理，但他并没有在一审中提出反诉或者另行起诉，把这一要求作为一项诉讼请求，故法院未予以考虑。

再者，按管业设备公司说法，昌某某于 2012 年 7 月离职。此后 1 年多，亦即自 2013 年 8 月以后，昌某某才开始在机械设备公司领取报酬，至 2015 年 5 月，共领取 71300 元。此收入是否与其在管业设备公司所任董事职务存在必然联系，或者具体说是否为其利用在管业设备公司所任董事职务便利，为机械设备公司经营与管业设备公司同类的业务所获得，法院并未在判决书中予以论证。考虑到昌某某在管业设备公司的董事职务自 2012 年 7 月以后便有名无实，可推

---

① 参考案例：山东省高级人民法院（2015）鲁商终字第 532 号。

测这笔收入并非利用担任管业设备公司董事的职务便利所得。

下面这个案例，同样是由山东省高级人民法院终审判决，其论证对理解上述问题会有所帮助。

山东至源制药有限公司成立于2001年12月，注册资本120万元，其股东及其持股比例为鲍某某，持股60%；窦某某，持股40%。鲍某某担任公司董事长、法定代表人，窦某某担任公司董事兼总经理。公司经营范围为小容量注射剂（含激素类）、片剂、硬胶囊剂、货物进出口、技术进出口。2003年6月与2008年7月，至源公司两次持并非鲍某某本人签字的公司变更登记授权书及股东会决议办理了工商变更登记，但经鲍某某起诉，两次登记变更所依据的股东会决议被法院判决确认为无效。

1999年4月，鲍某某与他人设立山东康康健健药业有限公司。2004年1月，鲍某某与他人设立江西康康健健制药有限公司，并任公司法定代表人。2006年1月，该公司通过资本公积金转增加注册资本金的方式，鲍某某增加出资510万元。2007年6月，鲍某某又与他人设立山西国合制药有限公司，并任公司执行董事兼总经理。这三家公司的经营范围、药品类型与至源公司的经营范围、药品类型为同类业务。

2012年，窦某某以鲍某某、山东康康健健公司、江西康康健健公司、山西国合公司为被告，至源公司为第三人，向山东省济宁市中级人民法院提起诉讼，请求判令鲍某某将其关联交易所得300万元支付给至源公司，三被告公司承担连带给付责任。

济宁市中级人民法院认为，至源公司最初设立时，鲍某某是公司股东、董事、法定代表人。鉴于至源公司两次登记变更所依据的股东会决议被已经生效的法院判决确认为无效，客观上鲍某某至今依然是至源公司的股东、董事。鲍某某作为至源公司股东、董事期间，出资与他人设立山西国合公司、江西康康健健公司等公司，且其设立的上述公司经营范围、药品类型与至源公司的经营范围、药品类型为同类业务，并且将从江西康康健健公司实际获得的510万元资本公积金收益，用于了增加江西康康健健公司注册资本金，损害了公司利益。鲍某某的行为违反了《公司法》第二十一条、第一百四十八条第一款第（五）项的规定，并已经实际获得收益，其行为损害了至源公司及其他股东的利益，其所得收入依法应当归至源公司所有。窦某某所诉数额并未超过鲍某某的实际收入，属于对实体权利的处理，依法应予支持。《公司法》第二十一条、第一百四十八条并未规定董、高设立的公司负有连带责任。故判决鲍某某向至源公司支付关联交易所得收入300万元。鲍某某不服，上诉于山东省高级人民法院。

山东省高级人民法院认为，窦某某明确要求鲍某某承担侵权责任的基础法律关系，即鲍某某作为至源公司董事，另外设立经营同类业务的其他公司，违反了对至源公司的忠实义务，应当承担对至源公司的赔偿责任。《公司法》第一百四十八条第一款第（五）项规定，未经股东会或者股东大会同意，利用职务便利为自己或者他人谋取属于公司的商业机会，自营或者为他人经营与所任职公司同类的业务属于董事、高级管理人员不得进行的行为。据此，认定董事违反忠实义务、利用职务便利谋取属于所任职公司的商业机会或者经营与所任职公司同类的业务，存在两个前提条件：一是担任公司董事并实际从事公司的经营决策等管理行为，二是没有经过股东会的同意而实施上述行为。本案中，首先，鲍某某虽系至源公司董事，但未参与公司经营决策等具体事务，且自2008年7月被取消了董事资格。根据已经生效的法院判决书的记载，窦某某和至源公司自认鲍某某在至源公司设立以后从未参与公司经营管理，本案中窦某某和至源公司虽然主张鲍某某作为董事参与了至源公司的经营决策，但未能提供有效证据予以证实。其次，对于鲍某某经营与至源公司同类的业务，窦某某和至源公司知情且认可，且接受鲍某某的委托代为加工药品，直到2014年11月仍然代为鲍某某加工药品。因此，窦某某所提供的证据不足以证实其主张，应当承担举证不能的不利后果。遂终审改判驳回窦某某的诉讼请求。①

二、从案例看董事、高管因违反竞业禁止义务承担责任涉及的若干问题

南京砥柱科技有限公司成立于1998年12月，营业执照上载明的经营范围包括：计算机及外部设备、零配件销售、维修，计算机软件开发、销售，计算机工程网络布线、智能系统开发、销售等。砥柱科技公司股东有凤某某、潘某某、姚某某、岑某某、傅某某、马某某、皮某某、新加坡某某有限公司等，其中凤某某、潘某某、姚某某为公司董事，姚某某、凤某某先后担任砥柱科技公司法定代表人。砥柱科技公司的股东新加坡公司为在英属维尔京群岛注册的公司，其股东为四家公司，该四家公司的股权分别由凤某某、潘某某、姚某某、岑某某全资持有。

港湾有限公司是一家在香港注册的企业。2000年1月，砥柱科技公司作为甲方与港湾公司（乙方）签订合作合同，其中有关于不竞争义务的约定，第

① 参考案例：山东省济宁市中级人民法院（2012）济商初字第26号；山东省高级人民法院（2016）鲁民终1454号。

9.1 条：甲方承诺，在合作期限内除非经乙方事先书面同意，无论甲方、甲方过去、现在及将来的任何股东、雇员或其任何关联公司均不得与其他个人或实体在中国境内设立任何合资公司及类似安排，或从事任何活动或采取其他任何行为，与公司目前及将来的任何业务进行竞争。任何对本条款的违反构成在本合同项下实质性违约；第 11.3 条：任何高级公司职员不得在中国以任何方式为其他个人、公司、单位、实体或组织提供服务或为其谋利，亦不得参加上述个人、公司、实体、单位或组织的任何与公司利益或业务有直接或间接冲突或竞争的活动。除非经董事会批准或许可，公司的所有其他管理人员不得在其他公司、单位、实体或任何组织兼职或供职。

同时，砥柱科技公司与港湾公司订立《南京江东砥柱资讯科技有限公司章程》，规定公司的经营范围包括公司开发、生产、销售计算机硬、软件、系统集成产品及相关综合技术服务。又规定任何高级公司职员不得在中国以任何方式为其他个人、公司、单位、实体或组织提供服务或为其谋利，亦不得参加上述个人、公司、实体、单位或组织的任何与公司利益或业务有直接或间接冲突或竞争的活动。

2000 年 3 月，南京江东砥柱资讯科技有限公司成立，企业性质为中外合作企业，廉某某任公司董事长，风某某任公司副董事长，潘某某任公司董事、总经理，姚某某为公司董事、副总经理兼总工程师。公司营业执照上载明的经营范围为：开发、生产计算机硬、软件、系统集成产品及售后相关综合服务，销售自产产品。

2004 年 12 月，风某某、潘某某、姚某某等将持有的砥柱科技公司股权，全部转让给新加坡公司。转让后，砥柱科技公司变更为外商独资企业，新加坡公司占注册资本的 100%。验资报告载明：砥柱科技公司变更前的注册资本为人民币 1000 万元，其股东出资及持股比例分别为：风某某出资 760 万元，占注册资本 76%；潘某某出资 120 万元，占 12%；姚某某出资 50 万元，占 5%；岑某某出资 50 万元，占 5%；傅某某出资 20 万元，占 2%。风某某、潘某某、姚某某、岑某某、傅某某将持有的砥柱科技公司股权以人民币 16358105.66 元（折合 2012009.16 美元）全部转让给新加坡公司，其中风某某转让其 76% 股权，作价 12435263.26 元，潘某某转让其 12% 股权，作价 1961379.84 元，姚某某转让其 5% 股权，作价人民币 817241.64 元。转让后，新加坡公司又委派风某某、潘某某、傅某某等为砥柱科技公司董事，风某某为砥柱科技公司董事长。

2003 年 7 月，砥柱科技公司和蔡某某共同设立南京砥柱软件科技有限公司，注册资本为人民币 200 万元，砥柱科技公司出资 180 万元，占注册资本 90%，蔡某某出资 20 万元，占注册资本 10%。砥柱软件公司的经营范围包括系统集成业务相关产品和计算机软、硬件产品的开发、生产、销售并提供相关配套服务。2004 年 11 月，凤某某、潘某某、姚某某等人设立砥柱咨询公司，在该公司的持股比例分别为 76%、12%、5%。此后，砥柱咨询公司受让了砥柱科技公司所持有的砥柱软件公司的全部 90% 的股权，接着，砥柱咨询公司、蔡某某将持有的砥柱软件公司股权变更至新加坡公司名下。验资报告显示，砥柱咨询公司、蔡某某将持有的砥柱软件公司的股权以人民币 2957820.43 元（折合 356363.91 美元）全部转让给新加坡公司，其中砥柱咨询公司转让其持有的 90% 股权，作价 2662038.39 元，蔡某某转让其所持有 10% 股权，作价 295782.04 元。转让后，新加坡公司委派凤某某、潘某某、傅某某等为砥柱软件公司董事，姚某某为砥柱软件公司董事长。

上述演变，让人眼花缭乱。

2004 年 4 月，港湾公司以砥柱科技公司为被申请人提出仲裁申请。2005 年 1 月，中国国际经济贸易仲裁委员会作出裁决。仲裁庭认为：砥柱科技公司作为一家经营范围涵盖了计算机软、硬件开发和销售的公司与港湾公司合作设立合营公司，并承诺不与合营公司“目前及将来的任何业务进行竞争”，在合营公司成立后，即应履行其合同义务，不再从事与合营公司经营范围重合的计算机软件、硬件和系统集成产品的开发、生产、销售及售后服务等活动，更不应设立经营范围与合营公司经营范围相重合的砥柱软件公司。同时，仲裁庭还认为：砥柱科技公司应当将其签订本案合同后继续从事与合营公司形成同业竞争关系的相关业务所获利益偿付给合营公司。据此裁决砥柱科技公司停止继续从事计算机软件、硬件和系统集成产品的开发、生产、销售及售后服务。

因砥柱科技公司申请，中国国际经济贸易仲裁委员会于 2005 年 4 月 29 日作出裁决。仲裁庭认为：合作公司严重亏损应为不争的事实，合作公司已丧失了继续经营的客观条件，继续经营下去也难以达到合作经营的目的；此外合作双方积怨已深，矛盾难以调和，合作的基础不复存在。据此裁决终止双方签订的合作合同，解散合作公司。①

2005 年后，江东砥柱公司先后数次起诉凤某某、姚某某、潘某某、砥柱科技公司等。

---

① 参考案例：中国国际经济贸易仲裁委员会（2005）中国贸仲京裁字第 28 号、（2005）中国贸仲京裁字第 171 号。

2008年2月，江东砥柱公司被南京市工商局吊销营业执照。

2009年7月，砥柱软件公司被砥柱科技公司吸收合并。

江东砥柱公司以凤某某、潘某某、姚某某和砥柱科技公司为被告，向江苏省南京市中级人民法院起诉，请求判令被告将违反竞业禁止义务所得收益偿付给江东砥柱公司。南京市中级人民法院作出判决，支持了江东砥柱公司的部分诉讼请求。但双方均不服，上诉于江苏省高级人民法院。江苏省高级人民法院判决驳回了各方的上诉。①

综合中、高两级法院在判决书中阐述的观点，主要有以下几个方面。

1. 中外合作有限公司的董事负有竞业禁止义务

凤某某、潘某某、姚某某、砥柱科技公司一方主张，法律并未规定公司股东负有不竞争的义务，当时有效的《中外合作经营企业法》未规定董事应对中外合作企业负有竞业禁止义务。法律规定中外合作企业不设立股东会，公司的最高权力机构为董事会，董事系由各方股东分别自行委派，其身份系股东代表，故法律并不要求其承担竞业禁止义务。参照《中外合资经营企业法实施条例》的规定，负有竞业禁止义务的主体为总经理、副总经理，此处明确将董事排除在外。江东砥柱公司章程并未规定董事对公司负有不竞争的义务，公司章程规定公司高级职员负有不竞争义务，而公司高级职员包括总经理、副总经理、财务总监，不涉及董事。江东砥柱公司则认为，从中外合作企业董事权责范围来看，其兼具股东委派代表和公司事务管理者的双重身份，显然也是公司法意义上的董事。

法院认为，《中外合作经营企业法》与《公司法》是特别法和普通法之间的关系，《中外合作经营企业法》未作规定的，应当适用《公司法》的相关规定。《中外合作经营企业法》未就竞业禁止义务的主体作出规定，对此应当根据《公司法》的相关规定作出认定。中外合作企业的董事虽由股东委派，但从法理上来说，公司是拟制的法人主体，其本身不能从事经营活动，必须通过董事会的行为来实施，因此公司和董事之间还存在委任和被委任的关系，董事的忠实、勤勉义务均源于其与公司之间的委任关系，竞业禁止义务源于公司董、高的忠实义务。从合作合同和江东砥柱公司章程内容看，董事负责公司的部分管理事务，故凤某某、潘某某、姚某某应负有竞业禁止义务。合作协议与江东

---

① 参考案例：江苏省高级人民法院（2015）苏商终字第00680号。

砥柱公司章程均明确规定了砥柱科技公司“过去、现在及将来的任何股东、雇员或其任何关联公司”对江东砥柱公司负有不竞争义务。由此可以说明，虽然砥柱科技公司成立在先，但江东砥柱公司并未免除凤某某、潘某某、姚某某对其所负有的竞业禁止义务。

2. 竞业禁止的业务范围应以营业执照载明的为准

凤某某等一方认为，竞争是指在同一时间段内、同一市场上对同样的潜在的购买方提供互相之间可以替代的商品或服务。判断竞争不应以两者营业执照中经营范围是否重合作为依据。竞业禁止的范围应限于实际经营范围。

法院认为，应从诚信角度来理解《公司法》规定的董事的忠实义务。公司营业执照上的经营范围是公司可能开展的业务范围，如果仅将竞业禁止范围限缩于实际经营范围，负有竞业禁止义务的主体就有机会利用公司资源为私利开展业务，剥夺公司开展其他业务的机会，使公司不能开展经营范围内的其他业务，这与《公司法》设立董事、高管等人的忠实义务的制度目的是相违背的，故竞业禁止的业务范围应以营业执照载明的内容为准。江东砥柱公司的营业执照上经营范围载明“开发、生产计算机硬、软件、系统集成产品及售后相关综合服务；销售自产产品”，凤某某、潘某某、姚某某等人在此范围内从事的业务均为竞争业务。

3. 在经营范围部分重合的两公司均任董事，成立在后的公司可以要求董事不得在成立在先的公司从事竞争业务

本案中，砥柱科技公司成立于1998年12月，时间在前，江东砥柱公司成立于2000年3月，时间在后。且砥柱科技公司是江东砥柱公司的股东。凤某某、潘某某、姚某某先在砥柱科技公司任职，后又同时在江东砥柱公司任职。他们在砥柱科技公司工作，能否构成对江东砥柱公司的业务竞争？

凤某某等一方主张，港湾公司明知上述事实却未提异议或要求凤、潘、姚三人转让其在砥柱科技公司的股权或者辞去董事身份，亦未要求砥柱科技公司变更其经营范围，并以此作为其未违反竞业禁止义务的一项理由。

法院认为，虽然砥柱科技公司成立在先，其经营范围与江东砥柱公司部分重合，但凤某某、潘某某和姚某某在江东砥柱公司任副董事长和董事后，应当通过将砥柱科技公司业务转型、股权转让等方式履行竞业禁止义务，而非以砥柱科技公司设立在先为由继续从事竞争业务，甚至还操纵设立砥柱软件公司从

事竞争业务，故三自然人违反了对江东砥柱公司的竞业禁止义务。

4. 法定竞业禁止义务的起止时间

法定竞业禁止义务的起始时间为到本公司任职之日。终止时间如何界定？

凤某某等一方主张，江东砥柱公司自2003年3月起因持续亏损、无力继续经营而逐步歇业，至2004年8月彻底歇业。在江东砥柱公司已经不实际开展经营活动的情况下，砥柱科技公司不可能与之发生竞争。自公司歇业起，他们不再负有竞业禁止义务。

法院认为，仲裁委员会于2005年4月29日裁决终止合作合同并解散江东砥柱公司。因竞业禁止义务是以江东砥柱公司持续经营为前提，在被裁决解散的情况下，江东砥柱公司不再持续经营，合作合同和章程约定的董事义务也相应终止，凤某某等人不应再负有法定的竞业禁止义务，故竞业禁止义务的终止时间为2005年4月29日。

5. 董、高从事竞争业务的平台公司应否承担连带责任

两级法院一致认为，砥柱科技公司、砥柱软件公司作为凤某某、潘某某和姚某某从事竞争业务的平台公司，应当承担连带责任，但其依据的是《民法通则》还是《公司法》，结果会有所不同。

南京市中级人民法院认为，虽然砥柱科技公司、砥柱软件公司的股东有变化，但依然由凤某某等三人实际控制，实际控制人并未发生变更。据此可以认定，砥柱科技公司、砥柱软件公司对凤某某、潘某某、姚某某违反竞业禁止义务，实施与江东砥柱公司同业竞争的行为是明知的，仍然将上述同业竞争的所得据为己有，应认定上述两公司与凤某某等人共同实施了案涉的侵权行为，依据《民法通则》第一百三十条关于二人以上共同侵权造成他人损害的，应当承担连带责任的规定，应当向江东砥柱公司承担连带赔偿责任。

江苏省高级人民法院认为，砥柱科技公司、砥柱软件公司应对凤某某、潘某某和姚某某三人收益的返还承担连带责任。公司归入权实际上是公司对于董事、高管等违反忠实义务而要求其赔偿损失的权利，这种损失拟定为他们获得的利益，而无须由公司来举证损失。虽然《公司法》中的竞业禁止义务约束的是董事和高管，但是董事、高管实际从事竞争业务时往往需要借助公司来实现，本案中三自然人通过砥柱科技公司和砥柱软件公司从事竞争业务，而上述两公司又由三自然人通过控股方式实际控制，故两公司应成为共同赔偿的主体。因

砥柱软件公司被砥柱科技公司吸收合并，其责任由砥柱科技公司承继。

6. 既判令违反竞业禁止义务的董、高偿付其转让平台公司股权溢价所得，又判令平台公司偿付经营所得，是否构成重复

本案中，江东砥柱公司没有要求凤某某等三人向其支付工资性收入，而是要求砥柱科技公司、砥柱软件公司向其支付利润、服务费收入，同时要求凤某某等三人支付转让砥柱科技公司、砥柱软件公司股权所获溢价收益。而凤某某等一方认为，砥柱科技公司股权价值的增加来源于砥柱科技公司的经营行为和经营所得，江东砥柱公司不能同时对公司经营所得和股权溢价提出主张。

法院认为，影响股权价值的因素很多，既包括公司现有的经营所得，也包括公司商誉及未来的经营预期等。江东砥柱公司关于砥柱科技公司、砥柱软件公司经营所得和凤某某等三人股权溢价的诉请并不构成重复主张。案涉股权转让虽系内部转让，但股权溢价能反映其市场价值的增加，可以作为计算本案四被告实施侵权行为所获利益的参考因素。

因导致股权溢价的因素还涉及公司非同业竞争的利润及预期，在计算时应当予以扣除，故酌定凤某某等三人应向江东砥柱公司偿付股权溢价部分的80%。凤某某、潘某某、姚某某获取的股权溢价分别为5490412.44元、864824.45元、360343.56元。按80%计算，分别为4392329.95元、691859.56元、288274.85元。此即法院判决三人向江东砥柱公司偿付的数额。

7. 对董、高从事竞争业务出现的亏损怎么处理

根据审计结论，砥柱科技公司、砥柱软件公司自2000年3月至2005年4月的利润所得具体是：软件产品及相关服务13327502元、系统集成及硬件销售-3132615.97元、其他业务7970881.49元、投资收益5903539.13元、政府补贴7372243.66元。其中，软件产品及相关服务的收益13327502元系两公司同业竞争所得，应当计入责任范围。投资收益5903539.13元不属于同业竞争的所得，不应计入责任范围。其他业务和政府补贴的净利润两项收益，既与同业竞争相关业务有关，又不完全属于该类业务的收益，将该两项收益之和的60%认定为属于同业竞争关系的相关业务所获得的收益是合理的。故南京市中级人民法院判决四被告向江东砥柱公司偿付经营所得为13327502元+(7970881.49元+7372243.66元)×60%=22533377.09元。

凤某某等一方上诉认为，前述判决未将系统集成及硬件销售的利润-

3132615.97 元计入，明显错误。

江苏省高级人民法院认为，亏损的系统集成及硬件销售不应计入经营所得。公司归入权意在将负有竞业禁止义务的主体在竞业范围内的全部收益归入公司所有，但是如果公司的董事、高管因从事竞争业务而亏损，应由其自己承担后果，不应一并计入经营所得，抵销其他业务部分的收益。

8. 违反竞业禁止义务的董、高之间是否应当承担连带责任

南京市中级人民法院认为，根据《民法通则》第一百三十条的规定，凤某某、潘某某、姚某某与砥柱科技公司构成共同侵权，应当承担连带责任。转让股权时，四被告对江东砥柱公司的侵权行为处于持续状态，且转让前后的股东均为凤某某、潘某某、姚某某或该三人实际控制的公司，故凤某某、潘某某、姚某某就各自股权溢价部分向江东砥柱公司承担偿付责任时，本案其他被告应当对此承担连带清偿责任。

凤某某、潘某某、姚某某与砥柱科技公司在上诉中，称原判适用《民法通则》，判定其共同侵权并承担连带责任错误。砥柱科技公司、砥柱软件公司对江东砥柱公司不负有法定的竞业禁止义务，不可能构成对江东砥柱公司的侵权行为，更不可能与三人构成共同侵权。江东砥柱公司同时主张《公司法》下的归入权和《民法通则》下的共同侵权，对应不同请求权和不同案由，不应在一个诉讼同时主张。归入权不存在连带的可能性。

从二审判决书的内容来看，未见法院对凤某某等一方所提上述问题给予正面回应。

预防牢狱之灾

企业危机一旦爆发，给老板带来的最大风险是什么？

记住，不是被人追债，不是被限制高消费，而是被追究刑事责任。

因为危机爆发后，企业就会脱离老板的控制，存在的各种问题会摆在世人面前，原来被掩盖的不宜见光的事情也会暴露在光天化日之下。这些事情中有没有涉嫌犯罪的？如果有，那么有多少？当老板还在控制这个企业的时候，这些事情被捂在被子之下，没有人去关注。一旦暴露，就会被有心人审视，也难逃司法机关的法眼。因此，老板在危机爆发后，较之爆发前，被追究刑事责任的概率大幅提高。

对于任何一个公民来说，在日常生活中，遵纪守法是最基本的。对老板来说，当然也是如此。因此，关键还是在于，老板在公司的日常经营中，要做到不违法、不犯罪。

第十八章　老板被追究刑事责任概览

一、老板可能直接触犯的罪名

任何犯罪都有主体。没有犯罪主体，就不会发生犯罪，更不会发生刑事责任承担问题。一般情况下，犯罪主体为达到刑事责任年龄和具有刑事责任能力的自然人，此为一般主体。但有些犯罪，除需要主体在年龄、能力方面具备条件外，还要求主体具有特定的职务或者身份，如此，才能构成犯罪，此为特殊主体。

老板犯罪，也就是老板成为犯罪主体，从刑法上看，属于特殊主体。

老板们，包括发起人、股东、董事、监事、高管、实际控制人等，有可能触犯哪些罪名，构成哪些犯罪呢？

我国《刑法》分则将犯罪分为十大类，依次为危害国家安全罪，危害公共安全罪，破坏社会主义市场经济秩序罪，侵犯公民人身权利、民主权利罪，侵犯财产罪，妨害社会管理秩序罪，危害国防利益罪，贪污贿赂罪，渎职罪，军人违反职责罪。在每一类犯罪之下，又规定了若干个罪名，目前，加上《刑法修正案（十)》新增的侮辱国歌罪，十大类犯罪共计规定了400多个罪名。

根据《刑法》的规定，老板们可能触犯的罪名，大致有四种。

第一种是只能由老板才能构成的犯罪。这样的罪名极少，主要有两个：一个是《刑法》第一百六十五条规定的非法经营同类营业罪，由“国有公司、企业的董事、经理”构成，另一个是第二百五十五条规定的打击报复会计、统计人员罪，由“公司、企业、事业单位、机关、团体的领导人”构成。

第二种可以由老板个人直接构成，也可以由单位构成。这样的罪名也很少，如《刑法》第一百五十九条规定的虚假出资、抽逃出资罪，主体是“公司发起人、股东”，第一百六十九条之一规定的背信损害上市公司利益罪，主体是“上市公司的董事、监事、高级管理人员”以及“控股股东或者实际控制人”。

第三种犯罪由公司、企业的工作人员，特别是直接负责的主管人员和其他直接责任人员构成，这些人员包括老板，但又不限于老板。这方面的罪名比较多，列表如下：

刑法条文	罪　名
第一百三十七条	工程重大安全事故罪
第一百六十一条	违规披露、不披露重要信息罪
第一百六十二条	妨害清算罪
第一百六十二条之二	虚假破产罪
第一百六十三条、第一百八十四条	非国家工作人员受贿罪，受贿罪
第一百六十六条	为亲友非法牟利罪
第一百六十七条	签订、履行合同失职被骗罪
第一百六十八条	国有公司、企业、事业单位人员失职罪，国有公司、企业、事业单位人员滥用职权罪
第一百六十九条	徇私舞弊低价折股、出售国有资产罪
第一百七十一条第二款	金融机构工作人员购买假币、以假币换取货币罪
第一百八十条第四款	利用未公开信息交易罪
第一百八十三条、第二百七十一条	职务侵占罪，贪污罪
第一百八十五条、第二百七十二条	挪用资金罪，挪用公款罪
第一百八十五条之一第二款	违法运用资金罪
第二百五十三条	私自开拆、隐匿、毁弃邮件、电报罪，盗窃罪
第三百零四条	故意延误投递邮件罪
第三百九十六条	私分国有资产罪

第四种犯罪可以由公司、企业的工作人员构成，也可以由单位构成。公司、企业的工作人员自然包括老板在内。此类犯罪亦不多，如《刑法》第一百八十一条第二款规定的诱骗投资者买卖证券、期货合约罪，第一百八十六条规定的违法发放贷款罪，第一百八十七条规定的吸收客户资金不入账罪，第一百八十八条规定的违规出具金融票证罪，第一百八十九条规定的对违法票据承兑、付款、保证罪，第二百二十九条规定的提供虚假证明文件罪、出具证明文件重大失实罪，第二百五十三条之一规定的侵犯公民个人信息罪。

二、所在公司可能触犯，同时亦须由老板承担刑事责任的罪名

按照《刑法》，单位也可以成为犯罪主体。而在单位之中，排在首位的就是公司，即单位包括公司又不限于公司，但以公司最常见。这就是说，公司也可能触犯刑法，构成犯罪，成为犯罪主体。

如果所在的公司犯了罪，老板会不会承担刑事责任呢？按照《刑法》第三十一条的规定，在单位构成犯罪的情形下，实行双重处罚制度，即对单位判处罚金，同时对其直接负责的主管人员和其他直接责任人员判处刑罚。而在应被判处刑罚的直接负责的主管人员和其他直接责任人员中，老板往往包括在内。所以，即使公司犯罪，在大多数情形下，往往也需要老板承担刑事责任。

公司可能触犯的罪名，除了上文所述“可以由老板个人直接构成，也可以由单位构成”和“可以由公司、企业的工作人员构成，也可以由单位构成”两种之外，还有以下两种。

第一种，犯罪主体是单位，而非具体人员，即单位行为触犯的犯罪罪名。此类罪名数量很少，如第一百二十六条规定的违规制造、销售枪支罪、第一百八十五条之一第一款规定的背信运用受托财产罪，第一百九十条规定的逃汇罪，第三百八十条规定的战时拒绝、故意延误军事订货罪，第三百八十七条规定的单位受贿罪，第三百九十三条规定的单位行贿罪。

第二种，犯罪主体可以为一般主体，也可以是单位。所谓一般主体，也就是任何达到刑事责任年龄和具有刑事责任能力的自然人。如果老板没有了发起人、股东、董事、监事、高管、实际控制人之类的身份，也可以成为此类犯罪的主体。这里关注的还是单位，特别是公司，能够成为此类犯罪的主体。这一部分的罪名比较多，兹列表如下。

刑法条文	罪　名
第一百二十条之一	资助恐怖活动罪
第一百二十五条	非法制造、买卖、运输、邮寄、储存枪支、弹药、爆炸物罪，非法制造、买卖、运输、储存危险物质罪
第一百二十八条第二款至第四款	非法出租、出借枪支罪
第一百四十条	生产、销售伪劣产品罪
第一百四十一条	生产、销售假药罪
第一百四十二条	生产、销售劣药罪
第一百四十三条	生产、销售不符合安全标准的食品罪
第一百四十四条	生产、销售有毒、有害食品罪
第一百四十五条	生产、销售不符合标准的医用器材罪

续表

刑法条文	罪　名
第一百四十六条	生产、销售不符合安全标准的产品罪
第一百四十七条	生产、销售伪劣农药、兽药、化肥、种子罪
第一百四十八条	生产、销售不符合卫生标准的化妆品罪
第一百五十一条	走私武器、弹药罪，走私核材料罪，走私假币罪；走私文物罪，走私贵重金属罪，走私珍贵动物罪，走私珍贵动物制品罪；走私国家禁止进出口的货物、物品罪
第一百五十二条	走私淫秽物品罪；走私废物罪
第一百五十三条	走私普通货物、物品罪
第一百五十八条	虚报注册资本罪
第一百六十条	欺诈发行股票、债券罪
第一百六十二条之一	隐匿、故意销毁会计凭证、会计账簿、财务会计报告罪
第一百六十四条	对非国家工作人员行贿罪；对外国公职人员、国际公共组织官员行贿罪
第一百七十四条	擅自设立金融机构罪；伪造、变造、转让金融机构经营许可证、批准文件罪
第一百七十五条	高利转贷罪
第一百七十五条之一	骗取贷款、票据承兑、金融票证罪
第一百七十六条	非法吸收公众存款罪
第一百七十七条	伪造、变造金融票证罪
第一百七十八条	伪造、变造国家有价证券罪；伪造、变造股票、公司、企业债券罪
第一百七十九条	擅自发行股票、公司、企业债券罪
第一百八十条第一款至第三款	内幕交易、泄露内幕信息罪
第一百八十一条第一款	编造并传播证券、期货交易虚假信息罪
第一百八十二条	操纵证券、期货市场罪
第一百九十一条	洗钱罪
第一百九十二条	集资诈骗罪
第一百九十四条	票据诈骗罪，金融凭证诈骗罪
第一百九十五条	信用证诈骗罪
第一百九十八条	保险诈骗罪
第二百零一条	逃税罪

续表

刑法条文	罪　　名
第二百零三条	逃避追缴欠税罪
第二百零四条	骗取出口退税罪
第二百零五条	虚开增值税专用发票、用于骗取出口退税、抵扣税款发票罪
第二百零五条之一	虚开发票罪
第二百零六条	伪造、出售伪造的增值税专用发票罪
第二百零七条	非法出售增值税专用发票罪
第二百零八条	非法购买增值税专用发票、购买伪造的增值税专用发票罪、虚开增值税专用发票罪、出售伪造的增值税专用发票罪、非法出售增值税专用发票罪
第二百零九条	非法制造、出售非法制造的用于骗取出口退税、抵扣税款发票罪；非法制造、出售非法制造的发票罪；非法出售用于骗取出口退税、抵扣税款发票罪；非法出售发票罪
第二百一十条之一	持有伪造的发票罪
第二百一十三条	假冒注册商标罪
第二百一十四条	销售假冒注册商标的商品罪
第二百一十五条	非法制造、销售非法制造的注册商标标识罪
第二百一十六条	假冒专利罪
第二百一十七条	侵犯著作权罪
第二百一十八条	销售侵权复制品罪
第二百一十九条	侵犯商业秘密罪
第二百二十一条	损害商业信誉、商品声誉罪
第二百二十二条	虚假广告罪
第二百二十三条	串通投标罪
第二百二十四条	合同诈骗罪
第二百二十五条	非法经营罪
第二百二十六条	强迫交易罪
第二百二十七条	伪造、倒卖伪造的有价票证罪，倒卖车票、船票罪
第二百二十八条	非法转让、倒卖土地使用权罪
第二百三十条	逃避商检罪
第二百四十四条	强迫劳动罪
第二百七十六条之一	拒不支付劳动报酬罪

续表

刑法条文	罪　名
第二百八十一条	非法生产、买卖警用装备罪
第二百八十三条	非法生产、销售专用间谍器材、窃听、窃照专用器材罪
第二百八十五条	非法侵入计算机信息系统罪，非法获取计算机信息系统数据、非法控制计算机信息系统罪，提供侵入、非法控制计算机信息系统程序、工具罪
第二百八十六条	破坏计算机信息系统罪
第二百八十六条之一	拒不履行信息网络安全管理义务罪
第二百八十七条之一	非法利用信息网络罪
第二百八十七条之二	帮助信息网络犯罪活动罪
第二百八十八条	扰乱无线电管理秩序罪
第三百零七条之一	虚假诉讼罪
第三百零八条之一	泄露不应公开的案件信息罪，故意泄露国家秘密罪、过失泄露国家秘密罪，披露、报道不应公开的案件信息罪
第三百一十二条	掩饰、隐瞒犯罪所得、犯罪所得收益罪
第三百一十三条	拒不执行判决、裁定罪
第三百一十九条	骗取出境证件罪
第三百二十五条	非法向外国人出售、赠送珍贵文物罪
第三百二十六条	倒卖文物罪
第三百三十条	妨害传染病防治罪
第三百三十一条	传染病菌种、毒种扩散罪
第三百三十二条	妨害国境卫生检疫罪
第三百三十七条	妨害动植物防疫、检疫罪
第三百三十八条	污染环境罪
第三百三十九条	非法处置进口的固体废物罪，擅自进口固体废物罪
第三百四十条	非法捕捞水产品罪
第三百四十一条第一款	非法猎捕、杀害珍贵、濒危野生动物罪，非法收购、运输、出售珍贵、濒危野生动物、珍贵、濒危野生动物制品罪
第三百四十二条	非法占用农用地罪
第三百四十三条	非法采矿罪；破坏性采矿罪
第三百四十四条	非法采伐、毁坏国家重点保护植物罪，非法收购、运输、加工、出售国家重点保护植物、国家重点保护植物制品罪

续表

刑法条文	罪　名
第三百四十五条	盗伐林木罪，滥伐林木罪，非法收购、运输盗伐、滥伐的林木罪
第三百四十七条	走私、贩卖、运输、制造毒品罪
第三百五十条	非法生产、买卖、运输制毒物品、走私制毒物品罪
第三百五十五条	非法提供麻醉药品、精神药品罪
第三百六十三条	制作、复制、出版、贩卖、传播淫秽物品牟利罪，为他人提供书号出版淫秽书刊罪
第三百六十四条	传播淫秽物品罪，组织播放淫秽音像制品罪
第三百六十五条	组织淫秽表演罪
第三百七十条第一款	故意提供不合格武器装备、军事设施罪
第三百七十五条第二款、第三款	非法生产、买卖武装部队制式服装罪，伪造、盗窃、买卖、非法提供、非法使用武装部队专用标志罪
第三百九十条之一	对有影响力的人行贿罪
第三百九十一条	对单位行贿罪

三、老板是公司、企业人员犯罪的主力

在上述绝大部分罪名中，尽管公司、企业的工作人员，特别是直接负责的主管人员和其他直接责任人员都有可能触犯，但司法实践表明，主要是老板们触犯并承担刑事责任，其他人员所占比例较少。

北京师范大学中国企业家犯罪预防研究中心课题组编制的《2016 中国企业家刑事风险分析报告》（以下简称《报告》）对中国企业家犯罪情况进行了统计分析。该报告中所称的企业家，作为统计概念，是指企业的高级管理人员，报告统计的范围包括八类人员：主要负责人（董事长、总经理或法定代表人）；实际控制人、股东；党群负责人；董事；监事；财务负责人；技术负责人；负责销售、采购及其业务的高级管理人员。分析的结果是，在 2014 年至 2016 年间，最容易牵扯进犯罪案件的是公司、企业主要负责人，也就是在公司、企业担任法定代表人、董事长、经理、厂长等职务的人员。这些人都属于本书所说的老板。在国有企业，是财务负责人、销售负责人，以及其他核心部门负责人；在民营企业，则是实际控制人、股东、销售负责人，以及其他核心部门负责人。所占比例如下表所示：

涉案国有企业家职务占比前三

2014 年	主要负责人 47.9%	销售负责人 24.8%	财务负责人 9.9%
2015 年	主要负责人 68.64%	销售负责人 7.1%	财务负责人 7.1%
2016 年	主要负责人 62.7%	财务负责人 10.2%	其他核心部门负责人 11.6%

涉案民营企业家职务占比前三

2014 年	主要负责人 51.4%	销售负责人 24.4%	实际控制人、股东 17%
2015 年	主要负责人 72%	实际控制人、股东 11.7%	销售负责人 8.8%
2016 年	主要负责人 68.6%	实际控制人、股东 10.9%	核心部门负责人 8.9%

四、老板容易犯的是哪几类犯罪，容易触犯的是哪些罪名？

在《刑法》规定的十大类犯罪中，老板们最容易触犯的是哪几类？在上述罪名中，老板们最有可能触犯的罪名是哪些？司法实践表明，老板们触犯的罪类、罪名的频率，存在很大差别。有一些触犯的频率很高，而另外一些触犯的频率很低，甚至没有。

根据前述《报告》，在十大类犯罪中，总体上看，老板们触犯最多的是破坏社会主义市场经济秩序罪。细分之下，由于国有企业与私有企业的性质不同，老板们涉嫌的犯罪类别也有所不同。下面是在 2014 年至 2016 年三年内，国有企业、民营企业的老板们分别触犯的犯罪类别及其所占比例。

	2014 年		2015 年		2016 年	
	国有	民营	国有	民营	国有	民营
破坏社会主义市场经济秩序罪	27.3%	51%	42.1%	61.5%	47.1%	55.7%
贪污贿赂罪	31.8%	7.8%	36.8%	7.7%	29.4%	11.4%
侵犯财产罪	18.2%	9.8%	10.5%	11.5%	8.8%	0.1%
妨害社会管理秩序罪	9.1%	15.7%	5.3%	7.7%	8.8%	12.9%

前述《报告》显示，在 2014 年至 2016 年，老板们犯罪所涉及的罪名数量、位列前十位的罪名及其所占比例，见下表：

序号	2016年，共涉及77个罪名，其前10及所占比例为		2015年，共涉及59个罪名，其前10及所占比例为		2014年，共涉及57个罪名，其前10及所占比例为	
1	虚开增值税专用发票	13.9%	非法吸收公众存款	10.4%	虚开增值税专用发票	13.6%
2	非法吸收公众存款	11.5%	职务侵占	10.1%	职务侵占	12%
3	职务侵占	11.1%	虚开增值税专用发票	9.6%	非法吸收公众存款	7.4%
4	受贿	5.6%	受贿	9.6%	受贿	6.4%
5	合同诈骗	5.4%	行贿	6.7%	假冒注册商标	5.3%
6	挪用资金	5.2%	贪污	5.7%	非国家工作人员受贿	5.3%
7	单位行贿	4.4%	挪用资金	5.3%	挪用资金	5.2%
8	贪污	4%	合同诈骗	5.3%	合同诈骗	4.6%
9	骗取贷款	3.1%	单位行贿	5%	拒不支付劳动报酬	3.6%
10	拒不支付劳动报酬	3%	拒不支付劳动报酬	4.2%	骗取贷款	3.3%

从上表中可以看出，在2014年至2016年三年之内，虚开增值税专用发票、非法吸收公众存款、职务侵占、受贿四类犯罪所占百分比最高，稳居前四名。然后，年年排进前十名的还有合同诈骗、挪用资金、拒不支付劳动报酬三类犯罪。三年之中，有两年排进前十名的，有贪污、单位行贿、骗取贷款三类犯罪。

根据《报告》，如果再细分一下，可以看出企业资产的性质不同，老板涉嫌犯罪的罪名也有所不同。

在国有企业，老板涉嫌犯罪的罪名位于前五的依次为：

年份	受贿	贪污	挪用公款	私分国有资产	职务侵占	合计
2014	43.8%	14.8%	10.2%	1.6%	3.9%	74.3%
2015	49%	29.1%	8.7%	8.2%	1.5%	96.5%
2016	34.8%	25.9%	9.2%	4.4%	3.8%	78.1%

在民营企业，老板涉嫌犯罪的罪名位于前十位的依次为：

年份	虚开增值税专用发票	非法吸收公众存款	职务侵占	合同诈骗	骗取贷款	拒不支付劳动报酬	单位行贿	挪用资金	行贿	集资诈骗	合计
2014	13.9%	8.2%	12.7%	5.1%	3.7%	3.7%	1.5%	5.6%	2.3%	1.8%	58.5%
2015	12.6%	13.8%	13%	6.9%	2.5%	5.6%	5.9%	6.2%	8.1%	1.6%	76.2%
2016	16.3%	13.5%	12.3%	6.2%	3.6%	3.5%	5.1%	5.6%	2.9%	2.6%	87%

五、涉案数额是判断老板是否构成犯罪的主要依据

老板们的行为是否构成犯罪，涉案数额的大小是一个关键。也就是说，涉案数额是判断老板是否构成犯罪、是否应当追究其刑事责任的主要标准。

以老板们在2016年所触犯罪名频率最高的前十类犯罪为例，根据最高人民法院、最高人民检察院的有关司法解释和最高人民检察院、公安部的有关规定，应予以追究刑事责任的数额标准列举如下。

1. 虚开增值税专用发票，虚开的税款数额在10000元以上或者致使国家税款被骗数额在5000元以上。

见《刑法》第二百零五条、《最高人民检察院、公安部关于公安机关管辖的刑事案件立案追诉标准的规定（二）》第六十一条。

2. 非法吸收公众存款，具有以下五种情形之一的：（1）个人非法吸收或者变相吸收公众存款数额在20万元以上的，单位非法吸收或者变相吸收公众存款数额在100万元以上的；（2）个人非法吸收或者变相吸收公众存款30人以上的，单位非法吸收或者变相吸收公众存款150人以上的；（3）个人非法吸收或者变相吸收公众存款给存款人造成直接经济损失数额在10万元以上的，单位非法吸收或者变相吸收公众存款给存款人造成直接经济损失数额在50万元以上的；（4）造成恶劣社会影响的；（5）其他扰乱金融秩序情节严重的情形。

见《刑法》第一百七十六条、《最高人民法院关于审理非法集资刑事案件具体应用法律若干问题的解释》第三条、《最高人民检察院、公安部关于公安机关管辖的刑事案件立案追诉标准的规定（二）》第二十八条。

3. 职务侵占，数额在15万元以上的。

见《刑法》第一百八十三条、第二百七十一条，《最高人民法院、最高人民检察院关于办理贪污贿赂刑事案件适用法律若干问题的解释》第一条、第十一条第一款。

4. 受贿，其中国家工作人员受贿，起点是 3 万元，如果是具有后面这八种情形之一的，起点则降低为 1 万元。八种情形分别是指：曾因贪污、受贿、挪用公款受过党纪、行政处分的；曾因故意犯罪受过刑事追究的；赃款赃物用于非法活动的；拒不交待赃款赃物去向或者拒不配合追缴工作，致使无法追缴的；造成恶劣影响或者其他严重后果的；多次索贿的；为他人谋取不正当利益，致使公共财产、国家和人民利益遭受损失的；为他人谋取职务提拔、调整的。如果是非国家工作人员受贿，数额起点则按照上述标准的二倍执行。

见《刑法》第一百六十三条、第三百八十五条、第三百八十六条，《最高人民法院、最高人民检察院关于办理贪污贿赂刑事案件适用法律若干问题的解释》第一条、第十一条第一款。

5. 合同诈骗，诈骗公私财物价值 3000 元以上的。

见《刑法》第二百二十四条、《最高人民法院、最高人民检察院关于办理诈骗刑事案件具体应用法律若干问题的解释》第一条、《最高人民法院、最高人民检察院、公安部关于办理电信网络诈骗等刑事案件适用法律若干问题的意见》第二条。

6. 挪用资金，数额在 6 万元以上的。

见《刑法》第二百七十二条、第一百八十五条，《最高人民法院、最高人民检察院关于办理贪污贿赂刑事案件适用法律若干问题的解释》第五条、第十一条第二款。

7. 单位行贿，起点是 20 万元，如果是具有后面这四种情形之一的，起点则降低为 10 万元。四种情形分别是指：为谋取非法利益而行贿的；向 3 人以上行贿的；向党政领导、司法工作人员、行政执法人员行贿的；致使国家或者社会利益遭受重大损失的。

见《刑法》第三百九十三条、《最高人民检察院关于人民检察院直接受理立案侦查案件立案标准的规定（试行）》第一·（八）条、《最高人民法院、最高人民检察院关于办理行贿刑事案件具体应用法律若干问题的解释》第二条、《最高人民法院、最高人民检察院关于办理贪污贿赂刑事案件适用法律若干问题的解释》第十条第三款。

8. 贪污，起点是 3 万元，如果是具有后面这六种情形之一的，起点则降低为 1 万元。六种情形分别是指：贪污救灾、抢险、防汛、优抚、扶贫、移民、救济、防疫、社会捐助等特定款物的；曾因贪污、受贿、挪用公款受过党纪、行政处分的；曾因故意犯罪受过刑事追究的；赃款赃物用于非法活动的；拒不交待赃款赃物去向或者拒不配合追缴工作，致使无法追缴的；造成恶劣影响或者其他严重后果的。

见《刑法》第三百八十二条、第三百八十三条、《最高人民法院、最高人民检察院关于办理贪污贿赂刑事案件适用法律若干问题的解释》第一条。

9. 骗取贷款，具有后面四种情形之一的，应予立案追诉：以欺骗手段取得贷款，数额在100万元以上的；以欺骗手段取得贷款，给银行或者其他金融机构造成直接经济损失数额在20万元以上的；虽未达到上述数额标准，但多次以欺骗手段取得贷款的；其他给银行或者其他金融机构造成重大损失或者有其他严重情节的情形。

见《刑法》第一百七十五条之一、《最高人民检察院、公安部关于公安机关管辖的刑事案件立案追诉标准的规定（二）》第二十七条。

10. 拒不支付劳动报酬，在数额方面，须是具有两类情形之一的，才应当予以立案追诉。两类情形是指：（1）拒不支付1名劳动者3个月以上的劳动报酬且数额在5千元至2万元以上的；（2）拒不支付10名以上劳动者的劳动报酬且数额累计在3万元至10万元以上的。

见《刑法》第二百七十六条之一、《最高人民检察院、公安部关于公安机关管辖的刑事案件立案追诉标准的规定（一）的补充规定》第七条。

第十九章　实际控制人犯罪也要承担刑事责任

一般说来，在公司事务中，可能出现两种隐形人：一种是实际出资人，也就是通常所说的隐名股东，另一种是实际控制人。这是公司法上的两个概念，二者的内涵不同，外延有可能部分重合。

之所以称他们是公司的隐形人，是因为在公司的外在的文件上、法律手续上，看不到他们的身影。

出现隐形人的情形可能有以下几种。

股东中多数或全部不同意某一人参与，该人又极想加入，便只好通过他人出资，自己做实际出资人，他人做名义股东。

不符合《公司法》要求的人。《公司法》对董事、监事、高管的任职资格有明确限制，本人受限，只好做个隐形人。

被追债的人。有共有关系的亲属负有大额债务，又不愿意以自己的财产偿还，但有一定的资产，为了避债（如夫欠债，但妻有钱，不愿意还），只好做个隐名股东。

有特别安排，如偷偷进行收购，为避免惹人注目，便做个隐形人。

之所以不愿意被人知道、做隐形人，是因为他们大多是想规避什么。规避的这些东西，虽不一定是违规、违法的事项，但也往往游走于违规、违法的边缘。

一、公司的隐形人：实际控制人

公司的法定代表人由董事长，或者执行董事，或者经理担任。在多数情况下，他们不仅是名义上的法定代表人，实际上也掌控着公司。但在有一些情况下，名与实出现了分离，甚至完全脱节。例如，在江苏省盐城市中级人民法院审理的盐城市某某贷款担保有限公司诉盐城市某某机械制造有限公司等被告担保追偿合同纠纷一案中，被告机械制造公司的董事长宛某某自称只是机械制造公司的普通员工，是挂名的法定代表人，没有参与过机械制造公司的经营和管理，机械制造公司实际控制人是周某某。机械制造公司贷款500万元是事实，但他对贷款的具体用途却不清楚。[①]

与那些名义上的董事长、总经理、法定代表人对应的是这样一种人员：他们在公司里没有任何职务，或者担任一些次要、边缘性的职务，却能够操纵甚至任意摆布公司。对于公司来说，他们隐藏在幕后，是“隐形人”。在公司对外公示的资料里，往往看不到这种人的信息，但公司的运作、公司事务的办理，又掌控在这种人的手里。这种人，就是公司的实际控制人。

按照《公司法》第二百一十六条第（三）项的规定，实际控制人是指虽不是公司的股东，但通过投资关系、协议或者其他安排，能够实际支配公司行为的人。从这一定义的内容上看，实际控制人并不一定是担任董事、监事、高管等职务的人员。这是一个功能性的概念，是一个从结果、从行为外观推导出的实际行使公司控制权的主体，接近于法国公司法上的事实董事或者英国公司法上的影子董事。

按照《公司法》第二十一条、《公司法司法解释二》第十八条至第二十一条、《公司法司法解释三》第十四条、第二十七条等的规定，实际控制人需要和董事、监事、高管一样承担民事责任。同样，如果犯了罪，也要承担相应的刑事责任。只不过由于他们躲在幕后，追究起来比较困难、复杂。

应当注意，在刑事诉讼中，着重于对实质上的事实真相的追究，有时不受概念的形式上意义的约束，事实真相才是判断罪与非罪的依据。因此，合法的形式虽然很重要，但不要过于迷信。

二、操纵公司，隐蔽收购，实际控制人被认定犯有挪用资金罪、虚报注册资本罪、单位行贿罪，被追究刑事责任

广东快乐旅游国际旅行社股份有限公司在全国旅行社中常年位于前列。这样的公司，自然容易成为觊觎者的目标。

快乐旅游公司持股最多的股东，原是国有企业广州北粤集团有限公司。2006年，快乐旅游公司改制，广州路路顺投资咨询有限公司与北粤集团公司签署协议，参与增资扩股，获得快乐旅游公司28.57%的股份。此后几年内，广州金利源商贸发展有限公司、广州际海旅业发展有限公司通过从快乐旅游公司工会委员会和自然人股东手中收购股份，分别持有快乐旅游公司19.47%和

---

① 参考案例：江苏省盐城市中级人民法院（2014）盐商初字第0162号。

4.35%的股权。这样，路路顺、金利源、际海旅业三家合计共持有快乐旅游公司52.39%的股权，超过了北粤集团公司的持股比例。

路路顺、金利源、际海旅业三家公司的实际控制人是蒯某某，尽管从注册登记等公开资料上看他不是股东、法定代表人或者管理人。据这些公司的有关人员后来供述，收购时，之所以通过三家公司“化整为零”，是为了避免引起原大股东北粤集团公司的注意。另外，蒯某某还控制着香港路路顺控股有限公司、广东路路顺商旅咨询服务有限公司以及于2007年在英国伦敦上市的路路顺国际控股有限公司。

北粤集团公司察觉后，即发函询问，要求给予书面解释，并指出“如上述情况属实，将实际改变快乐旅游公司国企相对控股的格局，违背了北粤集团公司与路路顺双方约定的合作初衷”。

对快乐旅游公司的股权之争，由此开始。

2010年7月，快乐旅游公司前董事长融某某被“双规”，原财务总监和财务经理亦被带走。2010年11月，蒯某某被警察带走，并被以涉嫌“职务侵占罪”执行逮捕。2011年12月6日，广东省广州市中级人民法院作出刑事判决，以被告人蒯某某犯挪用资金罪、虚报注册资本罪、职务侵占罪、单位行贿罪，数罪并罚，决定执行有期徒刑十三年。蒯某某不服，上诉于广东省高级人民法院。广东省高级人民法院于2012年3月22日作出判决，以被告人蒯某某犯挪用资金罪，判处有期徒刑八年；犯虚报注册资本罪，判处有期徒刑二年六个月；犯单位行贿罪，判处有期徒州二年。数罪并罚，决定执行有期徒刑十一年六个月。①

如果抛开当初与北粤集团公司合作约定的本意，应该说，单从外在的表现看，蒯某某通过操控路路顺、金利源、际海旅业三家公司收购快乐旅游公司股权，设计的路径曲折又巧妙，并且是在合法的形式下完成的。事实上，后来在追究他的刑事责任时，侦查机关没有在这方面找到破绽，对他执行逮捕所依据的罪名“职务侵占罪”也被广东省高级人民法院撤销。但侦查机关进行侦查时，有“全面、客观”的要求，侦查范围并不会局限在举报的范围内。这样一来，合法的路径、形式这一层外衣就被揭开了，原来这层外衣掩盖的还有其他行为。对掩盖的这些行为的性质，侦查机关、检察机关认为构成了犯罪，蒯某某的辩护律师则认为不构成犯罪。

---

① 参考案例：广东省广州市中级人民法院（2011）穗中法刑二初字第111号；广东省高级人民法院（2012）粤高法刑二终字第6号。

案中与股权收购直接有关的，是受贿、行贿。融某某时任快乐旅游公司董事长、总经理、党委书记，是受贿者，蒯某某是行贿者。

控方指控、法院认定的主张	蒯某某及其辩护人主张
蒯某某通过广州路路顺投资咨询有限公司、广州金利源商贸发展有限公司、广州际海旅业发展有限公司收购快乐旅游公司的股权。尽管蒯某某不是这些公司注册登记的股东、法定代表人、管理者，但根据证人证言，他是这些公司的实际控制人、幕后老板。蒯某某为收购快乐旅游公司股权，多次向融某某承诺：在其成为快乐旅游公司绝对控股股东后，继续由融某某管理快乐旅游公司，并安排融某某担任其所控制、在英国伦敦上市的路路顺国际控股有限公司的董事，付给高额年薪。融某某为了获取蒯某某所承诺的利益，违反快乐旅游公司章程的规定，利用职务便利，积极为蒯某某收购快乐旅游公司股权提供帮助。融某某收受董事年薪，尽管是公开签约，有合同约定，并有账务记录及公开披露、缴纳了个人所得税等合法形式，但这些形式并不能掩盖融某某利用职务上的便利与蒯某某进行权钱交易的非法本质。	蒯某某否认自己是系列公司的实际控制人。融某某辩称其收受的董事薪酬是其履行董事职责获得的合法薪酬收入。辩护人认为蒯某某在所有国内公司中没有个人股份，在英国公司中也没有个人股东权，整个家族也只有10%，他个人股份很少。他没有参加过任何财务决策。因此，说他是“实际控制”“伙同”，是没有依据的。辩护人认为蒯、融二人不构成行贿、受贿犯罪。理由：不能混淆合法薪酬与商业贿赂、商业谈判与请托事项行贿受贿的基本法律概念和界限，融某某领取董事薪酬合法有据：（1）蒯某某商请融某某出任董事，是完全公开进行的，融先向上级汇报，经同意并履行程序后才受聘担任英国路路顺公司董事的，不是私下擅自的行为。（2）董事获得报酬，是法律的明确规定。融某某任董事，经过了严格选聘程序，由股东会作出决议，有聘任合同，董事长签字，薪酬数额由聘用合同约定。（3）薪酬数额是公开的，事先向社会公告，年报作了详细披露。（4）薪酬在公司财务账上有记录，会计师行还专门进行了公开披露。（5）融某某领取董事薪酬后缴纳了个人所得税。英国路路顺公司是严格规范的伦敦上市公司。融某某出任董事，由公司管理层推荐，但融某某最终能否被聘，取决于他是否符合条件，并必须经过公司股东大会的表决通过。蒯某某家族所持英国路路顺公司的股权仅占总股本的10%。全体股东要聘任融某某并发给年薪，根本不是蒯某某能够决定的，不是他的行贿行为。不能混淆上市公司股东大会行为、董会会行为和蒯某某个人行为的基本区别。按控方逻辑，融某某担任英国路路顺公司董事，是该上市公司股东会中代表多数表决权的股东集体一致贿赂的结果，是单位犯行贿罪。控方没有列单位为被告，直接列蒯某某，搞错了主体。支付融某某董事年薪，严格遵守了中国税法，缴纳了个人所得税。如果要行贿，完全可以在境外暗中提现给融某某，更不会这样公开做账、纳税支付。起诉书所列融某某的帮助事项，完全是快乐旅游公司必要的工作事务，并非私利帮助。

从控、辩双方的主张来看，融某某出任英国路路顺公司的董事并领取薪酬，在程序上几乎没有瑕疵。但控方和法院方面，却强调了这是在合法形式之下的一桩权钱交易，最终认定受贿、行贿成立。就行贿这一项，法院最后认定的是单位行贿罪，即犯罪主体是广州路路顺公司等，蒯某某作为行贿者广州路路顺

等公司的“直接负责的主管人员和其他直接责任人员”，以同样的罪名，承担相应的刑事责任，被判处有期徒刑二年。

在这个案件中，还有一个罪名，即挪用资金罪。关于蒯某某的行为是否构成挪用资金罪，控辩双方争议颇大，双方主要观点如下：

控方指控、法院认定的主张	蒯某某及其辩护人主张
2008年9月至2010年6月，蒯某某、丰某某与快乐旅游公司董事长融某某以及后任董事长温某某，合谋将快乐旅游公司8300万元，以借款形式，分五次支付给广州路路顺投资咨询有限公司，其行为构成挪用资金罪。具体如下：1. 2008年9月26日，因急需资金，蒯某某打电话给时任快乐旅游公司董事长的融某某，提出借款300万元，融指示快乐旅游公司财务负责人将300万元资金转入广州路路顺投资咨询有限公司账户。该款于9月28日归还150万元，10月14日归还150万元。2. 2009年6月22日，快乐旅游公司董事长融某某、董事蒯某某和丰某某，未经董事会同意，将公司3000万元资金以借款形式转至广州路路顺投资咨询有限公司账户，用于其关联公司增资验资手续。该款于同年7月14日归还2500万元，7月29日归还500万元。3. 2009年9月22日，快乐旅游公司董事长融某某、董事蒯某某和丰某某，未经董事会同意，将公司1000万元资金以借款形式转至广州路路顺投资咨询有限公司账户，供其关联公司使用。该款于2010年2月23日归还。4. 2010年5月20日，快乐旅游公司董事长温某某、董事蒯某某和丰某某，未经董事会同意，将公司2000万元资金以借款形式转至广州路路顺投资咨询有限公司账户，用于办理增资验资手续。该款于5月26日归还。5. 2010年6月9日，快乐旅游公司董事长温某某、董事蒯某某和丰某某，未经董事会同意，将公司2000万元资金以借款形式，分四笔转至广州路路顺投资咨询有限公司账户，用于其关联公司增资验资手续。该款于2010年6月18日归还800万元，6月25日归还1200万元。上述第2～5笔合计8000万元的借款，双方均签订了《借款合同》，约定了借款金额、借款期限、借款利率、逾期还款的违约责任，借款合同还约定以广州路路顺公司在快乐旅游公司的股权作抵押担保等。以上五笔借款的利息部分以现金形式支付，部分以对账形式支付。	快乐旅游公司与广州路路顺公司之间是合法的借款法律关系。1. 广州路路顺公司持有快乐旅游公司超过50%的股权，二者为关联公司。关联公司互相调动资金的融资行为是合法的（国税发〔2004〕143号第四条、第二十九条），也符合中国集团公司内部关联企业财务惯例，不是挪用资金犯罪行为。除关联企业外的企业间借款，虽是中国人民银行禁止的，但大量的司法判例表明，这也只是违规，不是犯罪。2. 快乐旅游公司与广州路路顺公司之间签订了借款合同，约定了借款的金额、期限、利率、逾期还款的违约责任、股权担保等。合同由双方法定代表人签字，单位盖章。借款也都在短期内及时归还，并支付了大部分利息。这是平等的双务合同民事关系，不是犯罪。3. 挪用资金，是指挪用人利用职务上的便利，将本单位资金挪用，挪用人必须具有实现挪用本单位资金所必需的职务和职权。但在快乐旅游公司，蒯某某只是非执行董事，不参与具体事务，没有调动资金的权利，不具有“挪用本单位资金犯罪”的主体资格。丰某某也只是借款的申请人，并不是出借资金的决策者。在本案借款事项中，蒯某某只是借款人的委托人，代表借款公司，提出借款请求，这是借款要约，不是出借人决策。所有口供证据，都只能证明蒯某某在丰某某的建议下，向融某某提出了借款的申请，融某某答应，双方形成的只是基于平等关系的借款合意，不是挪用资金的共同犯意。认定借、贷双方共同构成挪用资金的共犯违背基本法律逻辑。4. 挪用的一个基本特征是为个人谋私利的行为，但本案中，融某某、蒯某某、丰某某三人都没有个人利益。另外，被挪用单位没有利益，只有损失。但本案中快乐旅游公司获得了利息等实实在在的经济利益，说明不是挪用。5. 未经董事会讨论同意不是犯罪要件，事实上，快乐旅游公司多年的经营一直由融某某决策，从来不是经董事会表决同意后再调动资金。不能因未经董事会同意，就认定为挪用。而且，由于广州路路顺公司一方持股占比高，向快乐旅游公司派出的董事多，即使开董事会，也肯定能够通过。

案中的五笔借款，同样具有合法的合同等外在形式，广东省高级人民法院最后认定构成犯罪，即虽然具有合法的外在形式，但是实质上却是犯罪，最后以犯挪用资金罪，判处蒯某某有期徒刑八年。不过，如此定罪的基础，并非因蒯某某是广州路路顺等公司的实际控制人，而是因他是快乐旅游公司的董事。

三、指使他人挪用公司资金，实际控制人被追究刑事责任

深圳市聚鑫投资有限公司成立于 2005 年 3 月，注册资本 1000 万元，后来北京市第二中级人民法院认定系由原某某借款 1000 万元成立，其余股东均未实际出资。在此前的 1994 年 6 月，原某某因犯伪造证件罪、诈骗罪和走私罪，被军事法院判处有期徒刑十五年。2003 年 1 月，原某某被四川省成都市中级人民法院裁定假释，假释考验期至 2008 年 8 月 3 日。因此，依照《公司法》，原某某在 2005 年不能担任公司的董事、监事和高管。2005 年 4 月，原某某指使矫某某担任聚鑫公司法定代表人，并代其持股。原某某为聚鑫公司实际控制人。

2005 年，粤控集团有限公司持有的深圳探海机械有限公司的 65% 股权对外拍卖。2005 年 5 月至 11 月，聚鑫公司从夕阳集团股份有限公司等处融资 20 余亿元，以竞拍方式，实际取得粤控集团所持探海机械公司 65% 的股权。2005 年 11 月，经聚鑫公司推荐，矫某某、卫某某、朴某某等人担任探海机械公司董事，矫某某为董事长。同年 12 月，明某某被探海机械公司聘为总经理。原某某则担任探海机械公司高级顾问。正常情况下，顾问在公司的角色类似于参谋，但原某某并非如此。他名为探海机械公司的高级顾问，实为探海机械公司的实际控制人。

为向粤控集团支付探海机械公司股权转让款及归还因收购探海机械公司股权产生的巨额债务等，原某某与矫某某、明某某、卫某某、朴某某、探海机械公司副总裁兼财务总监禹某某多次挪用探海机械公司资金：

2005 年 12 月，将探海机械公司 6 亿元资金付至某某财务有限责任公司。该 6 亿元实际由该财务公司及聚鑫公司使用，其中，聚鑫公司将 3 亿元付至粤控集团，作为收购探海机械公司的股权转让款。2009 年 8 月，聚鑫公司与探海机械公司签订协议，由聚鑫公司承接了对探海机械公司的上述 6 亿元债务。

2006 年 4 月，将探海机械公司 3 亿元资金付至某某地产有限公司，用于偿还聚鑫公司所欠该地产公司债务。2007 年 3 月，通过转让债权，聚鑫公司承接了对探海机械公司的上述 3 亿元债务。

2006 年 6 月至 7 月，为聚鑫公司归还债务，擅自以预付租赁款的名义，将

探海机械公司10.2亿元资金付至某某租赁有限公司，后聚鑫公司将其中的8.1亿元用于归还所欠债务，将其中的2亿元用于回购夕阳集团代聚鑫公司所持探海机械公司股份，剩余的1000万元由某某租赁公司自用。2008年9月，通过转让债权，聚鑫公司承接了对探海机械公司的上述10.2亿元债务。

2006年9月至2007年7月，为聚鑫公司归还债务或解决聚鑫公司资金需求，以探海机械公司收购合同款、预付基建工程款、预付配餐楼工程款的名义，分三笔将探海机械公司资金6000万元、3000万元、500万元付至某某实业有限公司，后用于聚鑫公司支付粤控集团股权转让款、偿还所欠债务及聚鑫公司对外付款。2006年年底及2009年8月，聚鑫公司通过某某实业有限公司偿还了上述款项。

北京市人民检察院第二分院指控原某某犯挪用资金罪、伪造公司印章罪、矫某某、明某某、卫某某、朴某某、禹某某犯挪用资金罪，向北京市第二中级人民法院提起公诉。

原某某辩称其不是聚鑫公司、探海机械公司的实际控制人，没有参加过一次董事会，没有签过字，指令函也并非其下达，其行为无罪。原某某的辩护律师提出原某某没有主管、管理和经手财物的职务便利，涉案款项进入聚鑫公司，不属于《刑法》规定的归个人使用，在指控挪用资金的时间段内，聚鑫公司并非由原某某实际控制，探海机械公司对外支付款项，未违反现行法律，属于企业的正常经营行为，指控挪用资金缺乏依据，应宣告原某某无罪。矫某某未对指控的事实表示异议，其辩护人提出，矫某某作为董事长，其决定不具有个人性，探海机械公司的资金亦未进入个人账户的辩护意见，指控的事实不符合挪用资金罪的要件。

北京市第二中级人民法院认为，根据在案证据，聚鑫公司系由原某某借款1000万元成立，其余股东均未实际出资，原某某与矫某某等人签订的多份代持股协议证明了原某某在聚鑫公司的实际控股地位；本案多名被告人、探海机械公司多名证人以及与挪用资金关联的公司的董事长等人的证言均证明原某某在探海机械公司具有决定权；根据在案证据，涉案的巨额资金亦是按照原某某的意志对外支付，资金的用途亦是用于聚鑫公司偿债或对外支付，原某某虽然在探海机械公司仅任高级顾问，但具有实际控制人的地位。原某某等人的真实意图与探海机械公司后补的董事会决议相悖，故本案的实质是原某某等人利用探海机械公司大股东身份，个人决定以虚假理由将探海机械公司巨额资金供原某某控股的聚鑫公司使用，因原某某在聚鑫公司实际控股，矫某某在聚鑫公司担任董事长、法定代表人并享有巨额利益，上述用款行为为原某某、矫某某谋取了个人利益，故原某某及矫某某的行为符合挪用资金罪的构成要件。

北京市第二中级人民法院认为，原某某分别伙同矫某某、卫某某、明某某、朴某某、禹某某，利用职务上的便利，挪用探海机械公司资金归原某某实际控制、矫某某担任法定代表人的聚鑫公司使用，谋取个人利益，数额巨大，其行为均已构成挪用资金罪，其中原某某、矫某某为主犯，卫某某、明某某、朴某某、禹某某均系从犯，以犯挪用资金罪，判处原某某有期徒刑十年，撤销对其前罪的假释，与尚未执行的有期徒刑并罚，决定执行有期徒刑十四年。同时，判处矫某某有期徒刑六年，判处卫某某有期徒刑四年，判处明某某有期徒刑三年八个月，判处朴某某有期徒刑三年，对禹某某免予刑事处罚。宣判后，原某某、明某某、卫某某、禹某某等不服，分别上诉于北京市高级人民法院，但被裁定驳回。①

比较一下，会发现在上述两个案子中，无论是蒯某某，还是原某某，是不是公司的实际控制人，是判断其是否构成犯罪的关键。

蒯某某、原某某都自称自己不是公司的实际控制人，都自辩为无罪，他们的辩护律师也都认为不能认定他们是实际控制人，并为他们作了无罪辩护。

那么，法庭根据什么认定他们是实际控制人呢？主要是证人证言。这是因为，在书证，包括有关登记资料、会议记录及决议、合同、财务凭证等中，不会有或者极少有他们的签名、手印、印章等。书证所显示的，往往仅仅是执行者留下的印记，甚至是被假冒者的印记。至于指挥者、操控者，一般是不会留下书面痕迹的。在这样的情况下，侦查机关要想获得真相，就得通过询问证人、讯问犯罪嫌疑人才能做到。这些证言、口供揭示了书证背后的实际行为的真相，成为认定公司实际控制人有罪的依据。

① 参考案例：北京市第二中级人民法院（2013）二中刑初字第583号；北京市高级人民法院（2014）高刑终字第169号。

第二十章　绝不虚开发票

虚开增值税专用发票罪，在老板们的犯罪中，一直位列前三。因此，对于因发票问题可能引发的严重后果，老板们应当高度警惕。

税收是国家财政收入的主要来源，是维系国家机器正常运转和各项事业发展的经济基础。而发票不仅是公司、企业进行会计核算的凭证，更是计税、征税的直接依据。所以，国家对发票的管理十分严格，并注重动用刑法手段惩处与发票有关的犯罪活动。

现行《刑法》中与发票有关的罪名共有十一个，即《刑法》第二百零五条规定的虚开增值税专用发票、用于骗取出口退税、抵扣税款发票罪，第二百零五条之一规定的虚开发票罪，第二百零六条规定的伪造、出售伪造的增值税专用发票罪，第二百零七条规定的非法出售增值税专用发票罪，第二百零八条第一款规定的非法购买增值税专用发票、购买伪造的增值税专用发票罪，第二百零九条第一款规定的非法制造、出售非法制造的用于骗取出口退税、抵扣税款发票罪，第二百零九条第二款规定的非法制造、出售非法制造的发票罪，第二百零九条第三款规定的非法出售用于骗取出口退税、抵扣税款发票罪，第二百零九条第四款规定的非法出售发票罪，第二百一十条之一规定的持有伪造的发票罪，第四百零五条第一款规定的徇私舞弊发售发票、抵扣税款、出口退税罪。不过，第四百零五条第一款规定的罪名虽然也与发票有关，但此罪只有税务机关的工作人员才能构成，与老板们无关。

在与发票有关的罪名中，涉及增值税发票的罪名有四个，即《刑法》第二百零五条规定的虚开增值税专用发票、用于骗取出口退税、抵扣税款发票罪，第二百零六条规定的伪造、出售伪造的增值税专用发票罪，第二百零七条规定的非法出售增值税专用发票罪，第二百零八条第一款规定的非法购买增值税专用发票、购买伪造的增值税专用发票罪。

2011 年 10 月至今，我国一直处于营改增改革过程中，现在已进入全面营改增时代。因此，与增值税专用发票有关的犯罪案件，特别是虚开增值税专用发票案件，随之持续增加。按照北京师范大学中国企业家犯罪预防研究中心课题组编制的《2016 中国企业家刑事风险分析报告》，2014 ~ 2016 年间，老板们犯罪所触犯的罪名中，虚开增值税专用发票一直位列前三位，其中在 2014 年、2016 年位列第一，足见老板犯此罪的频率之高。

作为最常见的危害税收征管类犯罪，虚开增值税专用发票罪与其他相近犯罪相比有两个特点：一是入罪门槛低，二是处罚重。由于入罪门槛低，老板在处理发票问题时，一旦有侥幸之念，甚至一旦疏忽，就有可能牵扯上这一类犯罪；而处罚重，使得犯罪之人承担了严重的后果。

因此，老板们在处理公司发票问题时，一定要注意依法依规，不要大意疏忽，更不要抱侥幸之念，这样才能远离此类犯罪。

一、实施了虚开增值税专用发票的行为，即使不想偷漏税、即使未给国家税收造成损失，也容易被认定为犯罪，给自己带来麻烦

《刑法》将虚开增值税发票行为规定为犯罪，目的就是保障国家税收。因此，有没有少缴税甚至不缴税的目的，并导致了国家应收税款减少的后果，应当是判断是否构成此类犯罪的重要考量。但应该看到，《刑法》列明的罪状中，并未将造成损失规定为构成要件，因此在司法实践中，不少人认为只要有虚开行为，即构成此罪。虚开行为的老板们遇到持这种观点的检察官、法官，就有被追究刑事责任的危险。

俞某 A 是位于四川省宜宾市的顺途煤业有限责任公司的法定代表人，同时也是顺途公司的分公司，即顺途公司黑熊峪煤矿的负责人，俞某 B 在黑熊峪煤矿担任会计。2012 年，俞某 A、俞某 C 分别与蔺某某任法定代表人的四川应天投资有限公司及蔺某某签订股权转让合同，将其所持顺途公司及其分公司全部股份转让给应天公司及蔺某某。俞某 B 将相关物品、设备移交至应天公司旗下的速达集团有限公司。顺途公司法定代表人及其分公司负责人变更，黑熊峪煤矿停止生产。截至停产时，黑熊峪煤矿余煤 2000 吨左右。

在俞某 A、俞某 B 协助蔺某某办理黑熊峪煤矿扫尾工作期间，蔺某某为了解决其所控制的桃花峪煤业公司超能生产煤炭对外销售的实际问题，虚增了黑熊峪煤矿向速达集团销售煤炭这一交易环节，即实际是由桃花峪煤业公司售煤，却利用黑熊峪煤矿实际停产但具有煤炭生产指标的有利条件，要求由黑熊峪煤矿开具煤炭过关票和相应增值税专用发票，从而将桃花峪煤业超能生产的煤炭对外销售。

俞某 A 让俞某 B 按速达集团的要求开具增值税专用发票，并虚造了黑熊峪煤矿的工人工资表等资料，制作虚假账目，虚增黑熊峪煤矿产量和费用。以黑熊峪煤矿名义，先后向速达集团开具增值税专用发票 38 份，开票金额共计 4148258.4 元，其中，增值税额共计 602738.4 元，涉及煤炭 14773 吨。黑熊峪煤矿在开具增值税专用发票后，如数缴纳了相关增值税款，无多缴、欠缴。速达集团将黑熊峪煤矿向其开具的 38 份增值税专用发票全部申报认证抵扣，涉及增值税额共计 602738.4 元。

四川省宜宾市高县人民检察院指控俞某 A、俞某 B 犯虚开增值税专用发票罪，提起公诉。

四川省宜宾市高县人民法院认为，俞某 A、俞某 B 主观上不具有偷、骗税目的，客观上也没有造成国家税款流失的虚开行为，不应以虚开增值税专用发票犯罪论处。因此，判决俞某 A、俞某 B 无罪。

高县人民检察院不服，提出抗诉。宜宾市人民检察院亦支持其抗诉。检察机关提出：俞某 A、俞某 B 实施了虚开增值税专用发票的行为，其主观上是否具有偷、骗税的目的，以及客观上是否会造成国家税收的流失，并非虚开增值税专用发票罪的构成要件，请宜宾市中级人民法院依法判处二人有罪。

宜宾市中级人民法院认为，本案中，行为人开具增值税专用发票的行为虽与实际交易行为不符，但主观上没有偷逃国家税款目的，而是为了促成超产煤炭的外销，根据销售煤炭数量如实向国家上缴了增值税和相关规费，即使在下一销售环节将增值税发票进行抵扣，客观上也不会造成国家税款流失。因此，俞某 A、俞某 B 等人主观上没有偷逃国家税款目的，客观上也没有造成国家税款流失，不具有危害国家税收征管的严重社会危害性，不应构成虚开增值税专用发票罪。

针对检察机关关于主观上是否具有偷、骗税目的，以及客观上是否会造成国家税收流失，并非本罪构成要件的观点，宜宾市中级人民法院认为，如果不从立法宗旨和立法体系认识到保障国家税款不流失的立法目的，也不从社会危害性方面认识到客观上不会、也没有造成国家税款流失的行为不具有严重的社会危害性，而仅从形式上将只要有虚开行为一律以虚开增值税专用发票罪追究刑事责任，明显违背了主客观相一致的基本定罪要求，属于客观归罪。如果简单地按照抗诉意见认定俞某 A、俞某 B 二人构成虚开增值税专用发票罪，则势必对其施以严重的刑罚，这也与情理不合，因为本案并未造成国家税款损失的严重危害后果。因此，最后裁定驳回抗诉，维持原判。[①] 同理，应天公司、速达集团的实际控制人藺某某等亦被宣告为无罪。

不难看出，就本案而言，高县、宜宾市的两级法院与两级人民检察院的观点截然不同。如果法院的观点与人民检察院的观点一样，那么，俞某A、俞某B、藺某某等人就难逃牢狱之灾。

二、虚开增值税专用发票，即使在有真实交易的情形下，也会因司法机关人员的看法不同，存在着被追究刑事责任的危险

在处理公司发票事务时，无论发生什么情况，都不宜采用虚开发票的方式。例如，因虚开发票抵扣了税款，则会构成犯罪。在有真实交易的前提下虚开了增值税专用发票，也会因司法机关人员的看法不同，面临着被认定为犯罪的危险。

2008年9月，秋某某被任命为南京春水硅材料科技有限公司的总经理，2010年3月又担任该公司的法定代表人、董事长。2010年12月，该公司更名为江苏春水硅材料科技有限公司，公司的住所地由南京市转至泰州市姜堰区。2011年8月，秋某某不再担任该公司的法定代表人、董事长，但继续担任总经理至2011年12月。该公司于2010年10月成立全资子公司南京江亮硅材料科技有限公司，由秋某某担任法定代表人。

2010年3月至2011年1月，秋某某为解决公司销售奖励发放问题，在无真实运输业务，并支付开票费用16.6万元的情况下，通过咸某某让某某运输有限责任公司等七家公司虚开《公路、内河货物运输业统一发票》18份，计4075146.22元，税额计285260.24元，秋某某所在公司实际抵扣税款计271820.24元。

秋某某所在公司常年需要向江苏东海县等地的农户购买原材料石英石，但这些农户无法提供增值税专用发票。为解决这个问题，2010年年初，秋某某与咸某某商量，以与咸某某的公司签订购买石英石的合同，由咸某某的公司根据合同价款开具增值税专用发票的方式，来解决其公司原材料正规发票来源问题。咸某某分别于2010年4月、10月成立了兴化市升宙石英石商贸有限公司和兴化市东起非金属商贸有限公司。2010年4月至2011年5月，春水公司职工郈某某按照秋某某的安排在东海县负责采购原材料石英石，并根据秋某某的指示将所采购石英石的一部分运至南京、姜堰等地。咸某某亦按照秋某某告知的价格

---

① 参考案例：四川省宜宾市高县人民法院（2015）宜高刑初字第38号；四川省宜宾市中级人民法院（2016）川15刑终113号。

和数量以兴化升宙公司、兴化东起公司的名义拟订与春水公司、南京江亮公司的石英石买卖合同，并根据合同内容开具增值税专用发票，春水公司、南京江亮公司收到原材料石英石和发票后，根据合同和发票金额打款至兴化升宙公司或兴化东起公司账户，咸某某收到货款后，按照秋某某的指示将实际采购原材料石英石的货款转至邴某某的个人银行卡，邴某某在东海当地支取现金交给农户，余款扣除其公司应得的费用后转给秋某某或按照秋某某的要求转给相关账户。在此期间，咸某某所有的兴化升宙公司、兴化东起公司分别向春水公司、南京江亮公司合计开出销售原材料石英石的增值税专用发票 90 份，价税合计 9222200 元，税额合计 1339977.87 元，全部由上述单位申报抵扣。

江苏省泰州市姜堰区人民检察院指控春水公司、南京江亮公司、咸某某犯有虚开增值税专用发票罪、秋某某犯有虚开增值税专用发票罪、虚开用于抵扣税款专用发票罪等，提起公诉。

江苏省泰州市姜堰区人民法院认为，秋某某违反国家税收征收管理规定，让他人为所在单位虚开用于抵扣税款《公路、内河货物运输业统一发票》，其行为已构成虚开用于抵扣税款发票罪。春水公司、南京江亮公司、咸某某无罪。遂以虚开用于抵扣税款发票罪判处秋某某有期徒刑二年；宣告春水公司、南京江亮公司、咸某某无罪。

姜堰区人民检察院认为，春水公司、南京江亮公司、秋某某、咸某某构成虚开增值税专用发票罪，事实清楚。因此对上述判决，提出抗诉，江苏省泰州市人民检察院亦支持其抗诉意见。检察机关的理由是：春水公司、南京江亮公司、秋某某、咸某某存在虚开增值税专用发票的行为，并给国家造成了税款损失；咸某某成立的相关公司与春水公司、南京江亮公司均不存在真实的货物交易，相关合同未实际履行，其行为系以合法形式掩盖虚开增值税专用发票的非法目的。

秋某某亦不服，提出上诉，称原审法院在公诉机关未指控春水公司犯虚开用于抵扣税款发票罪的情况下，直接判处其犯虚开用于抵扣税款发票罪，没有法律依据。

江苏省泰州市中级人民法院认为，秋某某让咸某某经营的兴化升宙公司和兴化东起公司为其负责的春水公司、南京江亮公司代开增值税专用发票的主要目的，是解决其公司向农户购买石英石无法开具增值税专用发票的问题，且其公司实际向农户采购了与票面记载数量相同的石英石，并按照票面的含税金额支付了货款，故从全案情况来看，存在真实的货物交易，物流、资金流和票据流，三流合一，且现有证据并不能证实秋某某让咸某某为春水公司、南京江亮公司开具增值税专用发票的行为给国家税收造成了损失或破坏了国家税收征管秩序，因此秋某某、春水公司、南京江亮公司、咸某某均不构成虚开增值税专用发票罪。

关于秋某某的上诉，根据最高人民法院的规定，对于应当认定为单位犯罪的案件，检察机关只作为自然人犯罪案件起诉的，法院应建议检察机关补充起诉，如不补充起诉，法院仍应依法审理，依法按单位犯罪中的直接负责的主管人员或其他直接责任人员追究刑事责任。

基于上述理由，泰州市中级人民法院作出了与一审结果相同的判决。①

这个案例与前一个案例有相似之处，姜堰区、泰州市的两级法院与两级人民检察院的观点有很大差别。如果法院的观点与人民检察院的观点一样，那么秋某某、春水公司、南京江亮公司、咸某某就会被判决犯有虚开增值税专用发票罪。结果将是春水公司、南京江亮公司被判处罚金，秋某某的刑期大大延长，咸某某入狱服刑，失去自由。

三、虚开发票有四种具体形式。有其中之一的，即可构成犯罪

虚开发票的具体形式，大致有为他人虚开、为自己虚开、让他人为自己虚开、介绍他人虚开四种。有此四种行为之一的，即构成虚开增值税专用发票，或者虚开用于骗取出口退税、抵扣税款的其他发票罪。有的法院认为，即使有真实货物交易，亦可构成此罪。

种某某持有西安明远贸易有限公司95%的股权，任该公司的董事长、总经理、法定代表人。2009年至2011年，种某某以收取开票费的方式，在没有真实货物交易的情况下，给不具备开具增值税专用发票资格的杨某某向长沙某某工程机械有限公司西安分公司代开增值税专用发票6份，价税合计414635.47元，税额合计为70488.03元，上述6份发票由受票公司向税务机关申报抵扣。2012年10月，受票公司接受了税务机关的处罚并补缴了上述已抵扣的全部税款。2012年2月，种某某以收取开票费的方式，在没有真实货物交易的情况下，向西安某某电气有限公司开具增值税专用发票3份，价税合计263247.83元，税额合计44752.17元，上述3份发票由受票公司向税务机关申报抵扣。明远公司在对外虚开增值税专用发票过程中，为了平衡账目，虚增进项金额、抵

---

① 参考案例：江苏省泰州市中级人民法院（2015）泰中刑二终字第00150号。

扣国家税款，降低对外虚开增值税专用发票的成本，种某某经他人联系，在明远公司与陕西某某商贸有限公司间并无真实货物交易的情况下，在 2011 年至 2012 年，接受了该公司虚开的增值税专用发票 23 份，价税合计 2119658. 15 元，税额合计为 360341. 85 元，上述 23 份发票已全部申报抵扣。

陕西省西安市人民检察院指控种某某、杨某某犯虚开增值税专用发票罪，提起公诉。

陕西省西安市中级人民法院认为，种某某违反国家增值税专用发票管理规定，在没有货物购销的情况下，为他人代开、向他人虚开增值税专用发票、让他人为自己虚开进项增值税专用发票，虚开的税款数额巨大，其行为已构成虚开增值税专用发票罪；杨某某违反国家增值税专用发票管理规定，虽有真实货物交易，但在自身不具备开票资格的情况下，让他人为自己代开增值税专用发票，虚开的税款数额较大，其行为已构成虚开增值税专用发票罪。遂以犯虚开增值税专用发票罪，判处种某某有期徒刑六年，并处罚金八万元，判处杨某某有期徒刑二年二个月，并处罚金五万元。

种某某不服，上诉于陕西省高级人民法院，提出三宗虚开增值税专用发票的事实均是以明远公司名义实施的，不是种某某的个人行为，本案应定性为单位犯罪。

陕西省高级人民法院认为，种某某为他人虚开、让他人为自己虚开增值税专用发票，虽是以明远公司名义开具的，但明远公司的所有经营、管理行为均是在种某某一人掌控之下，所得收益也由种某某个人支配，其行为不符合单位犯罪的法定构成要件，故其上诉理由不能成立。最后裁定驳回种某某的上诉。[①]

本案中，法院认定种某某同时具有为他人虚开、为自己虚开、让他人为自己虚开三种行为。又认定为种某某个人犯罪，非明远公司单位犯罪，理由似嫌不足，似有再讨论之空间。特别是对杨某某，一方面认定其有真实货物交易，另一方面又认定构成虚开增值税专用发票罪，与前述高县、宜宾市的两级法院、姜堰区、泰州市的两级法院的看法有明显差别，而与这些地区的检察机关看法类似。

四、经营模式与虚开增值税专用发票犯罪

企业在发展过程中，往往会形成自己独特的经营模式，如有一种经营模式

---

① 参考案例：陕西省高级人民法院（2015）陕刑二终字第00070 号。

是将业务发包给业务员，由业务员自行负责、承担购销的成本和亏损，公司仅提供相应资质证书、开具增值税专用发票、收取管理费。在这种情况下，企业的行为本身也有可能构成为他人虚开增值税专用发票的犯罪

敏某某持有商洛市乐康中药保健品有限公司91.84%的股权，任该公司的执行董事、经理、法定代表人。该公司设有西安经营部，由扈某某担任经理。乐康公司及其西安经营部，从事中药材购销业务。

2013年8月16日，陕西省商洛市中级人民法院认定，2007年7月至2011年11月，敏某某以给乐康公司牟利为目的，指使扈某某在没有真实中药材交易的情况下，以乐康公司名义为他人开具增值税专用发票，并按开票价税合计金额3%至4.5%的比例收取费用。其中通过个体药材经销商张某某、刘某某等人介绍，先后向陕西济鸿药业股份有限公司、陕西优情制药有限公司、西安耘耕中药集团有限公司虚开增值税专用发票906份，开票金额85203413.63元，虚开税额11076444.18元，价税合计96279857.81元。接受虚开的三家公司将上述906份发票全部在税务机关抵扣税款。乐康公司将其所收取的费用于公司支出。为掩盖乐康公司虚开增值税专用发票的事实，抵扣虚开的销项税额，敏某某指使乐康公司财务人员多次雇用人员填写虚假的收购业务发票货物清单及入库单，并据此虚开收购业务普通发票用于抵扣税款。经查证，自2011年2月至2011年3月，乐康公司虚开收购业务普通发票107份，合计金额10553158.02元。

商洛市中级人民法院认为，乐康公司的行为构成虚开增值税专用发票、用于抵扣税款的发票罪。敏某某安排扈某某负责乐康公司西安经营部并按照要求收取管理费，同时安排乐康公司工作人员填写虚假的收购业务清单并根据该清单填写虚假的收购业务发票，属直接负责的主管人员，其行为构成虚开增值税专用发票、用于抵扣税款的发票罪。扈某某联系受票单位、传递开票信息清单、收取管理费、实施资金空转，是直接责任人，其行为构成虚开增值税专用发票罪。因此，以犯虚开增值税专用发票、用于抵扣税款发票罪，判处乐康公司罚金六百万元，判处敏某某有期徒刑十五年，以犯虚开增值税专用发票罪，判处扈某某有期徒刑十二年。

乐康公司、敏某某、扈某某均不服，上诉于陕西省高级人民法院。在敏某某的上诉理由中，有一条是：根据乐康公司的经营模式，业务员自行负责中药材的购销，承担销售的成本和风险，公司提供相应的资质证书，并按照业务员销售金额的一定比例提取管理费。业务员在销售药材后，收货方向乐康公司付款，乐康公司根据业务员的销售清单开具增值税专用发票，公司对有无真实中

药材交易并不知情。因此，敏某某安排业务员的行为是根据公司经营模式实施的合法经营行为。

据敏某某供述，乐康公司西安经营部有业务员四十多人，由扈某某招聘和管理。公司与业务员签订劳动合同后，向业务员提供公司证照、法人委托书和空白合同。业务员没有底薪，在外面自由开展中药材购销业务，并承担收购费用、仓储等成本费用。业务员和客户签订销售合同后，把收购药材的清单交给扈某某，由扈某某传真给公司财务部，他安排公司财务部根据清单补开收购发票和货物入库单，再根据入库单做购进账，业务员把购进的中药材销售给客户以后，购货单位付款给公司，业务员将销售信息通过扈某某传真给公司，公司财务根据传真内容向购货方开具增值税专用发票。客户单位把货款打到乐康公司账户以后，公司再将货款汇给扈某某，扈某某把货款再付给业务员。他没有告诉或指导财务人员怎么开具增值税专用发票。乐康公司主要收入就是向业务员收取的管理费，他安排扈某某按照销售发票金额的一定比例收取管理费，收取管理费的具体标准一般都是扈某某决定，有时收取管理费的标准太低，扈某某也向其汇报，要经其同意。收取的管理费都入了公司账。

据扈某某供述，2006 年她担任乐康公司西安经营部经理，主要负责西安经营部业务，经营部有四十多个业务员。西安经营部的主要业务就是通过业务员联系，由她负责传递开增值税专用发票的信息给乐康公司，乐康公司开好票交给她，她再把票交给相关企业，从中收取管理费。这些事情都是敏某某安排的，她收的管理费大部分以转账形式交给乐康公司，还有一小部分以现金形式交给敏某某。乐康公司为了挣管理费而开具的增值税专用发票没有发生真实业务。在开票过程中，当她知道受票企业打了货款之后，就打电话通知乐康公司出纳到银行查收，出纳查收之后再回电话告诉她。她再让出纳把货款打到她个人账户，她收到货款后，有时把货款打到业务员卡上，有时直接把款打到受票企业提供的账户上。

开始联系乐康公司向济鸿公司、优情公司、耘耕公司开具增值税专用发票的，依次是张某某、刘某某、董某某：

张某某（药材经销商）证言证明，他不是乐康公司的业务员，该公司和他签订的招聘协议是虚假的，是为乐康公司开票提供方便。他自己向济鸿公司提供过中药材，但和乐康公司无关。乐康公司不承担他任何经营费用，该公司也没有给济鸿公司供过药材。2008 年，他就认识了敏某某和扈某某，这两人是专门开票的。后扈某某让他帮忙联系开票业务，乐康公司按比例收取开票费。后他在经营过程中，济鸿公司提出需要增值税专用发票，他就联系了扈某某，双方协商按价税合计的4%收取开票费。他将协商情况告诉给济鸿公司的李某某，李某某也同意了。之后济鸿公司给他一份开票清单，上有中药材的名称、数量、单价等，他把清单交给扈某某，扈某某据此开好发票，通过他交给济鸿公司，济鸿公司又通过他把开票费交给扈某某。后来他听说扈某某向其他人收的开票管理费低，就让扈某某降低收费标准，但是扈某某不同意，他又给敏某某打电话，敏某某同意降低标准，后他就按照3.5%给扈某某交开票费，自己从中间赚0.5%。他从济鸿公司领了505997.68元管理费，给闵某交了467945.5元，剩余归他所有。在开票过程中，乐康公司开好增值税专用发票后，济鸿公司把货款打到乐康公司账户，乐康公司又将款转到扈某某账户，扈某某再转回到济鸿公司以李某某名义开立的账户。

刘某某（药材经销商）证言证明，2008年7月，他给优情公司供货过程中，对方要求他出具药材供应资质和一般纳税人资格证明，他便找到乐康公司西安经营部的扈某某，双方协商由他以乐康公司业务员名义向优情公司供货。后来优情公司财务部经理薛某某提出让他帮忙开具增值税专用发票，他为了维持生意关系，就答应了。后经他与扈某某协商，扈某某同意由乐康公司向优情公司开具增值税专用发票，乐康公司按4.5%的比例收取开票管理费，优情公司也同意了，后乐康公司就向优情公司开具增值税发票。一直持续到2009年上半年，他共向优情公司供了87万余元的中药材，而乐康公司与优情公司没有实际交易，只是虚开发票。乐康公司给优情公司开的增值税专用发票全部都是虚开的，和他给优情公司供货没有关系。开票流程是：优情公司的余某某每月给他一份开票清单，他根据清单让扈某某开票，开好票以后，扈某某再通过他把发票交给优情公司财务部门。优情公司支付开票管理费的一种方式是通过现金存款或转账形式打到他的农行卡上，由他交给扈某某；另一种方式是以付货款的名义汇款到乐康公司的对公账户上。乐康公司给优情公司开的现金收据是扈某某开的假收据，他本人向优情公司出具的现金收据也是假收据，目的是应付税务机关检查。

董某某（万德顺药行负责人）证言证明，他曾经和朋友合伙做中药材生意，并借用乐康公司的资质给耘耕公司供了两批货，但货款一直没有收回。2009年6月，耘耕公司的老板吉某某让他虚开些增值税专用发票，说票开好后可以照顾他的生意，并尽快结清拖欠的货款。后他找到在西安药材市场上卖增值税专用发票的扈某某，给扈某某说耘耕公司想要增值税专用发票。扈某某说可以开增值税发票，但要收4%的管理费，后经讨价还价，将管理费费率定为3.3%~3.5%。他把这一情况告诉吉某某，吉某某便安排自己的妻子朱某某和他联系开票事宜。后耘耕公司把需要开票的公司名称、银行账号、药材名称、单价、金额通过传真发给他，他再传真给扈某某，扈某某开好增值税发票通过他交给耘耕公司。后耘耕公司又通过他交给扈某某7万余元管理费。耘耕公司通过他从乐康公司扈某某处共买了两次增值税专用发票，根本没有真实的货物交易。

以上五个人的叙述，大致勾勒出了乐康公司经营模式的轮廓。

陕西省高级人民法院认为，乐康公司作为市场主体，采取不支付经营成本和管理成本、不参与实际货物购销业务、不承担购销合同义务，仅是为他人开具增值税发票的行为符合虚开增值税发票罪的构成要件，明显属于虚开增值税发票犯罪行为。相关证人均否认其系乐康公司业务员，未接受乐康公司委托、代表乐康公司从事过中药材购销业务。张某某、刘某某、董某某并非乐康公司业务员，该三人与济鸿公司、优情公司、耘耕公司的中药材购销业务和乐康公司无关，且上述三人与相关公司的业务量远远小于乐康公司给三家受票公司开具的增值说专用发票数量，故乐康公司在没有货物购销的情况下虚开增值税专用发票的事实清楚，且乐康公司所谓的由业务员自行负责中药材购销、承担销售的成本和风险，公司仅提供相应资质证书、开具增值税专用发票、收取管理费的行为本身就属于为他人虚开增值税专用发票的犯罪行为。

税务部门根据税收管理需要，要求纳税单位填写收购货物清单。虽然农特产品收购存在一定的特殊性，但乐康公司作为纳税主体，应根据其业务情况据实填写。而乐康公司多名财务人员均证明，乐康公司是先对外开具增值税发票以后，再依据开具增值税专用发票的信息内容填写虚假收购清单和入库单，又根据收购清单填写收购发票。乐康公司上述行为明显与正常商业贸易流通程序颠倒，其目的是掩盖其与相关受票公司并无真实货物购销业务的事实、为抵扣销项税款而虚开抵扣税款的普通发票。相关公司与乐康公司资金空转时，已将资金汇入乐康公司账户，后乐康公司又将资金从本公司账户通过扈某某账户转回受票公司。

最后，陕西省高级人民法院维持了商洛市中级人民法院对乐康公司、敏某某、扈某某的定罪量刑。①

---

① 参考案例：陕西省高级人民法院（2013）陕刑二终字第000150号。

从判决书的观点来看，关于市场主体应该怎么做的阐述十分精彩。

对判决书认定的犯罪事实，乐康公司向济鸿公司、优情公司、耘耕公司开具的增值税专用发票数量远远大于张某某、刘某某、董某某与三公司的业务量，其超过部分构成犯罪；敏某某指使乐康公司财务人员雇用人员填写虚假的收购业务发票货物清单及入库单，并据此虚开收购业务普通发票用于抵扣税款的行为，亦构成犯罪。这些应无异议。但对乐康公司开具的和张某某、刘某某、董某某与三公司的业务量相当的那部分增值税专用发票，也认定为犯罪，就颇值得玩味。对此，可以参照前文引证的案例进行对比、研究。

第二十一章　克制冲动，审慎筹集资金

公司的发展都是靠生产的进步，靠创新，靠老板和员工们奋斗出来的。这就是说，不是靠借来的，更不是靠投机取巧来的！

一定要记住：借来的钱，是需要还的！

资金是公司的血液。有资金，并且资金能够沿着业务链条进行流动，公司才能运转下去。本来，股东的出资是公司资金的原始、基本来源。但公司在经营过程中，特别是在业务量增加的时期，往往会出现资金缺乏的现象。在这种情况下，比较稳妥的做法是控制业务量的增长，等待后续资金跟上，以使二者保持匹配状态。

如果不愿放弃新增业务，可以主动一些，增加公司所需资金。增加资金的具体途径，较为保守的，可以要求股东增加注册资本；稳健一些的，可以向银行等金融机构借款；激进一些的，可以向社会募集，如发行股票、债券等。这些途径都是法律允许并作了相应规范的。公司只要按照法律规定操作即可。如果这些合法途径行不通，达不到为公司增资的目的，那么最好放弃增资这一目标。

这时，切忌为资金着迷、冲动。

一、一定要远离高利贷

贷款的利率达到多少才算是高利贷？按照《中国人民银行关于取缔地下钱庄及打击高利贷行为的通知》第二条的规定，对利率超过中国人民银行公布的金融机构同期、同档次贷款利率（不含浮动）的4倍标准的，应界定为高利借贷行为。最高人民法院于2015年9月施行的《关于审理民间借贷案件适用法律若干问题的规定》第二十六条、第三十条、第三十一条规定，借贷双方约定的利率未超过年利率24%，受法律保护；超过年利率36%的，超过部分无效，借款人给付后有权要求返还；年利率24%到36%的部分，借款人自愿给付后又要求返还，法院不予支持。按此规定，也可以将年利率超过36%的界定为高利贷。

这就是说，最高人民法院的上述规定将年利率分为三档，第一档是年利率在24%以下的，第二档是在24%～36%，第三档是超过36%的。24%以下的，是有效的，法院予以保护；年利率在36%以上的，是无效的，即使借款人已经将这部分利息给付了放贷人，也有权要求返还。而年利率在24%至36%这一档利息，属于自然债务。什么是自然债务？如果借款人自愿给付，则给付有效，给付以后不得要求返还；如果借款人拒绝给付，法律也不支持放贷人。也就是说放贷人不能获得胜诉权，无法通过诉讼获得清偿。年利率24%～36%这一档所产生的利息，虽然不受法律保护，但毕竟没有了断。这样一来，就为放贷人追债留下了空间。他们虽然不能通过法院诉讼的途径追债，但却不妨碍他们采取其他办法。

一般来说，高利贷多带有黑社会背景，或与黑社会有千丝万缕的联系。这就导致，虽然放贷的人有追索欠款本金和部分利息的权利，却往往并不依法行使，而是采用不文明的方法，特别是采用暴力手段，进行恐吓、威胁甚至伤害，以控制老板甚至企业，从而使企业无法正常运行。例如，企业在难以偿还债务的情况下，本可以向法院申请破产，但有些老板畏惧高利贷的放贷者，不敢申请破产，而宁愿跑路甚至自杀。

高利贷的危害极大。对企业来说，借了高利贷，几乎等于服了一瓶毒药。

山东某某工贸有限公司是一家自然人独资的有限责任公司，注册资本1亿元，股东、执行董事、法定代表人为女老板益某某。2014年7月，益某某向伍某某、姚某某借款100万元，双方口头约定月息10%。至2015年10月20日，益某某共计还款154万元。2015年11月，益某某再向伍某某、姚某某借款35万元。其中10万元，双方口头约定月息10%；另外25万元，通过签订房屋买卖合同，用益某某丈夫尤某某名下的一套住房作为抵押，双方约定如逾期还款，则将该住房过户给姚某某。至2016年1月6日，益某某共计向姚某某还款29.8万元。伍某某、姚某某认为该29.8万元属于偿还第一笔100万元借款的利息，而益某某夫妇认为是用于偿还第二笔借款。伍某某、姚某某多次催促益某某夫妇继续还款或办理住房过户手续，但益某某夫妇未再还款，亦未办理住房过户。此后，伍某某、姚某某继续追债。伍某某、姚某某以及跟随他们的人，采取的方式有：对上述尤某某名下住房的门锁更换并强行入住；伍某某责骂益某某，并将益某某头部按入座便器接近水面位置；多人在益某某的公司车棚内驻扎、在办公楼前支锅做饭；有人在办公楼前呼喊，在财务室内、餐厅外盯守，在办公楼门厅外烧烤、饮酒。其中箫某某用污秽语言辱骂益某某及其家人，将烟头弹到益某某胸前衣服上，将裤子褪至大腿处裸露下体，朝坐在沙发上的益某某等人左右扭动身体；簫某某脱下益某某儿子尤某的鞋，让益某某闻，还用手拍打尤某面颊，其他讨债人员实施了揪抓尤某头发或按压尤某肩部不准其起身等行为。尤某不忍母亲受辱，以刀捅刺，致簫某某死亡，另二人重伤，一人轻伤。结果，尤某犯下了故意伤害罪，被判处有期徒刑五年。[①] 这个案件一时轰动全国。

这就是借高利贷的后果，益某某本人受辱，儿子入狱。但还有后果更严重的，有一些老板，不堪高利贷的重压，走上不归路，选择自杀，如 2018 年 1 月 30 日，浙江金盾风机股份有限公司大股东、董事长、浙江金盾控股集团有限公司董事长周建灿跳楼自杀。有的文章介绍说，"周建灿的民间借贷，利息有的 9 分，有的甚至 1 毛 2 分。这是什么概念？通常高利贷说的 9 分利，指的是月息 9%，那么折算年利率，就是 108%，是法律规定的高利贷上限利率 36% 的三倍"。"其中一笔 2.1 亿元的借款，光利息就偿还了 5.9 亿元。"

二、公司增加股东、增加资本都是合法的，但如果未经批准，向社会公开，或者变相公开发行股票、债券，则会构成犯罪

深圳四海聚矿业投资股份有限公司于 2013 年 5 月注册成立，主要经营矿业项目投资、矿业开发等项目，股东除深圳市某某投资基金管理有限公司为法人外，其余为 17 个自然人，其中游某某持有四海聚公司股权 69%，任法定代表人、董事长、总经理；岩某某持股 2.5%，任公司监事、副总经理；索某某持股 1%，任公司行政经理。

四海聚公司自成立以来，未经证监部门批准，以公司计划在加拿大多伦多证券交易所创业板上市，购买公司原始股上市后可以获得高额回报为名，由公司工作人员或公司股东通过电话联系投资者、以"口口相传"等公开、变相公开方式向社会不特定对象出售公司股票，股价为每股 3.8 元（后变更为每股 1 元）。投资者有意向购买公司股票后，公司组织投资者召开上市业务说明会或邀请投资者到公司结合幻灯片演示详细介绍公司情况及增发股票业务。投资者通过银行转账、POS 机刷卡、缴纳现金等方式支付购股款项后，与四海聚公司签订《股份认购协议书》《股权确认书》，作为投资者认购、持有公司股票的证明。四海聚公司收取投资者的股份认购款后主要用于支付公司员工工资、介绍他人购买股票提成、租用办公场地、员工出差、公司日常运作等。经统计，截

① 参考案例：山东省高级人民法院（2017）鲁刑终 151 号。

至2014年6月12日，四海聚公司向50余名投资者收取股本金462.3万元。

在上述行为中，游某某负责公司运作成立、总体经营管理、增发股票及借款业务的提议及决策等，岩某某负责协助游某某经营管理、制作公司增发股票业务有关宣传资料、参与组织面向投资者的上市说明会、向投资者介绍洽谈增发股票业务、公司员工内部培训等，索某某参与组织面向投资者的上市说明会、向投资者介绍增发股票业务、公司员工内部培训等。另有闫某某等人负责联系客户购买公司股票、参与向投资者介绍增发股票业务、公司员工内部培训等。

深圳市中级人民法院认为，四海聚公司未经国家有关主管部门批准，擅自发行股票，数额巨大。游某某作为该公司直接负责的主管人员，岩某某、索某某、闫某某作为直接责任人员，其行为已构成擅自发行股票罪，以犯擅自发行股票罪，判处游某某有期徒刑二年，岩某某有期徒刑一年，索某某、闫某某有期徒刑各十一个月。宣判后，游某某不服，以不属于公开发行及变相公开发行、增加股东是合法行为等理由，上诉于广东省高级人民法院。

广东省高级人民法院认为，关于四海聚公司发行股票的对象是特定还是不特定的问题，区分特定对象与不特定对象，应当结合投资者的选择程序、承担风险能力与人数等因素综合分析。本案中，四海聚公司要求员工或股东通过电话、面谈等方式联系自己的亲戚、朋友，以公司计划在加拿大多伦多证券交易所创业板上市，购买原始股上市后可获高额回报为名，吸收上述人群成为投资者。新的投资者再以口口相传的方式吸收更多的投资者购买公司股票。公司在对投资者的选择上并没有设定限制条件，投资者未参与公司的实际经营，甚至对公司的经营状况不了解。公司对成功吸收投资者的员工予以提成奖励，鼓励员工向不特定对象推介公司股票。四海聚公司不考察投资人的具体情况，只要出资即予以接纳，且有员工亲戚、朋友之外的其他人投资入股，应当认为四海聚公司系向不特定对象发行股票。关于四海聚公司是否属于变相公开增发股票的问题，经查，四海聚公司通过员工或股东以电话、面谈等方式邀请不特定对象到公司，公司组织投资者召开上市业务说明会或邀请投资者到公司结合幻灯片演示介绍公司情况及增发股票业务，故可以认定四海聚公司增发股票的形式属于变相公开增发股票。因此，最后裁定驳回了游某某的上诉。①

三、吸收公众存款，风险太大

有的老板为了筹集资金，采取了向社会集资的方式。如果规模小，涉及的

---

① 参考案例：广东省高级人民法院（2015）粤高法刑二终字第238号。

人数少或许还可以，一旦规模过大、资金过多，就会涉嫌犯罪。按照《最高人民法院关于审理非法集资刑事案件具体应用法律若干问题的解释》第三条的规定，如果数额超过了100万元，或者人数超过了150人，或者造成的直接经济损失超过了50万元，或者造成了恶劣社会影响，或者有其他扰乱金融秩序情节严重的情形，都有可能构成非法吸收公众存款罪，被追究刑事责任。所以，向社会筹资这条路，需要承担的风险太大。

亳州市国发科技开发有限公司成立于1998年11月，注册资本50万元，后来增加为1000万元，其中丘某某持股69%、师某某持股23%、杖某某持股8%。发展过程中，国发科技公司公司又先后注册、收购了20余家公司。

国发科技公司成立初期，经营效益一般。2002年引进仙人掌项目后，总体经营亏损。2002年下半年，因经营状况欠佳，国发科技公司采取仙人掌种植模式开展集资，至2005年11月逐渐停止。为缓解资金压力，国发科技公司股东、董事长、总裁丘某某与股东、副董事长、副总裁师某某、副总裁班某某、高管钧某某、琳某某、云某某、平某某等人商议，并由其他管理人员参与讨论，采取约定回购、返本销售、投资入股等方式，相继推出全员营销、窖酒收藏、万店工程、增资扩股、清欣片代理、饮料代理、房地产开发及福利房预订等多种集资模式，不断向社会公众募集资金。所募资金进入国发科技公司账户，由公司统一调配使用。国发科技公司在全国非法集资共计355743.18万元，涉及集资群众41440人。2008年12月，丘某某等人被公安机关采取强制措施。

2010年1月，安徽省亳州市人民检察院提起公诉，指控丘某某等三十九名被告人犯集资诈骗、非法吸收公众存款、隐匿会计凭证、非国家工作人员受贿罪。2011年3月，安徽省亳州市中级人民法院一审判处丘某某死刑，其余被告人死缓、无期、有期徒刑等刑罚。丘某某等人不服，上诉至安徽省高级人民法院，法院维持了对丘某某的死刑判决，并报请最高人民法院核准。最高人民法院未予以核准，而是裁定发回重审。

重审期间，亳州市人民检察院将被告人、罪名变更为指控丘某某、班某某、钧某某、琳某某、平某某等十四人犯集资诈骗罪，师某某、云某某犯集资诈骗罪、非国家工作人员受贿罪，另六人犯非法吸收公众存款罪。亳州市中级人民法院认为本案属于国发科技公司单位犯罪，建议亳州市人民检察院补充起诉国发科技公司。亳州市人民检察院可能有不同看法，并未补充起诉。

亳州市中级人民法院认为国发科技公司触犯的罪名为非法吸收公众存款罪，对丘某某等被告人应按照单位犯罪中的直接负责的主管人员或者其他直接责任人员，以非法吸收公众存款罪追究刑事责任，判处丘某某有期徒刑十年，并处罚金五十万元；判处其余被告人师某某、班某某、钧某某、云某某、琳某某、平某某等人不同的有期徒刑、罚金。

对上述判决，丘某某等八人不服，向安徽省高级人民法院提出上诉。亳州市人民检察院提出抗诉，但又撤回。安徽省高级人民法院最终裁定驳回了丘某某等人的上诉。[①]

在经营国发科技公司过程中，作为董事长的丘某某，与公司其他董事、高管多人商议，采用向社会集资的方式筹集资金，结果酿成了这一轰动全国的大案。丘某某本人一审被判处死刑，二审又被判处死刑，所幸最高人民法院未予核准，才捡回一条命。其他二十多人，锒铛入狱，从风光的公司负责人沦为囚犯，前程尽毁。

因向社会集资而犯罪的老板大有人在，有的像丘某某那样幸运，进了死刑大门又被拉了回来，如浙江某某控股集团有限公司的法定代表人吴某；有的就没有这么幸运了，最后被处决，如湖南某某房地产开发有限公司董事长、法定代表人曾某某。

上述案例告诉老板们，向社会集资这条路，是一条死路。

四、即使公司资金困难，老板也不应铤而走险，以欺骗手段取得他人款项

前文提到，如果资金匮乏，又没有合规渠道增加资金，可以将业务量降下来，牺牲一下发展速度，甚至也可以将公司停摆。如果停摆也不济，还有解散、清算这条最后的路径可走。

在公司资金紧张之时，切忌为筹资不择手段，甚至使用欺骗手段。所谓欺骗，即通过虚构事实，或者隐瞒真相，使他人上当。这是经济领域常见的犯罪手段。例如，张某某和王某某于2001年成立了一家科技有限公司，公司运营两年后严重亏损，负债累累。为了解决公司的资金困难问题，二人谎称公司将要引进一项高科技项目，并伪造了一份与外国某公司签订的项目合作合同，并以此向某银行申请借款。某银行相信了张某某和王某某的说法，向其开办的科技公司发放贷款25万元。张某某和王某某将这25万元，全部归还了科技公司以前所欠的债务。自然，他们无钱归还银行了。他们虚构项目、伪造合同的事实

---

① 参考案例：安徽省亳州市中级人民法院（2010）亳刑初字第00013号、安徽省高级人民法院（2011）皖刑终字第00257号、最高人民法院（2011）刑二复36985077号；安徽省亳州市中级人民法院（2013）亳刑初字第00056号、安徽省高级人民法院（2015）皖刑终字第00037号。

暴露后，被追究刑事责任，各被判处有期徒刑四年。其实，这 25 万元的贷与不贷，并无多大区别，因为贷了，只是更换了债权人，却无法改变欠债的实际情况。由于采用了虚假的手段，反而把自己送进了牢狱。

吉某某是潍坊市某某木业有限公司的控股股东，持有该公司 62.5% 的股份，并担任公司的执行董事、总经理、法定代表人。2011 年 8 月至 12 月，吉某某指使木某某、桑某某以木业公司的名义虚构借款申请理由、股东会决议书、相关财务报表以及木业公司与桑某某、董某某的木材购销合同，骗取潍坊银行卧龙街支行贷款 200 万元，用于归还公司欠款。2011 年 12 月，吉某某指使木某某以木业公司的名义虚构借款申请理由、股东会决议书、相关财务报表，骗取诸城农村商业银行贷款 400 万元，用于归还公司欠款。2012 年 5 月至 6 月，吉某某指使杨某，为木业公司虚构借款申请理由、股东会决议书、相关财务报表等，帮助木业公司骗取诸城农村商业银行贷款 150 万元。

山东省诸城市人民检察院以木业公司、吉某某、木某某、桑某某、杨某犯有骗取贷款罪，向诸城市人民法院提起公诉。

山东省诸城市人民法院经审理认为，被告单位木业公司以虚构事实，隐瞒真相的手段骗取银行贷款，情节严重，破坏了金融管理秩序，其行为已构成骗取贷款罪，依法应负刑事责任；被告人吉某某作为被告单位法定代表人，直接策划并实施骗取银行贷款行为，属单位犯罪的直接负责的主管人员，系主犯；被告人木某某、桑某某受吉某某指使，积极参与骗取银行贷款犯罪活动，属单位犯罪中直接责任人，亦应追究刑事责任；被告人杨某明知被告单位以虚构事实、隐瞒真相的方法骗取银行贷款，仍帮助其伪造虚假财务报表，依法亦应刑罚。被告人木某某、桑某某、杨某系从犯，且有自首情节，依法可以从轻或减轻处罚。遂以犯骗取贷款罪，判处被告单位木业公司罚金 100 万元；判处被告人吉某某有期徒刑三年，并处罚金 5 万元；判处被告人木某某有期徒刑一年，缓刑一年，并处罚金二万五千元；判处被告人桑某某有期徒刑八个月，缓刑一年，并处罚金一万五千元；判处被告人杨某有期徒刑六个月，缓刑一年，并处罚金一万元。责令被告单位木业公司退赔潍坊银行卧龙街支行 200 万元。

宣判后，吉某某不服，以“量刑过重”为由，上诉于山东省潍坊市中级人民法院。潍坊市中级人民法院认为，原审根据其犯罪事实、性质、情节及其社会危害程度所作判决，罚当其罪，量刑不属过重。故裁定驳回其上诉。①

---

①　参考案例：山东省潍坊市中级人民法院（2013）潍刑二终字第 126 号。

第二十二章　严守纪律，不侵占、不贪污

侵占、贪污是指公司的人员，利用职务上——如董事长、董事、经理、副经理、财务负责人等——的便利，将本公司财物非法占为己有，数额较大的行为。

公司的人员利用职务的便利，侵占公司的财产，构成犯罪，所触犯的罪名是职务侵占罪。如果公司的性质为国有，那么所触犯的罪名则是贪污罪。公司的性质不同，决定了罪名的不同和量刑的差异。

职务侵占罪、贪污罪是老板们常犯的一个罪名。在实践中，侵占、贪污的具体方式五花八门，有以赝品替换真品，而将真品侵占的；有模仿董事长笔迹签字冒领款项；有以公司资金购买消费品、艺术品等，而放在老板家中供个人享用的等。凡这些，都有可能构成犯罪。

一、副总经理、技术工程师以收受回扣的方式，侵占公司巨额财产，构成职务侵占罪

按照《刑法》第二百七十一条第一款的规定，职务侵占罪是指“公司、企业或者其他单位的人员，利用职务上的便利，将本单位财物非法占为己有，数额较大的”行为。容易触犯此类犯罪的，主要是在公司担任一定职务的人员，这其中既包括董事、高管、监事之类职务的人员，也包括担任低一些职务的人员。

2014 年 5 月、6 月，蒲某和蒲某某筹建福建省洁净侠厨卫有限公司，二人与计某某口头约定，计某某以技术出资，入股洁净侠厨卫公司，并占 13% 的股份，负责公司前期设备采购等筹建工作。2014 年 9 月至 10 月，计某某将籍某某、幺某某介绍给蒲某和蒲某某，约定由籍某某负责为公司设计集成灶模具图纸，并协助计某某联系模具制造商，幺某某负责公司日后生产出集成灶产品的销售，幺某某暂时协助计某某联系模具制造商。

2014 年 10 月，计某某召集籍某某、幺某某去联系模具制造商，并商量要

找实际报价低，市场报价合理，能够产生差价的公司。后籍某某联系了浙江某某精密机械有限公司的法定代表人刘某，与其商谈订购集成灶模具之事，并要求刘某将实际底价和公司报价之间的差额作为回扣支付给计某某，刘某同意。后籍某某安排计某某、幺某某与刘某会面，计某某向刘某提出差价要作为回扣的要求。

2014 年 11 月，洁净侠厨卫公司通过工商注册正式成立，蒲某为公司法定代表人。12 月，正式聘请计某某为公司副总经理，聘请籍某某为公司技术工程师，并要求计某某、籍某某、幺某某多联系几家模具制造商对比。因籍某某、计某某、幺某某极力推荐，并在籍某某、计某某的带领下，蒲某、蒲某某两次到浙江省海宁市与刘某会面。刘某则根据籍某某的事先交代，将蒲某等人带至他人经营的规模更大的模具厂进行参观。其间，籍某某、幺某某找到刘某，以籍某某、幺某某会帮助其促成该笔生意为由，向刘某索要给幺某某的差价 50 万元作为回扣，刘某同意。

刘某按之前计某某、籍某某提出的要求，与蒲某、蒲某某进行加价商谈，并分别代表精密机械公司、洁净侠厨卫公司签订了《开模协议》，约定模具价格为 541 万元。协议签订后，籍某某找刘某，以其帮助促成该笔生意为由向刘某索要个人好处，刘某答应按底价的 10% 给籍某某 30 万元。其后计某某找刘某，刘某在实际底价 285 万元的基础上，加上给籍某某、幺某某单独索要的回扣合计 80 万元，与计某某商定以 365 万和协议价格 541 万元的差价计算支付给计某某的回扣。

2014 年 12 月 18 日，洁净侠厨卫公司按照协议约定，转账协议总价格的 65%，即 351.65 万元到精密机械公司，作为开模的首付款。刘某收到首付款后，按照事先约定作为回扣的差价以 65% 计算，从中支付给计某某 98 万元、幺某某 27.6 万元、籍某某 19.5 万元，后幺某某从收到的 27.6 万元中分给籍某某 13.8 万元，计某某从收到的 98 万元中支付给籍某某 38 万元，分给幺某某 4 万元。2015 年 9 月，案发。

福建省三明市将乐县人民检察院指控籍某某、计某某、幺某某犯职务侵占罪，提起公诉。

福建省三明市将乐县人民法院认为，被告人计某某、籍某某在洁净侠厨卫公司任职期间，伙同幺某某，利用计某某、籍某某负责为该公司联系模具生产商、协助采购模具设备的职务便利，通过模具生产商配合虚抬采购价格的方式，将该公司的财物占为己有，数额巨大，三人行为均构成职务侵占罪，依法分别判处其有期徒刑。籍某某不服，以认定其违法所得数额有误为由，上诉于福建省三明市中级人民法院。经审理，三明市中级人民法院采纳了籍某某的上诉理由，依法改判。最后，以犯有职务侵占罪，判处籍某某有期徒刑二年十个月，判处计某某有期徒刑二年六个月，判处幺某某有期徒刑二年，缓刑三年。对三人违法所得，予以追缴，发还被害单位洁净侠厨卫公司。[①]

二、法定代表人不将属于公司的财产入账，而是随意处置，后果很危险，有时会被认为构成犯罪，被追究刑事责任

在上述案例中，计某某、籍某某、幺某某三人构成犯罪是一目了然的。但有的时候，当事人的行为是不是构成侵占罪，很难区分，司法机关之间有时意见也存在分歧。下面这个案例一波三折，使老板备受折腾。

1. 只因未将公司资金入账，被认定犯有职务侵占罪，被判处七年有期徒刑

慕某某是湖北省某某农副食品有限公司的法定代表人。2008 年 7 月，慕某某收取农副食品公司货款后，未将其中的 34.7 万元入公司账。言某某举报慕某某涉嫌职务侵占。慕某某于 2008 年 12 月 17 日被刑事拘留，同年 12 月 31 日被监视居住，2009 年 10 月 15 日被逮捕。

湖北省仙桃市人民检察院指控慕某某犯职务侵占罪。2010 年 5 月 25 日，湖北省仙桃市人民法院以犯职务侵占罪，判处慕某某有期徒刑七年，并处没收财产 5 万元。慕某某不服，提出上诉。2010 年 11 月 9 日，湖北省汉江中级人民法院裁定撤销原判，发回重审。2011 年 4 月 15 日，仙桃市人民法院又以犯职务侵占罪，判处慕某某有期徒刑六年，并处没收财产 5 万元。慕某某不服，提出上诉。

在此次二审中，尽管湖北省人民检察院汉江分院发表的出庭意见是慕某某的行为不构成犯罪，但汉江中级人民法院仍在于 2011 年 8 月 26 日作出的判决中认定慕某某犯职务侵占罪，只是免予刑事处罚。慕某某不服，向汉江中级人民法院提出申诉，被该院驳回。慕某某仍不服，向湖北省高级人民法院提出申诉。2017 年 12 月 5 日，湖北省高级人民法院作出（2017）鄂刑再 4 号刑事判决，结果是：慕某某无罪。[②]

---

① 参考案例：福建省三明市将乐县人民法院（2017）闽 0428 刑初 5 号；福建省三明市中级人民法院（2017）闽 04 刑终 99 号。

② 参考案例：湖北省仙桃市人民法院（2010）仙刑初字第 120 号、（2011）仙刑初字第 1 号；湖北省汉江中级人民法院（2011）汉刑终字第 45 号；湖北省高级人民法院（2017）鄂刑再 4 号。

自从被采取刑事强制措施后，历时 9 年有余，经过多次诉讼，反复折腾，慕某某终于被宣布无罪。

2. 公司法定代表人不将公司的销售收入入账，而是由自己支配，至少从形式上看侵占了公司财产

农副食品公司是慕某某与其妻子容某某二人于 2005 年 12 月二人设立的。农副食品公司注册资本为 100 万元，其中慕某某出资额为 80 万元，容某某出资额为 20 万元。慕某某为公司的法定代表人，负责公司的经营管理。农副食品公司注册登记的股东，始终是慕某某、容某某。公司的经营范围为水产品、农副产品的加工、销售等。

2007 年 4 月 5 日，慕某某代表的农副食品公司与言某某、富流有限公司签订了一份增资扩股股份合作协议书。

慕某某与言某某、富流公司签订上述协议之前，销售给洪湖市经销商修某某一批农副产品，包括次品虾、鱼片、鱼杂等，计 1. 2 万元。2008 年 7 月，又向修某某销售了一批农副产品，包括虾仁、整肢虾等。含前述 1. 2 万元，销售总金额为 151. 48 万元。修某某先向农副食品公司支付货款 115. 58 万元。尔后，修某某向慕某某支付现金计 35. 9 万元，其中有慕某某个人所有的货款 1. 2 万元，其余销售收入 34. 7 万元并未列入公司账目。此后，慕某某用于偿还其个人为筹建设立农副食品公司所欠印某某、言某某某等人的债务 24. 8 万元。

仙桃市人民法院、汉江中级人民法院认定慕某某侵占农副食品公司 34. 7 万元，湖北省高级人民法院认为“慕某某在农副食品公司的生产经营活动中，利用职务上的便利将公司的货款收回后未上账而予以支配，从形式上看其行为侵占了农副食品公司的财产”。

3. 是不是损害股东的利益，与是不是构成职务侵占罪，有没有关系

本案中，慕某某曾代表农副食品公司与言某某、富流公司签订一份增资扩股股份合作协议书，言某某、富流公司亦曾起诉，请求法院确认其为农副食品公司的股东。但是，协议签订后，农副食品公司未在工商部门办理相关的变更登记。经审计，无法认定言某某、富流公司向农副食品公司缴纳股本金的具体数额。言某某、富流公司的诉求亦未得到法律确认。因此，三级法院一致认为，言某某、富流公司并非农副食品公司的股东，慕某某的行为并不损害言某某和富流公司的利益。

农副食品公司的股东为慕某某与其妻子容某某二人。正常情况下，农副食品公司由慕某某负责经营管理，其收回、使用 34. 7 万元货款，容某某是知道并

同意的。因此，慕某某的行为亦不损害公司其他股东的利益。

湖北省高级人民法院判决慕某某无罪的理由之一，是“亦未损害其他股东的利益”。

不过，若依《刑法》第二百七十一条第一款所列罪状，职务侵占直接损害的是公司利益，并无损害股东利益等方面的内容。例如，论间接损害的，既有股东的利益，亦有债权人的利益。因此，是不是损害公司股东的利益，与是不是构成职务侵占罪，并无直接的关系。但从一些案例来看，是否损害其他股东的利益，是法官考量的一个重要情节。

4. 是不是损害公司的利益

慕某某诉称农副食品公司是其与妻子以夫妻共同财产投资设立的，实际由其一人具体经营和管理，农副食品公司的财产就是其夫妻二人的财产，其侵占的 34. 7 万元货款是自己家庭的财产。其辩护人称农副食品公司名为有限公司，实际为夫妻共同财产，其公司资产与夫妻共同资产混同。慕某某与容某某之间的财产互为共同共有，其公司收入来源也是用于家庭生活。其公司财产与股东财产是混同的，企业法人人格与股东人格是混同的，故慕某某不存在侵占公司财产的问题。

湖北省人民检察院出庭提出的意见认为，农副食品公司法人治理结构不完善，公司财产和夫妻共同财产相混同，对慕某某不宜以职务侵占罪论处。慕某某利用职务之便将公司销售收入 35. 9 万元不入公司账户后，主要用于偿还其设立和建设公司时的部分借款，且其妻容某某明确认可慕某某的处置行为，这种行为并不违反公序良俗，无运用公权力进行处理的现实必要性与可行性。对于当前法律缺位造成的夫妻公司管理混乱，不应由行为人以负刑事责任的方式承担不利后果。

从《刑法》第二百七十一条第一款所列罪状来看，并没有直接规定损害公司等单位利益方面的内容，但既然是“将本单位财物非法占为己有”，那么损害公司等单位利益就是罪状中的应有之义。此义之前提，是有“单位”的存在。如果单位是公司，而公司又徒具法人形式，实际上股东财产与公司财产混同，同时具有股东身份的公司负责人利用职务之便，占有公司财产，是否还构成本罪？这的确是一个值得探讨的问题。

湖北省高级人民法院在判决书中虽未认定农副食品公司财产和慕某某夫妻共同财产相混同，但认为，农副食品公司是由慕某某和其妻容某某以夫妻共同财产出资设立的，慕某某任公司法定代表人并由其实际经营和管理，基于慕某某与容某某的特殊关系，慕某某在农副食品公司的生产经营活动中，利用职务上的便利将公司的货款收回后未上账而予以支配，从形式上看其行为侵占了农副食品公司的财产，但慕某某是公司的法定代表人，有权对农副食品公司的财产进行处置，且慕某某将该款用于偿还成立农副食品公司时所借的欠款，亦经容某某认可，故此行为本质上并没有损害农副食品公司的利益，慕某某的行为不应认定为犯罪行为。

这就是说，湖北省高级人民法院一方面认为慕某某的行为“从形式上看其行为侵占了农副食品公司的财产”，另一方面又从公司系慕某某以夫妻共同财产出资设立、法定代表人职权、款项用途、股东同意等角度论证“本质上并没有损害农副食品公司的利益”，从而认定其无罪。

三、先是以公司的资金向股东支付退股款，后来又签订股权转让协议受让股权，未付对价，构成职务侵占罪

四川某某农业科技有限公司成立于2010年6月，注册资本120万元。2011年3月，农业科技公司增资为500万元。增资后，公司股东及其持股比例为简某某出资200万元，持股40%；和某某出资150万元，持股30%；方某某出资100万元，持股20%；金某某出资50万元，持股10%。简某某为农业科技公司的董事长、法定代表人。

2012年9月，公司股权发生变更，和某某将其所持30%的股权、方某某将其所持有20%股权中的9%转让给信某某，即信某某受让了公司39%的股权。方某某将其所持有20%股权中的另外11%转让给了简某某。2013年3月，信某某经与简某某、金某某商量，不再担任农业科技公司股东。2013年3月8日农业科技公司通过支票在工商银行广元分行支付给信某某195万元，支票存根联载明用途是退还股本金。同日，农业科技公司以同样的支付方式给信某某转账5万元，支付存根联载明用途为退股金。2013年8月2日，农业科技公司再次通过支票在工商银行广元分行支付给信某某39.9万元。同日，以同样支付方式给了信某某57.1万元。以上农业科技公司通过支票合计支付给了信某某297万元。

2013年8月5日，信某某分别与金某某、简某某签订了股权转让协议，约定信某某将其所持股权的30%，计150万元转让给金某某；将所持股权的9%，以45万元转让给简某某。同一天，农业科技公司股东会作出决议，决议载明信某某将9%的股权以45万元转让给简某某、将30%的股权共计150万元转让给金某某；并选举金某某为农业科技公司监事。同日，农业科技公司出具任职文

件，任命金某某为该公司的监事。2013 年 8 月 12 日，农业科技公司的章程载明公司的股东名称为简某某、金某某；出资金额简某某为 300 万元，金某某为 200 万元，出资方式均为货币，出资比例简某某占 60%，金某某占 40%，出资时间均是 2010 年 6 月 12 日至 2013 年 8 月 5 日。2013 年 8 月 15 日，农业科技公司办理了股东变更登记。

2014 年 6 月，金某某主动到公安机关，其所写恳求书的主要内容证实公司借上了高利贷，已无力支付高额利息，公司法定代表人简某某已无法取得联系，高利贷的人已经威胁其家人安全，恳求政府和公安机关保护，并维持公司的正常运转。

四川省广元市朝天区人民检察院指控简某某、金某某侵占农业科技公司 297 万元，犯有职务侵占罪，向朝天区人民法院提起公诉。

朝天区人民法院认为，被告人金某某担任农业科技公司的监事，简某某担任农业科技公司的法定代表人、董事长，二人在购买本公司其他股东的股权时，本应自己出资，却利用职务上的便利，擅自让公司财务人员将公司基本账户上的资金作为购买自己股份的资金，其中简某某侵占 45 万元用于为自己购买股份 9%，金某某侵占 150 万元用于为自己购买股份 30%，故公诉机关指控二被告人犯职务侵占罪的犯罪事实和罪名成立。但指控的其余资金 102 万元，因证明系二被告人购买股权的证据存在矛盾，不能合理排除，本着有利于被告人的原则，不应认定为犯罪金额，但均属于违规使用资金，应依法追缴。遂以犯职务侵占罪，判处金某某有期徒刑八年，并处没收财产六万元；判处简某某有期徒刑五年五个月，并处没收财产五万元；涉案赃款 297 万元依法予以继续追缴。

对上述判决，金某某、简某某不服，上诉于四川省广元市中级人民法院，请求改判为无罪。有趣的是，检察机关虽未提出抗诉，但却发表了与一审起诉时不同的意见，认为二人所犯为挪用资金罪，并建议二审改判，对二人从轻、减轻处罚。广元市中级人民法院对双方的意见均未采纳，最后裁定驳回上诉，维持原判。①

结合一审、二审期间，控、辩、审各方的观点如下。

金某某、简某某的辩护律师认为二人的行为不构成犯罪，理由是：

（1）农业科技公司就是二人的，认定二人侵占自己的财产有悖常理。

（2）二人接受退股股东的股权不仅没有使公司对外承担债务的风险增加，

---

① 参考案例：四川省广元市中级人民法院（2015）广刑终字第 118 号。

反而以个人的名义及财产为公司承担了巨大的债务，承担了更大的责任。简某某称并未从公司获得任何收益，相反把全部家庭财产投入公司经营，还为此背上了沉重的债务。

（3）客观上二人没有非法占有公司财产的行为，没有实施将农业科技公司财物“非法占为已有”的行为，没有将农业科技公司的财物划归自己名下使用挥霍，更没有采用侵吞公司财产的任何手段，被侵占的客体并不存在。

（4）二人用农业科技公司的款项支付195万元购买原股东谢某某39%股权的行为，是农业科技公司所有股东协商一致的公司行为，没有侵害农业科技公司的利益，也没有侵害公司其他股东的利益。

（5）信某某是退股而不是转股，农业科技公司划账给信某某195万元的行为性质是回购股权，农业科技公司应再行减少注册资本而实际未减少，属于民事行为。信某某退股后，二人作出股东会决议，就剩余的股份重新作出分配，是合法有效的。

（6）本案没有严重的社会危害性，属于民法及行政法规调整的范围，而且已有相关判决证明，该行为不属于《刑法》调整的范围。

一审期间，公诉人指控的罪名是职务侵占罪，但在二审期间，出庭的检察员主张简某某、金某某二人支付信某某195万元股金的行为就是转股行为，二人用公司的钱支付本应由自己支付的股金，可以定性为挪用资金罪。

一审、二审法院认为，金某某、简某某二人将转让的股份登记在自己名下时，就应由自己出资购买。其利用职权，使用农业科技公司资金购买公司其他股东的股份，尔后又将公司股份转在自己名下，其中简某某占有用45万元购买的9%的股份，金某某占有用150万元购买的30%的股份。

农业科技公司为有限公司，金某某、简某某二人以农业科技公司的资金购买股份，虽未将195万元现金转移至自己名下供自己使用，但其通过内部循环为自己购买了股份，使农业科技公司原来的股东由三人变成了二人，股份虽未变化，但该公司的资金减少了195万元，侵害了公司作为独立法人资格的合法利益。同时，农业科技公司对外是以该公司的全部财产承担责任，二人以农业科技公司的资金购买股份，使公司对外承担债务的风险增加，侵害了债权人的合法利益，具有社会危害性。

关于是转股还是回购，法院认为，信某某向金某某、简某某二人提出不再担任股东，要求转让股份时，二人予以认可，但因二人无钱支付转让股份资金也未有其他新的股东愿意购买信某某的股份，所以从公司的基本储蓄账户支付了购买信某某股份的资金。且综合全案证据看，二人与信某某从开始商量转股事宜至从公司基本储蓄账户通过支票方式转账给信某某这段时间内，未出现《公司法》第七十四条第一款中公司按照合理价格收购其股权的任何情形之一，更不符合《公司法》第一百七十七条的规定，故辩护律师关于二人的行为系公司回购股份并应减资的民事行为的主张于法无据。法院认为金某某、简某某的行为构成职务侵占罪，不是挪用资金罪，故作出上述判决。

从上述案例中可以看出，当侵占的行为人不具有股东身份时，认定其构成职务侵占罪并不存在多大的困难。如果具有了股东的身份，便给被告人及其辩护人在是不是构成犯罪、是应该采用刑事处罚措施还是应该采用民事或行政处罚措施予以惩戒等方面，提供了一个辩护空间。在公司财产与股东财产混同的情形下，更是如此。财产混同，本来就是一种过错，却在刑事诉讼中成为犯错的人的挡箭牌。

四、任职的公司注册性质与实际不一致，如构成犯罪，将会按公司的实际性质定罪量刑

关于公司的信息，有形式上的，也有实际上的。多数情况下，二者是一致的。但有时也会出现不同。特别是在出现了纠纷以后，常常会出现形式信息所含内容，如登记所载内容与事实真相不一致的现象。在这种情况下，如何认定犯罪，就有一定的难度。例如，注册登记的公司的大股东为国有企业，小股东名义上不是国有企业，但实质上为国有企业，那么公司的性质应界定为国有企业，侵占公司财产所触犯的罪名，不是职务侵占罪，而是贪污罪。

山东某某科技新材料有限公司成立于2002年8月。2008年5月，公司聘任席某某为副总经理。2010年1月，公司总经理根据席某某的提名，任命冯某某为公司供应部东土场班长，负责公司收土工作。

2010年11月至2011年4月，席某某、冯某某分别利用新材料公司副总经理、供应部东土场班长的职务之便，在为该公司购进土方过程中，采取让供土方虚报价格，将虚报出的部分付给自己的方式，多次骗取公款共计413722.28元，其中席某某得款242000元，冯某某得款144940元。另外，2011年1月至3月，冯某某利用担任新材料公司供应部东土场班长的职务之便，采取虚报土方价格及收款不入账的手段，骗取、侵吞公款7900元，据为己有。在法庭审判阶段，席某某、冯某某对这些事实及相关证据，均未提出异议。

席某某、冯某某触犯的罪名是职务侵占罪，还是贪污罪？

山东省博兴县人民检察院指控席某某、冯某某犯贪污罪，提起公诉。博兴县人民法院于2011年8月25日作出判决，以贪污罪分别判处席某某有期徒刑十年二个月，判处冯某某有期徒刑十年。席某某不服，提出上诉。

山东省滨州市中级人民法院于2011年11月4日作出二审判决，撤销原判，以犯职务侵占罪分别判处席某某有期徒刑六年，判处冯某某六年六个月。对该判决，山东省人民检察院于2013年1月4日按照审判监督程序向山东省高级人民法院提出抗诉。

山东省高级人民法院进行再审，并于2014年9月1日作出判决，以贪污罪判处席某某有期徒刑十年，判处冯某某有期徒刑十年。①

法院对席某某、冯某某行为所触犯的罪名一变再变，主要原因出在新材料公司的性质上。

经查，新材料公司于2002年8月由县电业局和某某电气集团总公司共同出资成立，出资比例分别为80%和20%，2005年9月，某某电气集团总公司将持有的众合公司20%的股份转让给县电业局劳动服务公司，县电业局劳动服务公司成为新材料公司的新股东，虽然县电业局劳动服务公司在工商局注册为集体企业，但其实际是由县电业局出资成立，实质为国有企业，故新材料公司应为国有企业。据此，对席某某、冯某某的行为应定性为贪污罪，量刑也就较重。

五、公司虽然注册登记为国有，但实质上不含国有资产，那么侵占公司财产，所触犯的罪名不是贪污罪，而是职务侵占罪

甄某某是某某市速豹电子有限责任公司的董事长、法定代表人，汲某某任该公司的总经理。

中国长城资产管理公司合肥办事处对速豹电子公司享有债权，同时，对速豹电子公司的34号房产享有抵押权。至2001年11月，债权本息共计214.79万元。长城公司合肥办事处与甄某某、汲某某经过多次商谈后达成协议，约定长城公司合肥办事处减让速豹电子公司债务129.79万元，速豹电子公司、甄某某、汲某某于当月内付款85万元。为获得34号房产，甄某某、汲某某商量向股东隐瞒债务减让的事实。在股东会会议上，甄某某、汲某某要求公司全体股东集资偿还债务，赎回抵押的34号房产，并进行公告，股东均表示不愿集资。之后，甄某某、汲某某支付给长城公司合肥办事处85万元。二人制造了速豹电

① 参考案例：山东省博兴县人民法院（2011）博刑初字第159号；山东省滨州市中级人民法院（2011）滨中刑二终字第67号；山东省高级人民法院（2013）鲁刑监字第58号。

子公司谁出资清偿债务谁享有抵押房产的董事会决定，制造了速豹电子公司与二人关于34号房产过户的协议书，骗取某某市机械电子工业局向土地房产局出具便函，将34号房产过户到二人名下，其中甄某某取得六上六下，汲某某取得五上五下。过户时，二人又以速豹电子公司的名义申请减免了部分税费。另外，甄某某、汲某某缴纳了土地出让金等费用共计30407元。经鉴定，34号房地产价值293.13万元。扣除二人出资款85万元及缴纳的费用，甄某某、汲某某实际侵占速豹电子公司财物205.0893万元。

2003年，某某市某某区人民法院执行银行对速豹电子公司的债权约78万元，准备对速豹电子公司抵押的20号房产进行拍卖。甄某某为自己能低价取得该房产，请负责此事的银行内部工作人员李某某和法官王某某帮忙，商定拍卖底价为20万元，不再进行评估，并对竞买人设定了安置职工、付清公司欠款的条件。因无人参与竞拍，甄某某以20万元的价格拍得该房产。后李某某安排返还甄某某7.8万元用于房产过户。2004年8月，甄某某以速豹电子公司的名义与自己签订了20号房地产转让协议书，并以速豹电子公司的名义申请房产过户。甄某某又以速豹电子公司需要安置职工、偿还债务为由向市政府申请减免相关规费，并获得批准。甄某某在缴纳了土地出让金235276元后将20号房产过户到自己名下。经鉴定，20号房地产2003年12月19日价值为335.96万元。扣除甄某某购房款20万元及缴纳的土地出让金235276元，甄某某实际侵占速豹电子公司财物价值为292.4324万元。

安徽省滁州市人民检察院指控甄某某、汲某某犯贪污罪，提起公诉。甄某某、汲某某则辩称无罪。

安徽省滁州市中级人民法院以犯有贪污罪，判处甄某某有期徒刑十一年，判处汲某某有期徒刑五年。甄某某、汲某某不服，上诉于安徽省高级人民法院，请求宣判无罪。审理中，其辩护律师亦为他们作了无罪辩护。

甄某某、汲某某的行为是否侵吞了速豹电子公司的财产？安徽省高级人民法院认为，甄某某、汲某某以速豹电子公司董事长、总经理的身份与长城公司合肥办事处商谈还款及债务减让事宜，长城公司合肥办事处减免了速豹电子公司部分债务，由此产生的利益应由速豹电子公司所有，但甄某某、汲某某欲乘机低价取得34号房产，产生了侵吞公司资产的故意，后二人向股东隐瞒了速豹电子公司减免债务的事实。甄某某向企业主管部门编造了已向股东说明债务减让、股东不愿出资偿还债务，以及股东同意谁出资偿还债务谁享有34号房产的事实，制造了董事会决定，制造了速豹电子公司与二人关于34号房产的买卖协议，又以速豹电子公司的名义申请相关部门减免了部分过户费用，最终将34号房产过户到二人名下。故甄某某、汲某某利用职务之便，侵吞速豹电子公司资产的事实清楚。

在法院执行速豹电子公司一案中，甄某某为了低价获得速豹电子公司用于抵押的20号房产，通过不正当手段，与申请执行人、法院、拍卖公司的经办人员私下商定，在没有对20号房产进行评估的情况下，随意确定拍卖价格，并人为设置“偿还债务、安置职工”的条件，使得甄某某最终以20万元的价格取得20号房产。后甄某某又制造了速豹电子公司与其关于20号房产的房屋买卖协议，又以速豹电子公司的名义申请市政府减免了相关过户费用，最终将20号房产过户到其名下。故认定甄某某利用职务之便侵吞速豹电子公司20号房产。

既然甄某某、汲某某的行为构成侵吞公司财产，那么是构成贪污罪，还是职务侵占罪？

速豹电子公司的前身是国有企业某某市机电产品供销总公司，于1997年改制为速豹电子公司。在改制时，对国有资产进行了评估，剥离职工宿舍、土地使用权、离退休职工医疗费、伤残职工补助费、富余人员安置费外，速豹电子公司的净资产为－340801.84元，市政府批复将原市机电产品供销总公司按照零资产出售，改制后的速豹电子公司全部为内部职工持股；虽然市政府将离退休职工医疗费、伤残职工补助费、富余人员安置费4.4万元作为法人股留给企业使用，但该款系国家补贴企业职工，速豹电子公司使用该款后需要承担支付原企业职工上述三项费用的义务，所以该4.4万元不属于国家出资。因此，改制后的速豹电子公司虽然工商登记为国有公司，但实际为股份制公司，不含国有资产。另外，甄某某、汲某某在改制后的速豹电子公司持有股份，其在速豹电子公司的任职系股东大会选举产生，不属于国家机关、国有公司委派到非国有公司从事公务的人员。故原判认定甄某某、汲某某系国家工作人员错误。甄某某、汲某某不符合贪污罪的主体。

安徽省高级人民法院认为，甄某某、汲某某作为公司的工作人员，以非法占有为目的，分别利用担任公司董事长、总经理的职务之便，共同侵吞公司财物205.0893万元，甄某某单独侵吞公司财物292.4324万元，二人行为均构成职务侵占罪，且数额巨大。因此，以犯职务侵占罪，判处甄某某有期徒刑八年，判处汲某某有期徒刑三年。①

---

① 参考案例：安徽省滁州市中级人民法院（2013）滁刑初字第00009号；安徽省高级人民法院（2013）皖刑终字第00343号。

第二十三章　守护公司资金，不挪用

挪用资金罪，也是老板们经常触犯的罪名。如果老板具有国家工作人员的身份，则可能构成挪用公款罪。

在挪用方面，老板们对一些问题的认识，如是个人决定还是组织（股东会、董事会）决定；是不是符合法律、公司章程的规定；是不是符合所任职公司的财务制度；是不是利用了所任职务的便利；是不是给公司造成了损失等，经常会出现一些误区，也往往因此为自己的不当行为进行辩解。

下面所举出的案例，对正确认识挪用犯罪会有所帮助。

一、使用资金是个人决定还是组织决定、资金是不是给与个人利益有关系的单位使用，对认定是不是构成挪用资金罪有重要作用

芮某某是某某保税区电子交易有限责任公司的法定代表人、总经理，又是某某市锐海实业发展有限公司的股东、实际控制人、法定代表人。锐海公司则是电子交易公司的股东。

2008 年 1 月至 2 月，芮某某在担任电子交易公司总经理期间，指使该公司副总经理纳某某用电子交易公司的资金为其经营的锐海公司归还银行贷款。后纳某某要求电子交易公司的债务人江苏罕汗集团上海有限公司将欠款人民币 60 万元汇至某某金财投资管理有限公司，再将其中的人民币 50 万元转至锐海公司，直至案发仍未归还。2008 年 2 月，芮某某指使该公司财务经理胤某某用电子交易公司的资金为锐海公司归还欠款。后胤某某将电子交易公司的人民币 25 万元通过江苏同飞化工贸易有限公司汇至锐海公司，直至案发仍未归还。

江苏省张家港市人民检察院指控芮某某犯挪用资金罪，提起公诉。

江苏省张家港市人民法院认为，芮某某身为公司工作人员，利用职务之便，挪用本单位资金，数额巨大，其行为已构成挪用资金罪，遂以犯挪用资金罪，判处被告人芮某某有期徒刑四年六个月。

芮某某不服，上诉于江苏省苏州市中级人民法院，请求宣告其无罪。其理

由是：向锐海公司转入75万元，向公司董事长和其他董事告知过，不能认定是私自挪用；锐海公司为电子交易公司筹建付出了大量的人力和财力，尚有4.6万余元，电子交易公司未报销，该部分款项应从挪用资金数额中扣除；锐海公司使用资金，不能认定为个人使用资金行为。其辩护律师还认为，电子交易公司与锐海公司之间是一种资金拆借行为，芮某某将75万元转至锐海公司，是其作为电子交易公司总经理职权范围内的职务行为。

苏州市中级人民法院认为，芮某某多次供述不想让公司其他人知道使用公司资金的事，所以通过第三方转账到锐海公司，证人证言证实电子交易公司并不知情，其提出的系经过公司相关股东、董事同意，不能成立，应认定其行为属于私自挪用。

关于芮某某为电子交易公司筹备美元市场期间所支出的费用及电子交易公司设立筹备期间所支出的费用，是否应从挪用资金的金额中扣除，苏州市中级人民法院认为，上述费用与认定的挪用资金的犯罪事实无关联性，不应从挪用资金的数额中扣除。

苏州市中级人民法院认为，芮某某自己就是锐海公司的法定代表人、股东、实际控制人，应认定其挪用行为属于谋取个人利益。根据《最高人民检察院、公安部关于公安机关管辖的刑事案件立案追诉标准的规定（二)》第八十五条的规定，个人决定以单位名义将本单位资金供其他单位使用，谋取个人利益的，属于“归个人使用”，应认定芮某某私自挪用本单位资金归个人使用。

因此，苏州市中级人民法院最后作出裁定，驳回了芮某某的上诉。①

二、在关联公司之间调配资金，凡未依照法律、公司章程进行的，同样可以构成挪用资金罪

嵇某某既是成都象山实业发展有限公司、重庆靠山现代生物制药有限公司的董事长、法定代表人，又是西藏襄锐实业开发有限公司的董事长、法定代表人。嵇某某任职的三家公司之间的关系是：象山公司是襄锐公司的股东，靠山公司则是象山公司控股的子公司。

2001年8月6日，嵇某某未经董事会决议，擅自决定以襄锐公司的名义从中国农业银行西藏分行取得流动资金贷款2000万元，转入襄锐公司基本账户，并安排高某某从襄锐公司基本账户转入襄锐成都分公司账户2050万元。之后，

---

① 参考案例：江苏省苏州市中级人民法院（2013）苏中刑二终字第0088号。

嵇某某安排财务人员分多次将其中的1619万元转入象山公司账户，400万元转入靠山制药公司账户，20万元转入深圳某某医疗科技有限责任公司账户，向象山公司开立现金支票11万元。

2002年11月12日，嵇某某未经董事会决议，擅自决定以襄锐公司名义从农行西藏分行取得流动资金贷款3000万元，转入襄锐公司基本账户。同日，嵇某某安排高某某从襄锐公司基本账户转入襄锐成都分公司账户2900万元。之后，嵇某某安排财务人员分多次将其中2200万元转入象山公司账户，686万元转入靠山制药公司账户。案发前，有4066万元未归还。

西藏自治区拉萨市人民检察院指控嵇某某犯挪用资金罪，提起公诉。

西藏自治区拉萨市中级人民法院认为，嵇某某在担任襄锐公司董事期间，利用职务上的便利，未经董事会决议，超越职权范围，个人决定将本单位资金供自己名下和控制的关联公司使用，谋取个人利益，数额巨大，超过三个月未还，其行为构成挪用资金罪。遂于2011年6月6日作出判决，以犯挪用资金罪判处嵇某某有期徒刑八年。

嵇某某不服，上诉于西藏自治区高级人民法院，称他是襄锐公司董事，象山公司是襄锐公司大股东，嵇某某是股东代表，拥有69.2%股份，超过股东会决议所需的三分之二表决权，故有权决定投资计划。襄锐公司投入5000万元是为了购买靠山制药公司血卟啉项目83.33%的股份，股东之间经过商量，且深思熟虑，而不是嵇某某谋取个人利益。嵇某某自己没有“未经批准”的犯罪前提，没有“谋取个人利益”的犯罪特征。

西藏自治区高级人民法院认为，经查，嵇某某所代表的象山公司是以重庆巴南336亩土地向襄锐公司作价出资的，对襄锐公司的增资，象山公司并没有转移该出资物产权，此土地的使用权由象山公司所控股的子公司靠山公司控制，襄锐公司对此土地无任何的控制权，因此，嵇某某关于象山公司是襄锐大股东，其是股东代表，拥有69.2%股份，有权决定投资计划的上诉理由，无法律或事实依据。

根据法律和襄锐公司的章程规定，董事会可以决定公司的经营计划和投资方案，但襄锐公司贷款投资血卟啉项目5000万元无任何董事会决议，亦无任何证据证实襄锐公司召开股东会研究贷款5000万元投资血卟啉项目。襄锐公司2000年7月关于投入血卟啉项目5000万元购买股权的决议根本没有实施，靠山公司进行血卟啉项目的研发与襄锐公司无任何利益关系，故对嵇某某关于襄锐公司投入5000万元是为了购买靠山公司血卟啉项目83.33%的股份上诉理由，不予支持。

最后，西藏自治区高级人民法院作出裁定，驳回了嵇某某的上诉。[①]

三、行为人是否构成挪用资金罪，与是否违反公司财务制度有直接关系；公司是否返还其回扣，不影响本罪的成立

藤某某于2006年11月至2007年9月底，任某某财产保险股份有限公司广西分公司某某营销部负责人。保险公司广西分公司营销服务部内部管理规定第23条规定“营销服务部财务实行收支两条线，严禁坐支、挪用保费”。在任职期间，藤某某以营销部负责人之名指令所属各地业务员将开展业务收取的净保费以现金、转账方式转入他的私人户头，不按公司财务制度及时将净保费上缴本公司营销部财务室，擅自将公司净保费434350.32元币挪作他用，经公司多次追缴，至今未能归还。

广西壮族自治区崇左市人民检察院指控藤某某犯挪用资金罪，提起公诉。

崇左市中级人民法院于2012年8月28日作出判决，以犯挪用资金罪，判处藤某某有期徒刑三年六个月，并退赔434350.32元给财产保险公司。

藤某某不服，上诉于广西壮族自治区高级人民法院。其上诉称：挪用资金是事实，但如果公司把回扣款返还给他，他就能把所挪用的资金还上；其挪用的资金主要用于支付员工工资、房租水电及购买车辆设备等，都是为了完成工作任务。

广西壮族自治区高级人民法院认为，藤某某违反公司财务制度，利用职务之便，收取本应属于公司所有的保费后，未经公司同意，私自挪作他用，侵害了公司权益，其行为已构成挪用资金罪。公司是否返还其回扣并不影响本罪的成立。故裁定驳回其上诉。[②]

四、由负有管理、监督国有资产职责的组织任命的人员，应当认定为国家工作人员

是否具有国家工作人员的身份，是构成挪用资金罪还是挪用公款罪的区分标准。

中交二航局第三工程有限公司为中交第二航务工程局有限公司的全资子公司，而中交第二航务工程局有限公司又是中国交通建设股份有限公司的全资子

---

① 参考案例：西藏自治区高级人民法院（2011）藏法刑二终字第20号。

② 参考案例：广西壮族自治区高级人民法院（2013）桂刑一终字第15号。

公司。中国交通建设股份有限公司是在上海证券交易所上市的国有控股公司。

2005年9月，中交二航局第三工程有限公司任命雷某某分别担任二重镇江重装基地内港池码头工程等七个工程项目部的财务主管，2009年4月又任命雷某某担任公司镇江项目总部财务主管兼主办会计，负责镇江项目总部下面七个项目部的财务工作。

2010年1月至2012年12月，雷某某利用上述职务便利，以支付工程款、缴纳税款、报销费用、提备用金等名义，由本人或者安排他人从二航三公司资金管理中心及交通银行账户取现或者汇款，挪用本单位共计19550924.56元并用于赌博。2012年12月29日，雷某某主动到检察机关投案自首。

江苏省镇江市人民检察院指控雷某某犯挪用公款罪，提起公诉。镇江市中级人民法院以雷某某犯挪用公款罪，判处有期徒刑十五年，并追缴未退出的赃款19550924.56元发还被害单位。

雷某某不服，上诉于江苏省高级人民法院，其理由是：其不具有国家工作人员主体身份，其行为构成挪用资金罪，不构成挪用公款罪。

江苏省高级人民法院认为，中交二航局第三工程有限公司属于国有控股公司的全资子公司。雷某某所担任的镇江项目总部财务主管及各项目部财务主管职务不属于该公司的中层干部，根据该公司中层干部任用实施办法的规定，雷某某的财务主管职务不属于党政联席会议讨论范围。但证人证实，公司项目部的财务主管属于重要岗位的管理人员，因此，仍需经过公司党政联席会议研究决定。公司关于雷某某等人任职的文件，证实雷某某的职务系经过公司党政联席会议研究决定的，并由公司行文任命。根据《最高人民法院、最高人民检察院关于办理国家出资企业中职务犯罪案件具体应用法律若干问题的意见》第六条的规定，雷某某属于经国家出资企业中负有管理、监督国有资产职责的组织研究决定，代表其在国有控股公司及其分支机构中从事经营、管理工作的人员，应当认定为国家工作人员。因此，其行为已构成挪用公款罪，故裁定驳回上诉，维持原判。[①]

五、国有公司、企业经营方式的变化，会导致其人员身份发生变化，对认定是否属于国家工作人员有重要作用

南京佳农农工商总公司系国有公司，南京佳农出租汽车有限公司系该公司

---

① 参考案例：江苏省高级人民法院（2013）苏刑二终字第0036号。

的全资国有子公司。柴某某于1999年3月被任命为佳农出租公司的法定代表人、经理。2000年6月，佳农出租公司与刘某、马某某等自然人共同出资成立南京双联出租汽车有限公司，其中佳农出租公司占股39.51%。佳农出租公司委派柴某某等3人至双联出租公司参与股东会工作，根据双联出租公司选举、任命情况任职。柴某某当选为双联出租公司的法定代表人、董事长。

2001年6月，南京佳农农工商总公司作为甲方，与作为乙方的柴某某签订了合同，柴某某租赁经营佳农出租公司。合同中明确甲方同意柴某某任南京佳农出租公司经理、法人代表，全权负责企业的生产经营管理活动，并享有相应的权益、责任和义务。甲方提供资产2454.1万元，负债3159万元给租赁者使用，另提供151辆出租汽车营运证（没有评估）及双联公司39%的股份。乙方缴纳风险抵押金40万元；每年12月20日前分两次上交给甲方租赁费共计35万元；租赁期内每年归还银行贷款135万元，并承担全部贷款利息；租赁期内每年要计入成本的无形资产不低于135万元。

2001年12月，南京佳农农工商总公司改制为国有独资南京佳农产业（集团）有限公司，柴某某被任命为该公司的董事、副总经理。

柴某某于2003年2月19日，将双联出租公司的150万元给李某，用于缴纳出资款以成立南京堀盘园林工程有限公司，而堀盘园林公司成立时，柴某某持股70%，李某持股30%；柴某某于2003年5月16日、7月3日，分别将双联出租公司的50万元、300万元用于堀盘园林公司与南京龙河实业有限公司合作开发的“江南庭园”项目。柴某某及其亲属获取了投资“江南庭园”项目的收益，且有232.5万元的款项未归还。

江苏省南京市人民检察院指控柴某某犯挪用公款罪，提起公诉。

江苏省南京市中级人民法院认为，柴某某受国有公司委派至非国有公司从事公务，利用担任双联出租公司法定代表人、董事长职务上的便利，挪用公款500万元归个人使用，进行营利活动，数额巨大不退还，其行为已构成挪用公款罪。遂以犯挪用公款罪，判处被告人柴某某有期徒刑十年，向双联出租公司退赔232.5万元。

柴某某不服，上诉于江苏省高级人民法院。柴某某及其辩护人提出的理由、意见为：认定柴某某为国家工作人员定性不当；对第二、三起共计350万元的挪用事实，属于企业之间的资金借款行为，不宜以挪用资金罪定罪处罚。

按照江苏省高级人民法院阐述的观点，2001年6月是个界限。此前，柴某某的身份属于“以国家工作人员论”；此后，由于佳农出租公司经营方式的变化，他不再具有这一身份。江苏省高级人民法院认为，2000 年 6 月，柴某某等 3 人受国有佳农出租公司委派到非国有双联出租公司为股东代表，柴某某经双联出租公司董事、股东选举担任该公司的法定代表人、董事长，具有受委派作为国有股东代表的身份，负有管理经营国有资产、使之保值增值的义务。此时，柴某某的主体身份符合《刑法》第九十三条第二款规定的“以国家工作人员论”。但 2001 年 6 月，柴某某租赁了佳农出租公司，包括佳农出租公司在双联出租公司 39% 的股权，其代表的 39% 股权来源由原来基于上、下级关系的委派变为通过平等主体间签订合同方式而取得。佳农出租公司在双联出租公司的收益，是通过合同上载明的方式获取，而不是通过委派柴某某对该 39% 的国有资产进行监督管理取得。故柴某某在双联出租公司的任职不能认定为国家工作人员。

关于第二、三起共计 350 万元是不是属于企业之间的资金借款行为，江苏省高级人民法院认为，柴某某以双联出租公司名义将 350 万元转给琚盘园林公司，用于琚盘园林与龙河公司的合作开发项目，柴某某及其亲属从中获取了巨额利益。《全国人大常委会关于〈中华人民共和国刑法〉第三百八十四条第一款的解释》第（三）项规定，个人决定以单位名义将公款供其他单位使用，谋取个人利益的，属于挪用公款“归个人使用”。据此，柴某某的行为符合法律规定的挪用公款归个人使用的情形，不应认定为企业之间的资金借款行为。

根据上述理由，江苏省高级人民法院以犯挪用资金罪，改判柴某某有期徒刑五年，退赔双联出租公司 232.5 万元，并追缴其非法所得。[①]

---

① 参考案例：江苏省南京市中级人民法院（2013）宁刑二初字第 23 号；江苏省高级人民法院（2014）苏刑二终字第 0012 号。

第二十四章　虚报、虚假、抽逃出资仍有可能构成犯罪

一、虚报注册资本罪、虚假出资罪、抽逃出资罪并未取消，只是其适用范围大为缩小

2013 年修改《公司法》，并不是将所有类型公司的注册资本全部改成认缴制，只是改了其中的大部分，还有一些类型的公司，主要是金融类的公司，如银行、信托公司、财务公司、金融租赁公司、证券公司、期货公司、保险公司、小额贷款公司等，继续实行实缴制。另外，采用募集方式设立的股份有限公司，也实行实缴制。

实缴制比认缴制要严格得多。继续实行实缴制的这些公司，就存在是不是虚报注册资本、是不是虚假出资、是不是抽逃出资的问题。

如果存在虚报注册资本的情况，被发现了是要被追究责任的。公司登记机关追究时，可分别情况，给予相当于虚报额 5% ~15% 罚款，或 5 万 ~50 万元罚款，或撤销登记、吊销执照。如果虚报的数额巨大、后果严重或者有其他严重情节，很可能会构成犯罪，被司法机关追究刑事责任。届时，有可能被法院判处三年以下有期徒刑或者拘役，并处相当于虚报额 1% ~5% 的罚金。

如果存在虚假出资、抽逃出资的情况，被发现了同样要被追究责任。公司登记机关追究时，可给予相当于虚假出资，或者抽逃出资额 5% ~15% 罚款。如果是数额很大，后果严重或者有其他严重情节，很可能会被司法机关认定构成犯罪，追究刑事责任。届时，有可能被法院判处五年以下有期徒刑或者拘役，并处相当于虚假出资，或者抽逃出资额 2% ~10% 的罚金。

被公司登记机关、司法机关追究了责任，并不能免除继续缴足资本的义务，对当初在文件上承诺的资本，该缴的还得缴。

所以，如果当初申请设立应当预先实缴资本的公司时，采取了提供虚假证

明文件或者有其他不诚实的行为时，应当采取办法弥补或者纠正过来。如果有虚假出资，或者出资后又抽逃出资的情况，应当尽快想办法将出资缴足缴实。

二、认缴制还是实缴制，是判断是否构成虚报注册资本罪、虚假出资罪、抽逃出资罪的基本标准

2009 年 8 月，闵某某、郑某经事先商议成立无锡某某担保有限公司，公司注册资本为 16600 万元，实收资本为 3320 万元。其中，闵某某担任公司法定代表人，认缴出资额为 9960 万元，持股比例为 60%，实缴出资额为 1992 万元，出资时间为 2009 年 8 月 24 日，分期缴付出资数额为 7968 万元，出资时间为 2011 年 8 月 23 日前；郑某认缴出资额为 6640 万元，持股比例为 40%，实缴出资额为 1328 万元，出资时间为 2009 年 8 月 24 日，分期缴付出资额为 5312 万元，出资时间为 2011 年 8 月 23 日前。因缺少资金，闵某某、郑某经商议委托他人出资并办理相关手续，由闵某某负责具体操作。2009 年 8 月 24 日，注册用资金 3320 万元转入担保公司账户。25 日，担保公司经工商部门核准成立。同月 26 日至 28 日，注册用资金 3300 万元即从担保公司账户转出。

2009 年 9 月，闵某某、郑某、肖某经商议决定肖某加入担保公司，三人实际持股比例分别为 40%、40%、20%。三人商议增加担保公司实收资本至 10600 万元。因缺少资金，三人商议委托他人出资并办理相关手续，由闵某某负责具体操作。2009 年 11 月 19 日，增加实收资本所用资金 7280 万元转入担保公司账户，同月 20 日至 24 日，同额资金又从担保公司账户转出。同年 12 月 4 日，担保公司在工商部门办理了变更登记。

闵某某、郑某、肖某经商议增加担保公司实收资本至 16600 万元，并将公司经营范围由非融资性担保变更为融资性担保。因缺少资金，三人经商议委托他人出资并办理相关手续，由闵某某负责具体操作。2009 年 12 月 29 日，增加实收资本所用资金 6000 万元转入担保公司账户，次日 6000 万元从担保公司账户转出。2010 年 2 月 4 日，担保公司在工商部门办理了变更登记。

另外，2009 年 10 月，闵某某、郑某、肖某经商议成立江阴某某投资管理有限公司，三人实际持股比例分别为 40%、40%、20%。同月 26 日，将注册用资金 660 万元转入投资公司账户。同月 29 日，投资公司经工商部门核准成立，注册资本为 660 万元。同年 11 月 2 日，注册用资金 600 万元从投资公司账户转出。

2010 年 8 月，闵某某、郑某、肖某经商议将投资公司注册资本增资至 5000

万元。因缺少资金，三人经商议委托他人出资并办理相关手续，由闵某某负责具体操作。同年8月2日，增资所用资金5000万元转入投资公司账户。同月6日，上述资金5000万元从投资公司账户转出。同月12日，投资公司经工商部门核准增资。

在经营过程中，担保公司、投资公司为进驻江阴市某某钢材市场的商户向银行贷款提供担保，最终导致商户结欠银行贷款本息共计1亿余元无力偿还。

江苏省江阴市人民法院认为，闵某某、郑某、肖某作为公司发起人、股东，其行为已构成虚假出资、抽逃出资罪，以虚假出资、抽逃出资罪判处闵某某有期徒刑三年六个月，并处罚金五百万元；判处郑某有期徒刑三年，并处罚金四百万元；判处肖某有期徒刑二年，并处罚金三百万元。郑某、肖某不服，上诉于江苏省无锡市中级人民法院。

江苏省无锡市中级人民法院认为，担保公司的经营范围于2010年2月4日由非融资性担保变更为融资性担保等项目，属暂不实行注册资本认缴登记制度的公司类型，而投资公司无实行注册资本实缴登记制度的强制性规定，故闵某某、郑某、肖某经合谋，为担保公司增加实收资本6000万元，并予以抽逃的行为仍应当以抽逃出资罪定罪处罚；三人注册成立投资公司及事后运作注册资本，注册成立担保公司及2009年12月4日前运作实收资本的行为可不再以虚假出资、抽逃出资罪追究刑事责任。因此，原判认定闵某某、郑某、肖某在增加担保公司实收资本6000万元过程中抽逃出资的事实清楚，证据确实、充分，但认定上述三人注册成立投资公司、担保公司及其他注册资本、实收资本的出资和抽逃行为，依照国务院《注册资本登记制度改革方案》等规定及刑法从旧兼从轻的处罚原则，不构成虚假出资、抽逃出资罪，依法应予改判。同时，关于本案的罪名问题，《刑法》第一百五十九条系选择性罪名，闵某某、郑某、肖某的行为仅构成抽逃出资罪，原判认定构成虚假出资、抽逃出资罪，适用选择性罪名有误，应当予以纠正。最后，以犯抽逃出资罪，改判闵某某有期徒刑二年三个月，并处罚金一百五十万元，改判郑某有期徒刑一年六个月，并处罚金一百万元，改判肖某有期徒刑一年，并处罚金五十万元。[①]

---

① 参考案例：江苏省江阴市人民法院（2014）澄刑初字第0062号；江苏省无锡市中级人民法院（2014）锡刑二终字第0049号。

三、虚报仍然实行实缴制公司的注册资本，达到一定数额，要承担刑事责任

雍某某是黄石市永诚担保有限责任公司股东、黄石市黄石港区康达小额贷款有限责任公司法定代表人、黄石市某某商贸有限公司法定代表人、股东。

2006年2月，雍某某发起设立永诚担保公司，从事为企业或个人提供融资性担保业务，以收取担保金额的3%作为主要收入。设立时，申报的公司注册资本金为1000万元，其中雍某某出资650万元占65%股份，李某某出资200万元占20%股份，张某某出资150万元占15%股份。为取得工商登记，雍某某以支付利息为条件向朋友陈某某提出短期借款1000万元。陈某某转账1000万元到雍某某银行账户。雍某某从其账户分别转款650万元、200万元、150万元至永诚担保公司、李某某及张某某的银行账户，再通过李某某、张某某账户分别将200万元、150万元转至永诚担保公司账户。通过验资后，雍某某将1000万元从永诚担保公司账户全额转回给陈某某，虚报注册资本金1000万元，占应缴出资数额100%。

2008年4月，雍某某申请变更注册资本金及股东，其中申请新增注册资本金2000万元，股东变更为雍某某出资2650万元占88.33%股份、延某某出资350万元占11.67%股份（由李某某、张某某转让）。为取得变更登记，雍某某分别通过蓝某某、盛某某、刚某某、陈某某、范某某等人账户共计转账2000万元至其个人银行账户，再将其账户上2000万元转至永诚担保公司账户。通过验资后，雍某某将此2000万元从永诚担保公司账户转至其个人账户，再原额转回蓝某某、盛某某、陈某某等人账户，虚报注册资本金2000万元，占应缴出资数额100%。经过此次变更，永诚担保公司的注册资本增加为3000万元，但在2009年9月，又减少注册资本2200万元，变更为800万元。

2010年7月，雍某某申请新增注册资本金800万元，即变更后注册资本增加到1600万元，其中：延某某出资350万元，占21.875%股份，雍某某出资1250万元，占78.125%股份。为取得变更登记，雍某某分别通过黄石市黄石港区康达小额贷款有限责任公司、陈某某银行账户转账50万元、750万元共计800万元至其个人银行账户，再将其账户上此800万元转至永诚担保公司账户。通过验资后，雍某某将800万元从永诚担保公司账户原额转回康达公司、陈某某账户，此次虚报注册资本金800万元，占应缴出资数额100%。

2011年5月，雍某某申请变更注册资本金及股东，其中申请新增注册资本

金1000万元，股东变更为雍某某出资1850万元占71.15%股份、延某某出资750万元占28.85%股份。为取得变更登记，雍某某通过陈某某账户分别转账600万元、400万元至永诚担保公司账户、延某某账户，再通过延某某账户将400万元转至永诚担保公司账户。通过验资后，雍某某将此1000万元从永诚担保公司账户原额转回陈某某账户，虚报注册资本金1000万元，占应缴出资数额100%。

2011年8月，雍某某申请变更注册资本金及股东，其中申请新增注册资本金2400万元，股东变更为伺某某出资1400万元占28%股份、申某某出资1000万元占20%股份，雍某某、延某某出资额不变分别占37%、15%股份。为取得变更登记，雍某某分别通过易某某账户、黄石某某医药有限责任公司账户、钱某某银行贷款资金账户及伺某某账户共计转账2400万元至申某某、伺某某账户，又由申某某、伺某某账户分别转账至永诚担保公司账户。通过验资后，雍某某将2030万元从永诚担保账户原额转给易某某等人，永诚担保公司账户留存370万元，此次虚报注册资本金2030万元，占应缴出资数额84.58%。

2012年10月，雍某某申请新增注册资本金5000万元，其中雍某某、伺某某、申某某分别增资2600万元、1400万元、1000万元，延某某出资额不变占7.5%股份。为获取验资报告，雍某某通过陈某某、祝某某、余某某、朱某某、黄某某账户共计转账2600万元至其个人账户，通过丘某某、黄某某账户共计转账1000万元至申某某账户，再分别将上述3600万元及伺某某账户1400万元共计5000万元转账至永诚担保公司账户。通过验资后，雍某某将其中4979万元原路转回陈某某账户1500万元、祝某某账户1009万元、黄某某账户350万元，转给丘某某控制的公司账户1620万元，转给雍某某个人银行账户500万元，永诚担保公司账户留存21万元。此次虚报注册资本金4979万元，占应缴出资数额99.58%。

在上述频繁、反复折腾的过程中，雍某某虚报永诚担保公司注册资本数额达到了9609万元。

另外，雍某某于2008年12月设立黄石市黄石港区康达小额贷款有限责任公司，从事为中小企业及个人办理各项小额贷款业务，以收取不超过同期银行贷款利率的4倍利息作为主要收入。雍某某设立康达公司，申报公司注册资本金为2000万元，其中永诚担保公司出资400万元，其余均为自然人出资。为获取工商登记，雍某某通过某某冶金公司、陈某某、陆某某银行账户共计转账1900万元至其个人银行账户，随后将其账户中的400万元转入永诚担保公司账户再转入康达公司账户，将其账户中的1600万元分别转入以股东名义出资的袁某某等十五人银行账户，再通过此十五人账户转入康达公司账户。通过验资后，雍某某分别将康达公司1900万元、100万元转入其个人实际控制的某某物资公司账户，并原路转回陆某某账户1500万元、陈某某账户400万元，余下100万元经其个人账户转给易某某，用于归还借款人本息。此次，虚报注册资本金2000万元，占应缴出资数额100%。

湖北省黄石市中级人民法院认为，雍某某在永诚担保公司、康达公司设立登记及变更登记过程中，采取欺诈手段虚报注册资本，欺骗公司登记主管部门，取得公司登记，虚报注册资本11609万元，数额巨大，其行为已构成虚报注册资本罪，遂以犯虚报注册资本罪，判处雍某某有期徒刑一年六个月，并处罚金人民币一百二十万元。①

① 参考案例：湖北省黄石市中级人民法院（2016）鄂02刑初6号。

亡羊补牢未为晚
——挽救公司，更要挽救自己

第二十五章　检查、梳理以找出可能被追责的事项

一、老板有可能被追究哪些责任

老板被追究的责任，大致可以分为民事责任、刑事责任两大类（注：行政责任姑且不论）。依责任的轻重，可列以下三个档次：

民事责任之有限责任：如补缴出资、补充赔偿、损害赔偿等。此档次责任有限之“限”，取决于认缴出资额的多少，或者所造成损失额的大小。

民事责任之无限连带责任：如在公司的面纱被揭开，公司的法人资格被根本否定，个人财产与公司财产相混同等情形下所承担的责任。此档次责任，首先取决于公司所承担债务额的多少、大小，其次取决于公司已实际履行债务额的多少、大小。

刑事责任：被判处刑罚的轻重，取决于犯罪的情节，特别是涉案数额。

如果进一步量化，还可以将民事责任再具体分为：承担债务 10 万元以内、50 万元以内、100 万元以内、500 万元以内、1000 万元以内、以上等；将刑事责任再具体分为：三年以下有期徒刑、五年以下有期徒刑、三年以上七年以下有期徒刑、五年以上十年以下有期徒刑、七年以上或十年以上有期徒刑、无期徒刑、死刑（注：相对于主刑，作为附加刑的罚金较轻，姑且不论）。

对于大多数老板来说，在 100 万元以内的，应属小额债务责任，能够承担得起；在 100 万～500 万元，有相当一部分老板也能承担得起。500 万元以上，特别是 1000 万元以上的，可以看作大额债务，对多数老板来说，恐怕就有些吃力了。被法庭判决承担民事责任后，如果不能及时清偿，不仅会被列入失信被执行人，还会被限制高消费，如出行不能乘坐高铁、不能外出旅游度假、不能进入星级宾馆酒店等，生活质量会大打折扣。如果遭遇强势的债权人，可能还不得不过外出逃债的生活。

但更严重的是承担刑事责任。一旦被追究刑事责任，等待老板的，除极个别被判处死刑外，绝大多数将是一个人独自去高墙电网内过没有人身自由和亲

人陪伴的日子。

所以，老板一定要把防止被追究刑事责任作为头等大事来抓。在危机爆发之前，在必须做的事务之中排在第一位的是尽早预防被追究刑事责任；然后才是预防被追究民事责任，特别是大额民事责任。

二、预防被追究责任工作的特征

人们常常会发现这样的现象：老板外出办理公司的事务，需要公司财务部门付款，但因为这样那样的原因，公司财务部门无款可付，或者无法及时支付。于是，老板便自掏腰包，用个人的款，先把事情办了再说。

有时则相反，老板办理个人的事务，需要付款，但个人腰包空空如也，便动用公司的款项支付。从法律上看，这种做法是不允许的，[①] 但在实践中却并不少见。

无论是用个人的钱办理公司事务，还是用公司的钱办理个人事务，都应当在事后及时补办财务手续，调整到符合法律要求的状态，并用合乎财务会计制度要求的凭证、账簿把款项与事项固定下来，以免日后说不清。但实际上，不少人，特别是一些小微企业的老板，往往忽视事后的补正工作。这样一来，一旦需要厘清老板个人与公司之间财产关系时，就需要重新进行检查、梳理。

一般来说，就承担民事责任而言，在遭到公司的债权人以及其他当事人的起诉后，或者就承担刑事责任而言，被司法机关受案特别是立案以后，老板就会处于不利的被动状态。尤其是在刑事程序中被立案的情况下，这种不利会变得十分严重。而如果在此以前，老板们就采取一些应对措施，做了预防工作，可能后果就不会那么严重，甚至还有可能避免被追究责任。因此，不要等到被公司债权人起诉或者司法机关受案以后再采取措施，那时很可能已经没有机会了。在此之前，老板就应该认真检讨一下自己是否存在有可能被债权人找出，或者被他人举报的破绽，以便尽早弥补、完善、消除，预防被追究法律责任。

预防老板被追究法律责任这项工作，具有以下特征：

针对的都是老板们已经做过的事情。由于这些事情发生在过去，因此事情的客观状况本身无法再改变。

老板们所做的事情，是否产生需要偿付的债务、是否构成犯罪、是否会被追究刑事责任，都具有或然性。以是否会被追究刑事责任为例，由于司法机关

---

① 《公司法》第一百四十八条第一款第（一）项。

追究刑事责任的前提是认为老板的行为触犯《刑法》，构成犯罪，而是否构成犯罪，具有或然性。在具备构成犯罪条件的前提下，是否需要追究刑事责任，以及如何追究刑事责任，存在不同的路径，因此也具有或然性。

预防工作本身属于事后工作，通过梳理、检查，找出可能会被追究法律责任的事项，然后采取相应的预防措施，如获得权力机构或权利人的追认、补正或者补办手续等，理顺相关权利、义务关系。

预防工作的结果，在有些情况下，可以改变已发生事情的法律性质，如从违法变为合法。在另外一些情况下，虽然无法改变事情的法律性质，但可以改变其或然性，即降低承担法律责任的可能性，特别是被认定为犯罪以及被追究刑事责任的概率。

三、检查、梳理一下可能被追究法律责任的事项

一般来说，能够成为老板的，都是聪明人。他们对于自己曾经做过的事情，特别是一些涉嫌违法、犯罪的事情，往往印象深刻、记忆犹新。因此，如果他们回头看看做过的那些灰色的事情，大多能够回忆起来。当公司的危机即将到来时，他们自己就能够进行检查、梳理、判断。

就有可能被追究民事方面的法律责任而言，检查、梳理的主要有以下这样一些事项。

1. 以货币出资的，是不是已经全部到位？

2. 以非货币出资的，是不是已经将用作出资的财产交付给了公司，是不是已经将财产权变更到了公司名下？

3. 将出资交付给了公司以后，是不是又抽了回来？

4. 出资额如有变动，有没有履行了法律上要求的程序？

5. 出资到位并且没有抽回，是形式上的，还是实质上的？

6. 如果大股东没有问题，小股东有没有？

7. 有没有与公司混用账户、场所的情况？

8. 有没有将公司资金转入老板个人账户，或者长期存放在个人名下？

9. 有没有将公司的财产转为老板个人或者家庭使用？

10. 有没有将老板个人或者家庭的财产交给公司使用？

11. 有没有将公司的资金借给，或者交给他人使用？

12. 有没有与本公司订立过合同或者进行过交易？如果有，履行完了吗？

13. 有没有将一些可以提供给公司的商业机会，转而提供给了老板自己或

者他人？

14. 老板有没有经营（自营或者为他人经营）与所任职公司经营范围内同类的业务？

15. 在处理与公司有关的事务中收取的款项，是不是全部交给了公司？

16. 在处理与公司有关的事务中，有没有受人请托，甚至受贿，增加了相对人的利益，减少了公司的利益？

17. 有没有披露过公司的秘密，哪怕是无意的？

18. 有没有自作主张，用公司财产为他人提供过担保？如果有，担保解除了吗？

19. 有没有公司为老板本人或者他人提供担保，并实际承担了担保责任，且尚未实现追偿权的情形？

20. 老板个人有没有为公司债务提供过担保？

21. 有没有未按照法律、行政法规、公司章程、股东会决议以及董事会决议的要求，擅自处理与公司有关的事务，给公司造成损失的情形？

22. 老板在处理与公司有关的事务中，有没有因为个人不谨慎而受骗，给公司造成损失的情形？

23. 公司的财务资料是否齐全完备，有无毁损情形？

24. 公司是否存在未能建立完备的财务资料，或者财务资料有灭失、毁损等情形？

25. 公司对老板个人是否享有债权？或者反过来，老板个人是否对公司享有债权？

26. 有没有股东提出关于向其进行赔偿的要求？

27. 有没有监事会或者监事提出向公司进行赔偿的要求？

28. 有没有公司债权人提出关于为公司向其进行赔偿的要求？

这些问题当然不是需要检查、梳理的全部，但涵盖了需要检查、梳理的大致方向、范围。

通过对老板以前做过的与承担责任有关的事情进行检查、梳理，找出哪些不需要承担责任、哪些可能需要承担责任。对于那些可能需要承担责任的，再区分哪些可能需要承担刑事责任、哪些可能需要承担民事责任。之后，再对可能承担责任的大小、轻重、幅度进行初步判断。做这些工作，目的是采取与之相对应的预防措施。

第二十六章　化解矛盾，降低被追究刑事责任的概率

一、公司经营中容易诱发犯罪的环节

对于在刑事方面是不是存在犯罪，是不是有被追究刑事责任的可能，还可以检查、梳理得再细致、深入一些。

公司的采购、生产、销售，是一个长长的链条，而经营管理又贯穿于整个过程。在这个链条上，老板们最容易在哪一个环节发生犯罪呢？也就是说，在公司经营中，哪个领域容易出现犯罪行为呢？

按照北京师范大学中国企业家犯罪预防研究中心课题组编制的《2016 中国企业家刑事风险分析报告》。最容易发生犯罪是以下十大环节：日常经营环节、财务管理环节、融资环节、工程承揽环节、产品生产环节、贸易环节、薪资管理环节、物资采购环节、公司设立变更环节、人事变动环节。

在 2016 年发生的案例中，案发环节明确的总计 1947 件。其中，上述十大环节发生犯罪的占比依次为：

环节	日常经营	财务管理	融资	工程承揽	产品生产	贸易	薪资管理	物资采购	公司设立变更	人事变动	合计
件数	916	415	268	116	76	71	50	17	17	1	1947
占比	47%	21.3%	13.7%	6%	3.9%	3.6%	2.6%	0.9%	0.9%	0.1%	100%

在国有企业，十大环节出现犯罪的件数、占比分别为：

环节	日常经营	财务管理	融资	工程承揽	产品生产	贸易	薪资管理	物资采购	公司设立变更	人事变动	合计
件数	155	80	3	21	7	5	1	5	5	0	282
占比	54.9%	28.3%	1.1%	7.4%	2.5%	1.8%	0.4%	1.8%	1.8%	0	100%

在民营企业，十大环节出现犯罪的件数、占比分别为：

环节	日常经营	财务管理	融资	工程承揽	产品生产	贸易	薪资管理	物资采购	公司设立变更	人事变动	合计
件数	761	335	265	95	69	66	49	12	12	1	1665
占比	45.7%	20.1%	16%	5.7%	4.1%	4%	2.9%	0.7%	0.7%	0.1%	100%

（上列数字、比例，参见《刑事法学》2017 年第 12 期，第 109 页。）

二、老板被追究刑事责任的最主要的原因是内部矛盾，导火索是举报

老板犯罪是怎样被司法机关发现的呢？

《中国企业家犯罪报告》也给出了一个参考答案。在 2015 年《中国企业家犯罪报告》统计的 181 例民营企业家犯罪案件中，有 122 例提到了老板犯罪被发现的导火索，其中最主要的是举报，有 48 例，包括被害人举报 26 例和其他人员举报 22 例，然后是因相关机构调查引发，有 32 例，最后是媒体披露 16 例。资金链断裂也是一个重要的直接原因，有 10 例。另外，其他案件牵出 6 例，自首和发生事故各 5 例。

法制日报社等在 2017 年 4 月 5 日发布了《2016 年度中国企业家犯罪报告》。该报告搜集了从 2016 年 1 月 1 日到 2016 年 12 月 31 日，有公开报道的 602 起企业家犯罪案例。其中，国有企业家犯罪或涉嫌犯罪的案件为 335 件，占 55.65%；民营企业家犯罪或涉嫌犯罪的案件为 267 件，占 44.35%。导致国有企业家案发的原因，最主要的是相关机构介入调查，共涉及案件 280 例，占比 87.2%。而导致民营企业家案发的，最主要的原因是受害人举报，共有 90 例，占比 35.71%，然后才是相关机构调查，有 71 例，最后是因为事故，有 35 例。

既然最主要的导火索是举报，那么举报的主要原因是什么呢？检索案例，会发现主要是源于内部发生激烈矛盾。

第十章曾经介绍过的辛某某案，在法院较早审理的公司职务侵占案中是一个典型。辛某某的丈夫庾某某是北京某某房地产开发有限责任公司的董事长，辛某某则任副总经理兼销售部经理。据辛某某在法庭的供述，二人感情不和，签署了离婚协议。庾某某承诺分给辛某某 900 万元财产，却告知辛某某其财产都在公司账上，可通过与其他公司签合同时多加些数额，让对方返回现金的方法解决。当辛某某收到本案涉及的回扣后，庾某某即宣布免除其一切职务，且

拒绝与其见面。稍后，公安机关收到对辛某某的举报，进行侦查，而辛某某却毫无察觉。当作为本案证据的各种调查笔录及相关证据已经齐备的时候，庚某某突然允许辛某某与孩子见面，并约好时间、地点。但是，当辛某某如约前往时，却突然被公安机关抓捕。对于这个起因与过程，辛某某认为完全是庚某某预先设计的一个圈套。

在第十九章曾经介绍的蒯某某案中，起因则是国企北粤集团公司与蒯某某之间的股权之争。北粤集团公司本是快乐旅游公司的控股股东，但蒯某某通过操控广州路路顺投资公司、广州金利源公司、广州际海旅业公司，采用化整为零、分散隐蔽的方式，收购了快乐旅游公司52.39%的股权，超过了北粤集团公司的持股比例，从而获得了快乐旅游公司的控股地位。北粤集团公司察觉后，即发函询问，要求给予书面解释。对快乐旅游公司的股权之争，由此开始，并最终转向刑事诉讼，以蒯某某锒铛入狱，北粤集团公司收回控股权而告终。

上述统计数字和案例提醒老板们，要把化解内部矛盾作为一项重要事务来抓。

三、正确认识公司事务中形式、实质的区别

在处理公司法律事务纠纷过程中，常常会遇到形式所载内容与事实真相不一致的问题。

形式，从静态的角度看，主要是指书面材料；从动态的角度看，主要是指前后衔接的流程。所谓形式内容，也就是书面材料上所记载的事实。老板处理公司事务，首要的是要做到形式上合法。形式上的问题，包括书面材料的种类是否齐全、每一种材料的份数是否足够、记载的事项是否完备、格式是否符合法律法规的规定、有期限要求的是否仍在有效期内、程序或者流程是否符合要求等。

正常情况下，形式内容反映的应该是事实真相。事实真相，就是客观的真实情况，包括实际的行为人是谁、其真实意图是什么、是不是出于自愿、与相对方要建立一种怎样的关系等。形式内容与事实真相二者一致，如行为人的主体资格、其创建的权利义务关系符合法律要求，并与书面材料上记载的完全一致等，表明公司事务处于较佳状态。如果事实真相与形式内容二者不一致，特别是因此引起了纠纷，处理起来就比较麻烦、困难。

形式内容大致有两个层次：一个层次是行政机关，主要是公司登记机关登记材料所载内容，另一个层次是公司内部书面材料如各种决议所载内容。行政

机关只有在法律法规有特别规定，或者它认为有必要时，才进行实质审查，如公司登记机关依照《公司登记管理条例》第五十一条、第五十三条进行的核实，其余主要是进行形式审查。正因如此，当发生事实真相与形式内容不一致的情况时，往往是行政机关查到的形式内容与事实真相相去甚远。

现在要问：如果因为事实真相与形式内容不一致，并因此形成了案件，那么在诉讼中，哪一方面对认定事实、分担责任更重要一些？

一般来说，案件的性质不同，有权机关审查的重点就不同。如果是一个行政案件，或者是一个民事案件，在法院审判过程中，形式内容方面的因素常常占有较大的优势。但如果是一个刑事案件，形式内容就会让位于事实真相。因此，从行政、民事案件，再到刑事案件，显现的是从形式审查转变为实质审查。一旦进入刑事诉讼，司法机关更加注重事实真相，注重实质，形式内容的意义就会有所降低。在刑事诉讼中，事实真相才是判断罪与非罪的依据。

在公司法领域内，形式内容与事实真相出现落差的情形常常发生。对此，老板们应当予以正确认识，以免进入误区。

一方面，处理与公司有关的事务，合法的形式很重要，但不要过于迷信。另一方面，事实真相更重要，要努力使事实真相与形式内容二者保持一致。如果在形式上完全合法，但这层外衣下掩盖的是一种违法甚至犯罪行为，那么就容易被司法机关揭开，老板就难逃被追究刑事责任的下场。例如，第十九章曾经介绍的蒯某某案，就是如此。

四、化解了矛盾，可以有效降低被认定为犯罪并被追究刑事责任的概率

两千年前，司马迁在阐述经营活动的《史记·货殖列传》中说：“天下熙熙，皆为利来；天下攘攘，皆为利往。”到今天，对于从事经营活动的人们来说，这句话仍不过时。公司设立、存续的目的在于营利，老板所追求的，亦在于利益，在与老板们打交道的人中，谋利求财而来的占绝大多数。自然，牵扯到老板的矛盾，也就往往是因利而生。

如果自己确实做过涉及犯罪，或者可能涉及犯罪的事情，而这些事情又难以通过补正的方式挽回，那就要小心了。如果矛盾的对方对情况比较了解，而矛盾本身又比较尖锐，就要考虑妥协，通过让利、让步，将矛盾化解。这是因为，因利益上产生的矛盾、纠纷，如若化解，还必须在利益上找出解决之道。总之，一定要注重化解内部矛盾，预防被举报。

要学会让利、妥协，切忌盲目自信，自以为做得天衣无缝，却将矛盾激化，

从而被举报，陷入以查明犯罪、惩罚犯罪为基本任务的刑事诉讼程序中。这是因为，在刑事诉讼程序中，首先开展工作的是侦查机关。为了了解事实真相，法律赋予了侦查机关强有力的措施，包括讯问犯罪嫌疑人、询问证人、对场所、物品、人身等进行勘验、检查、搜查、扣押物证、书证、鉴定等。通过采取这些措施，侦查机关能够查清与案件有关的每个具体的细节，从而查清事实真相。如果老板真的涉嫌犯罪，就难逃被追究刑事责任的命运。

还是以第十九章和前文曾经介绍的蒯某某案为例。快乐旅游公司的股权之争开始后，并不一定会走向刑事诉讼，但由于蒯某某在谈判中固执己见，缺乏弹性，结果把自己送进了牢狱。

北粤集团公司本是快乐旅游公司的控股股东，在蒯某某恶意隐蔽取得快乐旅游公司的控股权后，夺回控股权势在必行。2010 年 6 月，市场传出某国际旅游业巨头出价 4900 万英镑要约收购路路顺股权的消息。7 月，北粤集团公司主动采取措施，向该国际旅游业巨头发函，迫使其中止对路路顺的收购，又以党委、纪委名义对快乐旅游公司的员工、高管、董事发起广泛调查，全面控制公司核心部门。不久，快乐旅游公司前董事长融某某被双规，原财务总监和财务经理亦被带走。也是在这个月，市政府旅游局收到举报信，着手调查“外资非法进入快乐旅游公司”。这一系列果断、有力的动作，是在告诉蒯某某等人：别打国有控股权的主意，趁早收手。

应该说对于蒯某某而言，此时已经形成了山雨欲来之势。在北粤集团公司一方，一方面目的明确，那就是收回对快乐旅游公司的控股权；另一方面所采取的措施非同寻常，不是一般的民事诉讼，而是直指贪腐。这一措施表明，双方的股权之争随时都有可能转为一件刑事案件。在这种形势下，对蒯某某来说，审时度势、灵活退出才是上策。

但蒯某某却固执己见，在与北粤集团公司的多轮谈判中，坚持市场化定价，坚持按照某国际旅游业巨头的出价标准计算让出快乐旅游公司控股权的对价，结果，双方不欢而散。

2010 年 11 月 15 日，蒯某某被警察带走。2 天后，被以涉嫌“职务侵占罪”执行逮捕，最后则被以挪用资金罪、虚报注册资本罪、单位行贿罪定罪判刑。[①]

在这个案例中，虽然北粤集团公司夺回快乐旅游公司控股权的目标不会改变，但从屡次与蒯某某进行谈判来看，可以推测他们一开始并无动用刑事手段

---

① 参考案例：广东省高级人民法院（2012）粤高法刑二终字第6号。

迫其就范的打算。只是在谈判屡屡不成后，才转而走向刑事程序。从蒯某某的角度看，如果在谈判中化解了分歧、矛盾，虽然仍不能排除被追究刑事责任的可能性，但这种可能性变成现实的概率或许会大大降低。

五、调整权利义务，重新界定法律关系，化解风险

前文强调了消化矛盾，但矛盾化解了，只是能够有效降低举报率，而如果以前发生过犯罪事实，那么犯罪事实还是照样存在，即使无人举报，也有可能因为其他原因被司法机关发现，从而被追究刑事责任。因此，只要有可能，还应当采用一些技术手段，调整各方之间的法律关系，或者使其合法化，或者使其失去再追究的意义，甚至还有可能将风险转化为发展机遇。

例如，甲是一家化肥生产企业的老板，一直为企业亏损而烦恼。当地另有一家大型化肥生产企业，其商标信誉度高，市场占有率也比较高。甲在几名销售人员的怂恿下，定制了一批与那家大型企业的产品外观一致的包装袋，却装进自己企业生产的化肥，推销到市场上，一时盈利。甲老板的这种行为，其实是一种假冒商标的违法行为。不久，即被那家大型企业发现，并控告到市场监管机关。市场监管机关予以受理。监管机关处理期间，同时也是老板采取应对措施的期间，如果应对不当，监管机关将案件移送公安机关，就会使甲老板及其销售人员面临着被追究刑事责任的危险。在此情形下，甲老板主动找到那家大型企业，除承认错误外，主要是要求合作。最后双方达成一致意见，订立了一份商标使用许可合同。那家大型企业允许甲老板的企业使用其商标，甲老板的企业则支付一定的费用。这样一来，对那家大型企业商标的使用，就由违法转变为合法。那家大型企业撤回了对甲老板的控告。从甲老板的角度看，不仅消除了被追究刑事责任的危险，还因为他的公司能够合法使用市场信誉度、占有率较高的商标，获得了新的发展机遇。

再如，甲、乙两公司是市场上的竞争对手，本来势均力敌，互不服气。但甲公司在技术上获得突破，使其产品不仅提高了性能，还降低了成本。这样一来，甲公司在市场上获得了优势地位，乙公司渐渐处于下风，走向亏损。正在乙公司老板愁眉不展之际，甲公司的两个技术人员因待遇问题辞职了。乙公司老板闻讯，悄悄接纳了这两个技术人员。这样一来，乙公司也生产出了与甲公司同样的产品。短时间内，乙公司产品所占市场份额大幅度上升。甲公司的技术属于商业秘密。两名技术人员、乙公司、乙公司老板的行为，属于侵犯甲公司的商业秘密的行为。甲公司发现后，控告到公安机关。公安机关予以受理。

乙公司老板、乙公司、两名技术人员面临着被追究刑事责任的危险。乙公司老板闻讯，十分惊慌，赶紧找来律师商议对策。在律师的建议、协调之下，甲公司以其商业秘密出资，入股乙公司，使乙公司成为甲公司的参股子公司。这样一来，乙公司老板化解了他本人和那两名技术人员被追究刑事责任的风险。

通过调整当事人之间的权利、义务，来改变法律关系的性质，能够有效化解风险，特别是化解承担刑事责任的风险。

第二十七章　补办、完善手续，降低被追究民事责任的概率

债权人要求清偿债务，往往先找公司，向公司提出。公司不能清偿时，才会想到找股东个人，或者老板个人。要求个人承担责任的理由，无非是未履行或者未完全履行出资义务、滥用公司法人资格和股东有限责任、股东财产与公司财产混同这几大类。如果老板尽早采取措施，让债权人的这些理由难以成立，自然就会使债权人难以达到追究个人责任的目的。

一、化解矛盾，可以有效降低承担民事责任的概率

化解矛盾，不仅对于防止纠纷转向刑事诉讼有益，而且对于防止形成民事诉讼、防止内部不利于老板的信息公之于众也十分有利。

时某某出资 408 万元，冯某某出资 392 万元，共同设立东都置业有限责任公司，时、冯二人分别持有公司 51%、49% 的股权，时某某担任公司的法定代表人。2009 年 6 月 1 日，时、冯二人将 800 万元注册资金汇入东都置业公司账户验资。因二人所筹注册资金均是通过中介向他人借款，故 2009 年 6 月 2 日东都置业公司在验资后又将该 800 万元转出，分别归还于出借人孙某某等四人。

如果没有后来发生的股权转让纠纷，时、冯二人抽逃出资的行为也许就不会暴露。

2011 年 9 月，冯某某与时某某签订股权转让协议，将其持有的东都置业公司 49% 股权以 392 万元价格转让给时某某，并在工商部门办理了变更登记。但时某某未向冯某某支付 392 万元的转让款。冯某某起诉至江苏省连云港市海州区人民法院。海州区人民法院判决时某某向冯某某支付股权转让款 392 万元。

不久，东都置业公司以冯某某为被告，向江苏省连云港市中级人民法院提起诉讼，请求判令冯某某归还注册资金 392 万元，并承担利息。连云港市中级人民法院作出判决，支持了东都置业公司的请求。

冯某某不服，上诉于江苏省高级人民法院。该院认为，有限责任公司股东未尽出资义务即转让股权，转让股东的出资义务并不因股权转让而解除，公司仍有权请求转让股东履行出资义务。本案中，冯某某在公司验资注册后又将出资款转出，至其将股权转让给时某某时仍未补缴，未完成对公司的出资义务，应承担补足出资的责任。故判决驳回了冯某某的上诉。①

时、冯二人抽逃出资，外人特别是东都置业公司的债权人本来是不知道的。但经过这两起诉讼，秘密公开了。这样一来，补足出资并承担利息，也就相应地变成不可避免的事。同时，被追究其他责任的概率也会上升。

二、如果确实无法按照原来的条件完成出资义务，可以采取变更措施

如果股东未履行或者未完全履行出资义务，或者抽逃出资的，那么最好的应对方式当然是尽快将出资义务履行完毕，或者尽快将抽逃的出资及其相应利息缴回公司。

对原来应尽的出资义务，确实再也没有能力完成，又该怎么办?

可以考虑变更出资方式，如原来承诺的是货币出资，可以考虑变更为以知识产权、不动产、债权、股权等出资。关于这一点，在第六章谈到“出资替代问题”时已经以案例作出过说明。

可以考虑采取减资的方式。关于减资，也已经在第八章以案例作了说明。

股东向公司借款，或者说公司将自有资金出借给股东，往往被看作抽逃出资，甚至成为否认公司法人资格的理由。因此，股东应当尽快将所借款项返还给公司。如果确实无法在短期内偿还，则要注意使其合法化，如让公司与股东以及其他相关主体订立《借款协议》或类似的协议，做到“资出有名”，并补充相应的凭证，如借据、转账支票、支票收据、付款凭证等，使其形成完整的证据链。同时也要注意不“违反公司章程的规定，未经股东会、股东大会或者董事会同意”等，由股东会、董事会进行追认等。

如果借款的股东确实没有以现金偿还的能力，也可以用替换的方式偿还，如向公司提供与所借资金等值的、能够用于公司生产经营的产品或服务等。采取这种方式，要注意保存好交付产品或者提供服务的凭证。

上述方式，必须按照《公司法》《合同法》的规定，满足一定的程序要求。

另外，尽管现行《公司法》不再要求由会计师事务所进行验资，但如果由

---

① 参考案例：江苏省连云港市海州区人民法院（2012）海商初字第147号判决；江苏省连云港市中级人民法院（2013）连商初字第0115号；江苏省高级人民法院（2014）苏商终字第0011号。

会计师事务所进行审计、验资，并出具相应的审计报告、验资报告，从而证实股东已经履行了出资义务，效果会更好。

三、依法进行财务处理，调整账目，并且不要拖拉

通过检查、梳理，发现了问题，就要及时调整、补办手续，特别是财务凭证方面的手续，使之既符合事实真相，又合乎财务会计制度的要求。

在2007年到2008年轰动一时，先后由广东省佛山市中级人民法院、广东省高级人民法院审理的原广东某某集团有限公司董事长张某某职务侵占、挪用资金一案中，有这样一个情节：公诉人指控张某某使用公司的款项，在广州市二沙岛购买别墅、家具并用作装修费用，而辩护人则称，购买房产的巨款，是因张某某在集团公司下属的香港分公司的个人薪金未领取，为便于行事而从集团公司划款，之后由集团公司与香港分公司结算，张某某用于购房及房屋装修的巨款其实就是他应得的工资，并不属挪用资金。但法庭并没有采纳辩护人的意见，而是支持了公诉人的指控。法院的认定提示人们，如果不及时进行财务处理，在会计账目上显示清楚，事后是很难说得清的。当然，这是建立在辩护人所说属实的前提之下的。

这个案例提醒老板们，当公司即将陷入危机时，及时根据发生过的事实，依法调整、补充、完善会计凭证、财务账簿，以便在必要时作为证据来证明老板自己的清白，是很重要的。

而且，上述工作还应当尽快进行，不要等到债权人起诉以后再办。例如，在第九章所引镀锌公司诉八达公司、聂某某、台某某、隆裕公司等股权转让纠纷一案中，聂某某、台某某为避免八达公司的面纱被揭开，曾谋划让受让人将所持隆裕公司的股权退还给八达公司，但由于动作太慢，直到江苏省高级人民法院作出判决前，也没有在工商部门办理回转的变更登记手续。如果办理了变更登记手续，判决的结果可能就会不一样。

四、在实际投资额过大的情况下，如何防止因出资问题承担责任

关于这个问题，也可以用一个案例来说明。

上海中都白宫大酒店有限公司成立于2008年9月，注册资本200万元，实缴金额40万元。其中，股东由某某、桓某某各认缴出资100万元，实缴出资20万元，其余出资额应于2010年8月前缴足。中都白宫公司在上海市真北路上承租了六层楼房，并进行了改建、装修。依据审计，中都白宫公司所属酒店的装

修工程造价达到3042万余元。这表明，公司两名股东由某某、桓某某对公司的实际投资总额，远远超过了各自认缴的100万元出资。

2011年5月，中都白宫公司通过股东会决议，将公司注册资本金由200万元减至40万元（相当于每人减少80万元），由某某、桓某某各自的认缴出资与实缴出资均变更为20万元。中都白宫公司的债权人宦某某、上海某某企业投资管理有限公司，以中都白宫公司减资未通知债权人为由，向法院起诉，请求判令股东桓某某在减资80万元范围内对中都白宫公司的付款义务承担补充赔偿责任。

桓某某主张，他与股东由某某对中都白宫公司的实际投资总额远大于各自认缴的100万元出资。因此，从对公司的实际投入而言，其事后减少对公司80万元出资的行为，对公司原基于股东出资所对外具有的偿付能力，并不产生实质性的影响。再则，中都白宫公司内部的财务记账记录表明，已经将桓某某对公司的投入作为其对公司的实际出资，即认可其认缴的100万元出资已经全部到位。因此，应驳回宦某某、投资管理公司的诉讼请求。

上海市第二中级人民法院认为，"股东对公司的实际投资与其对公司的出资，属于不同的法律概念范畴，两者产生的权利义务不同"，因此判决支持了债权人宦某某、投资管理公司的诉讼请求。①

这个案例，对正确认识股东向公司实际投资与出资的不同以及如何规避风险，很有启发意义。股东承担责任，是以认缴的出资额为限，而不是以实际投资为限。但通过合法程序，实际投资完全可以转化为出资，此种转化，会造成股东出资额增加。可以设想一下，在这个案例中，既然两个股东投入公司的仅装修工程就达到3042万余元，那么公司完全没有必要减资。只要在这3042万余元中拿出160万元，转作股东对公司的出资，就会使实缴出资额由原来的40万元增加到200万元，从而完成缴纳出资的义务。当然，将投资转化为出资，必须严格按照法定程序进行，才会产生相应的法律效力。

五、老板名下的财产，若实际上属于公司所有，则应尽快过户到公司名下

为了避免被追究法律责任，需要检查、梳理一下老板个人与公司之间的财产往来。

---

① 参考案例：上海市第二中级人民法院（2016）沪02民终6253号。

老板与公司之间可以存在多种多样的关系，并因此从公司取得财产，但常规性的情形是如下两种：作为出资的股东，可以从公司分得红利，此时双方所依赖的是出资关系；作为公司的董事、监事、高管，可以从公司领取薪酬，报销因办理公司事务支出的费用，此时双方所依赖的是劳动或者劳务关系。

不同的关系，所具有的法律意义是不同的。厘清老板个人与公司之间的财产往来，并用证据固定下来，对在公司陷入危急之时保护老板个人的权益，十分重要。因为，尽管在平常的经营管理过程中，老板与公司的财产关系混沌一些，往往会使老板得利、公司受损，如以个人消费冲抵公司成本等，但是一旦进入法律程序，结果常常是相反。届时，司法机关将进行严格审查，如果老板没有证据证明自己的清白，司法机关就会站在公司利益的角度，认定和处理有关事宜。

例如，某公司老板使用公司资金，购买了大量艺术品，如名贵字画等，但这些东西挂在公司的账上，有时也放在公司的仓库里，用来证明是公司的财产，但更多的时候是放在家里，供自己、亲属、朋友欣赏。当然，如果公司遇到危机，将这些可移动的东西再交回公司，或许就不会再追究老板的责任。但如果是不动产，就不会这么简单了。

陕西立创新能源开发有限公司由位某某、奚某某、汉江联合创业投资有限企业共同出资成立，其中位某某、奚某某系夫妻。在持股比例上，位某某持有公司56.8%的股权，奚某某持有14.2%的股权，汉江创投公司持有29%的股权。立创公司董事会由位某某、奚某某、汉江创投公司委派的曾某某三名董事组成，位某某担任法定代表人及总经理。另，诸葛某某担任公司的监事。

立创公司的章程第26条规定，由董事会决定公司的一切重大事项，其中公司或控股子公司的年度财务预算方案、决算方案、超过50万元的固定资产或费用支出等事项，必须经过两名以上董事（其中应包括汉江创投公司委派的董事）同意方可作出决议。

2013年12月，会计师事务所对立创公司及其两家全资子公司2012年度、2013年1月至10月的相关账务进行了专项审核，得出的审核意见是位某某、奚某某均欠立创公司巨额款项。审计报告的附件表明，购买公文包的发票4张19600元，购买表的发票5张193040元，购买签字笔的发票2张6301元，购买包的发票5907元，购买眼镜的发票3220元。对这些发票显示的费用，位某某均在立创公司的全资子公司报销。另外，立创公司及其全资子公司向某房产公司支付购房款3353789元，房产却落在奚某某的名下。

汉江创投公司致函诸葛某某，请求诸葛某某履行监事职责，依法向法院就位某某、奚某某侵占公司资金的行为提起诉讼。诸葛某某遂向陕西省西安市中级人民法院起诉了位某某、奚某某，请求判令位某某向立创公司返还借款2175210.85元，返还报销的费用228067元，判令奚某某向立创公司返还借款2076042.82元，返还购房款3353789元。位某某认可起诉的借款数和报销的费用数，奚某某辩称并提供证据证明其借款中有124.5万元用于公司支出，又辩称公司付款购买房屋落在其名下是经公司董事会讨论决定的。

西安市中级人民法院支持了诸葛某某的大部分请求，认定位某某、奚某某向立创公司的借款、报销的费用以及立创公司支付的购房款，属于二人的夫妻共同债务，扣除用于公司支出的124.5万元外，判决将其剩余的6588110元返还给立创公司，并且二人互负连带责任。

对西安市中级人民法院所作一审判决，奚某某不服，向陕西省高级人民法院提出上诉，称立创公司付款所购房屋落在其名下，是她按授权完成的以个人名义替立创公司买房的行为，说她侵占公司财产是污蔑，请求撤销原审关于返还购房款的判决。诸葛某某答辩称，奚某某违反公司章程的约定，非法占用公司资金支付登记在自己名下的房屋价款，严重损害公司利益，应当予以返还。同时，其行为符合我国《刑法》第二百七十二条第一款的规定，涉嫌挪用资金罪，提出将其犯罪线索、材料移送至公安机关依法查处。

陕西省高级人民法院认为，按照立创公司的章程规定，超过50万元的固定资产或费用支出，必须经过包括曾某某在内的两名以上董事同意方可作出决议。董事奚某某明知此规定，仍以个人名义签订《商品房买卖合同》，并进行了产权预登记备案，利用其与丈夫位某某对于立创公司的控股权，违规占有立创公司的资金支付了购房款。陕西省高级人民法院认为奚某某诉称理由明显与章程不符，遂驳回其上诉。

奚某某仍不服，向最高人民法院提出再审申请。最高人民法院认为：奚某某对于立创公司支付3353789元购房款、所购房产登记于自己名下的事实并无异议，但主张该行为系经立创公司法定代表人位某某授权，是代立创公司实施的行为。但奚某某的上述主张仅有奚某某、位某某的相关陈述证实，而奚某某与位某某系夫妻关系，又同为本案当事人，与本案存在利害关系，在无其他证据予以印证的情况下，原审法院未予认定，并无不当。至于立创公司章程何时生效、购房行为何时发生，均不影响奚某某名下房产由立创公司支付购房款未经立创公司授权、未经董事会追认的事实，不影响立创公司的其他股东就该事实提起损害公司利益纠纷诉讼。原审法院认定奚某某的上述行为损害公司利益并判决予以返还，并无不当。因此，最高人民法院驳回了奚某某的再审申请。①

从案情中可以看出，位某某、奚某某夫妻二人，合计持有立创公司71%的股权。立创公司董事会共有三名董事，位某某、奚某某即占其二。同时，位某某还担任着立创公司的法定代表人及总经理。因此，无论从哪一方面来看，二人均属于立创公司的老板，控制着立创公司。这就使得他们在处理自身与公司的关系方面，做事不够严谨，甚至有些随意。购买包、表、签字笔、眼镜等物品支出的费用，都到下属全资子公司进行报销，就说明了这一点。如果说公文包、签字笔尚可算作低价易耗品的话，那么表、眼镜则纯属个人用品，不应由公司报销。奚某某上诉、申诉，一再强调动用立创公司的款项购买房产，经过了公司法定代表人的授权，却完全无视公司章程中的硬性规定，说明她对公司章程缺乏尊重，对自己作为董事的职责也没有充分的认知，才导致在主观认识上出现了偏差。在小股东汉江创投公司坚守自己权益，监事诸葛某某忠于职守的情况下，奚某某最终败诉。

还需要指出一点，位某某、奚某某夫妻二人的做法其实是十分危险的，正像监事诸葛某某在二审期间所指出的那样，他们的确涉嫌挪用资金罪，虽然此观点能否成立，有待于司法机关的侦查与认定，但一旦进入刑事诉讼程序，给他们带来的后果，或将是十分严重的。

这个案例告诉人们，如果本来属于公司所有，却在老板的名下，那就应当尽快过户到公司名下，以避免老板被追究法律责任。

六、从公司获得的款项，违反《公司法》强制性规定的，应予退回

按照《公司法》第四条的规定，股东依法享有资产收益等权利。资产收益，具体是指按照实缴的出资比例或者按照约定，分取红利。但股东分取红利，应当符合《公司法》规定的条件，特别是要符合法定的公司分配利润程序，否则股东即使拿到了手里，也要退回给公司。

安徽兴徽化工有限责任公司有25名股东，全部是自然人。解某某、留某某是该公司持有股权最多的两名股东，分别持股14.54%和13.38%。2012年10月12日，兴徽公司召开股东会会议，全体股东均参加了会议。这次会议，经占股权67.92%的表决权同意，通过了一项决议，其内容为兴徽公司给予每位股

① 参考案例：最高人民法院（2014）民申字第2043号。

东发放补偿款40万元。对该项决议表示不同意的股东有解某某、留某某以及另一位股东。会后，包括解某某、留某某在内的股东各自收到了补偿款40万元。

2013年7月，解某某、留某某诉至安徽省合肥市包河区人民法院，请求确认兴徽公司于2012年10月12日作出的公司股东会决议无效。在包河区人民法院的审理中，兴徽公司认为发放的40万元补偿款不是分红款，而是一种福利，而解某某、留某某认为是分红款。包河区人民法院认为：兴徽公司股东大会决议给每位股东发放补偿费40万元，应定性为福利性质，不应认定为分红款。《公司法》与兴徽公司章程均规定了公司有权发放福利，公司章程也未规定发放福利的上限与下限，公司发放福利属于公司自治权范畴，司法权不宜主动干涉。遂判决驳回解某某、留某某的诉讼请求。解某某、留某某不服，上诉至安徽省合肥市中级人民法院。

合肥市中级人民法院认为：首先，按照《公司法》第一百六十六条中的规定，公司在未弥补亏损以及未留存相应比例法定公积金的情形下，所获利润不得用于分配。兴徽公司有责任提供证据证明是否按照法律规定弥补亏损并提取了法定公积金，但兴徽公司未提交证据证明。其次，关于款项的性质，兴徽公司辩称分发款项系福利性质。根据通常理解，“福利”指员工的间接报酬，一般包括健康保险、带薪假期、过节礼物或退休金等形式。从发放对象看，“福利”的发放对象为员工，而本案中，决议内容明确载明发放对象系每位股东；从发放内容看，决议内容为公司向每位股东发放40万元，发放款项数额巨大，不符合常理。因此，对兴徽公司关于发放款项为福利的辩称不予采信。若兴徽公司向每位股东分配公司弥补亏损和提取公积金后所余税后利润，则应当遵守《公司法》第三十四条的规定，即股东按照实缴的出资比例分取红利，但是，全体股东约定不按照出资比例分取红利的除外。本案中，在全体股东未达成约定的情况下，不按照出资比例分配而是对每位股东平均分配的决议内容违反了上述规定。最后，本案所涉股东会决议无论是以向股东支付股息或红利的形式，还是以其他减少公司资产或加大公司负债的形式分发款项，均是为股东谋取利益、变相分配公司利益的行为，该行为贬损了公司的资产，使得公司资产不正当的流失，损害了部分股东的利益，更有可能影响债权人的利益。合肥市中级人民法院最终认定本案所涉股东会决议是公司股东滥用股东权利形成的，决议内容损害公司、公司其他股东等人的利益，违反了《公司法》的强制性规定，判决无效。[①]

既然无效，各股东应将分得的款项退还给公司。

根据《公司法》第一百六十六条中的规定，公司在未弥补以前年度亏损及未提取相应比例法定公积金的情形下，不得向股东分配利润，否则，股东应当将所分配的利润退还公司。该规定系《公司法》的强制性规定。

七、面对公司债权人的起诉，老板应该积极举证、积极主张权利

公司的债权人追究老板个人的责任，意图让老板以个人财产偿还公司的债务，一般是通过提起民事诉讼的方式进行。由于此类诉讼事关老板本人的切身利益，必须积极、认真对待。

首先不要轻言放弃，而是要积极应诉，包括积极举证、积极主张权利。例如，在一起借款合同纠纷案中，银行作为原告提供了证据，指明被告公司的股东在出资后又在短期内将资金以借款或货款的名义转给了其他公司，此行为符合股东抽逃出资的情形。银行提供的证据足以对股东是否履行了出资义务，产生合理怀疑。在此情形下，作为被告的股东，应当作出合理解释或提供反驳证据。但在该案中，股东的做法甚为消极，不应诉、不到庭。结果，法院支持了原告银行的诉求。[②] 或许，该案中原告银行的诉求有充分的事实依据，股东的确抽逃了出资，故为节省费用，反不如不出庭为宜。

就积极提供证据而言，如在最高人民法院审理的一起债权人起诉股东抽逃出资，要求其承担相应责任的案件中，该股东辩称转出的出资不是抽逃，而是用于为公司购买设备，但对如何购买、去哪里买，是否有合同、发票等应在公司账目中有所显示的基本事实，却未提供相应的证据予以证明，故法院认为债权人起诉股东抽逃出资成立。[③]

在第十章曾经引述过的粤达公司起诉百姓购物公司、祁某某、茅某某一案中，粤达公司要求判决股东祁某某、茅某某对百姓购物公司所负债务承担连带责任。在二审、再审期间，粤达公司初步举证证明了祁某某、茅某某与百姓购物公司存在股东财产和公司财产混同的情形，汕头市中级人民法院要求作为公司法定代表人的祁某某和作为财务负责人的茅某某提交百姓购物公司经营过程

① 参考案例：安徽省合肥市包河区人民法院（2013）包民二初字第01184号；安徽省合肥市中级人民法院（2014）合民二终字第00036号。

② 参考案例：山东省日照市中级人民法院（2016）鲁11民初41号。

③ 参考案例：最高人民法院（2016）最高法民再2号。

的财务账册等，但二人一直拒绝提交。汕头市中级人民法院认为“由此可认定粤达公司提出的百姓购物公司与祁某某、茅某某存在公司财产和股东财产混同的主张成立”，遂判决祁某某、茅某某承担连带责任。在因经过广东省人民检察院抗诉而进入再审程序后，祁某某、茅某某仍拒绝提供公司财务账册，显然是个失策。正确的做法应该是抓住再审的机会，积极举证，这样才有可能挽回。

在应对公司债权人提起的诉讼中，老板们还应当看到，公司债权人作为对手、“敌人”，也面临着很多困难，从而应鼓起应诉的勇气。

如在第十三章债权人提起的“揭开公司面纱”之类诉讼中曾经指出，无论在何种情况下，维持公司的法人资格是常态，否认则属于例外。债权人想透过公司这堵墙让股东承担责任的目的很难实现。从举证的角度看，在股东既定的情形下，债权人需要围绕着被诉股东有滥用行为、有逃避债务之目的、严重损害了债权人利益三个方面进行举证，并在三个方面之间建立起因果联系。债权人要全部做到，难度不小。因此，对债权人提出的“揭开公司面纱”之诉，老板们不必太过畏惧。

但另外，老板们又必须予以高度重视。因为毕竟债权人有成功的可能。债权人一旦成功，股东就不能再在认缴出资额范围内享有有限责任，而是需要承担超过出资额的债务，对股东的危害极大。因此，对债权人关于“揭开公司面纱”的要求，老板必须积极应对。查阅案例，可知在“揭开公司面纱”的案件中，有些债权人竟因为公司股东拒不到庭应诉而获胜。股东的这种消极态度，实际上表明其已经自动放弃了有限责任的保护，是不可取的。正确的做法应该是积极应诉、积极举证、积极主张权利。有时，仅是积极的态度本身，就能打消债权人“揭开公司面纱”的念头。

第二十八章　债务重压之下，公司走向何方

一、公司经营陷入困境，是正常现象。如何撤退，法律已有安排

市场犹如大海，企业就像舰船。在大海里航行，就会有跌宕起伏；在市场上竞争，就会有成功、失败。

老板在成立公司以后，如果经营有方，公司营利良好，能够向股东提供较高的回报，那么自然会持续经营下去。只可惜，在所有的企业中，这样的企业只是很少一部分。大多数企业，会在短短几年后消亡。

早在十几年前，媒体舆论就曾经关注过中国企业的寿命问题。2003 年，国家工商总局曾发布过一份《全国内资企业生存时间分析报告》，指出中国企业的平均寿命只有 6 年，接近 70% 的企业寿命不足 5 年。近年来，中国企业寿命短的状况并没有改观。《中国商界》2017 年第 5 期刊登的《中国民营企业发展研究报告》介绍说：“据统计，我国民营企业的平均寿命只有 2. 9 年。北京中关村‘电子一条街’5000 家民营企业，生存时间超过 5 年的只有 430 家，其余 91. 4% 的企业已不复存在，生存期超过 8 年的企业仅占 3% 左右。根据对浙江省 1988 年注册的 1035 余家企业生存周期的调查结果显示，浙江民营企业的平均寿命为 3. 44 年。生命年限短于 5 年的企业比例超过 77. 7%，其中寿命在 1 年以下的占比 15. 28%，1 ~3 年的企业比重最大，占 32. 7%；3 ~5 年生命周期的企业比例为 29. 72%，5 年以上的企业数目较少，占 22. 3%。”相比之下，“国外民营企业平均生命周期为 12. 5 年，其中有不少跨国企业已有超过百年的成长史”。其实，12. 5 年也不算长。另据享有盛名的美国《财富》杂志曾经公布过的美国企业的寿命数据，美国约有 62% 的企业寿命不超过 5 年，中小企业的平均寿命不到 7 年。可见，尽管包括美国企业在内的国外企业的平均寿命比中国的高，但也高不了多少。这说明，企业平均寿命短，是一个共同现象。

还有一些企业，虽然“活着”，但没有生机，如同“死了”一样。这就是人们常说的僵尸企业。僵尸企业是指已停产、半停产、连年亏损、资不抵债，

主要靠政府补贴和银行续贷维持经营的企业。中国人民大学国家发展与战略研究院于2016年7月发布的《中国僵尸企业研究报告——现状、原因和对策》认为，僵尸企业在国有、集体企业、民营企业中均大量存在，只是在国有、集体企业中所占的比例远远高于在民营企业中的占比。民营企业和港澳台及外商企业中僵尸企业的比例相近。从规模上来看，大部分僵尸企业是小型企业。

按照《公司法》第一百八十条的规定，公司解散有五大原因。[①] 这五大原因，只要具备其中之一，即可解散。看起来，公司终止的原因多种多样，但在绝大多数情况下，其基本背景是一致的，即公司不再具有盈利能力，无法为股东提供回报。其中较为严重者，则是陷入债务泥潭，无法自拔脱身，最后被债务"吃掉"。这也是公司寿命短、陷入僵尸状态的原因。

公司寿命即将终结，"死"了或者处于僵尸状态，老板应该怎么办？

经营失败了，是正常的。这并不可怕，退出市场就是了。特别是，法律上对经营失败的公司如何退出市场，早就制定了一整套规范制度，具有极强的可操作性。

《公司法》第十章"公司解散和清算"，就是关于公司退出市场的具体规范。对于经营失败的公司，也就是那些由于资金链断裂、持续亏损、重大意外损失等原因，经营十分困难，以没有能力按照原来约定或者法院判决确定的条件偿付债务为标志的公司，其如何退出市场，除《公司法》第十章有所规定外，还有《企业破产法》的规定。按照《企业破产法》第二条第一款、第七条第一款的规定，那些"不能清偿到期债务，并且资产不足以清偿全部债务或者明显缺乏清偿能力的"公司，"可以向人民法院提出重整、和解或者破产清算申请"，依照《企业破产法》的规定清理债务。其中的破产清算，即法律为经营失败公司安排的退出市场路径，经过破产清算程序后，注销公司登记。这样，经营失败的公司就退出了市场。

如果尽管公司经营失败，但老板仍不愿退出市场，而是想再做一番努力，让公司起死回生，法律上也给留出了机会，这就是《企业破产法》第七条第一款规定的重整、和解。按照学者陈夏红的说法，就国际范围内破产法发展

---

① "（一）公司章程规定的营业期限届满或者公司章程规定的其他解散事由出现；（二）股东会或者股东大会决议解散；（三）因公司合并或者分立需要解散；（四）依法被吊销营业执照、责令关闭或者被撤销；（五）人民法院依照本法第一百八十二条的规定予以解散。"《公司法》第一百八十二条，即"公司经营管理发生严重困难，继续存续会使股东利益受到重大损失，通过其他途径不能解决的，持有公司全部股东表决权百分之十以上的股东，可以请求人民法院解散公司"。

的主流趋势而言，破产法的制度设计越来越重视重整、轻视清算，破产越来越成为一个拯救机制、复苏机制。如果债务人或者债权人认为公司仍有价值，可以通过破产重整程序盘活已有体系，进而使得债权人的债权得到更高比例甚至全额的清偿，这是破产重整机制的正面价值，也是对破产公司最大的保护。而且企业经拯救复苏，无论是税收还是就业，对于社会也有极其明显的正面价值。

重整是一个机会，和解也是一个机会。如果重整不成或者和解不成，那就说明老板确实无力回天了，可以再转入破产清算，也不迟。

二、在公司因债务趋向破产或者实际已处于破产状态之时，老板尽量不要投入个人财产，也不要为公司债务提供担保

宋某某是浙江益年苑柚果股份有限公司的股东、实际控制人。2015 年以来，益年苑公司的营业收入不佳，净利润持续亏损，现金流越来越紧张。益年苑公司通过向银行借款，缓解了现金流不足的困难，但这又升高了公司的资产负债率。为了既能获得现金流，又能免于陷入偿债旋涡，益年苑公司决定向股东借款。在 2017 年，益年苑公司向宋某某共计借款 1220 万元。2017 年 12 月 19 日，益年苑公司发布公告，称宋某某为支持公司经营发展，同意无条件豁免对公司的 500 万元债权。2018 年 2 月 8 日，益年苑公司又发布公告，称宋某某再次无条件豁免对公司的 500 万元债权。这就是说，对借给公司的 1000 万元，宋某某不要了。这样一来，益年苑公司在 2017 年向宋某某借的 1220 万元，除了余下的 220 万元，其余 1000 万元不用还了。

与那些动辄抽空公司资金、侵占公司财产，又久不归还的老板相比，宋某某的做法正好相反，所以有媒体将他称为中国好老板。

但老板宋某某与益年苑公司的故事，毕竟是个特例。用公司的钱办公司的事，才是老板必须坚守的一个原则。

因此，有必要再次提醒老板们，公司因债台高筑、经营困难，趋向破产或者实际上已经处于破产状态之时，或者说公司寿命即将终结，“死了”或者处于僵尸状态之时，要注意：尽量不要追加投资，亦不要通过借款的方式追加投资，特别是注意不要将老板个人的财产投进去，更不要由老板个人出面提供担保，借款投资。当然，如果老板财产丰厚，投入个人财产或者承担担保责任后无损其个人正常生活，则另当别论。

因为，对于一个衰败的公司来说，其颓势大多是难以挽回的。

最近发生的一个活生生的例子就是茅侃侃事件。

茅侃侃曾是一个年少成名的创业者。2006 年 5 月，茅侃侃作为“80 后”的创业代表，成为央视经济频道《对话》的嘉宾。几乎同时，他和其他三位“80 后”又成为《中国企业家》杂志的封面人物，然后伴随着各种主流媒体的访问和报道，成为“京城 IT 四少”和新一代“创业偶像”，誉满京华。

2015 年 9 月，茅侃侃与浙江万好万家文化股份有限公司以及另四位股东共同出资成立北京万好万家电子竞技传媒有限公司，其中万家文化公司出资 460 万元占股 46%，茅侃侃出资 340 万元占股 34%，其余四位股东分别出资 50 万元。茅侃侃出任电竞公司的执行董事、经理，实际执掌公司事务。

电竞公司自成立后一直处于亏损状态。2016 年，公司实现归属于少数股东的损益为 -1073.72 万元，期末少数股东权益余额为 1199.89 万元。2017 年，公司财务出现危机，经营陷入困境，员工的基本薪资、五险一金难以保证。同时，电竞公司大股东的实际控制人发生变化，名称变更为浙江祥源文化股份有限公司，管理层也发生重大变化。新的管理层认为电竞公司不符合祥源文化公司的发展战略，不再给予资金支持。为了公司的正常运行，茅侃侃抵押了个人住房和汽车，用个人借款来维持。茅侃侃曾透露，2015 年 11 月起，他通过抵押房产、汽车等方式借款凑出 2000 万元左右的资金，支撑公司运营，至 2017 年 11 月，他只剩下十几万元，还要定期还利息。

虽然做了如此大的努力，但茅侃侃仍然无法挽回电竞公司的败局。2017 年 10 月，曾有 60 位公司员工到北京市朝阳区劳动人事争议仲裁委员会申请劳动仲裁。茅侃侃曾提出将电竞公司进行破产清算，但未与大股东祥源文化公司达成一致意见，致破产清算迟迟未能启动。①

2018 年 1 月 23 日，茅侃侃在发完最后一条朋友圈“我爱你不后悔，也尊重故事的结尾”后开煤气，自杀身亡，年仅 35 岁。

在这个案例中，导致主人翁自杀的原因可能有多种，但个人借款提供给公司使用难以索回应是其中之一。

这个案例再次提醒老板们，以个人财产投入公司，或者为公司债务提供担保，如果能够使公司起死回生，自然皆大欢喜，如果挽回不了公司的衰败局面，则投入的财产将难以取回，或者将被债权人追着要求承担担保责任，到那时，悔之晚矣。实践证明，在绝大多数情况下，这样做挽回不了公司的败局。

---

① 参见宋杰：《茅侃侃的“三起三落”》，载《中国经济周刊》2018 年第 6 期。

有一位企业家说，“创业就像下围棋，要给自己留一口气”。当老板又何尝不是如此。本来有公司具有法人资格、股东承担有限责任这两道护身符的保护，但偏偏要打破护身符，再将个人财产投进去，或者为公司债务提供担保，很可能最后一口气也留不住了。

三、越是在公司经营困难之时，越要依法办事，切忌铤而走险

公司虽然负有巨额债务，但其法人资格仍在，股东承担有限责任的规定并未改变。因此，老板要保持定力，在债务的压力下或者说债权人追偿的压力下，切忌找不着北，辨不清方向，铤而走险。

第二十一章曾经介绍过潍坊市某某木业有限公司的控股股东、老板吉某某的案例。吉某某指使他人虚构借款申请理由、股东会决议书、相关财务报表，骗取银行贷款，用于归还公司欠款，结果被判处有期徒刑三年，并处罚金五万元。

秦某某是江苏某某工程设备制造有限公司的控股股东，任公司执行董事、法定代表人。同时，秦某某又是江苏省某某建筑安装有限公司的股东。2006 年 9 月 30 日，建筑公司与某某市政府行政中心筹建办公室签订建设工程施工合同，由建筑公司承包建设市行政中心主体工程。同年 11 月 19 日，建筑公司以工程内部承包的方式，将该项目整体发包给其股东秦某某。2009 年 12 月，该工程竣工并交付使用。

秦某某交付了工程，筹建办却因为资金困难，一直拖欠工程款未付，拖欠数额高达 4000 万元。工程是由秦某某垫资建设，因此债务压力巨大。秦某某找到分管的副市长，提出要么把工程款付给他，要么只有去贷款，但是要筹建办帮他担保。副市长表示同意。

2010 年 12 月 15 日，筹建办向农村小额贷款有限公司出具《应付货款确认书》，确认尚欠建筑公司工程款 4000 万元，可根据建筑公司的指定，将此余款分期分批付至小贷公司账户。2010 年 12 月 20 日，秦某某与小贷公司订立一份《最高额借款合同》，约定小贷公司向秦某某提供最高额贷款余额不超过 3000 万元的贷款，期限自 2010 年 12 月 20 日起至 2011 年 12 月 20 日止。同日，秦某某、小贷公司、筹建办签订《权利质押合同》，约定以秦某某在筹建办的 4000 万元应收账款作为权利出质。这两份合同订立后，小贷公司向秦某某发放贷款 3000 万元。贷款到期后，秦某某未能偿还。

筹建办虽然掌控着 4000 万元工程款的支付，也向小贷公司做出了为秦某某

提供担保的承诺，但在履行中却未将工程款支付给小贷公司，而是在2011年1月30日、3月3日，先后向建筑公司支付工程款1400万元、100万元。建筑公司也未转付给小贷公司。对此，江苏省高级人民法院认为，筹建办既已承诺以4000万元工程欠款保证对小贷公司贷款的偿还，则其违背承诺，又擅自向建筑公司支付工程款的行为，构成对合同义务的违反，系违约行为。另外，筹建办根据南京市中级人民法院的协助执行通知书，先后于2011年8月8日、11月8日、12月22日向该院转款合计8744955.18元，均被用于归还建筑公司所欠债务。[①] 这些事实说明，筹建办并非没有支付能力。

或许是因为关系难以处理，或许是因为时间紧迫，或许是侥幸心理完全占了上风，或许兼而有之，在办理上述借款过程中，秦某某向小贷公司提供的部分书面材料，存在加盖私自刻制的印章情况。这主要是指，在一份以筹建办的名义出具的《应付货款确认书》、一份以建筑公司的名义出具的《确认函》和一份以筹建办、建筑公司、秦某某三方的名义签订《债权转让协议》上，加盖的筹建办和建筑公司的印章均系秦某某私自刻制。

靖江市人民检察院指控秦某某犯有骗取贷款罪，向靖江市人民法院提起公诉。靖江市人民法院认为，被告人秦某某以欺骗手段取得小贷公司的贷款，给该公司造成特别重大损失，其行为已构成骗取贷款罪，故以骗取贷款罪判处其有期徒刑五年，并处罚金十五万元。秦某某不服，上诉于泰州市中级人民法院。泰州市中级人民法院改判其有期徒刑四年六个月，并处罚金人民币十三万元。[②]

可以想象，在已经垫资4000万元的情况下，秦某某承担的债务压力有多大。因此，渴望得到资金是十分自然的。但是，越是在这种情况下，越应该稳健行事。秦某某却失去理智，竟然铤而走险，采用加盖伪造的印章的方式，来取得贷款，结果给自己带来了牢狱之灾。

四、有时，不如将公司趁早解散并清算，老板也能趁早解脱

对于绝大多数微型、小型公司而言，如果公司丧失了盈利能力，经营难以好转，负债较少，内外关系均较为简单，不妨趁早解散并清算，老板也能趁早解脱。

公司通过运作、经营，无法再获得利润，而最基本的费用如电费、通信费、

---

① 参考案例：江苏省高级人民法院（2015）苏商终字第00598号。

② 参考案例：江苏省靖江市人民法院（2013）泰靖刑初字第212号；江苏省泰州市中级人民法院（2014）泰中刑二终字第0068号。

场地使用费、社会保险费等却仍需支出，这就意味着继续存续会使公司的所有者权益减少，也就是使股东的利益蒙受损失。正常情况下，对既是股东又是高管的老板来说，应该依照法定程序将公司解散，然后进行清算。如果公司“死了”或者处于僵尸状态，更应该如此。清算结束后，申请注销公司登记，公告公司终止。这样，公司就退出了市场，老板回归为普通公民。

但并非所有的公司都适宜于直接解散，至少大型公司、资不抵债的公司不适宜这样做。

我国的企业，除大型企业外，按照《中小企业促进法》第二条第一款的规定，分为中型企业、小型企业和微型企业。工业和信息化部等四部委出台的《中小企业划型标准规定》，根据企业从业人员、营业收入、资产总额等指标，为十六个行业如何划分中、小、微企业制定了标准。以其中的工业为例，按照这个标准，“从业人员1000人以下或营业收入40000万元以下的为中小微型企业。其中，从业人员300人及以上，且营业收入2000万元及以上的为中型企业；从业人员20人及以上，且营业收入300万元及以上的为小型企业；从业人员20人以下或营业收入300万元以下的为微型企业”。

中、小、微型公司，特别是小型、微型公司，由于人员较少，内外关系较为简单，资产额、债务额较小，与解散、清算有关的事项易于处理，因此，只要没有达到《企业破产法》第二条第一款规定的“不能清偿到期债务，并且资产不足以清偿全部债务或者明显缺乏清偿能力的”程度，就比较适合于直接解散。

在原来的公司经过清算并注销后，老板们如果遇到有钱景好的项目，还可以再成立并经营公司，东山再起。须知现在注册成立一个公司，并非什么难事。

五、对于丧失了盈利能力，债务负担沉重且没有能力清偿的公司来说，进行重组是一条不错的出路，或许能够使公司获得新生

对丧失了盈利能力的公司，老板应该根据公司的具体情况，来采取适当、正确的做法。从总的方向上来看，大致有三类出路：除前文所说的直接解散、清算、注销外，还有两类：一类是重组、和解，另一类是破产清算、注销。

虽然从广义上看，盈利能力强，处于扩张阶段的公司也可以进行重组，但一般来说，重组是指经营困难的公司所进行的自救行为。因此，丧失盈利能力的公司比较适宜于进行重组。

重组是一个比较宽泛的概念，外延的边界比较模糊。兼并收购是公认的重

组行为，但除此以外，还有人甚至把托管、承包、租赁等也包括在重组以内。托管、承包、租赁等，是一种经营权让渡。这种让渡，直接引起经营主体的变化，也可能会引起经营方式的变化，从而为公司继续存活下去带来希望。

重组，因是否进入司法程序而内外有别。司法程序内的重组，亦即《企业破产法》规定的重整。①

从财产权的角度看，可以把重组分成三个层面：

第一个层面是股权，主要是股权转让。转让股权，不仅会引起公司股东变动，还会引起董事会和经理层的变动，进而引起管理方式的更新和业务范围的调整，给公司摆脱困境带来机会。同时，对于原股东、原董、监、高来说，也是一个抽身撤出的机会。在这个层面上，决策者是股东。

第二个层面是公司的法人财产权，主要是对公司的财产进行大幅度调整，其方式主要有置换、出售、剥离等。这样做，对公司来说可以增加收益、改善资产质量、减轻负担，从而提高经营效益、获得盈利能力。在这个层面上，决策者是公司股东会、董事会。

第三个层面是公司的负财产权，亦即债务，在债权人一方，则属于其债权，为正财产权。在这个层面上，重组表现为对债务的处置。公司通过与债权人达成协议，使债权人同意变更原定的偿付条件，向公司让步。其具体方式有：免除部分债务、延长履行期限、以非货币财产偿付债务、变债权为股权、接受公司发行的权益性证券等。在这个层面上，债权人具有主动性，需要经过其同意。

在中国当代企业发展史上，公司通过重组获得新生的案例已经出现了不少。就债务重组而言，澳柯玛股份有限公司于 2012 年 4 月、西北轴承股份有限公司于 2012 年 6 月、东盛科技股份有限公司于 2013 年 6 月都曾经进行过债务重组，并获得成功。

需要指出的是，丧失盈利能力的公司单凭自身，要想通过重组起死回生是很难做到的，往往需要与其他公司，特别是与处于扩张阶段的公司进行结合。而这，有时还需要政府出面协调。而且，一般情况下，重组是一套“组合拳”，是多种方式的结合。因此，丧失盈利能力的公司，如要通过重组继续生存下去，应当积极寻找机会，联系其他有实力的公司，采用灵活多样的方式，这样才能增加获得成功的机会。

浙江印太集团有限公司是我国眼镜行业的骨干企业，早在 2007 年，其注册

① 本节所说的重组系就广义而言，重整包括在内。

的商标就被认定为中国驰名商标，并且是中国眼镜业唯一的驰名商标。1998 年以后，印太公司不断扩大投资，但由于规模过大、面过广，到 2011 年企业资金链断裂，据说欠款高达 20 多亿元。同年 9 月，公司董事长出逃美国。

在温州当地政府、温州市工商联、温州市眼镜商会的协调下，温州多家眼镜企业联合并购重组印太公司，银行也同意分期还贷。因此，董事长于当年 10 月从美国回到温州，谈判被重组事宜。温州眼镜协会下属的企业联合成立了帮扶基金，温州市瓯海区政府成立专项生产资金监管服务工作组，聘请会计师事务所对专项生产资金进行监管服务。印太公司及其关联企业开始进行重组。2012 年 10 月，印太公司向浙江省温州市瓯海区人民法院提出破产重整申请，瓯海区人民法院受理并指定了管理人。2013 年 6 月，瓯海区人民法院批准了印太公司及其关联企业的重整计划，并终结了破产程序。这说明，重组获得了成功。

随着重组，印太公司的股东、董事、监事、高管发生了变化。原股东全部退出，也不再在公司担任任何职务。这就是说，原老板失去了公司，但公司获得了新生。

值得注意的是，最高人民法院近期发布了多个破产重整案例，又召开了“推进破产重整，助力民营企业发展”座谈会，这可能预示着陷入债务困境的企业将更多地采用破产重整的方式。

六、对于财产难以变现，资金匮乏且无法清偿债务的公司，与债权人进行和解，亦不失为一条出路，或许能够使公司走出困境

如果说重组除了面对债权人以外，往往还需要与其他一个甚至多个公司结合才能完成，那么相比之下，和解只需要面对债权人。

与重组一样，和解因是否进入司法程序而内外有别。对司法程序内的和解，《企业破产法》第九章作了相应规定。

淮北市某某房地产开发有限公司是一家以房地产开发为经营范围的公司，成立于 2000 年 10 月，注册资本 5000 万元。近年来，该公司由于受宏观经济形势下行等多种因素的影响，资金链十分紧张，大量到期债务不能清偿，其中很多处于被法院强制执行的状态。经该公司自行清产核资，截至 2015 年 11 月 22 日，其资产总额 3.98 亿元，负债总额 3.3 亿元（含后续的工程款项）。2016 年 1 月 19 日，该公司以经营亏损、资金严重不足、财产变现困难、无法清偿到期债务为由，向安徽省淮北市中级人民法院申请和解，并提交了和解协议草案。

淮北市中级人民法院认为，该公司经营困难，不能清偿到期债务，明显缺乏清偿能力，其申请和解并提交了和解协议草案，符合破产法关于和解的申请条件，对其和解申请裁定予以受理。

由于淮北市中级人民法院受理了房地产公司的和解申请，所有对该公司的执行均予以中止。

2016 年 4 月，第一次债权人会议表决通过了房地产公司的和解协议，其内容为：房地产公司债权人的债权以法院确认的债权为准，其中 2014 年 8 月 31 日前的债务利息按约定利率确定，约定利率超出法律保护上限的，按年利率 24% 确定。2014 年 9 月 1 日起至 2016 年 1 月 20 日止，债务利息按年利率 4. 35% 确定；自 2016 年 4 月 29 日起至债务清偿之日止，债务利息按年利率 6. 175% 确定。

房地产公司的清偿方案：（1）货币化清偿，自 2016 年 4 月 29 日起至 2020 年 4 月 28 日，分四年清偿全部债务本息，第一年清偿本金的 15%，第二年清偿本金的 25%，第三年清偿本金的 30%，第四年清偿本金的 30% 及债务截至 2016 年 1 月 20 日的债务利息。2016 年 4 月 29 日至债务清偿之日的利息，按年利率 6. 175% 确定，按月支付。（2）以房抵债，抵偿债务的房地产价格不超过市场价，一房一价。

对上述和解协议，淮北市中级人民法院裁定予以认可。[①] 该和解协议，对房地产公司和全体和解债权人均有约束力。

从这个案例中可以看出，和解至少具有两大好处：一是减轻了公司的债务负担，特别是将利息降了下来。这对于深受民间借贷困扰的公司来说，很有参考意义。二是避免了债权人，特别是避免了法院进行的强制执行的干扰。

因此，对于那些无力清偿到期债务，而老板又想继续经营的公司来说，向法院申请和解，不失为一个好的解决办法。

七、破产清算，是了断难以偿还之债务、保护老板自身安全的良好途径

公司破产，从广义上看，包括重整、和解与破产清算，但从狭义上看，专指破产清算，其结果是公司注销。日常生活中，人们也多从狭义上理解破产。

在市场经济较为发达的地区，如西欧、北美等，对于经营公司失败的老板来说，让公司进行破产清算并退出市场是正常现象。在中国却并非如此，虽然

---

① 参考案例：安徽省淮北市中级人民法院（2016）皖 06 民破 1－1 号、（2016）皖 06 民破 1－2 号。

走破产清算这条路，法律上并无障碍，但有些老板却极力回避，甚至宁愿跑路、自杀，也不愿破产。破产程序对经营失败的老板具有强有力的保护作用。这些老板之所以不愿破产，原因固然有很多，但其心理不成熟、主观认识不到位，是一个重要原因。

首先，老板们要认识到破产清算的价值和功能。破产清算是法律规定的程序，从价值上看，它解决了悬搁、紧绷、妨碍市场秩序的债权债务关系，有利于经济资源配置的调整、优化，从而促进整个市场经济的良性运转、发展。从功能上看，破产清算其实是从公司具有法人资格、股东承担有限责任延伸而来的一种利益平衡机制，当公司成立之初，这种机制即埋藏其中，只不过是在公司经营失败的情况下，这种机制出来发挥作用罢了。

其次，老板们应该改变自己的观念，克服心理障碍，树立“胜败乃兵家常事”的思想，不要认为破产清算是耻辱、是丢面子的事情，而应当看成市场经济环境下发生的正常现象。

最后，老板们要从个人的安危着眼，认识到破产清算对保护个人安全的重要作用。前文提到，茅侃侃曾提出将电竞公司进行破产清算，但遗憾的是迟迟未能启动。如果及时启动，或许他不会走自杀这条路。债务到期，债权人要追债，而公司又确实无力偿还，怎么办？须知，债权人追起债来，会严重干扰老板的正常生活。有些债权人追债的方式极不文明，令人厌恶，这也是导致一些老板跑路躲避甚至自杀的原因。让公司破产清算，可以改变这种状况。按照有限责任公司制度的设计，老板个人财产与公司财产之间是严格区分开的。这是适用破产保护机制的前提条件。因此，破产清算，破的是公司财产，清算的也是公司财产，而不是老板个人的财产。而且，老板走破产清算这条路，可以不失体面地退出市场，而不必再为还债烦恼。因此，如果挽救不了公司，那就挽救自己。

告别公司，让公司破产吧。

第二十九章　清算过程中的责任预防

在债权人上门索赔，公司无钱可还的情况下，老板们还有路可走吗？是不是需要关门走人？答案是不需要关门走人，公司有路可走，这条路就是依法清算。

跑路、走人，虽然是一些老板常常采用的办法，但其实这样做，对他们最为不利。因为一旦躲出去，公司的财产往往会处于没人管的状态，给债权人（包括职工债权人）哄抢财产创造了机会。而且，躲出去，也容易使公司财务账册丢失、毁损。这些都容易使公司难以进行正常的清算。根据相关司法解释，在这种情形下，公司的法人资格将不再被承认，老板就无法再获得有限责任制度的保护。所以，跑路、躲避，结果往往是适得其反，反而将老板与公司的债务捆绑在一起，再也无法逃脱。因此，即使公司亏损、倒闭、"死亡"，也要走依法解散、清算、注销的路径，也就是依法"死亡"的正途。

公司歇业、倒闭、被吊销执照后，公司所欠债务还用偿还吗？当然不能不了了之，需要偿还，但这是在清算程序中进行偿还。

走清算这条路，必须注意在法定期间内成立清算组，通知债权人，注意维护公司的财产特别是主要财产，防止会计账册、重要文件毁损、灭失。如已经出现了类似情形，要亡羊补牢，想办法弥补。这些工作，对于清算的正常进行十分重要。一旦做不到，或者做得不好，造成公司财产、账务资料等灭失，以致无法清算的情形出现，后果会很严重，往往需要老板对公司债务承担清偿责任。

因此，如果有的公司亏损严重，面临歇业、倒闭，那么最好是尽快决议解散，在法定期限内组织清算组，清理公司财产，整理公司财务账册。发现确实难以清偿债务，就要尽早与债权人联系，进行协商。协商不成，向法院申请破产清算。

一、清算义务人，在有限责任公司是股东，在股份有限公司是董事和控股股东，而不是指法定代表人、实际控制人等

依照《公司法》第一百八十三条的规定，有限责任公司的清算组由股东组成，股份有限公司的清算组由董事或者股东大会确定的人员组成。《公司法司法解释二》第十八条第一款进一步将股份有限公司的清算义务人限定为董事和控股股东。

福州狮虎航运贸易有限公司成立于1999年7月，注册资本为3106万元，其股东及持股比例分别为厦门坤朋集团有限公司70%、史某某10%、鹿某A10%、鹿某B10%。狮虎公司的法定代表人为玄某某。狮虎公司在2008年年检时，向工商部门提供由其自制的《资产负债表》表明“截至2008年12月31日，其他应收款为13946725.43元，长期投资10000000元，所有者权益合计25159745.52元”。此后，狮虎公司未再年检。

广东省高级人民法院于2009年11月18日判决狮虎公司向深圳市九联能源有限公司支付燃油价款2288333.10元及利息。[①] 此后，该案转由厦门海事法院执行。2011年3月21日，狮虎公司向厦门海事法院出具《资产情况说明》，说明狮虎公司实际已无资产，无偿付能力。2011年10月15日，狮虎公司被吊销营业执照。

九联能源公司以《公司法》第二十条、《公司法司法解释二》第十八条第二款、第三款为依据，以史某某、鹿某A、鹿某B、玄某某、坤朋公司、厦门鑫润投资有限公司为被告，以狮虎公司为第三人，向福建省福州市中级人民法院起诉，请求判令史某某、鹿某A、玄某某、鹿某B、坤朋公司对狮虎公司欠付九联能源公司的2288333.10元货款及利息承担连带清偿责任，厦门鑫润公司在1000万元的范围内对上述债务承担连带清偿责任。但其诉讼请求，被福州市中级人民法院判决驳回。

九联能源公司不服，上诉于福建省高级人民法院，并提交福州市中级人民法院民事裁定书一份，该裁定证实：九联能源公司另案申请狮虎公司清算，并由福州市中级人民法院受理。福州市中级人民法院责令狮虎公司股东及法定代表人移交公司财产、账册等以配合清算，但未收到相关材料，因此裁定终结狮虎公司强制清算程序。

---

① 参考案例：广东省高级人民法院（2009）粤高法民四终字第353号。

福建省高级人民法院认为，公司的清算是指在公司面临终止的情况下，负有公司清算义务的主体按照法律规定的方式、程序对公司的资产、负债、股东权益等公司的状况作全面的清理和处置，使得公司与其他社会主体之间产生的权利和义务归于消灭，从而为公司的终止提供合理依据的行为。根据《公司法》第一百八十三条关于“有限责任公司的清算组由股东组成”的规定，有限责任公司的清算义务人是有限责任公司的股东。本案中，狮虎公司是有限责任公司，坤朋公司、史某某、鹿某 A、鹿某 B 作为狮虎公司的股东，是狮虎公司的清算义务人。史某某、坤朋公司辩称，其并不掌控公司的账务账册等文件资料，而由玄某某掌握。对此，《公司法司法解释二》第十八条第二款规定：“有限责任公司的股东……因怠于履行义务，导致公司主要财产、账册、重要文件等灭失，无法进行清算，债权人主张其对公司债务承担连带清偿责任的，人民法院应依法予以支持。”该条款规定的“怠于履行义务”，既包括怠于履行及时启动清算程序的义务，也包括怠于履行妥善保管公司财产、账册、重要文件等的义务。坤朋公司等公司股东，并未在法定期限内组成清算组对狮虎公司进行清算。在本案审理过程中，到庭的股东史某某、坤朋公司均明确表示，不知道公司资产的去向，亦无法提供公司账册等文件材料，其并不掌控公司的财务账册，故无法提供相关的财务账册等文件资料以供清算。法院认为，这是公司内部管理的问题，不能因此免除坤朋公司等股东对狮虎公司负有的经营管理义务，以及在清算事由出现后，作为清算义务人的责任。目前事实表明，狮虎公司财务账册等重要文件资料、财产均已灭失，已无法清算，根据《公司法司法解释二》第十八条第二款的规定，史某某、鹿某 B、鹿某 A、坤朋公司作为狮虎公司的股东，应当对狮虎公司尚欠九联能源公司的债务承担连带清偿责任。

玄某某作为狮虎公司的法定代表人，并非公司法定清算义务人，故九联能源公司诉请玄某某对公司债务承担连带清偿责任没有法律依据，法院不予支持。

厦门鑫润公司并非狮虎公司的股东，因此，《公司法》第二十条关于公司股东滥用公司法人独立地位的相关规定不能约束厦门鑫润公司。厦门鑫润公司与坤朋公司属于各自独立的法人，虽然厦门鑫润公司持有坤朋公司 80% 的股权，坤朋公司持有狮虎公司 70% 的股权，但在没有其他证据佐证厦门鑫润公司符合《公司法》第二百一十六条第（三）项规定的“虽不是公司的股东，但通过投资关系、协议或者其他安排，能够实际支配公司行为的人”的情况下，不能认定厦门鑫润公司是狮虎公司的实际控制人。此外，根据《公司法司法解释二》第十八条第三款的规定，与有限责任公司的股东在公司解散后承担积极的清算义务不同，实际控制人承担的则是消极不作为义务，只要没有阻止公司进行清算的行为，或者其行为并未造成公司未依法清算或无法清算的后果，就不承担民事责任。九联能源公司并无证据证明厦门鑫润公司存在利用其控制地位，导致狮虎公司无法清算的情形，故其诉请没有事实和法律依据。

最后，福建省高级人民法院判决史某某、鹿某 B、鹿某 A、坤朋公司对狮虎公司尚欠九联能源公司燃油价款 2288333.10 元及利息承担连带清偿责任。[1]

二、公司解散事由出现后，清算义务人恶意不进行清算，应当对公司债务承担连带清偿责任

普瑞能源设备有限公司成立于 2011 年 1 月，为港澳台自然人独资的有限责任公司，股东为居某某；公司注册资本为 600 万美元，实收资本为 0 美元；公司法定代表人为井某某。2013 年 3 月，普瑞公司被吊销营业执照。

戌某某自 2011 年起与普瑞公司的代理人宣某某洽谈投资建设普瑞公司的厂房、办公楼事宜，并向宣某某付款人民币 268268 元。2013 年 7 月，戌某某与普瑞公司、宣某某签订协议，载明："如果工程不真实、不合法，不具备工程开工条件而导致施工方和普瑞公司不能签订正式施工合同，施工方不能承接工程，宣某某和普瑞公司必须将资金如数全部退回戌某某，戌某某也可直接向普瑞公司收回所交资金 268268 元。如果普瑞公司被当地工商部门吊销，原公司法人、股东应同样将收取戌某某的资金全部如数退回戌某某。"协议书由戌某某、宣某某签字、普瑞公司加盖公司印章。协议书签订后，普瑞公司未建设厂房、办公楼，也未与戌某某推荐的建筑公司签订正式施工合同。

戌某某以宣某某、普瑞公司、井某某、居某某为被告，向江西省抚州市中级人民法院起诉，请求判令宣某某、普瑞公司共同返还押金 268268 元及利息，判令井某某、居某某承担赔偿责任。

抚州市中级人民法院认为，双方签订的协议书系在普瑞公司吊销营业执照后签订的，而《公司法》相关规定，吊销营业执照后，不得开展与清算无关的经营活动，双方签订的协议书违反了《合同法》第五十二条第（五）项的规定，属无效合同。根据《合同法》第五十八条的规定，合同无效后，因该合同取得的财产，应予以返还。故对原告戌某某要求被告普瑞公司、宣某某承担返还 268268 元及利息的诉讼请求予以支持。原告提出普瑞公司未进行清算，公司

---

① 参考案例：福建省福州市中级人民法院（2014）榕民初字第 313 号；福建省高级人民法院（2015）闽民终字第 977 号。

股东等应该承担相应责任的请求，由于原告未提供证据证实普瑞公司未清算，也未提供普瑞公司未进行清算导致普瑞公司财产贬值、流失、毁损或者消灭的相关证据，故对该诉讼请求不予支持。遂判决被告普瑞公司、宣某某返还原告戌某某人民币 268268 元及利息，驳回原告戌某某其他诉讼请求。戌某某不服，上诉于江西省高级人民法院，请求增加判处居某某、井某某承担赔偿责任。

江西省高级人民法院认为，根据《公司法》第一百八十一条、第一百八十四条，《公司法司法解释二》第十八条的规定，有限责任公司的股东、股份有限公司的董事和控股股东负有在法定期限内成立清算组进行清算的义务。本案中，作为清算义务人的普瑞公司自然人独资股东居某某在公司被吊销营业执照后恶意不进行清算，规避监管，逃避债务，侵犯了作为公司债权人戌某某的合法权益，符合《公司法》第二十条第一款关于“公司股东应当遵守法律、行政法规和公司章程，依法行使股东权利……不得滥用公司法人独立地位和股东有限责任损害公司债权人的利益”和该条第三款关于“公司股东滥用公司法人独立地位和股东有限责任，逃避债务，严重损害公司债权人利益的，应当对公司债务承担连带责任”规定的情形，故居某某应当承担连带责任，因此增加判处居某某对普瑞公司、宣某某返还戌某某人民币 268268 元及利息的义务承担连带责任。①

三、虽没有参加经营管理，但怠于履行清算义务，同样需要对公司债务承担连带清偿责任

公司的“生”，要依照规则办理；“死”，也要按照规则办理。

即使资不抵债，也要按照法定的程序，走正常的路径。实践中，有的老板看到经营亏损，难以偿债，就采用不管不问，甚至外出躲藏的方式，希望渡过这一关。其实，这种做法适得其反，反倒增大了老板的风险。

江某某、粟某某、相某某三人，于 2006 年 2 月，设立常州远行机械设备有限公司，注册资本 80 万元。其中江某某出资 32 万元，占比 40%；粟某某出资 24 万元，占比 30%；相某某出资 24 万元，占比 30%。粟某某任执行董事、总经理、法定代表人。2007 年 6 月，远行机械公司与上海光明贸易有限公司订立一份《钢材买卖合同》，远行机械公司是买方，光明贸易公司是卖方。履行过程中，远行机械公司拖欠了光明贸易公司货款约计 139 万元。远行机械公司因

---

① 参考案例：江西省抚州市中级人民法院（2015）抚民三初字第 35 号；江西省高级人民法院（2017）赣民终 130 号。

未进行年检，于2008年12月被常州市武进工商局吊销营业执照。但江某某、粟某某、相某某三股东未依法组织清算，后远行机械公司账册及财产灭失。

2009年，光明贸易公司以远行机械公司、江某某、粟某某、相某某为被告，向上海市松江区人民法院起诉。松江区人民法院判决远行机械公司偿付光明贸易公司货款139万元及相应的违约金，粟某某、江某某和相某某对远行机械公司的上述债务承担连带清偿责任。

对上述判决，江某某、相某某不服，提出上诉。江某某、相某某请求撤销原判，依法改判驳回光明贸易公司对二人的诉讼请求。其上诉理由是：1. 江、相二人已完成了出资义务，根据《公司法》的相应规定，远行机械公司的债务应由远行机械公司以自身的财产承担；2. 2008年8月，二人已将在远行机械公司的股权转让给了粟某某，只是未办理工商登记；3. 远行机械公司由于经营不善，在被吊销营业执照前已背负了大量的债务，因资不抵债，相关法院均出具了终结执行的裁定书，由此可证明，并非由于二人怠于履行义务而导致远行机械公司财产的灭失；4. 江、相二人也曾委托律师对远行机械公司进行清算，但由于远行机械公司财物多次被债权人哄抢导致无法清算，因此二人不存在怠于履行义务的情况；5. 在粟某某下落不明的情况下，远行机械公司与光明贸易公司之间的债权债务无法查清，原审法院判令江、相承担连带清偿责任并不公平，光明贸易公司应向粟某某主张权利，而不应要求江、相二人承担连带清偿责任。

上海市第一中级人民法院认为，江某某、相某某虽然诉称其已将远行机械公司的股权转让给了粟某某，但未提供相应的证据予以证明，且远行机械公司的工商登记中江某某、相某某仍为远行机械公司的股东，故有理由认定两人仍为远行机械公司的股东，有义务在远行机械公司被吊销营业执照后及时组成清算组对远行机械公司进行清算。本案中，根据已查明的事实，远行机械公司的三名股东并未依法成立清算组履行法定的清算义务，且远行机械公司的相关账册也无法找到，导致对远行机械公司的清算已不可能进行，因此，原审法院认定远行机械公司的股东怠于履行清算义务，导致无法对远行机械公司进行清算，并据此要求远行机械公司的三名股东对远行机械公司的债务承担连带责任具有法律依据，应予维持。远行机械公司作为有限责任公司，其全体股东在法律上应一体成为公司的清算义务人。《公司法》及其相关司法解释并未规定江某某、相某某所辩称的例外条款，因此无论江某某、相某某在远行机械公司中所占的股份为多少、是否实际参与了公司的经营管理，两人在远行机械公司被吊销营业执照后，都有义务在法定期限内依法对远行机械公司进行清算。

江某某、相某某上诉认为远行机械公司在被吊销营业执照前已背负了大量的债务，因此，即使怠于履行义务也与远行机械公司财产灭失之间没有关联性。对此，上海市第一中级人民法院认为，两人提供的证据只能证明法院无法找到远行机械公司的财产，无法证明远行机械公司的财产在被吊销营业执照前已全部灭失，因此，远行机械公司的三名股东怠于履行义务与远行机械公司的财产、账册灭失之间具有因果联系，两人的该上诉理由不成立。

江某某、相某某在二审期间提供了相关证据，欲证明其并未怠于履行清算义务，但上海市第一中级人民法院认为，两人提供的仅为其委托律师进行清算的委托代理合同及律师的证明，该些证据仅能证明两人欲对远行机械公司进行清算，但实际上清算并未进行，因此不能认定两人依法履行了清算义务。

最后，上海市第一中级人民法院认为江某某、相某某两人的上诉理由不成立，判决驳回。①

最高人民法院认为：有限责任公司的股东、股份有限公司的董事和控股股东，应当依法在公司被吊销营业执照后履行清算义务，不能以其不是实际控制人或者未实际参加公司经营管理为由，免除清算义务。② 在这一方面，上述案例具有典型意义。

四、有限责任公司的小股东有被单独追究赔偿责任的可能，因此应当提高警惕，注意积极履行股东的清算义务

股东的持股比例有高有低，股东也就有了大小之分。在实际处理公司事务过程中，一般来说，大股东起着主导作用，小股东往往处于被动状态。大、小股东之间，也会有利益冲突。这时，大股东侵犯小股东的利益是出现较多的现象。这种状况，就使得小股东在参与公司事务过程中，不够主动、不够积极。

在公司尚能正常运转的情况下，小股东采取消极应付的态度，尚无大碍。在公司无法继续存续需要清算的情况下，如果大股东能够积极处理与公司有关的事务，小股东继续消极应付，对自身亦无大碍。

但在有限责任公司，如果大股东对清算亦采取消极甚至回避的态度，那么小股东就要提高警惕了。因为，对有限责任公司来说，依法清算是股东的法定义务。注意：是股东的，而不仅仅是控股股东、大股东的。这就是说，只要是股东——不论大小，也不论是否参加经营管理——都负有这一义务。有的股东

① 参考案例：上海市第一中级人民法院（2010）沪一中民四（商）终字第1302号。

② 可参见最高人民法院第9号指导案例。

辩称自己是小股东，没有参加经营管理，企图以此为理由免除清算义务，这是不对的。因此，有限责任公司的小股东要注意关注并积极参与处理公司的清算善后事务，以防被追究责任。因为这时，债权人的利益一旦受损，就有可能追究股东的责任，甚至有可能撇开大股东，只追究小股东的责任，并且让小股东承担全部责任。

德赛斯基（苏州）机械设备有限公司成立于2006年5月，注册资本50万美元，其股东及其认缴出资额、实缴出资额分别为：韩国德赛斯基株式会社认缴出资额35万美元，实缴0美元；耿某某认缴出资额10万美元，实缴2万美元；苏州泓源机械设备有限公司认缴出资额5万美元，实缴1万美元。德赛斯基公司由寻某某担任董事长、法定代表人，耿某某担任该公司总经理及副董事长。2009年12月，德赛斯基公司被吊销营业执照，未清算。

德赛斯基公司与玛琉士有限公司存在国际货物买卖合同纠纷，江苏省苏州市中级人民法院判决德赛斯基公司返还玛琉士公司货款415256美元并支付相应利息，但在执行程序中，因未能发现被执行人德赛斯基公司可供执行的财产，故裁定终结执行。

玛琉士公司又以耿某某为被告，诉至苏州市中级人民法院，请求判令耿某某向玛琉士公司支付415256美元，其理由为：耿某某作为德赛斯基公司设立时的股东应当按期缴足出资，并对注册资本的足额缴纳承担连带责任；同时，耿某某作为股东和清算责任人，在德赛斯基公司被吊销营业执照后，未及时清算，应就德赛斯基公司对玛琉士公司负有的债务承担清偿责任。耿某某则辩称：其已出资到位，不应承担所谓的因出资不到位而导致的责任；作为公司小股东，从未参与经营管理或保管财务账册，对于公司未及时清算不存在任何过错；公司实际经营均由大股东德赛斯基株式会社控制，玛琉士公司要追究股东责任，依法应以德赛斯基株式会社为被告；德赛斯基公司被吊销营业执照时，已资不抵债，并非因未及时清算而导致公司资产流失贬值。

苏州市中级人民法院认为，耿某某称其已出资到位，依据不充分，玛琉士公司主张耿某某在未出资范围内承担责任，于法有据。玛琉士公司主张耿某某因未及时清算德赛斯基公司，应就该公司对玛琉士公司负有的债务承担清偿责任，并明确相关法律依据为《公司法司法解释二》第十八条第一款。但耿某某系德赛斯基公司占比20%的小股东，无证据表明耿某某具备清算公司的必要条件，也没有证据表明耿某某实际经营控制德赛斯基公司，因其未及时清算德赛斯基公司而“导致公司财产贬值、流失、毁损或者灭失”。玛琉士公司作为债权人依法可申请人民法院清算德赛斯基公司，但其未主张该权利。玛琉士公司现仅诉请耿某某因未及时清算德赛斯基公司，导致公司财产损失，应在造成损失范围内对德赛斯基公司债务承担清偿责任，依据不足。遂判决耿某某在未出资的8万美元本金及利息范围内，对德赛斯基公司对玛琉士公司债务不能清偿部分，承担补充赔偿责任，同时驳回了玛琉士公司的其他诉讼请求。玛琉士公司、耿某某均不服，上诉于江苏省高级人民法院。诉讼中，耿某某死亡，其妻、女参加诉讼。

江苏省高级人民法院认为，耿某某未足额出资，本应在其未出资本息范围内对德赛斯基公司债务承担补充赔偿责任。根据《公司法司法解释三》第一条、第十三条第二款、第三款，《侵权责任法》第十三条的规定，耿某某系德赛斯基公司的发起人，德赛斯基公司的其他两个股东泓源公司、德赛斯基株式会社均未足额出资，耿某某作为德赛斯基公司的发起人依法也应在其他股东未出资本息范围内对公司债务承担连带责任。由于德赛斯基公司股东总共实缴资本仅3万美元，故耿某某应在全部股东未出资的47万美元本息范围对该公司债务承担赔偿责任。因玛琉士公司仅主张415256美元，故耿某某应对415256美元承担赔偿责任。

德赛斯基公司于2009年12月被吊销营业执照而解散，根据《公司法》第一百八十条第（四）项、第一百八十三条的规定，耿某某作为德赛斯基公司股东，应在法定期限内成立清算组开始清算。但其未进行清算，系怠于履行依法及时启动清算程序进行清算的义务。耿某某主张其为小股东，没有实际参与公司生产经营，没有怠于清算的故意，不应该承担清算义务。对此，法律规定有限责任公司的清算义务人系公司全体股东。有限责任公司股东的清算义务并不因持股比例而存在差异，股东亦不能以未参加实际经营公司作为逃避履行清算义务的理由，耿某某的主张没有法律依据。耿某某一方又主张，德赛斯基公司账册、重要文件系由寻某某保管，寻某某逃走后，上述文件已灭失，耿某某无法对公司进行清算，其对公司不能清算的后果没有过错。对此，公司应当依法建立公司的财务、会计制度，股东亦依法享有对公司财务状况的知情权。耿某某一方认可公司账册已经灭失，其主张账册原系寻某某保管，却未提供证据证明。即使如其主张，公司账册被寻某某拿走从而灭失，也仅能证明德赛斯基公司内部治理混乱，耿某某疏于参与公司管理，耿某某对此存在过错，法院对其主张不予支持。根据《公司法司法解释二》第十八条第二款的规定，耿某某因怠于履行清算义务，导致公司账册、重要文件等灭失，无法进行清算，应当就偿还415256美元向玛琉士公司承担连带清偿责任。遂撤销原判决，改判耿某某的继承人在继承耿某某的遗产实际价值范围内给付玛琉士公司415256美元。[①]

在这个案例中，债权人玛琉士公司置德赛斯基公司的其他股东于不顾，单单起诉其持股20%的小股东耿某某，江苏省高级人民法院亦判决小股东耿某某承担了本应由全体股东承担的债务责任。这对广大中小股东来说，是一个警示。

五、股东未尽保管义务，导致公司财务账册、凭证灭失，无法进行清算的，应当向其他股东或者公司债权人承担赔偿责任

有限责任公司具有很强的人合性，其存在依赖于股东之间的信任与合作。这种信任一旦遭到破坏，不仅合作难以继续，也往往会导致诉讼的发生，甚至可能导致一系列诉讼，如第十四章中介绍的施某某与靖某某等十位股东之间的系列案件就是如此。类似的系列案件各地都有出现。在广东省发生的一个系列案件中，有一件就是股东滥用股东权利赔偿纠纷案。

1997年6月，元某某、但某某、明某某三人共同设立广州市汇名艺术装饰工程有限公司，元某某任法定代表人和执行董事。2004年9月，汇名艺术公司因为没有按规定向工商行政管理部门申报年检，被吊销营业执照。

2008年12月，但某某向广东省广州市荔湾区人民法院申请对汇名艺术公司进行强制清算。该院受理后，指定某某企业顾问（深圳）有限公司广州分公司为汇名艺术公司的清算组成员，进行清算。汇名艺术公司清算组成立以后，除接收了元某某移交的营业执照正副本各一份、公章一枚、财务章一枚外，没有收到汇名艺术公司的任何财产和财务账册，没有债权人申报债权。对于由元某某负责保管的财务账册和凭证，元某某以所有材料已经被白蚁蛀蚀为由没有提交。因元某某无法向清算组移交汇名艺术公司的财务账册和凭证，清算组无法继续进行清算，荔湾区人民法院裁定终结汇名艺术公司强制清算程序。但某某支付了清算组工作报酬4万元和其他清算费用1538元。2010年3月，但某某向荔湾区人民法院提起诉讼，请求判令元某某赔偿其经济损失380余万元，其中包括支付的清算组工作报酬4万元和其他清算费用1538元。

对于但某某请求判令元某某赔偿其支付的清算费用41538元，荔湾区人民法院认为：元某某负责保管公司的财务账册和凭证，元某某作为公司的控股股东，有义务在法定期限内组织成立清算组对公司进行清算，但却怠于履行清算

① 参考案例：江苏省苏州市中级人民法院（2013）苏中商外初字第0002号、（2015）苏中商外初字第00018号；江苏省高级人民法院（2016）苏民终617号。

义务，也没有履行谨慎、充分注意义务，导致公司主要财产、账册等重要文件灭失，无法进行清算。在法院强制清算期间，没有债权人申报债权。但某某在清算期间支付的清算费用41538元应该首先从公司财产中支出，但因公司财产灭失，无法进行此项支出。元某某的行为明显损害了其他股东的权益，理应向其他股东承担相应的赔偿责任，遂判决元某某向但某某赔偿清算费用41538元及其相应利息。

对荔湾区人民法院所作判决，元某某、但某某均不服，向广州市中级人民法院提出上诉。对于荔湾区人民法院判决元某某向但某某赔偿清算费用，广州市中级人民法院认为：根据已查明事实，造成汇名艺术公司无法完成清算工作的主要原因是元某某对由其负责保管的汇名艺术公司财务账册和凭证等资料没有尽到妥善保管的责任，致使该部分财务资料无法提交给清算组进行审计，元某某应对此承担相应的赔偿责任。故原审判决认定应由元某某向但某某赔偿清算费用41538元合法有据。最终，广州市中级人民法院维持了该项判决。[①]

这个案例以及本章举出的其他多个案例提醒老板们，财务账册和凭证等资料对于公司来说至关重要。在公司解散事由出现后，如发现财务账册、凭证不规范、毁损、灭失等，要尽快弥补，以防被追究责任，特别是预防被债权人追究责任。

东莞市恒诚五金塑胶制品有限公司有两位股东，即荀某某、嬴某某，其中嬴某某为法定代表人。2013年10月，恒诚公司因逾期未年检被吊销营业执照。后来，恒诚公司未自行进行清算。

恒诚公司与东莞市佑盛塑料有限公司存在买卖合同纠纷，经广东省东莞市中级人民法院终审判决，恒诚公司应付佑盛公司货款825600元以及相应违约金。佑盛公司申请强制执行，最终获偿177546元。因所得执行款项不足以清偿恒诚公司的债务，佑盛公司向广东省东莞市第一人民法院申请对恒诚公司进行清算。第一人民法院作出裁定，认为恒诚公司已经没有任何财产或账册，无法对其进行清算，故裁定终结该清算程序。

佑盛公司以嬴某某、荀某某为被告，向第一人民法院起诉，请求判令二被告支付货款648054元及违约金、利息。

第一人民法院认为：被吊销营业执照属于公司解散事由，公司应当在解散事由出现之日起十五日内成立清算组，开始清算。有限责任公司的清算组由股

---

① 参考案例：广东省广州市中级人民法院（2012）穗中法民二终字第894号。

东组成。本案中，嬴某某、荀某某作为恒诚公司的股东，应及时对恒诚公司进行清算，但至今两被告尚未对恒诚公司进行清算。嬴某某、荀某某未在法定期限内成立清算组进行清算，怠于履行义务，导致公司财产、账册、重要文件等灭失，无法进行清算。遂判决荀某某、嬴某某对恒诚公司欠付佑盛公司货款648054元及逾期付款违约金、延迟履行利息承担连带清偿责任。嬴某某不服，上诉于东莞市中级人民法院。

东莞市中级人民法院认为，本案为股东损害公司债权人利益责任纠纷，二审的争议焦点为：嬴某某应否因恒诚公司无法清算对恒诚公司的债务承担连带清偿责任。根据《公司法》第一百八十条第（四）项、第一百八十三条的规定，恒诚公司被吊销营业执照属于公司解散事由，恒诚公司应当在解散事由出现之日起十五日内由股东嬴某某、荀某某成立清算组开始清算。但嬴某某、荀某某均确认恒诚公司在被吊销营业执照以后没有进行清算，且恒诚公司因没有任何财产与账册无法清算，而佑盛公司向原审法院申请对恒诚公司进行清算也因没有任何财产或账册而导致无法清算，终结清算程序。根据《公司法司法解释二》第十八条第二款关于“有限责任公司的股东、股份有限公司的董事和控股股东因怠于履行义务，导致公司主要财产、账册、重要文件等灭失，无法进行清算，债权人主张其对公司债务承担连带清偿责任的，人民法院应依法予以支持”的规定，嬴某某、荀某某应当对恒诚公司债务承担连带清偿责任，故判决驳回嬴某某的上诉。①

六、进入清算状态，清算组成员未尽通知义务，导致债权人未及时申报债权而未获清偿的，应对其损失承担赔偿责任

按照《公司法》第一百八十三条的规定，有限责任公司的清算组由股东组成。按照《公司法司法解释二》第七条、第八条的规定，如存在公司解散逾期不成立清算组、虽成立清算组但故意拖延清算、违法清算可能严重损害债权人或者股东利益等情形，应公司债权人或股东申请，人民法院可以指定公司股东、董事、监事、高管、律师事务所、会计师事务所、破产清算事务所等社会中介机构及其专业人员组成清算组，进行清算。可见，无论是从股东的角度，还是从公司董事、监事、高管的角度，老板都是公司清算组当然的人选。

依照《公司法》的规定，清算组有相应的职权、义务，其中通知、公告债

---

① 本节所说的重组系就广义而言，重整包括在内。

权人，既是其职权，又是其义务。《公司法司法解释二》第十一条规定，公司清算时，清算组应当按照《公司法》第一百八十五条的规定，将公司解散清算事宜书面通知全体已知债权人，并根据公司规模和营业地域范围在全国或者公司注册登记地省级有影响的报纸上进行公告。清算组未按照前款规定履行通知和公告义务，导致债权人未及时申报债权而未获清偿，债权人主张清算组成员对因此造成的损失承担赔偿责任的，人民法院应依法予以支持。

闻某某、乐某某是一对夫妻。2007 年 7 月，萧某 A 以其为法定代表人的苏州永达贸易有限公司的名义与闻某某、乐某某签订《借款协议》一份，约定闻某某、乐某某借款 40 万元给萧某 A、永达贸易公司使用，萧某 A、永达贸易公司保证一年内还清此贷款本息。但在履行中，只归还了少部分本息。2013 年 1 月，闻某某、乐某某诉至江苏省苏州市相城区人民法院。该院判决萧某 A、永达贸易公司给付闻某某、乐某某借款本金 367553. 09 元及利息损失。对此判决，双方均未上诉，但在 2014 年 6 月，萧某 A、永达贸易公司以该判决认定事实不清为由向江苏省苏州市中级人民法院提出再审申请。该院再审中查明，永达贸易公司已于 2012 年 5 月经工商机关核准注销登记，遂以原审未查明永达贸易公司诉讼前被核准注销的事实，错列永达贸易公司为被告，程序违法为由裁定撤销相城区人民法院所作判决，发回重审。

永达贸易公司成立于 2004 年 1 月，注册资本 50 万元，其中萧某 A 出资 45 万元，占注册资本的 90%，萧某 B 出资 5 万元，占注册资本的 10%，公司法定代表人为萧某 A。2010 年 12 月，苏州市相城工商行政管理局吊销永达贸易公司的营业执照。2012 年 3 月，永达贸易公司召开股东会，决议解散公司，成立清算组，清算组成员由萧某 A、萧某 B 组成，萧某 A 任清算组组长。2012 年 5 月，清算组出具清算报告，确认公司债权债务已清理完毕。2012 年 5 月，苏州市相城工商行政管理局核准永达贸易公司注销登记。因此，重审时，被告变成了萧某 A、萧某 B。

一审法院重审中，萧某 A、萧某 B 提供的永达贸易公司的清算报告载明：公司清算组已于清算组成立之日起十日内通知了公司全体债权人，并于 2012 年 3 月 14 日在《江苏经济报》上发布了公告。至本清算报告出具之日，公司债权债务已清理完毕。萧某 A、萧某 B 庭审中陈述永达贸易公司的清算报告中没有闻某某、乐某某主张的债权，只显示债权债务清算完毕。闻某某、乐某某的债权申报已通过在《江苏经济报》上发布公告的形式进行了通知。

一审法院认为，因对相城区人民法院所作判决双方均未提起上诉，故对闻某某、乐某某与萧某 A、永达贸易公司之间的借贷事实及萧某 A、永达贸易公司应承担的还款责任予以认定。因永达贸易公司已于 2012 年 5 月经核准注销，故闻某某、乐某某要求永达贸易公司股东萧某 A、萧某 B 参与本案诉讼于法有据。《公司法司法解释二》第十一条规定，公司清算时，清算组应当按照《公司法》第一百八十五条的规定，将公司解散清算事宜书面通知全体已知债权人，并根据公司规模和营业地域范围在全国或者公司注册登记地省级有影响的报纸上进行公告。清算组未按照前款规定履行通知和公告义务，导致债权人未及时申报债权而未获清偿，债权人主张清算组成员对因此造成的损失承担赔偿责任的，人民法院应依法予以支持。本案中萧某 A、萧某 B 作为永达贸易公司的清算组成员，未能提供证据证明其已书面通知债权人闻某某、乐某某，且结合永达贸易公司的公章在其注销后至 2014 年 6 月还在使用的事实，可以认定萧某 A、萧某 B 在公司清算中存在故意或重大过失情形，遂判决萧某 A、萧某 B 赔偿闻某某、乐某某借款本金 367553. 09 元及利息。萧某 A、萧某 B 不服，上诉于苏州市中级人民法院。

苏州市中级人民法院认为，根据《公司法司法解释二》第十一条的规定，清算组未按照规定履行通知和公告义务，导致债权人未及时申报债权而未获清偿，债权人主张清算组成员对因此造成的损失承担赔偿责任的，人民法院应依法予以支持。本案中永达贸易公司注销时并未书面通知债权人闻某某、乐某某，致使债权人未能申报债权而获清偿。一审法院认为清算组成员萧某 A、萧某 B 存在故意或重大过失，并由此导致了债权人的损失并无不当，萧某 A、萧某 B 应当对闻某某、乐某某的损失承担赔偿责任，遂判决驳回其上诉。①

与本案相类似的案例，也已经公开了不少。

七、公司解散后，如何选择进入清算状态的路径很重要，没有转为破产清算即草率注销公司，股东被判决承担赔偿责任

《公司法》第一百八十七条规定，清算组在清理公司财产、编制资产负债表和财产清单后，发现公司财产不足清偿债务的，应当依法向人民法院申请宣告破产。公司经人民法院裁定宣告破产后，清算组应当将清算事务移交给人民法院。《企业破产法》第七条第三款规定，企业法人已解散但未清算或者未清算完毕，资产不足以清偿债务的，依法负有清算责任的人应当向人民法院申请

---

① 参考案例：江苏省苏州市中级人民法院（2017）苏 05 民终 6985 号。

破产清算。

这个转变，就是从普通清算向破产清算的转向。这个转变，对于在公司存续的最后阶段维护老板的利益具有重要意义。

江西省鑫前来矿业有限公司成立于2008年6月，注册资本60万元，法定代表人为蒙某某，股东为蒙某某、节某某、蹇某某、贡某某。经仲裁裁决，鑫前来公司对江西银会工贸有限公司负有债务176974.3元，一直未履行。2015年7月31日，鑫前来公司的股东召开股东会决议，经全体股东同意解散鑫前来公司，公司成立清算组，清算组成员为蒙某某、节某某、蹇某某，其中蒙某某任清算组负责人。清算组在《新余晚报》刊登公告，通知债权人申报债权，并向公司登记机关备案，但未直接通知已知的债权人江西银会公司申报债权。2015年9月21日，鑫前来公司再次召开股东会，全体股东一致同意公司清算报告，公司清算报告反映：截至2015年9月21日，鑫前来公司资产总额为60万元，其中净资产为60万元。清算费用、所欠职工工资、社会保险费用和法定补偿金、税款、债务为零。剩余财产60万元按股东出资比例分配完毕。2015年9月21日，鑫前来公司清算组向登记机关办理了公司注销登记。

银会公司以蒙某某、节某某、蹇某某、贡某某为被告，向江西省新余市渝水区人民法院起诉，请求判令四被告连带赔偿其损失180909.3元。

渝水区人民法院认为，本案属清算责任纠纷。蒙某某、节某某、蹇某某作为鑫前来公司股东，同时也是鑫前来公司清算组成员，在对鑫前来公司进行清算时，应履行法定的清算组成员职责。蒙某某、节某某、蹇某某在清算时，无视鑫前来公司的债务，未依法履行通知已知债权人的义务，就通过向公司登记机关提交公司债权债务已清算完毕，剩余财产已分配完毕的清算报告，对鑫前来公司进行注销登记，且清算报告还显示鑫前来公司清算费用、职工工资及社会保险、税款、债务均为零，剩余财产60万元由股东按出资比例分配，最终导致银会公司的债权未能通过清算程序进行清偿。蒙某某、节某某、蹇某某的侵权行为与银会公司损失具有因果关系，应承担赔偿责任。贡某某非鑫前来公司清算组成员，银会公司未及时申报债权从而未获清偿的后果与贡某某无因果关系，贡某某不承担赔偿责任。蒙某某、节某某、蹇某某未提供其未分配鑫前来公司资产60万元的证据材料，对其提出其未分配60万元财产的抗辩不予支持，遂判决蒙某某、节某某、蹇某某连带赔偿银会公司损失180909.3元。

蒙某某、节某某不服，上诉于江西省新余市中级人民法院，诉称鑫前来公司早已资不抵债，剩余资产已被原审法院执行完毕，用于清偿民工工资、山租款等债务。后因节某某患病，欲申请国家补助，但作为股东无法申请。故为解燃眉之急，节某某才申请注销公司，成立清算组。清算报告中关于60万元剩余财产的表述纯系节某某自己的意思，事实上鑫前来公司账户并无资金。如有剩余财产，原审法院早就强制执行了。

新余市中级人民法院认为，《公司法》所规定的公司解散清算程序，是指在公司非因破产原因解散后，按照该法规定的程序所进行的清算活动。适用该解散清算程序的前提是公司的财产能够清偿全部债务，当公司财产不能足额清偿债务或者明显缺乏清偿能力时，依法应当进行破产清算。《公司法》第一百八十七条第一款规定，清算组在清理公司财产、编制资产负债表和财产清单后，发现公司财产不足清偿债务的，应当依法向人民法院申请宣告破产。《企业破产法》第七条第三款规定，企业法人已解散但未清算或者未清算完毕，资产不足以清偿债务的，依法负有清算责任的人应当向人民法院申请破产清算。本案中，蒙某某、节某某、蹇某某作为鑫前来公司的股东暨清算组成员，节某某二审认可鑫前来公司进行清算时已经资不抵债且鑫前来公司账本已无法找到，且蒙某某、节某某均认可清算时鑫前来公司作为被执行人尚有执行案件在原审法院未结。清算组在自行清算过程中，在明知鑫前来公司的资产不足以清偿银会公司债权的情况下，既未通知银会公司申报债权，又未依法向人民法院申请进行破产清算，致使银会公司无法申报债权而未获清偿，损害银会公司利益，依法应当认定为故意侵权行为。

蒙某某等人上诉主张，鑫前来公司经人民法院强制执行后，已无财产可供执行，可见造成银会公司债权不能实现的根本原因是鑫前来公司没有履行能力，并非由清算组清算活动所致。而且，清算组在办理鑫前来公司注销登记的过程中未处分公司任何财产、权利，也未获得任何财产权益，事实上并没有给银会公司造成任何实际损失。这涉及清算报告载明内容的真实与虚假。例如，清算报告关于“剩余财产按股东出资比例分配完毕”记载属实，则清算组成员在鑫前来公司债务尚未了结情况下分配公司财产行为明显违反规定。例如，清算报告关于“剩余财产按股东出资比例分配完毕”记载不属实，则能证实清算组系以虚假的清算报告骗取公司登记机关办理法人注销登记，故事实上无论是否存在所谓的60万元剩余财产及该财产是否实际分配，都不影响其清算行为的违法性，在结果上均导致银会公司无法向鑫前来公司这一债务主体主张权利。

企业资不抵债时依法进行破产清算的制度，在保证债权人就公司全部财产公平受偿的同时，也为债务人提供了破产免责的救济。该破产免责的法律后果在合法免除债务人企业不能清偿的部分债务的同时，也隔断了股东对公司债务的责任，将股东财产与公司财产相分离，使得股东受到有限责任原则的保护。而本案中，蒙某某、节某某、蹇某某自行实施的违法清算行为，系对法人独立地位和股东有限责任的滥用，既不能产生债务人鑫前来公司免于清偿部分债务的法律后果，同时，作为股东的蒙某某、节某某、蹇某某也不再受到股东有限责任原则的保护。《公司法》第二十条第三款规定，公司股东滥用公司法人独立地位和股东有限责任，逃避债务，严重损害公司债权人利益的，应当对公司债务承担连带责任。据此，蒙某某、节某某、蹇某某亦应当对鑫前来公司的全部债务承担责任。遂判决驳回其上诉。①

在这个案例中，如果鑫前来公司清算组成员蒙某某、节某某、蹇某某及时向法院申请宣告鑫前来公司破产，不仅能够使自己免于承担对银会公司的债务责任，而且不影响节某某向政府有关部门申请补助。

在这个案例中，清算中违法导致股东向公司债权人承担的责任为180909.3元，数额较小。作为清算组成员的股东在支付了赔偿款以后，其生活尚不至于受到太大影响。在有一些案例中，此类赔偿数额巨大，给一些股东带来的恐怕是难以承受之重。

郎某A、郎某B是烟台市建宙鞋业制造有限公司的股东，郎某A为公司法定代表人。同时，郎某B还是烟台长念家居装饰工程有限公司的股东、法定代表人。山东省烟台市中级人民法院作出（2004）烟民二初字第325号、（2006）烟民二初字第198号两份判决，判令建宙公司偿还借款1400万元及利息，长念公司承担连带清偿责任。执行中，将建宙公司所有的皮鞋、腰带等物品和长念公司所有的装饰材料、办公家具等物品作价共计约165万元，抵偿给烟台银行以抵顶所欠相应数额的债务。因建宙公司和长念公司暂无财产可供执行，烟台市中级人民法院裁定终结了执行程序，并向烟台银行发放债权凭证，若发现建宙公司、长念公司两被执行人有可供执行的财产或线索时，可随时持凭证申请再次执行。

2011年11月15日，建宙公司和长念公司均召开股东会，作出决议，公司成立清算组进行清算，清算组成员由郎某A和郎某B组成。同年11月24日，建宙公司和长念公司均向公司登记机关申请了公司清算组备案。同年11月28日，建宙公司和长念公司清算组均在《人民日报》上刊登公告，通知债权人申

① 参考案例：江西省新余市中级人民法院（2016）赣05民终261号。

报债权。2012 年 1 月 12 日，建宙公司清算组形成清算报告，载明公司资产 1.28 万元，负债 0.75 万元，所有者权益 0.53 万元，又载明公司债务清偿完毕，无遗留问题。2012 年 1 月 16 日，长念公司清算组形成清算报告，载明公司资产 12.8 万元，负债 12.5 万元，所有者权益 0.3 万元，又载明公司债务清偿完毕，无遗留问题。郎某 A 和郎某 B 在上述清算报告中签字。建宙公司、长念公司分别召开股东会，并形成全体股东一致通过清算报告的股东会决议。2012 年 7 月 5 日，公司登记机关准予对建宙公司和长念公司注销登记。

建宙公司和长念公司的清算存在缺陷，清算过程中，并没有委托有关部门对两公司的资产进行审计，清算组也没有向债权人烟台银行送达申报债权的书面通知。

2013 年，烟台银行以郎某 A、郎某 B 为被告，向烟台市中级人民法院提起诉讼，请求判令二人连带清偿建宙公司、长念公司所欠其债务 3061 万元以及利息。审理过程中，郎某 A、郎某 B 未提交建宙公司和长念公司清算时的财产情况及处理债权债务的有关证据材料，且对烟台银行提交的欠款计算明细表载明的计算方法和数额均没有异议。

烟台市中级人民法院认为，郎某 A、郎某 B 应当就建宙公司、长念公司所负烟台银行的债务承担赔偿责任。理由为：第一，烟台银行系已知债权人。根据《公司法》第一百八十三条、第一百八十四条、第一百八十五条的规定，有限责任公司经股东会决议解散的，应由股东组成清算组进行清算。清算组应当进行清理公司财产、编制资产负债表和财产清单、将公司解散清算事宜书面通知全体已知债权人、并在报纸上进行公告等清算工作，在依法清算完毕后公司才能申请办理注销登记。本案中，建宙公司和长念公司成立清算组后，两公司的清算组均没有向已知债权人烟台银行履行通知义务，致使烟台银行无法申报债权而未获清偿。根据《公司法司法解释二》第十一条之规定，作为建宙公司和长念公司清算组成员的郎某 A、郎某 B 应对烟台银行的损失承担赔偿责任。第二，郎某 A、郎某 B 在明知负有烟台银行债务未清偿完毕的情况下，未将尚欠烟台银行的借款本息列入清算报告，且向公司登记机关出具了负债仅为 0.75 万元和 12.5 万元、债务已清偿完毕的虚假注销清算报告。《公司法司法解释二》第十九条的规定，有限责任公司的股东在公司解散后，恶意处置公司财产给债权人造成损失，或者未经依法清算，以虚假的清算报告骗取公司登记机关办理法人注销登记，债权人主张其对公司债务承担相应赔偿责任的，人民法院应依法予以支持。郎某 A、郎某 B 以虚假的清算报告欺骗公司登记机关办理了注销登记，烟台银行主张郎某A、郎某B承担赔偿责任，应予支持，遂判决郎某A、郎某B赔偿烟台银行本金1524万元及利息1537万元。郎某A、郎某B不服，上诉于山东省高级人民法院。

山东省高级人民法院认为，郎某A、郎某B作为清算组成员，在清算、注销建宙公司和长念公司过程中，没有通知已知债权人烟台银行申报债权，并且没有将建宙公司和长念公司所欠烟台银行的贷款列入清算报告，根据《公司法》第一百八十九条第三款，《公司法司法解释二》第十一条、第十九条的规定，郎某A、郎某B存在没有通知已知债权人和以虚假的清算报告骗取公司登记机关办理公司注销登记行为，应当对建宙公司和长念公司的债务承担相应赔偿责任。关于赔偿范围问题，郎某A、郎某B以虚假的清算报告，使资不抵债、不符合注销条件的建宙公司和长念公司注销登记，使债权人可以随时要求建宙公司和长念公司清偿债务的权利落空。因此，郎某A、郎某B应当对建宙公司和长念公司的全部债务承担清偿责任，遂判决驳回其上诉。[①]

在这个案例中，建宙公司、长念公司自被烟台市中级人民法院裁定终结执行后，实际上便已经处于资不抵债的状态，并且由于负有巨额债务，再也难以恢复正常经营。正像郎某A、郎某B在上诉中所称，建宙公司、长念公司经营不善，于2003年后再无任何经营活动，无履行能力。在这种情况下，可以说，解散清算是其唯一的出路。但清算走哪条路径？是普通清算，还是破产清算？由于实际上早已资不抵债，一开始就应该走破产清算这条路。如果开始走的是普通清算，也可以在清算过程中转向破产清算。以破产清算注销建宙公司、长念公司，郎某A、郎某B二人可全身而退。遗憾的是，二人在清算过程中，未能做到实事求是，被债权人抓住破绽，最后被判决承担巨额赔偿责任。

上述两个案例中，有一个问题值得讨论，即程序性损失与实质性损失问题。

郎某A、郎某B上诉称，依据《公司法司法解释二》第十九条的规定，清算组成员承担责任的前提是存在损害后果和因果关系，本案中，烟台银行没有提交证据证明上诉人的清算行为给烟台银行造成损失的证据。建宙公司、长念公司经营不善，于2003年后再无任何经营活动，两公司财产已经评估拍卖，并在流拍后抵顶给债权人。上诉人根据2003年度的审计报告和法院的执行结果作出清算报告，非依虚假的清算报告骗取公司注销登记。烟台银行的债权不能全部实现，是因为公司经营不善，无履行能力，不是上诉人的清算行为导致的。上

① 参考案例：山东省高级人民法院（2014）鲁商终字第346号。

诉人在办理清算过程中，没有处分两个公司的资产、权利，没有获得任何公司资产。

郎某A、郎某B在为注销建宙公司、长念公司而向公司登记机关提交的清算报告中没有列入所欠烟台银行的债务，因此被认定为提供虚假清算报告，并无不当。问题在于，由于建宙公司、长念公司已无财产可供支付，即使他们提供了符合实际的清算报告，也无法避免烟台银行遭受损失。因此，烟台银行所受损失与郎某A、郎某B提供虚假清算报告之间并无直接因果关系。所谓因提供虚假清算报告，使资不抵债、不符合注销条件的建宙公司和长念公司注销登记，使债权人可以随时要求建宙公司和长念公司清偿债务的权利落空，因此应承担责任，其实是将在程序上的失去主张权利机会视同实际上的损失。大量因未通知债权人而判决清算组成员承担赔偿责任的案例，实际上也是这种逻辑。这也就进一步提醒老板们，在处理公司清算事务中，必须实事求是，并严格按照法定程序操作。程序上的失误，也很有可能造成参与清算的人承担赔偿责任。

八、怠于履行清算义务，导致公司财产贬值、流失、毁损或者灭失，清算义务人应当向债权人承担赔偿责任

《公司法》第一百八十九条第三款规定，清算组成员因故意或者重大过失给公司或者债权人造成损失的，应当承担赔偿责任。《公司法司法解释二》第十八条第一款规定，有限责任公司的股东、股份有限公司的董事和控股股东未在法定期限内成立清算组开始清算，导致公司财产贬值、流失、毁损或者灭失，债权人主张其在造成损失范围内对公司债务承担赔偿责任的，人民法院应依法予以支持。

江苏日月辉科技发展有限公司登记注册的股东有四个，即太仓钱源铜管有限公司、孙某某、戚某某、齐某某。宗某某等四人对日月辉公司享有360万元人民币的债权。

日月辉公司在2006年时由于企业亏损、资不抵债无法经营，于2006年9月向全体债权人发出申报债权的书面通知，并于报纸上刊登清算公告。2006年10月30日日月辉公司召开清算债权人协商会议，宗某某等四人参加，其中决议有各债权人都有寻求有意重组的老板与债权人达成重组协议的义务与权利等内容。在此次清算中，日月辉公司提供了2006年资产负债表，载明货币资金、存货、固定资产及在建工程、机器设备、电子设备、二期工程、累计折旧、无形资产（土地使用权）、应收账款、应付工资、应付账款等项目及其具体数额，

净资产为-1107494.14元。此次债权人协商会议之后，清算没再进行下去，也没有向法院申请破产清算。2011年1月，日月辉公司被吊销营业执照。接着，日月辉公司在报纸刊登清算公告，称经股东会决议，2011年1月15日起进行清算，请公司债权人进行债权申报登记。

2010年12月，宗某某等四人起诉日月辉公司、钱源公司、孙某某、戚某某、齐某某，江苏省淮安市中级人民法院于2012年7月20日作出民事判决和民事裁定，其中判决日月辉公司向宗某某等四人偿还借款360万元及利息，其中裁定认为日月辉公司被吊销营业执照，各股东未及时成立清算组进行清算，宗某某等四人作为日月辉公司的债权人有权申请法院指定有关人员组成清算组进行清算。宗某某等四人在未经申请清算的情况下，直接主张公司股东承担公司财产贬值、流失、毁损或灭失的赔偿责任，缺乏事实及理由，不符合起诉条件，故裁定驳回其起诉。判决和裁定，均已经发生法律效力。

宗某某等四人向江苏省淮安市盱眙县人民法院申请日月辉公司破产清算，因日月辉公司已无财产偿还债权，亦无财产清偿破产费用，盱眙县人民法院裁定终结了日月辉公司破产清算程序。

在上述破产清算案件中出现的资产负债表、审计报告，与日月辉公司2006年资产负债表相比，有一定的变化。

随后，宗某某等四人以钱源公司、孙某某为被告，向淮安市中级人民法院起诉，诉称日月辉公司于2006年10月30日召开债权人会议，但未进行破产清算。钱源公司、孙某某不履行股东清算义务，造成日月辉公司财产贬值、流失、毁损及灭失，具体有5个方面：1. 土地损失1843872元；2. 厂房损失2754980.70元；3. 机器设备损失2190142.35元；4. 存货损失388758.13元；5. 应收账款损失2492286.29元。钱源公司、孙某某不履行股东清算义务，损害了债权人利益。请求判令：钱源公司、孙某某赔偿损失483.4万元，且互负连带责任。

淮安市中级人民法院认为，根据《公司法》第一百八十三条的规定，公司解散的，应当在解散事由出现之日起十五日内成立清算组，开始清算。日月辉公司在2006年时由于企业亏损，资不抵债无法经营下去，已经出现需要清算的事由，而且公司股东会决议也决定于2006年8月11日起进行清算，并向日月辉公司全体债权人发出书面通知及在《淮安日报》刊登清算公告，因此钱源公司、孙某某作为日月辉公司的股东应按照股东会决议的要求自2006年8月11日起对日月辉公司组织清算。虽然钱源公司、孙某某作为日月辉公司的清算义务人也成立清算组并于2006年10月30日召开期内清算债权人协商会议，但之后未再继续履行清算义务，亦未能在法定时间完成清算义务，对此，钱源公司、孙某某抗辩之所以没有继续清算，是因为宗某某等四人不同意破产清算、债权人起诉日月辉公司及法院查封日月辉公司财产而导致清算程序未能继续。淮安市中级人民法院认为，钱源公司、孙某某虽主张是宗某某等四人不同意破产清算，但宗某某等四人并不认可，钱源公司、孙某某亦无证据证明，而且前述情形并不影响日月辉公司在2006年时清算的开展及钱源公司、孙某某清算义务的履行，钱源公司、孙某某抗辩并无法律依据，虽钱源公司、孙某某于2011年组织日月辉公司清算，又于2013年经盱眙县人民法院受理破产清算，但钱源公司、孙某某作为日月辉公司清算义务人的法定清算期限应从2006年8月11日起直至完成清算，而钱源公司、孙某某在该法定清算期限内成立清算组、召开债权人协商会议后就停止该次清算的行为，属于没有适当履行清算义务，因此钱源公司、孙某某在主观上存在不作为的过错，在客观上亦存在不作为的行为，应当对由此造成日月辉公司的损失承担损害赔偿责任。

由于钱源公司、孙某某存在前述不履行清算义务的行为且日月辉公司现无任何财产可供偿还宗某某等四人的债权，钱源公司、孙某某作为日月辉公司的清算义务人对其履行清算义务时日月辉公司的财产状况应予说明，即应对日月辉公司2006年初次清算后的财产去向作出合理解释。由于钱源公司、孙某某对宗某某等四人所举的日月辉公司2006年资产负债表并无异议，现宗某某等四人依据该表主张因钱源公司、孙某某不履行清算义务致日月辉公司财产损失5项共计967万余元，后经淮安市中级人民法院确认造成的损失如下：

日月辉公司转让土地、厂房，获得转让款67.6万元，以其中25万元付给债权人琰某某，扣除执行费用4443.5元、评估费用3500元后，尚余418056.5元。对于该笔剩余款项的去向，钱源公司、孙某某并未给出合理解释，故钱源公司、孙某某未履行清算义务导致日月辉公司资产流失，造成日月辉公司损失418056.5元。

原材料损失。除以大部折抵债务外，尚有剩余部分。由于停产后没有对剩余原材料采取防止挥发的措施，该部分原材料全部挥发。这部分原材料价值49867.33元。钱源公司、孙某某负有妥善保管、处置该原材料的义务，现该部分原材料不再存在，表明钱源公司、孙某某未履行清算义务导致日月辉公司财产损失49867.33元。

库存商品损失。2006年初次清算时资产负债表显示日月辉公司的库存商品市场价值32136元，由于日月辉公司负责销售的人员离职、无人对外销售变现而最终变质。钱源公司、孙某某负有妥善保管、处置该库存商品的义务，现该部分库存商品不再存在，表明钱源公司、孙某某未履行清算义务导致日月辉公司财产损失32136元。

设备损失。钱源公司、孙某某自认有部分设备若在2006年8月，即日月辉公司刚停产时对外处置可以50万元的价格卖掉。2010年7月，设备以废旧物资拆除卖掉，价款33万元。因此，贬值17万元，构成钱源公司、孙某某未履行清算义务导致日月辉公司的财产损失。

前述物资处置所得33万元，钱源公司、孙某某主张全部用于支付工资。经核算，应认定支付工资112454.60元。对其余217545.4元钱款去向，钱源公司、孙某某未能给出合理解释，应认定属于钱源公司、孙某某未及时履行清算义务导致日月辉公司财产损失。

应收账款损失。日月辉公司截至2006年初次清算时尚有1462513.79元应收款未收回。对于该1462513.79元应收款，钱源公司、孙某某对数额并无异议，但认为该应收账款经多次催收无果，且在破产程序中经管理人核实后也无法收回。对此，淮安市中级人民法院通过将日月辉公司2006年资产负债表中应收账款的每项数额与日月辉公司2013年破产清算时管理人出具的审计报告中列明的日月辉公司2010年应收款的每项数额相比，由于其中天津某某化工助剂厂的69100元应收账款在日月辉公司2013年破产清算审计时调整为-500元，盐城某某化学工业有限公司的4574元及盱眙县国土局的10万元应收账款在日月辉公司2013年破产清算审计时不再存在，表明该三笔应收账款已经收回，但该174174元款项（69100元+500元+4574元+100000元）的去向，钱源公司、孙某某并未给出合理解释，系钱源公司、孙某某未履行清算义务导致日月辉公司资产流失，构成日月辉公司损失174174元。

钱源公司、孙某某前述不适当履行清算义务的行为造成日月辉公司财产损失共计1061779.23元，致使日月辉公司的偿债能力下降，因此钱源公司、孙某某应对日月辉公司的前述损失承担赔偿责任。鉴于清算义务人之间应当对该损失承担连带责任，且损失数额在宗某某等四人诉请范围内，因此判决钱源公司、孙某某向宗某某等四人偿还损失1061779.23元，双方互负连带责任。

对上述判决，宗某某等四人和钱源公司、孙某某双方均不服，上诉于江苏省高级人民法院，但被判决驳回。双方还不服，向最高人民法院申请再审，被裁定驳回。

最高人民法院还指出，钱源公司、孙某某作为日月辉公司清算义务人的法定清算期限应从2006年8月11日起直至2014年5月7日止完成清算。在此期间内，钱源公司、孙某某始终具有清算义务。根据《公司法》第一百八十九条第三款的规定，清算组成员因故意或者重大过失给公司或者债权人造成损失的，应当承担赔偿责任。清算是清算义务人的法定义务，钱源公司、孙某某作为清算义务人在法定期限内未适当履行该义务，具有主观上的过错；因其未适当履行清算义务导致公司财产的减损，两者之间存在直接的因果关系，因此应当承担赔偿责任。①

在这个案例中，日月辉公司共有钱源公司、孙某某、戚某某、齐某某四位股东，但宗某某等四人只是起诉了其中的两个，即钱源公司、孙某某。在上文所引述的玛琉士公司诉耿某某一案中，德赛斯基公司有三个股东，即韩国德赛斯基株式会社、耿某某和泓源公司，玛琉士公司只是起诉其中的耿某某一人。这个现象值得注意。

九、清算组成员执行未经确认的清算方案，造成损失的，可能需要承担赔偿责任

《公司法司法解释二》第十五条第二款规定，执行未经确认的清算方案给公司或者债权人造成损失，公司、股东或者债权人主张清算组成员承担赔偿责任的，人民法院应依法予以支持。从这条规定来看，给公司或者债权人造成损失的，如果公司、股东或者债权人提出主张，则清算组成员应予以赔偿，赔偿的对象是公司或者债权人。除了公司、债权人以外，如果因执行未经确认的清算方案给其他有关联的人员造成了损失，清算组成员也有可能需要承担赔偿责任。

北京聪慧智勤广告有限公司成立于2001年8月，注册资本100万元，法定代表人华某某。聪慧智勤公司的股东、出资额、持股比例分别为：刘某某出资55万元，持股55%；路某某出资25万元，持股25%；牟某某出资20万元，持股20%。三股东中，刘某某和路某某系母女关系。2008年10月，聪慧智勤公司被吊销营业执照。

2010年3月，路某某、刘某某签署聪慧智勤公司股东会决议，同意成立清算组，成员为华某某、路某某、刘某某，路某某为清算组组长。聪慧智勤公司

---

① 参考案例：最高人民法院（2016）最高法民申3654号、（2016）最高法民申2676号。

在报纸上刊登了公告，要求债权人于见报之日起45日内申报债权。会计师事务所对聪慧智勤公司截至2009年11月30日的资产、负债、所有者权益进行了审计，出具了清算审计报告。该报告中记载“剩余财产的分配办法：支付清算费用并清偿全部债务后的剩余财产交由股东按投资比例分配……所有者权益总额361384.66元……债权债务由公司负责人华某某清偿，公司亏损由公司负责人华某某承担”。2010年5月，刘某某和路某某以聪慧智勤公司清算组成员的名义签署了股东会决议，确认清算结果为公司各项债权债务已结清，对公司清算审计报告予以确认。8月，工商管理部门核准聪慧智勤公司注销。

牟某某以华某某、路某某、刘某某为被告，以损害其股东利益为由，向天津市南开区人民法院起诉，请求判令三人连带赔偿4552426.2元。

南开区人民法院认为，《公司法》及相关司法解释规定，有限责任公司的清算组由股东组成；公司自行清算的清算方案应当报股东会或者股东大会决议确认；执行未经确认的清算方案给公司或者债权人造成损失，公司、股东或者债权人有权主张清算组成员承担赔偿责任。本案中，华某某、刘某某、路某某不能充分证明牟某某对召开股东会审议公司解散问题已经知晓，亦未能举证证明股东会形成注销公司决议后履行了告知牟某某的义务，致使牟某某没有作为清算组成员参加公司的清算。同时2010年5月关于确认公司清算审计报告的股东会决议亦未经牟某某确认，故上述清算行为违反了《公司法》的规定。鉴于路某某、刘某某均认可华某某不是清算组成员，实际清算工作是由路某某和刘某某二人完成的，且华某某亦否认参加过公司清算和分得公司剩余财产，故路某某、刘某某对因执行未经股东牟某某确认的清算方案给牟某某造成的损失承担赔偿责任。关于赔偿数额，牟某某的主张缺乏依据。鉴于聪慧智勤公司已不再具备清算条件，故牟某某主张的损失以其对聪慧智勤公司的出资额20万元确认为宜，遂判决路某某、刘某某赔偿原告牟某某20万元。牟某某不服，上诉于天津市第一中级人民法院，被判决驳回。[①]

十、对公司注销后浮现出来的债务，不要轻易承诺承担清偿责任

《公司法司法解释二》第二十条第二款规定，公司未经依法清算即办理注销登记，股东或者第三人在公司登记机关办理注销登记时承诺对公司债务承担责任，债权人主张其对公司债务承担相应民事责任的，人民法院应依法予以

① 参考案例：天津市第一中级人民法院（2016）津01民终5358号。

支持。

进行清算时，公司的债务包括已知既有的，也包括已知或有的，还有一些老板主观上认为根本不存在，但在客观上潜在的债务。这些债务是否会浮现出来，具有不可预知性。所以，老板在注销公司时，最好不要作对公司债务承担责任的承诺。因为，作了这种承诺以后，一旦那些潜在的债务浮现出来，就会套住老板。

中山市昌盛压克力注塑有限公司成立于2007年9月，其股东及持股比例分别为于某A持股90%、于某B持股为10%。2013年1月6日，昌盛公司注销时，于某A、于某B向工商行政管理机关提供了《公司清算报告》，其中第6条为“截至2012年12月17日，公司债权债务已清算完毕”，第7条为“本公司债权债务若存在遗留问题，由本公司于某A、于某B担一切责任”。并且，该清算公告还刊登于《中山日报》上。

高某某是名称为“台灯（1）”的外观设计专利的专利权人。高某某发现中山市古镇中国灯都灯饰配件城生产、销售的灯饰产品，擅自使用了他的外观设计。2012年11月25日，高某某与中山市桂山公证处进行了证据保全公证，发现使用其外观设计的是昌盛公司。2013年1月21日，高某某以于某A、于某B为被告，向广东省中山市中级人民法院起诉，请求判令二被告停止侵害，赔偿损失。

中山市中级人民法院认为，于某A、于某B在清算时没有依照《公司法司法解释二》第十一条、第二十条第二款的规定，将公司解散清算事宜根据公司规模和营业地域范围在全国或者公司注册登记地省级有影响的报纸上进行公告，且其在公司登记机关办理注销登记时承诺对公司遗留债权债务问题承担一切责任，故依法本案的民事责任应由于某A、于某B共同承担。遂判决于某A、于某B赔偿高某某经济损失、合理费用合计47172元。于某A不服，上诉于广东省高级人民法院。

广东省高级人民法院认为，本案昌盛公司清算时，由于某A、于某B组成的清算组仅在《中山日报》上公告公司债权人申报债权，而并未在全国或者公司注册登记地省级有影响的报纸上进行公告，该做法并不符合相关法律规定。原审法院据此认定昌盛公司清算组未尽法定通知和公告义务，并根据昌盛公司清算报告第7条“本公司债权债务若存在遗留问题，由本公司于某A、于某B担一切责任”的内容，判定清算组成员于某A、于某B作为昌盛公司股东对昌盛公司存续期间形成的侵权之债承担赔偿责任，合法有据，并无不当，遂判决驳回于某 A 的上诉。①

在这个案例中，昌盛公司注销时，高某某尚未起诉，估计于某 A、于某 B 也不知高某某已准备起诉。如此，对昌盛公司来说，对高某某所负债务，既不是已知既有债务，也不是已知或有债务，故不存在直接通知义务。两级法院判决于某 A、于某 B 赔偿高某某损失的理由有两个，其中二人承诺对昌盛公司存在的债权债务遗留问题承担一切责任应该是主要的理由。

云海天山工矿有限责任公司成立于 2002 年 9 月，注册资本为 180 万元，其股东及出资额分别为邓某某 140 万元、鲍某某 20 万元、景某某 20 万元。邓某某担任公司法定代表人。2002 年 12 月 29 日，云海天山公司整体收购某某科工贸总公司所属的全部资产——包括野猪沟铅锌矿在内——和债权、债务。当时，野猪沟铅锌矿已被他人承包。

野猪沟铅锌矿与黄金有色金属有限公司许家沟铅锌矿相邻。2006 年 3 月 18 日，黄金公司发现许家沟铅锌矿被盗采，经甘肃省有关政府部门调查确认，认定系野猪沟铅锌矿越界开采。2007 年 5 月，黄金公司宣告破产，由清算组继续履行法定职责。黄金公司清算组向甘肃省高级人民法院提起侵犯采矿权之诉，云海天山公司是被告之一。

2008 年 6 月 20 日，云海天山公司股东会决定解散公司，并成立由邓某某等三人组成的公司清算小组，在报纸上公告有关债权债务单位或个人清理债权债务。同年 7 月 22 日作出《公司清算报告》，该清算公告内容显示，截至 2008 年 7 月 22 日，未产生任何债务；如有债权债务，则由公司股东承担相应的责任。同日，邓某某等三位股东对上述清算报告予以确认，并承诺“报告如有虚假，股东愿承担一切法律责任”。2008 年 12 月，工商部门核准云海天山公司的注销登记。

2011 年 10 月 25 日，甘肃省高级人民法院作出判决，原告黄金公司清算组不服，上诉于最高人民法院。最高人民法院裁定撤销原判决，发回甘肃省高级人民法院重审。发回后，黄金公司清算组将本案被告变更为云海天山公司清算组成员和股东邓某某、鲍某某、景某某。

甘肃省高级人民法院认为，野猪沟铅锌矿是越界盗采的责任主体，该矿原属科工贸总公司所有，后被整体转让给了云海天山公司，故本案侵权责任应由云海天山公司来承担。而云海天山公司是由邓某某、鲍某某、景某某三人作为

---

① 参考案例：广东省高级人民法院（2014）粤高法民三终字第 53 号。

股东注册成立的，并且该公司在2008年7月22日清算时，邓某某、鲍某某、景某某三位股东在《公司清算报告》中承诺："如有债权债务，则由公司股东承担相应责任；报告如有虚假，股东愿承担一切法律责任。"《公司法司法解释二》第二十条第二款的规定，公司未经依法清算即办理注销登记，股东或者第三人在公司登记机关办理注销登记时承诺对公司债务承担责任，债权人主张其对公司债务承担相应民事责任的，人民法院应依法予以支持。同时，云海天山公司的剩余财产在清算偿还债务后已经按出资比例分配给了上述三位股东。因此，在云海天山公司被注销后，其因继受野猪沟铅锌矿资产而同时继受了该矿应承担的民事侵权损害赔偿责任，应当转由公司股东邓某某、鲍某某、景某某承担。至于具体承担方式，虽然三人对云海天山公司的出资额不同，但该出资比例是规制股东内部关系及分配公司收益的依据，对外不具有对抗债权人的效力，而且三被告在云海天山公司清算报告中所作的承诺也并未约定三人作为股东承担债权债务的比例，因此本案中的侵权民事责任应当由邓某某、鲍某某、景某某三人共同承担。遂判决邓某某、鲍某某、景某某连带赔偿原告黄金公司清算组3657285.04元。

黄金公司清算组不服，上诉于最高人民法院。最高人民法院改判为邓某某、鲍某某、景某某共同赔偿黄金公司清算组5694.57万元。[①]

回顾这个案例的发展过程，可知早在2007年5月，黄金公司清算组最初起诉时，即将云海天山公司作为被告，此后一直未放弃。因此，对云海天山公司来说，对黄金公司清算组负有或有债务，且数额巨大。而且，此债务从或有变为实有的概率很高。在这种情况下，邓某某、鲍某某、景某某三股东若想注销云海天山公司，并使自己全身而退，就必须切实、完全按照法定程序进行清算，不在清算程序中给债权人留下破绽。但他们没有做到。他们在《公司清算报告》中承诺的"如有债权债务，则由公司股东承担相应责任；报告如有虚假，股东愿承担一切法律责任"，成了判决他们承担5694.57万元巨额债务的一个重要依据。

---

① 参考案例：甘肃省高级人民法院（2007）甘民一初字第18号、最高人民法院（2013）民一终字第32号；甘肃省高级人民法院（2014）甘民一初字第3号、最高人民法院（2017）最高法民终80号。

附　　表

在实践中，老板（股东、董事、监事、高管、实际控制人）应当承担责任的情形多种多样，下表只是从法律、司法解释上的直接规定列出的一部分。

表一　股东对公司承担责任的情形

事　　由	法条依据
滥用股东权利，给公司造成损失的	《公司法》第二十条第二款
利用关联关系损害公司利益，给公司造成损失的	《公司法》第二十一条
设立公司过程中，发起人因过失致使公司利益受到损害的	《公司法》第九十四条第（三）项
发起人因履行设立职责致人损害，本人有过错，公司成立并赔偿后追偿的	《公司法司法解释三》第一条、第五条
未履行或未完全履行出资义务，公司或其他股东要求其全面履行的	《公司法司法解释三》第十三条第一款
抽逃出资，公司或其他股东要求返还出资本息的	《公司法司法解释三》第十四条第一款
以非货币财产出资，其实际价额显著低于公司章程所定价额的	《公司法》第三十条
非货币财产出资后，因客观因素贬值，按照约定，应当予以补足的	《公司法司法解释三》第十五条
因受让成为股东，知道或应当知道转让人未履行或未完全履行出资义务，公司要求对履行出资义务承担连带责任的	《公司法司法解释三》第十八条第一款
行使知情权后泄露公司商业秘密，致公司利益受到损害，公司要求赔偿损失的	《公司法司法解释四》第十一条第一款

表二　股东对其他股东承担责任的情形

事　　由	法条依据
滥用股东权利，给其他股东造成损失的	《公司法》第二十条第二款

续表

事　　由	法条依据
公司未成立，但其设立行为产生了费用、债务，需要由有过错的发起人承担的	《公司法司法解释三》第四条第二款、第三款，第五条第二款
未依法和章程规定足额缴纳出资，足额缴纳出资的股东要求承担违约责任的	《公司法》第二十八条第二款
因未履行或未完全履行出资义务，其他股东承担连带责任后追偿的	《公司法司法解释三》第十三条第三款
以非货币财产出资，其实际价额显著低于公司章程所定价额，其他股东承担连带责任后追偿的	《公司法》第三十条
未履行或未完全履行出资义务即转让股权，受让人承担连带责任后追偿的	《公司法司法解释三》第十八条第二款
转让股东在其他股东主张优先购买权后又不同意转让，其他股东要求赔偿的	《公司法司法解释四》第二十条
实际出资人根据合同及实际履行出资义务，向名义股东主张权利的	《公司法司法解释三》第二十四条第一款、第二款
名义股东处分股权造成损失，实际出资人要求赔偿的	《公司法司法解释三》第二十五条
名义股东向债权人承担了补充赔偿责任后，向实际出资人追偿的	《公司法司法解释三》第二十六条
原股东处分股权造成受让股东损失，受让股东要求赔偿的	《公司法司法解释三》第二十七条第二款

表三　股东对公司债权人承担责任的情形

事　　由	法条依据
滥用公司法人独立地位和股东有限责任，严重损害债权人利益的	《公司法》第二十条第三款
公司未成立，但其设立行为产生了债务，债权人要求承担清偿责任的	《公司法司法解释三》第四条第一款、第五条第一款
因未履行或未完全履行出资义务，债权人要求承担补充赔偿责任的	《公司法司法解释三》第十三条第二款
因抽逃出资，债权人要求承担补充赔偿责任、连带责任的	《公司法司法解释三》第十四条第二款
以非货币财产出资，其实际价额显著低于公司章程所定价额，债权人要求承担相应责任的	《公司法》第三十条

续表

事　由	法条依据
非货币财产出资后，因客观因素贬值，按照约定，债权人要求承担补足出资责任的	《公司法司法解释三》第十五条
因受让成为股东，知道或应当知道转让人未履行或未完全履行出资义务，债权人要求对履行出资义务承担连带责任的	《公司法司法解释三》第十八条第一款

表四　公司董事、监事、高管承担责任的情形

事　由	法条依据
董、监、高利用关联关系损害公司利益，给公司造成损失的	《公司法》第二十一条
董事会决议违反法律、法规、章程、股东大会决议，董事未曾表明异议，使公司遭受严重损失的	《公司法》第一百一十二条第三款
董、高有公司法第一百四十八条所列举行为的	《公司法》第一百四十八条
董、监、高执行公司职务时违反法律、行政法规或者公司章程的规定，给公司造成损失的	《公司法》第一百四十九条
董、高违反法律、行政法规或者公司章程的规定，损害股东利益的	《公司法》第一百五十二条
董、高未尽忠实、勤勉义务而使增资时的出资未缴足的	《公司法司法解释三》第十三条第四款
董、高协助股东抽逃出资的	《公司法司法解释三》第十四条
股东转让股权，董、高未及时办理变更登记，给受让股东造成损失的	《公司法司法解释三》第二十七条
董、高等导致公司未依法制作或者保存公司法第三十三条、第九十七条规定的文件材料，给股东造成损失的	《公司法司法解释四》第十二条

表五　清算程序中承担责任情形

事　由	法条依据
清算组成员因故意或者重大过失给公司或者债权人造成损失的	《公司法》第一百八十九条第三款
清算组未按照规定履行通知和公告义务，导致债权人未及时申报债权而未获清偿的	《公司法司法解释二》第十一条第二款
执行未经确认的清算方案给公司或者债权人造成损失的	《公司法司法解释二》第十五条第二款

续表

事　　由	法条依据
未在法定期限内成立清算组开始清算，导致公司财产贬值、流失、毁损或者灭失的	《公司法司法解释二》第十八条第一款
因怠于履行义务，导致公司主要财产、账册、重要文件等灭失，无法进行清算的	《公司法司法解释二》第十八条第二款
在公司解散后，恶意处置公司财产给债权人造成损失的	《公司法司法解释二》第十九条
未经依法清算，以虚假的清算报告骗取公司登记机关办理法人注销登记的	《公司法司法解释二》第十九条
公司未经清算即办理注销登记，导致公司无法进行清算的	《公司法司法解释二》第二十条第一款
公司未经依法清算即办理注销登记，股东或者第三人承诺对公司债务承担责任的	《公司法司法解释二》第二十条第二款
从事清算事务时，违反法律、行政法规或者公司章程给公司或者债权人造成损失的	《公司法司法解释二》第二十三条
董事、监事或者高管违反忠实义务、勤勉义务，致使所在企业破产的，依法承担民事责任	《企业破产法》第一百二十五条
股东未完全履行出资义务，履行出资义务	《企业破产法》第三十五条、《企业破产法司法解释二》第二十条、《公司法司法解释二》第二十二条
董事、监事和高管利用职权从企业获取的非正常收入和侵占的企业财产，应当追回	《企业破产法》第三十六条、《企业破产法司法解释二》第二十四条
法定代表人和其他直接责任人员在法院受理破产申请前一年内，有下列行为之一，损害债权人利益的，承担赔偿责任：无偿转让财产的；以明显不合理的价格进行交易的；对没有财产担保的债务提供财产担保的；对未到期的债务提前清偿的；放弃债权的	《企业破产法》第三十一条、第一百二十八条
法定代表人和其他直接责任人员在资产不足以清偿全部债务或者明显缺乏清偿能力的情形下，法院受理破产申请前六个月内，仍对个别债权人进行清偿，损害债权人利益的，承担赔偿责任	《企业破产法》第三十二条、第一百二十八条
法定代表人和其他直接责任人员为逃避债务而隐匿、转移财产的，或者虚构债务或者承认不真实的债务，损害债权人利益的，承担赔偿责任	《企业破产法》第三十三条、第一百二十八条
管理人未依照本法规定勤勉尽责，忠实执行职务，给债权人、债务人或者第三人造成损失的，依法承担赔偿责任	《企业破产法》第一百三十条、《企业破产法司法解释二》第九条第二款、第三十三条

图书在版编目（CIP）数据

老板的盾牌：企业老板法律风险防控／叶兴民著．—北京：中国法制出版社有限公司，2019.4

ISBN 978－7－5216－0103－9

Ⅰ.①老… Ⅱ.①叶… Ⅲ.①企业领导－刑事犯罪－风险管理－研究－中国 Ⅳ.①D924.04

中国版本图书馆 CIP 数据核字（2019）第 055801 号

责任编辑　陈兴（cx_legal@163.com）　赵律玮　　　封面设计　杨泽江

老板的盾牌：企业老板法律风险防控

LAOBAN DE DUNPAI：QIYE LAOBAN FALÜ FENGXIAN FANGKONG

著者/叶兴民

经销/新华书店

印刷/三河市国英印务有限公司

开本/730 毫米×1030 毫米　16 开　　　印张/23.5　字数/336 千

版次/2019 年 4 月第 1 版　　　2019 年 4 月第 1 次印刷

中国法制出版社有限公司出版

书号 ISBN 978－7－5216－0103－9　　　定价：69.00 元

北京西单横二条 2 号

邮政编码：100031　　　传真：010－66031119

网址：http：//www.zgfzs.com　　　**编辑部电话：010－66010405**

市场营销部电话：010－66033393　　　**邮购部电话：010－66033288**

（如有印装质量问题，请与本社印务部联系调换。电话：010－66032926）